웨슬리와
메소디스트라고
불리운 사람들

웨슬리와 메소디스트라고 불리운 사람들

리챠드 P. 하이첸레이터 지음

정은해 옮김

ABINGDON PRESS
Nashville

WESLEY AND THE PEOPLE CALLED METHODISTS

Copyright © 2005 by Abingdon Press
All rights reserved.

No part of this work may be reproduced or transmitted in any from by any means, electronic or mechanical, including photocopying and recording, or by any information storage or retrieval system, except as may be expressly permitted by the 1976 Copyright Act or in writing from the publisher. Requests for permission should be addressed in writing to Abingdon Press, 201 Eighth Avenue South, Nashville, TN 37203.

Heitzenrater, Richard P., 1939-
  [Wesley and the People Called Methodists. Korean]
  웨슬리와 메소디스트라고 불리운 사람들 / Richard P. Heitzenrater; 정은해 옮김.

ISBN 0-687-74171-8
  1. Methodist Church—History—18th century. 2. Wesley, John, 1703—1791.
  3. Great Britain—Church history—18th century. I. Title.

Scripture quotations in this publication, unless otherwise indicated, are taken from THE HOLY BIBLE, Old and New Testaments. New Korean Revised Version © Korean Bible Society 1998 and 2000. Used by permission of Korean Bible Society.

이 책은 총회고등교육사역부 안수사역국의 도움으로 출판되었습니다.

05 06 07 08 09 10—10 9 8 7 6 5 4 3 2 1
Manufactured in the United States of America

차례

서문 ··· vii

제1장 감리회와 영국 기독교의 유산 ······························· 11
영국의 종교개혁: 영국에 존재하던 교회로부터
    영국 국교로 ··· 12
  경건주의와 신도회 ·· 28
  엡워스에서의 웨슬리 가족 ·· 36

제2장 감리회의 기원 (1725-1739) ·································· 43
  감리회의 첫 기원—옥스퍼드 ······································· 43
  감리회의 두 번째 기원—조지아 ································· 66
  감리회의 세 번째 기원—런던 ····································· 79

제3장 부흥이 시작되다 (1739-1744) ····························· 101
  브리스톨에서의 부흥 ·· 102
  칼빈주의자들과 모라비안들과의 논쟁 ······················ 109
  감리회의 선교사역 ·· 127
  넓어지는 교구 ··· 137

제4장 감리회 운동의 정립 (1744-1758) ······················· 151
  연대주의(Connectionalism)의 발전 ···························· 153
  양육과 선교 ··· 168
  연대조직 내의 규율 ·· 184

제5장 성숙기의 감리회 (1758-1775) ····························· 203
  교리와 장정의 기준 ·· 203
  거짓을 입증하는 신학 ·· 223
  교리, 장정, 그리고 컨퍼런스 ···································· 237
  확장, 논란, 그리고 통제에 관한 질문 ···················· 246

제6장 긴장과 변천 (1775-1791) ····································· 265
  신학적 논쟁과 정치적 논쟁 ······································· 265
  컨퍼런스와 사역 ·· 285
  마지막 단계 (The Final Phase) ································ 296

후기 ··· 315
  웨슬리 이후의 감리회 ·· 317
  웨슬리적 유산 ··· 322

Selected Bibliography ·· 330

서문

　모든 이야기의 기원에는 신화와 전설이 많이 얽혀있다. 기독교가 영국에 전해진 것은 글래스턴베리(Glastonbury)라는 마을에 아리마대 요셉이 지팡이를 세우고, "바로 이곳이야" 하고 선언한 것에서 시작되었다고 전해진다. 그리고 이 지팡이에서는 싹이 터 나무가 되었다고 한다. 글래스턴베리의 안내 책자에는 이 나무에서 파생되어 나온 나무가 오늘날도 아더(Arthur) 왕의 무덤이 있는 곳에 살아남아 있다고 신빙성 있게 소개되어 있다. 아더 왕의 무덤과 이렇게 살아 있는 나무는 폐허된 중세 수도원 안에 있는데, 이런 것들은 인간의 소박한 행위를 말해 주는 것이다.
　물론 존 웨슬리(John Wesley)는 아리마대 요셉이나 아더 왕보다는 시간적으로 우리에게 훨씬 가깝다. 그러나 영국의 종교에 미친 그의 영향은 시간이 지나면서 수차례에 걸쳐 다시 이야기되는 과정에서 사실이 아닌 이야기들이 진실 같이 돌려진 것도 사실이다. 그가 책에서 "나보다 누가 더 이 일을 잘 하랴?"고 쓴 것처럼, 그는 자신이 일으킨 운동을 바로 기록해 나가는데 많은 관심을 가졌었다. 그는 메소디스트(Methodists)라고 불리운 사람들이 일어나고 발전하게 된 것에 대해 사실대로 기술하였고, 그들이 일어나고 발전하게 된 자신의 역할에 대해서도 사실대로 기술하였다. 반면에 그의 반대자들은 이 운동을 부정적으로 그리는 일에 더 관심을 가졌고, 따라서 이 운동의 기원과 의도를 그들 나름대로 묘사했다고 해서 비난할 수 없다. 웨슬리의 동료들은 이 운동과 이 운동의 지도자들에 대해 가장 아름다운 면을 우선적으로 드러내려고 하는데 주저함이 없었다. 웨슬리와 그 시대 사람들이 남긴 엄청난 양의 문헌들을 조사해 나가다 보면, 공격적인 글과 방어적인 글, 그리고 감정적인 글과 신앙고백적인 글을 구분해 낼 수 있다. 그렇지만 신학적인 논쟁의 요소를 문헌에서 추출해 내거나, 사실을 허구에서 분별해 내는 것은 어느 쪽이 되었든 쉬운 일은 아니다.
　웨슬리는 자신의 영성과 신학 발전에 자의식이 강한 사람이었고, 자신을 따르는 사람들의 종교적, 이성적 여정에 대해서도 마찬가지로 관심을 가지고 있었다. 우리는 18세기의 웨슬리 운동사가 단순히 어떤 퍼져나가는 조직이나, 발전해 나가는 신학이나, 확장되어 가는 선교사역을 기술하는 것 이상임을 기억해야 한다. 그것은 웨슬리가 그의 시간과 열정을 쏟아 붓고 또한 함께 일했던 메소디스트라고 불리웠던 사람들의 이야기이다. 그렇기 때문에 이 책에는 이 전에는 언급할 만큼 중요하다고 여겨지지 않았던 사람들의 이름도 많이 등장한다. 안타까운 것은 많은 경우, 이 사람들에 관하여 이름 외에는 알려진 것이 없다는 점이다. 나는 이 사람들이 초기 감리회 운동의 출발 과정에서 이름 없이 묻혀지지 않도록 구해 보려고 노력했다.

이 책은 그러므로 웨슬리의 전기가 아니다. 그에 관하여 잘 알려진 이야기들 (특별히 초창기 시절의 이야기들), 예를 들면, 불에 타는 목사관에서 구출된 어린 시절의 이야기라든가, 소피 합키(Sophy Hopkey)라는 여자와의 이루어지지 않은 사랑 같은 이야기들은 여기에 싣지 않았다. 이런 이야기들이라면 이제는 고전으로 자리잡은 그의 전기물에서 찾아볼 수 있다. 여기에서 우리의 초점은 메소디스트라고 불리웠던 사람들 사이에서 일어난 신앙적 부흥 운동과 웨슬리와의 관계이다.

웨슬리 부흥 운동의 초창기 역사를 돌아보는 목적의 하나는, 이 운동을 싹트게 하고 지속적으로 자라게 한 요인이 된 뿌리를 인지하기 위함이다. 감리회 운동의 기원과 성장에 대하여 훗날 고찰하면서, 웨슬리는 이 운동이 자연스럽게 일어났던 점과, 발전해 나가면서 스스로 방향을 정립해 나갔다는 점을 강조하고 있다 (웨슬리 저 *Short History of Methodism* 참조). 그는 하나님께서 적절하고 구체적인 목적을 위해, 그러나 예측할 수 없고 미리 정해지지 않은 방법으로, 메소디스트라고 불리운 사람들을 일으키셨다고 보았다. 그리고 교회를 개혁하고 성서적 거룩함을 널리 퍼뜨리려는 웨슬리의 순수한 의도들은 그가 뜻하지도 않았고, 기대하지도 않았던 행동으로 나타나곤 했다.

웨슬리 운동의 기원과 발전에 대한 그의 일화들은 때로는 사실들을 (변증과 설득을 이유로 하여) 지나치게 간소화하기도 하고 이야기를 아름답게 꾸미기도 하지만, 이야기들의 형태와 내용이 전기 작가들과 역사가들에 의해 자주 반복되는 가운데 감리교의 전승으로 굳어지게 되었다. 한번 진실처럼 굳어지기 시작하면, 반복하여 전하여진 이야기들은 사실로 구분하기가 어렵고, 설혹 구분이 된다 해도 교정하거나 널리 알려진 설화에서 제거해 내는 것 또한 어렵다.

그렇지만 오늘날의 역사가들은 과거를 조명해 보면서 얻어지는 통찰력으로 인하여 이득을 보기도 한다. 그리고 당시 그 사건들에 참여했던 사람들에게는 불가능했던 방법, 또는 훗날의 교단 교회사가들에게는 관심의 대상이 되지 않았던 방법으로, 역사적 발전 과정을 분석하는 것이 가능해진다. 문화적 토양, 이성적 분위기, 미묘한 영향력, 그리고 미처 내다보지 못했던 결과 같은 것들은 과거의 사건을 훗날 되돌아보는 사람들에게 오히려 더 잘 파악이 된다.

웨슬리 부흥 운동을 조심스럽게 살펴보면, 미리 생각하고 있었던 (preconceived) 감리회의 *형태*는 없었다고 하더라도, 이 운동이 구체적이고도 결정된 *방향*으로 움직여 가고 있었던 것 같다. 그리고 웨슬리는 미리

서문

생각하고 있었던 어떤 감리회의 형태를 만들거나 보존해 나가는 것보다는 그 운동의 추진력을 이어가는 일에 더 관심을 가졌던 것 같다.

감리회의 기원을 이해하기 위해서는 웨슬리가 "의도"(design)했던 것을 전개하려고 하기보다는, 이 운동이 발전해 나가면서 갖는 역동성과 그것이 사람들에게 미치는 효과를 이해하려고 노력해야 한다. 우리는 역사적인 배경, 즉 *상황*(situation)이라든가 사람들, 문제, 그리고 자원 같은 역사적인 맥락을 보아야 한다. 그리고 우리는 이와 같은 상황에 직면한 사람들, 예를 들면, 그 사람들이 어떤 문제를 겪고 어떻게 이해했는가, 어떤 자원을 선택했는가, 또는 구체적인 정황에서 해결책을 어떻게 적용했는가를 보아야 한다.

존 웨슬리는 많은 경우 무엇이 옳고 진실인가가 경험으로 확인되기 전에 이성적인 확신을 가지고 있었고, 종교적이나 영적 진리에 관해서서도 경험에 의한 검증을 중요시했다. 명제적 (propositional) 신앙과 경험적 신앙은 어느 면에서는 조화를 이루고 있었고, 그렇지 않더라도 어떤 시점에서는 연결되어 있었다. 예를 들면, 그의 올더스게이트 (Aldersgate) 체험은, 어떤 면에서는 그가 선포하기도 하고 추구하기도 했던 것처럼, 인간을 변화시킬 수 있는 하나님의 용서에 대해 확신할 수 있다는 진리에 대한 경험적 확인이었다. 이 사건의 일차적 중요성은 그의 영적, 그리고 신학적 자기 이해에 있어서 중심이 되는 이 개념의 검증에 있는 것이지 시간, 장소, 또는 행동과 같은 사건 그 자체는 웨슬리 자신에게는 두고두고 오래 기억될 만큼 중요한 것은 아니다. 실제로 그는 이 체험에 대하여보다는 자신의 생일에 대하여 더 반복하여 언급하고 있다. 그러나 그것은 한 사람이 어떻게 복음의 진실을 알고 경험하는가 하는 문제에 대하여 좀 더 깊이 이해하게 하는 결정적인 단계이었다.

이것이 웨슬리는 자신이 체험한 다른 진리들과 함께 어떻게 해서든지 계속 기쁨으로 기억하고, 깊이를 더하고, 전파하고, 부연 설명을 한 진리이다. 그리고 이 모든 진리들이 그가 사람들에게 설교하지 않고는 배길 수 없었던 신관, 구원론, 신앙인의 삶이라는 개념으로 나타나게 된 것이었다. 이는 듣는 사람들로 하여금, 그 자신이 복음을 체험함으로써 자신의 삶 속에 생명력을 지니게 되었고, 그리고 뒤에 수천 명의 삶을 통해 확인되어진 것처럼, 신앙인의 삶 이상을 깨우쳐 주려는 것이었다.

우리는 차후에 나타나는 결과에 대해서는 그 시점에 도달할 때까지 기술하지 않고, 초기 감리회 운동이 전개되어 가는 대로 이야기를 엮어 나갈 것이다. 초기 감리회 운동의 역사는 신학적, 조직적, 그리고 선교적 발전 양상의 등장과 상호 관계를 보면 가장 잘 이해할 수 있다. 그리고 이런 것들은 여러 해를 통해 모양이 갖추어졌고, 앞의 세 가지 요소 (신학, 조직, 선교) 모두를 함께 볼 때에만 제대로 이해할 수 있다.

웨슬리 자신의 신앙적 여정은 물론 18세기 감리회의 신학, 조직, 그리고 선교의 발전과 분리하여 풀 수 없도록 얽혀있다. 그러나 그의 여정만이

웨슬리와 메소디스트라고 불리운 사람들

유일하거나 전부인 것은 아니다. 그가 감리회에 포함시켜 넣은 많은 면모들은 다른 사람들에게서 왔으며, 이 운동에 특성을 부여하는 많은 활동들은 다른 사람들에 의해 시작되었다. 그리고 비록 웨슬리가 이 운동에 개인적으로 깊이 관여하기는 했지만, 그의 방향 제시에 모든 사람들이 다 긍정적으로 반응한 것은 아니다. 18세기의 감리회 운동은 웨슬리와 메소디스트라고 불리운 사람들 모두의 이야기이다.

나는 새로운 발견에 의한 옛 고정 관념의 수정에 집착하지는 않았지만, 최근의 연구 결과를 활용함으로써 이 책이 학구적이기는 하면서도 학문에 치우치지 않도록 배려했다. 이 책은 많은 학자들의 수십 년간의 노력에 의해 이루어진 '존 웨슬리 200주년 기념 전집' (*Bicentennial Edition of the Works of John Wesley*)이라는 출판물에 특히 힘을 입었고, 기회가 있는 대로 인용을 했다. 다른 주요한 문헌으로부터의 인용은 오늘날의 독자들이 곧바로 구해 볼 수 있는 현대 자료 모음, 예를 들면, '영국 감리교의 역사' (*The History of the Methodist Church in Great Britain*) 제4권에서 찾아볼 수 있다. 인용할 때에는 영국식 철자법을 그대로 따랐다. 중요한 용어들, 예를 들면, 이름, 장소, 출판물, 그리고 사상 등은 처음 소개될 때, 또는 중요한 대목에서는 고딕체로 썼다. 본문 중 참고 문헌을 약자로 단축하여 소개한 것은, 처음 등장하는 장의 끝이나, 책 마지막의 문헌 목록에 좀 더 자세히 언급하였다. 널리 알려진 문헌, 예를 들면, 특정한 해의 *회의록*이나 특정한 날의 *일기*를 참조할 때에는 별도의 언급을 하지 않았다. 이 책의 삽화는 가능한 한 당시의 목판화나 복사본을 사용하였다.

나는 이 책 전체나 부분적으로 조언을 해준 분들, 특별히 Karen Heitzenrater, Wanda Smith, Frank Baker, John Vickers, Kenneth Rowe, Jean Miller Schmidt, Russell Richey, Rex Matthews, Frederick Maser, John Wells, 그리고 Southern Methodist University, Drew University, Iliff School of Theology, 그리고 Duke University에서 내 강의를 들어준 학생들에게 감사를 드린다. 또한 Perkins School of Theology를 통하여 주어진 Lilly Foundation의 교수 개발 후원금의 도움에도 감사를 드린다.

이 책은 지난 반세기 동안 나의 학문적 성취를 위하여 끊임없이 용기를 북돋아 준 나의 부모님들에게 바친다. 나는 이 책이 교회나 학교에서 오늘과 미래를 위하여 웨슬리가 남긴 유산의 의미를 찾아보려고 노력하는 사람들에게 유용한 참고가 되기를 바란다.

R. P. H.
Durham, NC
March 2, 1994

제1장

감리회와 영국 기독교의 유산

옥스퍼드 대학의 교수였던 존 웨슬리는 종종 학교에서부터 스탠튼 하코트(Stanton Harcourt)라는 마을까지 8마일을 걸어, 그곳의 교구 목사이며 친구인 존 갬볼드(John Gambold)를 대신해서 설교를 하곤 했다. 그는 그 조용한 시골에서 그가 했던 설교가 18세기 2/4분기에 그가 시작한 감리회 운동으로 모여지고, 외부로 드러나 내보여지는 응집된 힘들로 훗날 인지되리라는 것을 알 수는 없었을 것이다. 그러나 그 중 다음과 같은 사건은 웨슬리 부흥 운동의 기원의 성격과 역동성을 잘 드러내 주는 괄목할 만한 역사적 일화를 제공해 준다.

1738년 늦은 봄 어느 날, 웨슬리가 "믿음으로 얻는 구원"이라는 제목으로 이 작은 시골 교회에서 설교를 했을 때, 영국 종교의 과거와 현재와 미래가 지니고 있는 흥미로운 에너지가 한군데에서 만나고 있었다. 그 자리는 영국 교회의 긴 역사가 개인적으로나 제도적인 면에서 부흥을 갈망하는 힘과 손을 잡는 자리였다. 오랜 전통을 가진 믿음의 명제적 확실성이 개인적 체험에서 나오는 힘과 이어지는 자리였다. 기존 체제를 위하여, 또 그 체제에 의하여 세워진 조직이 그 체제의 특권을 박탈당한 사람들의 몸과 영혼을 배려하는 마음과 연결되어지는 자리였다. 존 웨슬리와 그를 설교자로 초청한 존 갬볼드는 그때 이미 감리회원으로 알려져 있기는 했었지만, 그 주일 스탠튼 하코트 교회에서 설교를 들었던 소수의 교인 중 어느 누구도 갬볼드가 훗날 모라비안(Moravian) 교회의 감독이 되리라는 것과, 웨슬리가 그의 생전에 영국을 휩쓸고 대서양을 건너 미국에까지 전해진 복음적 부흥 운동의 지도자가 되리라는 것을 알 수는 없었다.

11세기경 옥스퍼드셔(Oxfordshire)라는 시골 지역의 스탠튼 하코트 마을에 세워진 세인트 미가엘(St. Michael) 교회는 로마 카톨릭 교회의 전통이 비교적 손상되지 않은 채 건물 구석구석에 담겨져 있었다. 그러나 외딴 곳에 떨어져 있다는 점만으로는, 교인들의 신앙이나 건물을 영국 국교나 청교도 인습 타파주의자들의 개혁적 열성에서 지켜 내거나 보존할 수는 없었다. 색유리나 중세 카톨릭적 믿음보다는 나무나 돌, 또는 놋쇠에 새겨진 조각이 차라리 덜 손상을 입었다. 지금도 웨슬리 시절과 마찬가지로 그 자리에 있는 나무로 된 강대상 칸막이는 영국에서 가장 오래 된 것이며, 13세기 중세 카톨릭 교회의 유물이다. 그러나 돌 조각들에서 찾아볼 수 있는 쪼아낸 자국이라든가 떨어져 나간 조각들은 헨리 왕 시절 개혁주의자들의 특징을 나타내는 열광적인 파괴의 흔적을 보여준다. 대부분의 놋쇠로 된 기념비들은 손상을 입지 않았지만, 가끔 보이는 돌에 움푹 패인 자국이나 짝이 맞지 않는 놋 이음쇠(orphaned brass rivets)는 놋쇠는 묘지보다는 총알에 어울린다는 생각을 가졌던 크롬웰 당의 열성을 잘 대변해 준다. 중세의 색유리는 16세기와 17세기 여러 세대에 걸쳐 개혁주의자들이 개신교의 전형적 새로운 시각에 따라 영적이고 미적 감수성을 대변하거나 신비하게 생각하던 것들을 제거해 내는 과정에서 회복할 수 없는 피해를 입어 없어졌다.

 1738년 6월 11일, 웨슬리가 세인트 미가엘 교회의 강대상 층계를 걸어 올라갔을 때, 그의 눈앞에는 교회의 역사를 회상하게 하는 많은 물건들이 즐비하게 늘어져 있었다. 이와 같은 상징물들은 지난 수세기에 걸쳐 영국 교회가 경험한 것이기도 했고, 웨슬리 자신이 신앙의 여정에서 직접 겪기도 했던 권력과 영화, 환난과 시련, 공적과 실패를 보여주는 것들이었다. 초대 기독교 전통에 단단히 내린 뿌리, 중세 성직자들에게서 전형적으로 나타나는 묵상적 영성, 부끄러움 없이 영국 교회를 지지한 것, 청교도적 정신에 연유한 도덕적 확신 등은 세인트 미가엘 교회의 기본적 교풍이 되어 있는 것만큼이나 웨슬리의 생각과 마음에 영향을 미쳤다.

 초기 감리회에 외형과 방향을 제공한 생각이나 원동력은, 대체로 16세기와 17세기 영국 교회 개혁 과정의 여러 가지 격변 상황에 이미 내적으로 존재하고 있었다. 웨슬리 운동을 이해하려면, 우리는 먼저 그 운동에 생명을 준 토양을 걸러 보고, 싹을 트게 한 씨앗을 살펴보며, 영양분을 제공하고 유지하게 한 자원들에 주목해야 한다.

영국의 종교개혁:
영국에 존재하던 교회로부터 영국 국교로

 영국이 기독교에 접하게 된 것은 6세기 버다(Bertha)라는 기독교인 왕후를 둔 색슨 왕 에델버트(Ethelbert)를 회심시키려는 전략을 가졌던 캔터베리의 성 어거스틴에 의해서이다. 이때부터 영국 국왕들은 영국이라는 섬 나라의 종교적 업무 집행에 중요한 역할을 담당했다. 물론 종교와 정치 간에 갈등이 없었던 것은 아니었다. 토마스 벡켓(Becket)이 헨리

2세와 충돌한 사건이나, 관직 임명에 있어서 안셀름(Anselm)이 타협을 지은 사건, 존 볼(Ball)이라는 목사가 국왕 리처드 2세(Richard II)를 공박하는 설교를 한 것, 그리고 그밖에 여러 가지의 다른 사건들은 교회와 왕권 사이에 긴장이 지속해서 존재했었다는 것을 증명해 준다. 그러나 영국 역사의 대부분을 통해, 둘 사이의 관계는 하나님께서 정해주신 것인 양 완벽하지는 않았다 하더라도, 필요하기도 하고 자연스럽기도 한 것처럼 보였다.

로마 교회의 영향, 즉 중세 영국에 깊이 남겨진 어거스틴의 유산은 영국과 불란서를 분리하는 해협의 북쪽 땅인 영국에서 많은 시련을 겪었다. 봉건시대의 영국에서는 감독까지도 군주의 수하에 속한 신하일 수밖에 없었는데, 이 감독을 임명하는 권한을 교황이 가진 것에 대해 영국 왕실은 반기를 들었다. 그리고 의회 시대 초기에는 외국인을 혐오하는 단계까지는 아니었다 해도, 외국으로부터 영국을 보호하려는 경향이 교황권과 같은 외부의 세력을 제한하거나 덜 좋게 보는 결과를 가져오기도 했다. 또한 14세기의 대부분이 그랬던 것처럼 교황은 당시 프랑스의 영향을 받고 있었는데, 기존 반불 정서와 맞물려 당시 일어나고 있었던 국가적 자각이, 존 위크리프(John Wycliffe)로 하여금 성경을 교황의 권위에 맞먹는 믿음의 근거로 선언하게 했다. 영국이 국가로 발전해 나가면서 섬 나라 백성의 성향이 팽배했던 것이다. 유토피아를 쓴 토마스 모어(Thomas More) 경이 그 책에서 이 상황을 영국 섬으로 묘사한 것은 놀라울 것이 못된다. 어느 쪽으로 가도 75마일이면 달하게 되는 해안선으로 국경을 갖춘 영국의 국민적 자각은 자연스럽게 왕실을 중심으로 발전하게 되었고, 영국의 종교 체제는 남의 눈치를 볼 것도 없이 왕실을 중심으로 하며, 강하게 반교황적이며 국수주의적인 것이 되었다.

최소한 18세기까지는 왕실이 영국 역사의 중심을 차지하고 있었다. 이러한 사실은 어쩌면 영국의 종교개혁 시기였던 헨리(Henry) 8세, 에드워드(Edward) 6세, 메리(Mary) 1세, 엘리자베스(Elizabeth) 1세의 통치기에 가장 잘 드러났다고 볼 수 있다. 종교개혁자들이 특히 대륙에서는 그들의 새로운 사고와 정책으로 인하여 잘 알려져 있었지만, 그와 같은 개혁이 성취되기 위해서는 실제로 정치적 영향력을 쥔 계층의 기호와 선호에 달려 있었다. 실제로 독일, 프랑스, 그리고 영국 등 많은 지역에서 개혁의 성패는 국왕이나 통치자가 어떻게 나오는가에 좌우되었다. 영국의 종교개혁은 몇 단계를 거쳐 발전하게 되는데, 그것은 대체로 왕실의 태도에 따라 결정이 나고, 대신들의 조언에 따라 형태가 달라지며, 모든 경우에 의회의 행동에 따라 집행되었다.

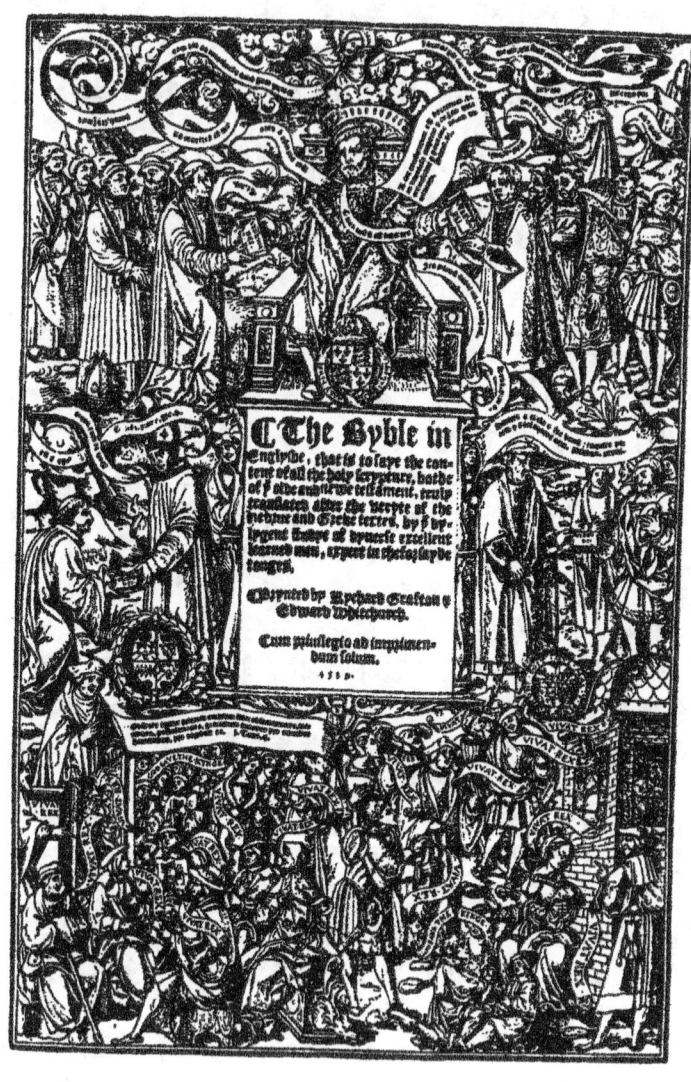

민중의 말로 번역된 성경은 영국 종교개혁의 두드러진 특색이었다. 헨리 8세는 1539년 "위대한 성경 (Great Bible)"의 출판을 지지했는데, 이 성경의 표지 그림에는 토마스 크랜머(Thomas Cranmer)와 토마스 크롬웰(Thomas Cromwell)이 함께 하나님 말씀을 나누어 주는 것으로 묘사되어 있다.

헨리 8세가 내딛은 큰 첫 걸음은 영국 교회를 로마 교회에서 분리하여 왕권 밑에 두는 것이었다. 꼬리를 물고 일어나는 개인적, 정치적 문제들이 헨리 8세로 하여금, 1521년 루터가 쓴 "일곱 성례에 관한 주장"(Assertion of the Seven Sacraments)에 반대하는 교황을 지지하여 얻게 된 호칭인 "믿음의 수호자"(Defender of the Faith)의 입장에서, 10년이 지난 뒤에는 스스로를 영국 교회의 머리로 선언하는 처지로 변신하게 했다. 개혁의회(1532-1535)는 **에라스찬**(Erastian)식의 정부 형태를 구축했는데, 이것은 의회가 **국왕 지상법**(Act of Supremacy)이라는 법으로 헨리 8세를 교회와 국가의 머리로 선언하고, 영국 교회를 국교로, 그리고 정부 조직의 필수 불가결한 요소로 만든 것을 뜻한다. 이와 같은 의회의 행동은 훗날 권력의 한계를 설정하여, 교회의 교리, 조직, 정책에 관한 모든 사항은 의회를 거치지 않으면 안되게 되었다. 영국 교회의 독립성을 주장하려는 이와 같은 움직임에 더하여, 의회는 헨리 국왕의 자문을 맡은 토마스 크롬웰의 격려와 인도에 힘입어, 가장 두드러지게는 교황청을 포함한 외국의 힘이 영국 내정에 간섭하는 것을 금지한 기존의 법을 재확인함으로써 반교황적 감정을 분출해 내었다.

신학적으로 본다면 헨리 치하에서의 영국 교회는 루터교나 칼빈주의자의 전형적 개신교는 아니었다. 영국 교회의 최초의 공식적 신앙고백인 **10개 신조**(Ten Articles of Religion, 1536)는, 당시 개신교가 가지고 있었던 성체변화설(transubstantiation)이나 성직자의 독신주의에 반하는 등의 전형적 편견을 담지 않은, 짤막한 전통적 신앙고백이었다. 영국 내의 교회가 영국 국교로 전환해 가는 과정에서 가장 눈에 띄는 변화는 조직과 예배문에서 나타났다. 이제는 교황이 아니라 국왕이 교회의 머리가 되었으며, 예배는 라틴어가 아니라 영어로 드려졌다. 1539년에 수정된 교리적 선언인 **6개 신조**(Six Articles)에 볼 것 같으면, 성체변화설이나 성직자의 독신주의를 재확인하는 등, 헨리 치하 교회의 보수적 성향이 나타난다. 1543년에 출간된 왕의 책(The King's Book)을 보면, 칭의, 행위, 은혜 등의 구원론적 교리는 개신교와 로마 카톨릭교 대표들이 1539-41년 대륙에서 가졌던 토론에서 합의한 전형적인 평화적 타협안(예를 들면, 레겐스버그 출판물[Regensburg Book])에 가깝다.

초기에 시도했던 교리의 공식화는 헨리 국왕의 말기, 국왕에 가장 가까운 종교 자문관이었던 토마스 크랜머(Thomas Cranmer) 추기경에 의해 개정되고 확장되었다. 그는 중요한 첫 단계로 성직자들에게 올바른 신학적 본을 보여 줄 수 있는 설교와 훈계 모음을 출판하는 것이었다. 1546년 출간된 최초의 **설교집**(Book of Homilies)에는 21개의 설교가 있었는데, 이것들은 개체교회 신부나 부제가 혹 설교나 교리적으로 부족한 점이 있더라도 그냥 강단에서 읽기만 하면 회중이 정통 교리의 견실한 해석을 들을 수 있게 한 것이었다.

에드워드 6세의 통치 기간 동안 대륙 개혁가들의 영향력은, 왕실에서나 지방에서나 한 가지로 눈에 띄게 증가하였다. 크랜머 자신도 이와 같은 변화에서 무관하지 않았다. 1532년에 그는 비밀리에 루터교 개혁가인 안드레아 오시앤더(Andreas Osiander)의 조카인 마가렛 오시앤더(Margaret Osiander)와 결혼을 하였고, 마틴 뷰서(Martin Bucer)나 피터 마터(Peter Martyr) 같은 대륙의 신학자들을 영국으로 불러 왔는데, 이 사람들은 대부분은 괄목할 만한 평화적 성향을 지닌 칼빈주의자들이었다. 크랜머 추기경이 영국 국교를 위하여 다음으로 내어놓은 역작은 1549년에 제정, 1552년에 수정된 **공동 기도서**(Book of Common Prayer)이었다. 이 기도서는 의회의 의결을 거쳐 영국 국교의 공식적 기도문이 되었다. 크랜머는 또한 **42개 신조**(Forty-Two Articles)로 불리운 수정 교리적 선언을 만드는 것을 도왔는데, 이 교리적 선언은 그 이전에 영국에 존재하던 어떤 정통 교리보다도 개신교적 성향을 띠고 있었다. 이 교리적 선언의 칼빈주의자적 성향은 원죄 이전에 하나님께서 선포하셨다는 선정타죄론적 예정론(supralapsarian predestination)의 주창에서와, 그리스도를 믿는 믿음을 떠난 선행에 대한 분명한 반대에서 잘 나타난다. 이 신조는 1553년 6월 에드워드 6세가 죽고, 그의 여동생 메리가 왕권을 물려받기 전 한 달도 채 되기 전에 국왕에 의해 받아들여졌다.

영국 국교는 그 역사와 본질상 대륙적 개신교의 근본주의적 견해와 로마 카톨릭 교회의 전통주의적 견해의 중간노선을 따랐다. 메리 여왕의 통치는 영국에서 로마 카톨릭 교회로 영구히 회귀하도록 영향을 미치기에는 너무나 짧았다. 20년에 걸친 영국 종교의 방향 전환은 느리기는 하지만 에드워드 통치기에 태동하기 시작한 개신교주의로 정점을 이루는데, 이것은 의례적으로 의회의 행동에 의해 효력을 발휘하는 메리 여왕의 종교 재편성 정책에 폭넓은 도전을 가져올 만큼 전국에 걸쳐 널리 퍼져 있었다. 심지어는 메리 여왕의 아버지와 후에 그녀의 여동생에 의해 사용되기도 했던 전통적인 방법에 의한 강력한 반대파의 제거도 결국에는 그녀를 더욱 어렵게 만들었다. 그녀는 많은 인사들을 개신교적이라는 이유로 추방했었는데, 이 사람들은 그녀가 죽자 다시 영국에 돌아와, 헨리식 교회마저도 더욱 개혁을 해야 할 필요성이 있다는 점을 분명히 하는 개혁의 열정을 드러냈다. 그리고 영국에 남아 있던 인사들을 처형한 사실은 메리 여왕의 생전에 그녀의 반대파들을 뭉치게 하는 효과를 낳았을 뿐만 아니라, 메리 여왕에게는 가장 유감스러운 역사적 평가가 된 "피비린내 나는 메리"(bloody

Mary)라는 별명을 선사했다. 특히 크랜머 (Cranmer), 라티머 (Latimer), 그리고 리들리 (Ridley) 세 추기경을 화형시킨 것은 로마 카톨릭에 대한 지속적인 반감의 불을 댕겼고, 이것은 존 폭스 (Fox), 토마스 카트라이트 (Cartwright) 등의 저술을 통해 더욱 불붙게 되었다.

메리 여왕이 후계자를 남기지 않고 죽자 그녀의 여동생 엘리자베스가 왕위를 계승하였는데, 엘리자베스 여왕의 정치적 감각과 종교적 성향은 **엘리자베스 통치기**(Elizabethan Settlement)로 알려진 일련의 의회의 법령들(1559년)을 통해 영국 왕실과 교회 간의 관계와 성격을 규명해 놓았다. 엘리자베스가 바라던 것은 그녀의 아버지인 헨리 8세 때의 상황으로 회귀하는 것이었다. 그러나 흘러간 시간과 사건들은 그것을 허용하지 않았다. 지나간 몇 해 동안 제네바에서는 칼빈이 등장했고, 트렌트(Trent)에서는 로마 카톨릭 교회를 재정립하게 되었다. 엘리자베스 여왕은 자국에서의 현실, 즉 메리 여왕 통치기에 되살아난 로마 카톨릭 신앙과, **추방에서 되돌아오는 인사**(Marian exiles)들에 의한 칼빈 신앙의 부흥에 대처해야 할 필요성을 느꼈다. 이 인사들은 그 뒤로 대를 두고 영어를 사용하는 사람들에게 영향을 미친 책을 두 권 가지고 왔는데, 그것은 폭스(Fox)의 순교자(*Book of Martyrs*)와 제네바 성경(Geneva Bible)이었다.

연대표 1
영국 종교개혁, 내전, 왕령복구

1500	1550		1600		1650
	헨리 8세	메리		제임스 1세	크롬웰
헨리 7세	에드워드 6세	엘리자베스 1세		찰스 1세	찰스 2세
루터의 95개한 개혁 의회	칼빈의 종교요요	마리안의 반대파 추방 크랜머 화형	콩코드 신조 청교도 논쟁	도르트 교구 청교도 미국행	웨스트 팔리아 평화 영국 왕정 내전 회복
	10개 신조 6개 신조 에라무스 금언	42개 신조 39개 신조	존 녹스 스페인 함대	하버드 제임스타운 정착	설립 웨스트민스터
	카버데일 위대한 성경 국왕 지상법	제네바 성경 공동 기도서	추기경 성경 통일령	"고인 성경" 후커 법	고백 밀톤의 *아레파기티카*

첫 번째 책인 순교자는 "성자들의 일생"을 기록한 전통적 양식을 따라, 메리 여왕의 치하에서 박해를 받았던 순교자들에 대한 상세한 기록이었다. 이 책의 노골적인 반카톨릭 색채는 임신한 여인을 화형시키는 이야기가 쓰여진 다음과 같은 결론 부분을 보면 잘 드러나 있다. 이 여인이 불에 타고 있는 동안 태아가 튀어나오게 되는데, 처음에는 불에서 건져내어 졌지만 곧 이어 다시 불 속으로 던져졌다고 한다. 그 이유를 폭스는 "비극적인 죽음을 통해 자비라고는 없는 카톨릭 박해자들의 헤롯당과 같은 잔인성을 만천하에 드러내도록 죄 없이 희생되는 사람들의 수를 채우려는" 것이었다고 기록하고 있다. 이 책의 높은 인기는 영국인들의 생각 속에 꿈틀거리는 반카톨릭 감정을 심어 놓는데 큰 역할을 하였다.

메리에게 추방당했다가 귀환하는 사람들은 또한 칼빈 성경을 교회 개혁의 교과서처럼 가지고 왔다. 제네바 성경(공인 '감독 성경' Bishop's Bible에 비해 크기가 작아 "반바지 Breeches", 성경으로 불리우기도 했음)은 당시 사용되었던 굵고 검은 글씨체가 아니라 선명한 로마체로 인쇄가 되었고, 편의를 위해 절수도 들어가 있었다. 이 성경은 묵상 기도와 개신교적 (반카톨릭적) 신학의 해석의 준거로서만이 아니라, 칼빈주의자들의 말을 빌리면 교회 개혁을 위한 실제적 지침서로도 여겨졌다. 추방에서 돌아온 귀환 인사들은 자신들이 머물던 추방지에 있을 때부터 헨리식이냐 에드워드식이냐를 가리지 않고 영국 교회의 로마 카톨릭 성향은 개혁이 필요하다는 결심을 이미 가지고 있었다. 이리하여 영국의 칼빈주의자들은 "**청교도**"(Puritan)라는 이름으로 널리 알려지게 되었고, 교회의 비성서적인 오염을 정화하기 위한 개혁을 위해 노력하였다. 그들은 예배시 입는 성복이라든가 교회의 지도체제에 있어서 왕은 물론 대주교의 존재에 대한 성서적 근거도 없다고 보았다.

엘리자베스 여왕 치하에서의 종교계의 과제는 헨리 왕에 의해 세워진 국교를 한편으로는 전통적인 로마 카톨릭의 기득권으로부터, 또 다른 한편으로는 보다 근본주의적인 청교도적 개혁 성향으로부터 보호할 수 있는 균형 잡힌 접근 방법을 구축하는 것이었으며, 이러한 입장은 로마와 제네바 사이의 *중도 노선*(*via media*)으로 불리어지게 되었다. 이 과정에서 엘리자베스 여왕의 역할은 그녀의 강한 종교적 선호도보다는 그녀의 빈틈없는 *정치적인* (politique) 면밀함(기민함)에 의해 결정이 되었다. 이 점에서 그녀는 다른 면에서와 마찬가지로 전적으로 정치적이었다. 그녀의 형제들의 통치로 생긴 혼란 후에 왕위를 이어받은 그녀였기에, 그녀의 관심은 안정된 통치의 구축이었다. 통일국가는 교회의 안정된 질서를 요구한다는 생각을 가졌기 때문이다.

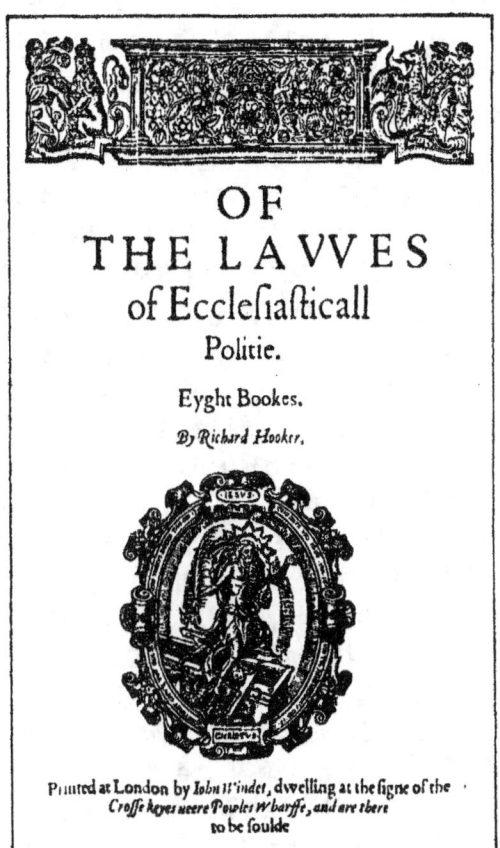

후커(Hooker) 작 엘리자베스 통치기의 교회 조직과 신학 주해 초판 표지

엘리자베스 치하에서의 종교적 문제를 해결한 의회의 정책은 헨리식 교회를 모형으로 하였고, 그 뒤 대대에 걸쳐서 영국 종교의 기본 틀이 되었다. 새로운 **국왕지상법**(Act of Supremacy, 1559)은 엘리자베스 여왕을 국가의 머리이며 동시에 교회의 "최고 통치권자"(Supreme Governor)로 세웠다. 이러한 단어들은 헨리가 에베소서 5:23과 골로새서 1:18을 참조하여 자신을 교회의 "머리"(head)라고 선언함으로 야기되었던 어려움을 감안한 선택이었다. 1559년 선포된 **통일령**(Act of Uniformity)은 예배문과 교리의 기준을 정하여, 교회로 하여금 **공동 기도서**(Book of Common Prayer)를 쓰도록, 그리고 성직자들과 교회의 다른 책임자들로 하여금 **39개 종교강령**(Thirty-Nine Articles of Religion)

에 따른 교리를 받아들이도록 하였고, 전국 어디에서나 정기적으로 강단에서 읽혀지도록 쓰여진 확대판 **설교집**(Book of Homilies)에 의거하여 정통 교리의 기준을 제공하였다. 신학적 정체성을 위한 이와 같은 세 가지 기본적인 근거는 10여 년 전 토마스 크랜머의 저술에서 연유한 것이었다. 공동 기도서와 신조들은 에드워드 당시의 기도서와 신조들을 조금 수정한 것이었고, 설교집은 1546년 출판된 초판보다 설교문의 수가 배로 늘었다.

이와 같은 발전 양상에 대해 청교도 측이나 로마 카톨릭 측은 둘 다 좋은 시각으로 보지 않았다. 대륙에서 귀환하면서, 그리고 새 교인을 얻으면서 숫자가 증가한 청교도들은 엘리자베스와 그의 자문관들이 설정된 정치적, 신학적 체제에 반기를 들었고, 그들이 특히 참기 어려워했던 것은 토마스 카트라이트(Cartwright), 월터 스트릭랜드(Strickland)와 "마프리레이트 소책자"(Marprelate Tracts) 등에 보여진 바와 같은 예배문, 감독제, 그리고 교리를 둘러싼 1570년대와 1580년대의 논쟁이었다. 1570년 교황 파이어스 5세(Pius V)는 엘리자베스 여왕을 파문하고, 국민들로 하여금 그녀를 하야시킬 것을 요구했다. 이 사건은 영국의 로마 카톨릭 교인들로 하여금 영국 여왕에게 충성하면서 교황의 권위를 부정하거나, 교황에게 순종하면서 영국에 반역하는, 양자 중 하나를 택하도록 강요했다.

이와 같은 긴장 상황에 직면하여, 리처드 후커(Richard Hooker)는 교회 조직과 교리를 정리하려고 시도하였는데, 이것은 후에 엘리자베스 통치기에 자리 잡은 영국 교회를 잘 설명해 주는 교회 행정 조직법 고찰(*Of The Laws of Ecclesiastical Polity*, 1595)이라는 저작으로 나타났다. 이 책에서 후커는 먼저 교회 조직과 이성에 호소하여 마음에 떠오르도록 하는 생각에 대한 기본적인 질문에 답을 주는 권위는 무엇인가 하는 핵심적 질문을 제기하였다. 그는 그 시대의 대립되는 사상 간에 중도 노선을 걷기 위해 조심스럽게 애를 쓰며 (후에 영국 교회의 중도 노선은 전통과 같은 중용의 모형이 됨) 세 가지로 답을 제시하였다. (1) **성경**(Scripture)은 기독교의 진리와 진리 분별을 위한 주된 근원이 되나, 청교도들이 이해하고 있는 오직 성경(*sola scriptura*)이라는 개념처럼 사용되어서는 안 된다. 다시 말해, 성경은 모든 질문에 대한 구체적인 답을 주는 지침서는 아니며, 성경에 나와 있는 모든 것들은 다 그대로 문자적으로 지키고, 나와 있지 않는 모든 것들은 하지 않아도 되는, 그런 것은 아니다. 후커는 진리의 우선적인 근거인 성경은 전체적으로 봄으로써 많은 분야에 있어서 생각과 행동의 지침을 주는 것이라고 주장했다. (2) **전통**(Tradition)은 로마 카톨릭에서 말하는 것과는 다르다. 전통은 기독교 초기 수세기 동안의 삶과 사상을 보여주는데, 이것은 사도들의 행적에 가장 가까우며 전체적으로 볼 때 성서적 중언에 대한 가장 권위 있는 반영과 해설이 된다. 그러나 트렌트 공회(Council of Trent)에서 선포했던 것처럼, 성경과 같은 정도의 위치를 부여받아서는 안 되며, 중세 교회의 자의적 행보를 배제하고 초대 교회의 처음 수세기에 국한해야 한다. 후커는 전통의 가치를 성서적 진리에 대한 기독교 초기의 권위적 해석에 있다고 보았다. (3) **이성**(Reason)은 플라톤주의자들의 생각과 다르게 받아들여져야 하며, 사려 깊은 사람으로 하여금 성경과 전통을 살펴보고 이해할 수 있는 수단을 제공한다. 계시된 진실은 때로는 이성을 초월할 수는 있지만 결코 반하지는 못한다. 후커는 설득력 있고 믿을 수 있는 교리를 발전시키기 위해서, 진실의 근거와 방법으로서의 계시와 이성의 연계성을 식별하려 했다.

후커에 의한 신학과 교회 조직의 서술은 **엘리자베스 하의 종교 통치기**(Elizabeth Settlement)에 나타난 중도 노선(*via media*)에 대한 분명한 형체와 변증을 지속적으로 제공했다. 18세기에 이르면서 후커는 대표적인 권위로 인정받았다. 1735년 사무엘 웨슬리(Samuel Wesley)가 쓴 젊은 성직자에게 주는 조언(*Advice to a Young Clergyman*)에 의하면, 성직자가 되려는 사람은 누구나 후커의 저술에 통달해야 할 것으로 보았고, 존 웨슬리가 가졌던 권위에 대한 사고의 틀은 그 당시 팽배했던 후커적 관점에 근거를 두고 있다. 후커가 관심의 대상으로 삼았던 칼빈주의와 카톨릭주의 사이에 존재했던 대립 관계는 얼마 후에는 청교도들과 아르미니언(Arminian) 간에 적대적 감정으로 대체가 되었다. 이와 같은 감정은 17세기로 들어가면서 유럽 북해 연안의 칼빈주의자들 간의 내분으로 처음 폭발된 것이었다.

16세기 말, 제이콥 아르미니우스(Jacob Arminius: 1560-1609)는 신의 결정(예정론)을 강조한 디어도르 베자(Theodore Beza)와 그밖에 다른 이들의 영향을 받아 발전한 칼빈주의자 신학에 도전했다. 칼빈의 철학이 전지전능, 무소부재 등의 특성을 내포한 하나님의 주권에 근거한 것이기는 하지만, 과도한 신적 주권의 강조는 그가 보는 바로는 실제 상황에 있어서 인간의 선택을 배제하는 결과를 가져온다는 점이 마음에 걸렸다. 모든 것이 예정되어 있는 세상이라면 어떻게 인간의 책임에 대해서 언급할 수 있다는 말인가? 신적 주권을 부정하지 않으면서 인간의 자유의지를 천명하기 위해서 아르미니우스는 다음과 같이 주장했다. 즉 인간은 실제로 자유롭게 선택을 하고, 하나님은 그와 같은 선택을 강요하지는 않지만 미리 알고 계신다. 그러므로 하나님의 주권이 창조된 세계와 인간과 갖는 관계의 근거로써, 하나님께서 예견(foreknowledge)하신 것이 하나님의 예정을 대신하게 되는 것이다. 이와 같은 논거는 그 근저에 신적 존재(주권이 존재하기 위해서는 인과관계가 있어야 하나 하는 질문)에 관한 서로 어긋나는 견해에 기인하는 것 같지만, 전통적인 칼빈주의자들이 가진 문제는 그와 같은 견해가 구원의 과정에 있어서 자연과 인간의 역할에 어떤 의미를 갖는가 하는 것에 초점이 있었다. 구원론과 연결지어 볼 때, 자유의지를 주창하는 것은 인간이 그들 자신의 의지로 그들의 구원을 이루는 무엇인가를 할 수 있다는 것으로 생각될 수 있다. 개혁자들이 내건 기치는, 하나님은 오직 은혜(*grace alone*)로 인간을 구원하시고, 인간은 오직 믿음(*faith alone*)에 의해서 구원받는다는, 오직 은혜(*sola gratia*)와 오직 믿음(*sola fide*)이었다. 루터와 칼빈은 다 같이 예정론을 기본적 믿음으로 주창했다. 이것은 누구를 구원할 것인가는 하나님이 선택하시고, 이와 같은 하나님의 선물을 얻기 위해 인간은 아무 것도 할 것이 없다는 의미이며, 인간이 할 수 있는 것이라고는 미리 선택된 사람들이 믿음으로 응답하는 것뿐이라는 주장이다. 이와 같은 견해는 그리스도가 선택된 사람들만을 위해서 돌아가셨다는 의미가 되며, 아르미니우스는 여기에 이의를 제기했다. 그가 가졌던 견해, 즉 그리스도는 모든 사람들의 구원을 위해 돌아가셨다는 "우주적 속죄"(universal atonement)의 개념은 문제의 핵심을 인간의 의지에 맞추어 놓았다. 즉 하나님의 구원의 선물에 믿음으로 응답하여 받아들이기로 *선택*(chose)한 사람들은 구원을 받는다는 것이다.

칼빈주의 강경론자들은 아르미니우스가 인간의 자유의지와 행위를 용납하는 사실을 인간의 공로로 구원을 얻는다는 반(半)펠라기우스(semi-Pelagian)적인 형태로 보았다. 물론 아르미니우스는 인간이 그들의 결정이나 노력이나 그밖에 어떤 행동에 의해서도 구원을 받는다는 말은 하지 않았다. 그러나 퍼져나가는 아르미니우스적 견해가 전통적인 칼빈주의적 신관, 인간관, 그리고 구원관에 가하는 위협은 1619년 네델란드에서 개최되었던 도르트 교구(Synod of Dort)에서 이 문제를 다루도록 만들었다. 아르미니우스가 죽은 뒤 그의 추종자들은 모든 면에서 열세에 몰렸다. 공회에 의해서 도르트(Dort) 경전에 정의되고 재확인된 정통 칼빈주의는 TULIP이라는 머리글자로 종종 요약이 되는데, 그것은 전적 타락(*T*otal depravity), 무조건적 선택(*U*nconditional election), 제한적 속죄(*L*imited atonement), 불가항력적 은혜(*I*rresistable grace), 그리고 성도의 인내(*P*erseverance of the saints)를 의미한다. 그 중 첫 번째 논지는 원죄론적 관점에서 볼 때 아르미니안주의자들로서도 용납할 수 있는 것이었지만, 예정론의 근거가 되는 나머지 넷은 멸망도 예정이 되었다는 것을 받아들일 수 없는 사람들에 의해 두고두고 공격의 대상이 되었다. 예정론에 반대하는 사람들, 즉 자유의지를 주창하거나, 범인류적 속죄론을 지녔거나, 인간의 책임을 강조하는 사람들은, 여기에 반하는 칼빈주의자들에 의해, 그들의 신학적 입장이 제이콥 아르미니우스와 전적으로 일치하든지 아니든지 아르미니안주의자(Arminians)라는 딱지가 붙여졌다. "반(牛)펠라기우스주의자"라든가 "행동 구원파" 같은 명칭들은 누구에 의해서도 자신들의 신학적 견해로 내세워진 적이 없지만, 상대방을 공격하기 위한 비난의 수단으로 사용되었고 "아르미니안주의"라는 호칭도 이 점에서는 대체로 마찬가지였다. 또 다른 면을 본다면, 칼빈주의자들과 루터교인들은 그들이 "오직 믿음"(sola fide)이라는 신조를 극대 해석하였고, 율법과 은혜를 철저하게 변증법적으로 보아 율법 무용론을 주장하여 도덕적 해이를 불러온다는 뜻에서, 그들의 반대파에 의해서 "**오직 믿음주의자**"(solifidans)와 "**율법무용론자**"(antinomians)로 불렸다. 그렇다면 그리스도인답게 사는 것과 경건한 삶의 필요성, 그리고 회심의 중요성을 강조한 사람들이 특히 칼빈주의자들에 의해 **아르미니안주의자**로 불렸던 것은 이상한 일이 아니다.

17세기 영국 교회 내에서 카톨릭 성향을 지니고 있던 사람들 중에 갈등이 생기리라는 것은 예상할 수 있는 일이었다. 칼빈주의자들(특히 청교도들)과 교회 의식을 중시하는 사람들 사이에 일어난 충돌은 중세기 카톨릭 교회의 유물인 반(牛)펠라기우스주의(semi-Pelagianism)를 놓고 생기는 것 같았다. 마침내 반(牛)펠라기우스주의는 개신교의 한 분파로 알려진 "아르미니안주의"에 보금자리를 찾게 되었다. 17세기 세기 초에, 제임스 1세와 찰스 1세는 대주교인 윌리엄 로드(Laud)와 함께 청교도들의 공격의 주 대상으로 되어 있었다. 제임스 왕은 스코틀랜드를 떠나오면서 칼빈주의자들의 덫을 피할 수 있기를 희망했었다. 스코틀랜드에서는 장로교도들이 그의 어머니 메리 스튜어트(Mary Stuart)와 그 자신에게 노골적이고 끈질기게 저항했었기 때문이다. 그러나 명칭은 새로웠지만 영국의 청교도들로부터 결국은 같은 도전을 받게 되었다. 제임스 왕은 이들을 억누르고 싶기는 했지만, 그 대신 햄튼 궁 컨퍼런스(Hampton Court Conference)에서 보는 바와 같이 신학적인 대화를 시도했다. 이와 같은 대화의 가장 구체적인 결과는 제네바 역본 성경에 애착을 가졌던 청교도들이 오랫동안 바라 왔던 새 번역본의 출판이었다. 1611년 출간된 이 새로운 "공인"(Authorized) 성경은 "킹 제임스"(King James) 본으로 알려져 있는데, 한동안은 칼빈주의자들을 무마하는데 도움이 되었다. 그러나 제임스 국왕과 그의 아들 찰스 1세의 점진적인 로마 카톨릭적 종교 성향으로의 회귀는 청교도와 같은 좀 더 과격한 개신교도들로부터 갈수록 격렬한 저항을 일으키게 하였다.

웨슬리와 메소디스트라고 불리운 사람들

1649년 찰스 1세의 처형 장면. 후세의 기도서는 "축복받은 왕 찰스 1세의 순교"로 불렀고, 이와 같은 상황에서도 왕다운 품위를 지킨 모습은 후에 스튜어트 왕가의 지지자들에게 왕권은 하나님에게서 나온다는 생각을 강화하는데 도움을 주었다.

감리회와 영국 기독교의 유산

점증하는 정치적, 종교적 갈등은 엘리자베스가 이루어 놓은 "중도 노선"(via media)에 당분간 금이 가게 했고, 찰스 1세는 결국 이의 첫 번째 희생자가 되었다. 청교도들이 과반수를 차지하고 있던 의회가 왕실에 반항하는 군대를 동원하여 일으킨 군사적 행동은 왕정과 영국 국교를 동시에 무너뜨렸다. 찰스는 화이트홀(Whitehall) 연회장에서 최후를 맞게 되는데, 얄궂게도 그가 사형장으로 걸어간 길 천정에는 그의 아버지이며, 그가 정책을 이어 받은 제임스 1세를 루벤이 신격화하여 그린 그림이 내려다보고 있었다. 복수심에 불타는 군중의 목전에서도 찰스는 의연하고도 품위를 지키며 죽음을 맞았다. 이후 10년간 영국은 왕실도 국교도 없이 지냈는데, 이와 같은 정치적, 종교적 불안 상태는 올리버 크롬웰이나 그의 아들이며 후계자인 리챠드도 어떻게 해 볼 수가 없었다. 이로 인하여 당시 의회를 지배했던 혁명 세력조차도 이와 같은 상황보다는 차라리 이전의 정부 형태가 영국을 위하여 낫겠다고 생각했다. 인원의 증가와 광적 신앙인들의 등장으로 보면 종교적 자유가 온 것처럼 보였다. 당시 영국에는 장로교회, 침례교회, 회중교회, 퀘이커 등 상상할 수 있는 모든 종교 집단이 있었는데, 이들의 외골수적 종교 성향은 그때까지 영국인들이 가졌던 전통적인 중도 성향과는 거리가 멀었다.

의회의 초청으로 다시 왕위에 오르게 된 찰스 2세에 의한 왕정의 회복은 교회의 재건을 의미하기도 했다. 신의 뜻을 둘러대며 세워진 스튜어트(Stuart) 왕조는 국왕지상법이라든가 통일령 같은 법을 포함한 의회의 입법 활동을 통하여 스스로에게 권위를 부여하는 전통적인 순서를 밟았다. 이로 인해 영국 교회의 예배문과 교리는 다시 한번 제자리를 찾았다. 공동 기도문은 약간의 수정을 거쳐 공인되었고, 39개 신조는 받아들여졌고, 설교집은 제 위치를 회복했다. 국왕은 다시 한번 교회의 최고 지배자가 되었고, 감독들은 재임명되었다.

왕정 회복 시기의 종교적인 기풍(ethos)과 초기 스튜어트(Stuart) 왕조의 주된 차이는 17세기 후반에 들어오면서 영국은 광적인 신앙의 노골적 표현에 대하여 두려움을 가졌다는 점이다. 그들은 영적 열심의 어떠한 표현이든 광적인 신앙으로 관련하여 생각했는데, 사실 뒤에 보면 새로운 이와 같은 경험은 정치적, 사회적 격변과 관련되어 있었고 그들의 경험에서 생생하게 볼 수 있는 것이었다. 영국의 많은 분야에 있어서 보여진 영적인 무기력과 도덕적 방종의 성향은 찰스 2세가 많은 후궁을 두었던 것에서처럼 왕실의 방탕한 행실로 잘 나타난다. 물론 모든 사람이 이 점에서 왕실의 본을 따랐던 것은 아니다. 사실 찰스의 통치가 끝나기 전, 영국의 도덕적 종교적 붕괴에 대한 반작용으로 경건한 그리스도인의 영적 훈련을 추구하는 것을 목표로 하는 소규모의 조직들이 등장하게 되었다.

웨슬리와 메소디스트라고 불리운 사람들

조직과 교리에 대한 옛 지침의 재정립에 대해 교회의 모든 사람들이 다 동의했던 것은 아니다. 크롬웰 통치 때에 밀어닥친 좀 더 근본주의적인 (radical) 개신교적 사상은 그 "광신적"인 성향에도 불구하고, 교회 개혁을 위한 새로운 열정을 불러일으켰다. 39개 신조가 허용하는 것보다 더 근본주의적인 신학을 가진 성직자나 세기의 중반 교회의 해체기에 득세를 했던 성직자들은 이제 이 규범에 따르도록 강요당했고, 그렇지 않을 때에는 **비국교도**(nonconformists)로 분류되어 영국 교회에서 성직자에게 주는 혜택과 특권을 잃게 되었다. 기성 교회 안에서 많이 자리 잡고 있던 비국교도들의 증가는 이상적인 목표를 의도했던 "통일성"(uniformity)을 전례 없이 시험하게 되었다. 비국교적 견해에 대해 해명하도록 브리스톨의 감독 길버트 아이언사이드(Gilbert Ironside)에게 불려왔던 성직자 중 한 사람은 감리회의 창시자의 친할아버지인 존 웨슬리(Wesley)였다. 이들 간의 설전은 에드먼드 칼라미(Calamy)의 비국교도 회고록(The Nonconformists Memorial)에 기록되어 있으며, 이는 18세기 비국교도들에게는 폭스의 순교자록에 필적하는 책이 되었다. 20대 중반의 나이에 웨슬리는 비정규적인 예배를 인도하고 설교를 한다는 것과, 정당하게 안수를 받지 않았다는 비난을 받았다. 그는 성서적 근거를 대며 자신은 복음을 선포하도록 보냄을 받았다(로마서 10장)고 변호하였다. 이와 같은 견해로 인하여 웨슬리는 그 자리를 박탈당했고, 당시의 비국교도들의 전례처럼 여러 강단과 감옥을 전전하며 여생을 보냈다.

왕실이 갈수록 로마 카톨릭에 동조하는 성향을 드러내자 왕이 머리로 되어있는 기성 교회와 개혁주의자들 간의 긴장이 고조되었고, 심지어는 의회마저 불편하게 느끼게 되었다. 제임스 2세의 즉위와 함께 상황은 악화되어 갔다. 제임스 국왕은 이태리의 공주와 결혼을 하고, 카톨릭 신부를 그의 개인 사제로 두는 등, 자신의 로마 카톨릭적 성향을 감추려 하지 않았다. 하나님의 권위를 내세우는 스튜어트 왕가의 사상에 도전하고, 좀 더 용납할 수 있는 왕을 대신 세우려는 의회의 의도는, 왕이 왕자를 낳지 못하여 이루어지지 않았다. 그러나 이때 기적적으로 왕자가 태어났는데, 많은 사람들은 증명할 수는 없었지만 밖에서 데려온 아기로 생각했다. 이리하여 그들은 스튜어트 왕가의 절대 왕정의 지속으로 로마에 더 가깝게 다가갈 것인가, 아니면 문제가 더 커지기 전에 어떤 극적인 조치를 취해야 할 것인가 하는 곤경에 처하게 되었다.

의회는 제임스 왕의 딸이며 개신교인인 메리를 불러와 그의 남편 오렌지의 윌리암(William of Orange) 경을 왕으로 삼기로 의결했다. 그러나 이런 결정은 스스로를 하나님의 권위로 왕위에 올랐다고 생각하며, 자신이

의회를 능가하는 법 그 자체라고 생각하는 왕을 어떻게 퇴임시키는가 하는 정치적 전략에 대한 문제에 봉착하게 되었다. 윌리암과 메리의 군대가 영불 해협을 건넜을 때, 제임스 왕은 대항하지 않기로 결정하여 영국 국민의 많은 희생을 막게 되었다. 대신 그는 프랑스로 도망을 가, 그와 그의 아들 ("왕위를 노리는 자," The Old Pretender 라는 별명으로 알려진 제임스), 그리고 손자("Bonnie Prince Charlie"라는 별명으로 알려짐)와 함께 자신들의 것으로 생각하는 영국 왕실에 복귀할 날을 기다렸다.

후에 휘그당(The Whigs)에 의해 "영광스러운 혁명"(Glorious Revolution)으로 알려진 이 1688년의 무혈혁명은 몇 가지 문제를 해결함과 동시에 다른 여러 가지 문제를 초래했다. 왕위 계승에 따르는 전통적인 의회의 움직임들은 스튜어트 왕가의 지지자들에게 힘든 결정을 강요했다. 제임스 왕을 지지하지만 국왕 지상법에 따라 새 국왕에게 충성을 서약하도록 요구를 받은 **스튜어트 왕가 지지파** ("Jacobites") 감독과 그 밖의 교회 지도자들은 양심과 생존 둘 중 하나를 선택해야 했다. 이와 같은 서약을 할 수 없었던 사람들은 **"선서 거부자"**(nonjurors)로 불리우며 교회와 정부에서의 지위를 상실했다. 대체로 선서 거부자들은 윌리암과 메리 왕조의 반대파 대부분을 망라했다.

그와 동시에 비국교자적 성향의 지속적인 존재는 교회 안의 다양성을 어떻게 다룰 것인가 하는 난처한 문제를 초래하게 되었다. **관용주의자** (Latitudinarians)로 알려진 일부 지도자들은 교회의 규범을 따르면서도, 교리의 정통성이나 예배문의 통일성을 중요한 문제로 보지를 않았다. 케임브리지 플라톤주의자들로 알려진 일부 영향력 있는 성직자 집단은, 서로 상이한 입장은 이성으로 중재할 수 있으며, 교회 안에서는 관용이 바람직한 것이라는 의견을 가지고 있었다.

두 개의 주요 대안이 토의되었다. 한 가지 안은 성격상 포괄적인 국교가 큰 조직 아래 다양한 신학적 견해들을 수용할 수 있으리라는 것이었다. 이와 같은 접근 방식은 통일성의 일부 훼손을 감수하더라도, 다양성의 존재를 공식적으로 인정할 수 있으리라 생각했다. 다른 안은 교리와 예배문에 있어서 통일성을 확립한 국교를 유지하면서, 어떻게 해서든지 다른 집단들의 존재를 법적으로 허용하려는 것이었다. 많은 청교도들과 권위와 의식을 중시하는 영국 국교 측에서는, 비록 통일성을 어떻게 기할 수 있는가 하는 구체적인 내용에 있어서는 일치를 보지 못하였어도, 이런 방식을 선호하였다.

그럼에도 불구하고 후자의 방식이 통일령과 **신교 자유령**(Act of Toleration)에 의해 채택, 시행되었다 (1689). 신교 자유령에 의하면,

39개 신조를 준수할 것을 거부하거나 비국교도들과 같이 국교에서 이탈하기를 선택한 사람들은 다음과 같은 조건 하에 합법적으로 존재하도록 용인되었다. 그 조건은 (1) 집회 장소는 반드시 정부에 등록되어야 한다. (2) 국교에 반대하는 설교자는 반드시 면허를 받아야 한다. (3) 예배를 위한 모임은 반드시 개인의 집이 아니라 등록된 집회 장소에서 가져야 한다. (4) 로마 카톨릭과 유일교(Unitarian)는 이와 같은 조항에 포함되지 않는다 (다시 말해 법적으로 존재하는 것이 허용되지 않는다). 이리하여 영국 국민으로서의 많은 특권은 영국 국교의 교리에 따르느냐 그렇지 않으냐에 따라 달라지게 되었다. 대학에 입학하는 학생들, 공직자들, 군의 장교들, 그리고 선거에서 투표하기를 원하는 사람들은 누구나 신조를 준수할 것을 서약해야 했다.

이리하여 신교 자유령이 여러 반대파 집단을 법적으로 보호하기는 했지만, 교리와 조직의 자유를 위해서는 대가를 치루어야 했다. 여러 면에서 국교에서의 이탈은 곧 공민권 박탈(disenfranchisement)을 의미했다. 이에 대한 분명한 대안은 신조에의 선서나 신교 자유령에 따른 등록이었다. 이런 근거에서만 보아도 웨슬리가 그의 운동에 있어서 영국 교회로부터 분리해 나가기를 선호했던 사람들에게 강력하게 반대했던 것은 이상할 것이 없다. 얄궂게도 신교 자유령에 의해 등록함으로 반대파가 얻게 되는 "자유"는 그들 자신의 정치적 종교적 자유에 심각한 제약을 가져왔다.

경건주의와 신도회

청교도들은 종종 전형적 칼빈주의자들처럼 개인의 경건을 장려하였는데, 이것은 많은 비국교도들도 마찬가지였다. 청교도들이 가졌던 도덕적 관심의 신학적 근거는, 선한 사람이 되어야 할 것을 강조하는 일반적 "도덕주의"나, 거룩한 삶의 필요성을 강조한 고(高)교회파의(high-church) "아르미니안주의"와는 물론 많이 달랐다. 둘 다 행동으로 구원을 얻으려 한다는 비난에 직면할 것이기 때문이다 (Allison 참조). 칼빈주의자들은 "선행" 자체를 추구한 것은 아니었다. 그보다는 하나님의 은혜에 대한 응답으로써, "선택받은" 신분과 그에 따르는 증거를 삶 속에서 볼 수 있기를 바랐다. 비록 일반 대중들의 생각 속에 착실하게 정돈되어 있던 것은 아니었더라도 중요한 것은 하나님의 결정과 인간의 응답이라는 순서였다. 청교도들이 때로는 선행으로 구원을 얻은 양 행동했기 때문이었다. 아르미니안주의자들은 선행의 공로를 주장한 것은 아니었지만, 인간이 하나님의 은혜의 권능을 받아들이는 기회를 강조했다. 은혜가 우선이라는 것은 그들이 가진 생각의 중심이었다. 그러나 이러한 생각이 함축하는 신인합작설은 많은 사람들로 하여금 아르미니안주의자들이 구원을 받기 위하여 인간의 행동을 중시한다는 비난을 자아냈다.

이러한 은혜와 인간의 응답에 관한 17세기 말경의 논쟁과 상호 비방은 "메소디스트"(Methodist)라는 이름을 이해하는데 중요한 단서를 제공해 준다. 1670년 유럽의 북해 연안과 영국에서는 몇몇 정통 칼빈주의자들이 아르미니안주의자들과 그들의 새로운 신학 방법, 특히 칭의와 성화에 극렬하게 반대하는 글을 쓰기 시작했다. 이렇게 새로운, 즉 잘못된, 방법을 쓰는 **"새로운 방법론자들"**(New Methodists)로는 모세 아미랄더스(Amyraldus), 피터 바로 (Baro), 리처드 백스터 (Baxter), 그리고 다니엘 윌리엄스(Williams)가 지목되었다. 요한네스 블락 (Johannes Vlak), 데오필러스 게일 (Theophilus Gale), 그리고 토바이어스 크리스프 (Tobias Crisp)같은 칼빈주의자 비평가들은 아르미니안주의자들의 자유 의지에 관한 견해가 하나님의 율법을 지켜야 할 필요성을 과다하게 강조한다고 보았다. 그 이유는 이러한 견해가 새 언약의 정신에 반하여 "신율법주의"(neonomianism)의 성향이 있고 구원을 얻기 위해 행동에 의지하는 것으로 보았기 때문이다. 한편 아르미니안주의자들은 칼빈주의자들의 예정과 선택에 관한 견해를 순종의 필요성을 제거하여 "율법무용주의"와 그에 따른 도덕적 해이를 초래하는 것으로 보았다. 이와 같은 용어와 호칭은 일반적으로 상대방의 입지가 가지고 있는 위험을 지적해 내기 위한 방법으로 그 반대파들이 사용하였다. 실제로 누구도 선행으로 구원을 얻는다거나 율법이 필요없다고 주장한 것은 아니었다. **"새로운 방법론자"**(New Methodist)라는 명칭은 일부 아르미니안주의자들을 업신여기는 뜻에서 붙여진 이름이며, 이것은 신학적으로 그 반대파들의 출판물, 즉 데오필러스 게일(Gale)의 이방인의 뜰(*Court of the Gentiles*, 1678)과 "시골 장로" (*A Country Presbyter*)로 알려진 무명으로 된 소책자에 등장한다. (1693.) 이 논쟁은 18세기로 넘어가면서 자취를 감추었지만 옥스퍼드에서 웨슬리가 한 설교를 경멸하는 이름으로 남았고, 실제로 그의 설교는 아르미니안주의적 "새로운 방법"의 틀에 잘 부합했다.

이와 같은 논쟁에 참여한 사람들은 믿음의 중요한 문제가 여기에 달려있다고 믿기는 했지만, 실제 논쟁 과정에서는 신학의 사소한 문제(*minutiae*)에 초점을 맞추었고, 그 방법론은 중세 스콜라 철학의 엄격함에 못지않았다. 이러한 경향은 당시 여러 형태의 과학적, 철학적, 그리고 종교적 사고의 꽃을 피우며 자라고 있었던 이성주의와 발을 맞추는 것이었다. 많은 사고의 영역에서 경험론자(empirists)와 직관론자들(intuitionists)은 논쟁을 벌였다. 학문 간의 경계는 분명하게 그려진 것이 아니었기 때문이었다. 이성을 근거로 하여 하나님과 창조를 보는 **이신론**(Deism)의 등장은 현대 과학이 일어나는 것과 때를 같이 하였다. 존 레이(John Ray)나 윌리암 더햄(Derham) 같은 이신론자들은 식물학과 천문학 분야의 선구자가 되었다. 아이삭 뉴톤(Sir Isaac Newton) 경과 존 록(Locke)은 그들의 과학적 관찰과 철학적 관찰, 그리고 종교적 가정과 결론이 상충된다고 생각하지 않았다. 이와 같은 초기의 "계몽" 사상은 17세기 말경 인식론과 같은 철학적 과제를 종교토론의 선두에 가져다 놓을 정도로 팽배해 있었다. 진지한 신학자라면 누구나 이러한 문제들을 다루어야 했다.

이러한 경향은 일부 사람들에게는 가중하는 두려움을 가져다주었다. 이들은 믿음의 문제를 다룰 때, 이성적 성찰이 갈수록 성실한 답습을 대체하는 것이 전통적 도덕가치관의 타락과 관계가 있다고 보았다. 그러므로 청교도들, 비국교도들, 그리고 아르미니안주의자들 간에는 그들의 신학적 견해의 차이에도 불구하고 사회의 영적, 도덕적 회복을 위하여 함께 공존할

연대표 2
신도회의 기원

1675	1700	1725
찰스 2세	윌리암/메리	죠지 1세
	제임스 2세	앤
	"영광의	웨슬리
웨슬리	혁명"	웨슬리의	옥스퍼드 입학
조부의 국교화		출생	웨슬리
거부	신교		챠터하우스로
	자유령		찰스 웨슬리
		찰스 웨슬리	옥스퍼드 입학
		SPCK 출생	
	웨슬리 부모	설립	방고리 논쟁
호비의	결혼	**엡워스**	
신도회		**신도회**	
설립			월폴 수상
런던		성바울 성당	
대화재		완공	
	뉴톤의		
	대원리	SPG	
		설립	
스펜서의	록의	스펙테이터	로의
피아 데시데라	기독교의 합리성	문서	심각한 소명

수 있는 가능성이 있었다. 왕정회복기의 영적 무기력과 도덕적 해이에 대한 반작용으로 등장한 것은 영국 시골에 흩어져 사는 그리스도인들이 소그룹으로 모여 경건과 거룩한 삶을 강조하는 부흥 운동이었다. 여러 가지 면에서 이러한 발전은 독일에서 발전한 같은 운동, 즉 **경건주의**(Pietism)와 맥락을 같이 했다.

독일의 경건주의는 종교개혁의 몇 가지 주제를 되살림으로써 독일의 루터교를 갱신하려는 시도였다. 필립 제이콥 스페너(Philipp Jacob Spener)는 이 움직임을 구체화하려 했던 선구자 중 한 사람이다. *Pia desideria*(1675)라는 그의 책은 교회를 위한 여섯 가지 "경건의 소원"(desires of piety)을 제시했다. 첫째, 교회가 정당한 권위 위에 세워지기 위해서 교회는 성서의 연구를 재강조해야 한다. 이것은 종교개혁의 주제였던 *오직 성서*(sola scriptura: 그리스도인의 삶과 생각의 유일한 근거인 성서)의 재확인이었다. 둘째, 스페너는 교회의 갱신을 위해서 평신도 설교는 단순한 권면이나 교정을 넘어서 듣는 이들의 구원을 목표로 해야 한다. 셋째, 계발을 강조해야 한다. 이 방법은 일반적으로 종교적 감수성의 중심을 토론의 기술보다는 전도의 열심에 더 중점을 두어야 한다. 넷째, 지성적 예리함보다는 그리스도인의 삶에 실제적 관심을 모아야 한다. 다섯째, 설교는 청중을 위한 구원에 목표를 두어야 하고, 단순히 훈시나 고침을 목적으로 하면 안 된다. 그리고 여섯째, 성직 훈련은 성직자의 삶의 도덕적, 영적 자질의 향상에 중점을 두어야 한다. 이러한 프로그램은 일반적으로 머리보다는 마음에 중점을 두는 신앙생활에 초점을 두려고 한 것이다. 스페너(Spener), 어거스트 헤르만 프랭키(August Hermann Francke), 그리고 특히 니콜라스 루드빅 진젠도르프(Nicholas Ludwig von Zinzendorf: 모라비안의 후원자) 같은 사람들의 글에 나타난 독일의 경건신학(Pietist Theology)은 "가슴신학"(heart theology)으로 알려지게 되었다.

갱신을 위한 스페너의 계획은 **경건의 모임**(*collegia pietatis*—"colleges of piety")이라는 소그룹을 통하여 실천되었다. 프랭키도 "성경사랑 모임"(*collegia philobiblia*—groups of bible-lovers)이라는 이름으로 알려진 비슷한 그룹을 시작하였다. 이것들은 평신도들이 성경공부와 기도를 위해 집에서 모인 작은 모임이었다. 이렇게 하여 발전한 그리스도인의 양육과 교제는 가난한 사람들, 못 배운 사람들, 병든 사람들, 그리고 연로한 사람들을 위한 선교의 발판을 제공해 주었다. 이것은 프랑스의 가스통 드렌티(Gaston de Renty)의 조직과 흡사하다.

이러한 경건의 모임(collegia)에 대조되는 영국의 모임은 **신도회** 모임들이었다. 신도회들은 왕정회복기 이후에 등장하기 시작했는데, 이때는 정치적으로 변한 청교도주의에 대한 반응으로 영국 사회가 격변을 겪은 시기였다. 스튜어트 왕가의 재집권을 맞아 영국은 전국적으로 안도의 숨을 내쉬었고, 이와 같은 정서는 정치적 차원 이상으로 영국 사회에 스며들었다. 이렇게 엘리자베스식 종교 정책의 원칙으로 회귀하면서 사람들은 청교도 통치의 도덕적, 정치적 광신주의에 대하여 혐오감을 갖게 되었다. 그로부터 20년 내에 이러한 정서는 영국의 도덕체계를 약화시키며 부도덕과 반종교 성향의 확장을 초래하게 되었고, 안토니 호넥(Anthony Horneck)과 여러 영국 사제들은 이러한 상황을 국교의 종교성 회복을 통해 대처해야 할 위기로 보았다. 여기에 관심을 가진 사람들이 신도회를 조직하여 모인 것은, 당시 대륙에 나타난 경건주의적이며 신비주의적 경향의 일부 기본적 패턴을 따른 것이었다. 이렇게 영국으로 전해져 온 대륙적 모형은 영국 국교의 실제와 사고에 적용이 되면서 변하게 된다.

안토니 호넥에 의해 1670년대에 시작된 신도회들은 평신도들이 모인 소그룹이었는데, 이들에게는 도덕주의와 경건주의가 거의 자연스럽게 조화되어 있었고, "가슴과 삶의 진정한 성화"를 제고하려는 열심이 있었다. 경건주의의 이러한 표출은 당시 시대의 정서와는 크게 대조가 되는 것이었다. 이와 같은 신도회들과 그들의 개혁에 대한 열정은 대체로 기성 국교에 안전하게 자리를 잡았는데, 그 이유는 개체 조직은 "경건하고 학식이 있는 교회의 지도자"의 지도하에 두어야 한다는 규정 (Legg, 292쪽 참조) 때문이었다. 20년 내에 이러한 종교적 조직은 영국 국교 체계 안에 기독교적 경건과 사회에 대한 관심을 표명하는 활발한 표현수단으로 자리잡게 되었다. 18세기 초 이러한 운동은 **"기독교 지식 장려회"**(Society for Promoting Christian Knowledge: SPCK)와 같은 중앙집권적인 조직을 세우게 되었고, 이것은 영국 전역에 걸쳐 지방에 퍼져 있던 조직들에게 모델과 격려가 되었다. 엡워스 교구의 사제였던 사무엘 웨슬리(Samuel Wesley)도 이 운동에 가담했다. 그리고 그의 아들 존 웨슬리가 기독교 지식 장려회의 통신회원이었던 사실도 메소디스트라는 이름으로 불리우게 된 원인이 되었다.

신도회들은 부도덕의 문제에 대해서 개인적 차원에서 공격을 가했다. 단번의 큰 운동으로 영국을 개혁하려는 사회정책이 있었던 것은 아니었다. 그 대신 한 번에 한 사람을 변화시킴으로써 사회를 변화시키려는 생각을 가졌다. 그들은 먼저 도덕적으로 개선의 희망이 보이는 사람들을 대상으로 삼았다. 이 방법은 개인적 경건의 발전에 근거를 두었으며, 많은 사람들을 신도회로 끌어들이려는 전도의 열정이 있었던 것은 아니었다. 양보다는 질을 목표로 했고, 회심보다는 양육과정을 근거로 삼았다. 신도회의 방법론은 여러 면에서 로마 카톨릭 내의 평신도 "제3위직" (third orders) 운동과 흡사했다.

신도회들이 내걸고 추구한 목표는 "가슴과 삶의 진정한 성화"였다. 이를 위해서 모임에서는 주로 성경과 신학서적의 연구를 토대로 신앙심을 발전시켜 나가도록 서로 격려하였고, 각자의 삶을 통하여 성화와 도덕을 함양해 나가도록 서로 도왔다. 한 공동체의 모임 순서를 보면 거룩한 삶을 위하여 "진지하게 노력하기" 위한 지침으로 다음과 같은 회원의 의무와 거기에 상응하는 성경의 인용을 볼 수 있다. 여기에 포함된 일부는 다음과 같다.

> 2. 영적으로나 육체적으로 하나님께 늘 의지해야 함을 기억하며, 매일 여러 번 기도할 것. 데살로니가전서 5:17.
> 3. 납득할 만한 사유가 없는 한 최소 한 달에 한 번 성만찬에 참여할 것. 고린도전서 11:26; 누가복음 22:19.
> 4. 가장 심오한 온유와 겸손을 실천할 것. 마태복음 11:29.
> 6. 모든 장소에서 거룩한 묵상의 습관을 들일 것. 시편 2; 3
> 10. 악인과 함께 하는 것이나 알려진 유혹 등, 예견되는 모든 악을 피할 것. 데살로니가전서 5:22.
> 12. 지난 하루 동안 어떤 선과 악을 행했는지, 매일 밤 자신을 살펴볼 것. 고린도후서 13:5.
> 13. 할 수 있으면 한 달에 한 번, 특별히 성만찬을 앞두고 금식하거나, 편의에 따라 끼니를 금식할 것. 마태복음 6:16; 누가복음 5:35.
> 14. 소욕과 정욕으로부터 육체를 억제할 것. 갈라디아서 5:19, 24.
> 16. 영적 자만심과 그로부터 나오는 것들, 즉 폭언, 분노, 무정, 모순을 참지 못하는 것 등을 피할 것.
> 18. 깨우침을 위해 경건한 서적을 종종 읽을 것.
> 19. 이와 같은 특별한 신앙고백에 따르는 주요 의무를 항상 명심하고, 늘 조심스럽게 행동하여, 아무도 상처를 받거나 실망하지 않게 하고, 비난을 받을 기회를 만들지 말 것 (M&M, 38).

이 신도회 모임에서는 신앙양육을 지원함과 동시에 잘못에 대한 치리도 행해졌다. 만약 행실을 잘못하는 회원이 있으면, 한 명 또는 여러 명에 의해 타일러지거나 필요하면 전체모임에서 견책되었다. 부도덕성을 견책하는 이러한 성향은 때로는 소규모 신도회의 영역을 넘어 공공영역까지 미치곤 하였다. 크리플게이트 신도회(Cripplegate Society)의 모든 회원은 "공공연히 신성을 모독하는 언행을 처벌하는" 행위까지도 조언을 받을 준비를 갖추고 있어야 했다.

회원을 엄선하는 것에 근거하여 신도회들은 소규모이긴 하지만 그들의 영향력을 영국 사회에까지 넓혀 나가려고 시도했다. 이와 같은 노력의 동기는 퍽 조심스러웠는데, 그것은 결코 "어떤 개인을 향한 공중의 갈채나 정죄"가 아니라, 그들의 활동이 "하나님을 향한 순전한 사랑과 인간의 영혼을 향한 사랑"으로부터 우러나는 것이라야 했다 (Legg, 312).

웨슬리와 메소디스트라고 불리운 사람들

신도회 센터가 있던 런던에는 많은 교회들이 있었는데, 여기에서는 런던 잡지 윗부분에 런던 브리지 주변을 배후로 하고 있는 근래에 완공된 쎄인트 폴 교회를 배경으로 하는 18세기 중반의 목판을 보여주고 있다.

    신도회들은 회원들이 여건에 따라 정기적으로 참여하고 있는 자선운동들을 격려하기도 했다. 이것은 인도주의적 견지에서의 자선을 장려하는 것이 아니라, 그 회들의 구체적 목적과 취지를 달성하기 위하여 자금을 사용하는 것이었다. 그들의 자선활동은 병든 회원을 방문하는 등 회원간 서로를 돌보려는 마음의 자연적 발로였다. 발전의 아주 초기단계부터 회들은 가난한 이들에게 음식과 돈을 주거나, 병자와 죄수를 방문하거나, 불우한 이들의 자녀를 가르치는 등, 가난하고 소외된 이들을 돌보는 일에 특별한 관심을 보이기 시작했다.
    신도회들은 가난한 이들을 돌보면서, 그들의 경제적 생활수준을 향상하기보다는 그들의 삶을 영적, 도덕적으로 개선하는데 목적을 두었다. 많은 사람들은 당시 영국에 퍼져나가고 있었던 하층계급의 문맹과 빈곤이 부도덕과 악을 부추긴다고 보았다. 이러한 상황을 개선하기 위하여 신도회들은 자선학교를 발전시키는 등의 방법이 필요하다는 자세를 가졌는데, 그 이유는 이러한 학교들이 불만이나 혁명의 온상이 아니라 "가난한 사람들에게 신민으로서의 의무와 윗사람에게 복종할 것을 세심하게 가르치는 곳"이라는 생각에서였다. 가난한 사람들을 돕기 위해 많은 도시에 세워진 구빈원들은 두 가지, 즉 일과 교육을 강조하여, "하층계급의 다음 세대 사람들의 삶의 향상"을 도모했다. 이러한 환경에서 빈민층의 자녀들이

"불신앙과 부도덕으로 자라 게으름과 구걸과 방탕의 삶을 살지 않고, 하나님을 경외하며 덕을 보이는 생활을 하고 일하는 습관을 익혀 나라에 유익한 사람이 될 것"으로 기대했다.

신도회들은 이러한 양육, 복지, 교육 프로그램에 더하여 사적이나 공적으로 도덕을 장려하는데 방관하지 않도록 강조하였다. 이는 1691년 조직된 **"품행 개선회"**(Society for the Reformation of Manners, SRM)를 통하여 기구화가 되었다. 인근지역의 도덕에 관심을 가졌던 이 회는 치안판사들이 도덕적 범죄, 특히 "불경과 방탕"(profaneness and debauchery)에 관한 법령을 집행하는 일을 격려하고 도우려는 의도를 가졌다. 이러한 목적은 회원들이 범법자들을 비밀리에 고발하고 증인이 되어 줌으로써 달성되었다. 이 회의 부정적인 접근방식, 특히 비밀 정보원으로서의 활동은 여러 방면으로부터 비난을 초래했고, 결국은 18세기 초기 30년 이후 모든 신도회들이 영향력을 상실하는 원인이 되었다.

기독교 지식 장려회 (SPCK) 프로그램(1698년)과 그 자매기관인 **복음전파회**(Society for the Propagation of the Gospel, 1701)의 정책은 일반적으로 신도회들이 경건한 삶을 장려하려던 목적보다 좀 더 구체적이었다. 기독교 지식 장려회는 일반대중을 기독교원칙으로 교육하는 통로를 찾음으로써, 문제의 근원이라고 생각되는 무지함에 대처하려 했다. 신도회들의 일반적인 특징이었던 자선, 덕, 그리고 경건과 같은 질적 운동에도 중점을 두었지만, 기독교 지식 장려회의 정책은 가난한 이들을 가르치는 자선학교를 세우고, 책을 빌려주는 도서관을 여러 곳에 설치하여, 죄수들을 가르치고 종교행위를 베풀고 책을 주기 위하여 교도소를 방문하는 일이 주된 사업이었다. 이를 위하여 기독교 지식 장려회는 대규모의 출판사업을 시작했다. 일반대중, 특히 가난한 이들에게 "경건서와 교리문답서"를 배포하는 것은 "하나님을 아는 바른 지식과, 신앙의 증차대함과, 그들의 지속적인 복지"로 이들을 인도하는 방법으로 강력하게 주창되었다. 이 회가 존속한 처음 2-3년 내에 거의 백만 권의 각종 서적들, 즉 성경, 공동기도서, 교리문답서, 성만찬 해설, 그리고 "반카톨릭"으로 분류된 책을 포함한 많은 실용적인 책과 경건서적들이 무상 분배된 것으로 이 회의 지도자들은 추정했다. 여기에 드는 비용은 "상존회원"(residing members, 후에 기부회원으로 불리움)의 정기적인 기부금과 동호인들의 후원금과 변두리 지역의 "통신회원"의 헌금으로 충당되었다.

기독교 지식 장려회는 출판사업 외에 당시 번지고 있었던 선교사업도 지원했다. 이 회의 초기 회원들은 복음전파회의 설립에 결정적인 역할을 한 것뿐만이 아니라, 어떤 특정한 선교사업을 돈, 책, 그밖에 다른 방법을 통해 독자적으로 도왔다. 처음부터 기독교 지식 장려회는 미국의 식민농장 선교를 지원했다. 1732년 이 회는 독일에서 박해받고 있던 살즈버거인들을 돕기로 하여 미국의 조지아 식민지로 이주하도록 지원하였다.

18세기 2/4분기에 신도회들은 대체로 활동이 약화되었지만, 기독교 지식 장려회의 활동은 계속 활발하게 움직였다. 비록 기독교 지식 장려회가 신도회 운동에서 비롯되기는 했지만 대외적 활동에 힘입어 다른 사적 모임들의 내부지향적이며 엘리트주의적 (elitist) 경향을 넘어설 수가 있었다. 이 회의 출판사업 및 자선학교와 선교지에서의 교육열은 일반대중을 위한 봉사와 유용성의 기초를 놓아, 영국 사회에 있어서 중요하고도 영속하는 기관으로 지원을 받으며 발전하게 되었다.

엡워스에서의 웨슬리 가족

감리회 운동은 존 웨슬리라는 개인의 생애에 관한 그 이상의 이야기이기는 하지만, 웨슬리 집안이 웨슬리에게 끼친 영향은 후에 그의 이름을 지니게 된 이 운동의 시작에 주요한 영향을 주었음에 틀림없다. 지금까지는 수잔나 웨슬리가 그의 아들 찰스와 존을 잘 기르고 가르쳐, 감리회 운동은 엡워스 목사관의 경건한 삶과 사고에서 출발하여 자연스럽게 발전한 것처럼 알려져 왔다. 이러한 견해는 사무엘과 수잔나 사이에 많은 차이가 있음에도 불구하고 그들이 신학적으로나 정치적으로 흡사하게 생각을 했고, 자녀를 양육하는 방법에서는 한마음이었다는 사실을 그냥 넘어가게 된다. 자녀들의 초기교육을 책임진 수잔나는 다섯 또는 여섯 자녀 중 한 아이와 주중 하루 저녁시간을 같이하는 습관이 있었다. 그리고 의무적으로 출석해야 했던 주일예배에서 듣는 설교는 자녀들의 신학적 발전에 영향을 끼쳤다. 수잔나가 자녀들에게 쓴 편지에서 발견되는 탁월한 신학적 견해는 여자들의 교육을 무시한 당시로서는 놀라운 일일 수도 있다.

웨슬리 일가는 한적한 시골 교구에서 일반적으로 생각하는 그런 가정은 아니었다. 사무엘은 학자적이며 문학적 소양이 있었다. 그는 엑시터대학 (Exeter College)에서 옥스퍼드 학위를 취득했다. 그 후 런던 가까이 살 때, 그는 도시 문학회인 아테네회의 성직자회원으로 있었는데, 이때 아테네 회보(*Athenian Gazette*)에 신학논문을 쓴 것으로 여겨진다. 또 그는 시를 써 출판하기도 했는데, 그 중 예수님의 삶(복음서)을 운율에 맞추어 쓴 것은 19세기까지 여러 판이 인쇄되었고, 마지막 저술로는 길고 지루한 욥기의 언어학적 연구를 남겼다.

당시는 여자들의 대학 입학이 허용되지 않아 수잔나도 대학교육을 받지는 못했지만 학문과 교육에 관심을 가졌다. 그리고 자신이 배운 것을 모든 자녀들에게 가르쳤다. 이 점에서 수잔나의 고집스러운 면모는 "어린이들의 마음을 바로잡기 위해서 맨 처음 해야 할 것은 그들의 의지를 다스리고 순종하는 성품을 기르는 것이다"라는 말로 잘 알려져 있다. 수잔나는 여자아이들도 남자아이들과 마찬가지로 읽을 수 있도록 가르쳐야 한다는 소신을 가지고 있었는데, 이렇게 그녀가 그녀의 시대를 앞서가고 있었다는 사실은 종종 간과된다. 그녀 가정의 규칙 중 하나는 다음과 같다. "잘 읽을 수 있을 때까지는 여자아이에게 일을 가르치지 않는다. 왜냐하면 완전하게 읽게 되기 전에 자녀에게 바느질을 가르치는 것은 곧 여자들로 하여금 의견이 존중되고 이해될 만큼 읽을 수 없게 하는 이유이기 때문이다." 우리는 존 웨슬리가 네 살이 되어 동생 찰스가 태어나기 전까지는 엡워스 목사관에서 여자형제 너댓 사이에 유일한 남자아이였음을 기억해야 한다. 이러한 성장배경에서 보면, 웨슬리가 적극적으로 여자들의 지도력을 수용한 것은 이해가 되지만, 어떤 여자와도 지속적으로 친밀한 관계를 맺지 못했던 점은 의문이다.

사무엘과 수잔나는 모두 비국교 출신이었다. 이미 본 것처럼 사무엘의 아버지는 17세기에 브리스톨(Bristol) 지방 감독에 의해 그의 자리에서 쫓겨났다. 수잔나는 17세기 말 런던에서 잘 알려진 비국교 목사인 사무엘 앤슬리(Samuel Annesley)의 딸이었다. 그러나 사무엘과 수잔나는 성인이 되면서 국교로 "개종"했고, 새로운 위치에 따르는 기성교회를 열심히 지지했으며, 당시 휘그(Whig)당에 동조적이었던 비국교도의 경향과는 대조적으로 골수 토리당(Tories)이 되었다. 여기에 더하여 사무엘과 수잔나는 신하로서의 서약을 거부하는 감독들의 일반적 입장과 그들의 제임스 국왕에 대한 왕당파적 지지(Jacobite)에 동조하였다.

엡워스 목사관의 가정 내 의견 차이는 국왕의 정통성 문제에도 불구하고 왕가에 충성하고자 하는 사무엘의 심정에서 그 예를 볼 수 있다. 그는 가족 기도회에서 왕을 위하여 기도를 드릴 때 수잔나가 "아멘" 하기를 거부하는 것을 받아들일 수 없었다. 이로 인한 언쟁은 "만일 우리가 모신 국왕이 각각 다르다면 침대도 따로 씁시다" 하는 데까지 번졌고, 사무엘은 성직자 집회에 참석한다는 평계로 장기간 엡워스를 떠나 런던에 가 있었다. 그는 해군 군목이 될 준비를 하기 위해 집으로 돌아왔는데, 마침 새로 국왕이 된 앤(Anne)은 둘이 다 받아들일 수 있는 왕이어서 사무엘은 해군을 포기하고 엡워스에 머물었다. 그로부터 1년 내에 "화해의 열매"(fruit of reconciliation)로 존 웨슬리가 태어났다.

웨슬리와 메소디스트라고 불리운 사람들

웨슬리 일가는 다른 많은 사람들처럼 기독교 지식 장려회(SPCK)의 영향을 받았다. 존과 기독교 지식 장려회와의 관계는 후에 보기로 한다. 그러나 여러 면에서 그가 기독교 지식 장려회와 가졌던 직접적인 관계는 그의 아버지가 구체적으로는 이 회가 하는 일에, 그리고 일반적으로는 신도회의 발전에 관심을 가졌던 사실에서 예견된 것이었다. 1700년에 사무엘 웨슬리는 런던의 모임들을 본보기로 하여 엡워스에 작은 신도회를 설립하려고 시도하였다. 기독교 지식 장려회로부터 책과 소책자들을 주문했고, 사무엘은 통신회원이 되었다 (SPCK, 87-88). 2년 안에 그는 그

엡워스 소재 성 앤드루 교구교회

교구 성가대의 "가장 분별력이 있고 바로 된" 몇몇 사람들과 함께 작은 회를 설립했다. 그는 "경건하고 학식이 있는 교회의 성직자"를 지도자로 삼는 것을 포함하여 런던의 회들과 기본적으로 동일한 규칙과 조직을 채택했다 (Legg, 292). 그는 런던에 근거를 둔 회에 보낸 편지에서 이 모임의 목적은 "첫째로, 하나님께 기도하고; 둘째로, 성경을 읽고 신앙의 제 문제에 대한 상호 교화를 위해 토론하며; 셋째로, 우리 이웃을 교회시키고 덕성을 북돋는 것"이라고 보고하였다.

관행에 따라 엡워스 신도회 회원들은 새 회원을 받아들이는 일에 서둘지 않았고, 특히 독실한 신앙심이 충분히 평가되지 않은 사람들에 대하여는 더 그러했다. 이를 위해, 그리고 스스로의 신앙적 중압감을 지탱하지 못하는 것을 예방하기 위하여, 회원의 수는 열둘로 제한되었다. 그러나 하나님께서 동일한 신앙적 깨우침을 향한 열망이 있는 사람들을 보내주신다고 판단되는 경우에는 이에 대한 대처방안을 가지고 있었다. 그것은 원래 모임에서

감리회와 영국 기독교의 유산

두 사람이 떨어져 나가 새로운 모임을 만드는 것이었다. 새 모임의 회원도 열두 명으로 제한이 되었고, 수가 커지면 먼저와 같은 방법으로 새 모임을 만들 수 있었다. 이러한 방안은 30여 년 후 존 웨슬리가 옥스퍼드에서 그의 동료들과 만든 조직 운용의 전례가 되었다.

이렇게 엡워스에 창설된 "첫 번째 신도회"에서 조직상 제일 먼저 다루어진 문제는 정책에 관한 것이었다. 그리하여 만일 교회, 또는 "공중도덕"의 "개선이나 개혁"에 관한 토론이 생기면 그것은 이 신도회 모임에서 다루도록 넘겨졌다. 사무엘은 제일 먼저 조직된 모임이 아무런 특권도 갖지 않았다고 조심스럽게 지적했지만, 뒤에 조직된 다른 모임의 회원들은 대중의 교화에 대한 문제들의 처리를 첫 번째 만들어진 모임으로 넘겼다. 이러한 전례를 감안하면 목사가 언급한 것처럼 처음 모임의 회원은 선별해서 선택되었고 "지혜와 훌륭한 조언으로 교회를 도울 수 있는" 사람들만 허입이 되었다.

이 모든 규정들은 신도회를 교회의 교리와 조직의 범주 안에서 유지하기 위한 시도였다. 이에 대한 사무엘의 배려는 1711년 12월 수잔나가 동네 사람들을 그녀의 부엌으로 청하여 주일 저녁 기도회로 모인 일에 대한 반응에서 볼 수 있다. 이런 모임은 개인의 집에서 모이는 예배, 즉 비밀집회로 여겨질 수 있었고, 이것은 기성교회에 대한 위협으로, 또한 비국교도 등록법을 회피하는 지하수단으로 간주되어 신교자유령과 관련하여 제정된 법률로 엄격하게 금지된 것이었다. 런던에서 쓴 편지에서 사무엘은 강한 어조로 수잔나를 공박했고, 자기 의지가 분명한 수잔나는 역시 강하게 대응했다. 그녀의 생각은 사무엘이 교구를 무능력한 부목사의 손에 맡겨놓지 않았더라면 동네 사람들이 영적 양식이 갈급하여 그녀의 집으로 모여오지 않았을 것이 아니냐는 것이었다. 그녀는 사무엘에게 보낸 편지의 말미에 "만일 이 모임을 그만두어야 한다고 생각하거든 분명하고도 자세하게 말씀해 주세요. 그러면 당신과 내가 우리 주님 예수 그리스도의 두려운 심판에 설 때에, 선한 일을 할 수 있는 기회를 놓친 것에 대한 죄책감과 형벌에서 나는 용서함을 받을 수 있을 터이니까요"라고 썼다. 여기에 대한 사무엘의 답은 손실되어 없고, 수잔나도 마찬가지일 것이다.

엡워스 신도회의 구상은 사무엘이 그의 교구가 비록 변두리에 있었지만 기독교 지식 장려회(SPCK)의 외적 추진력을 그대로 따라하려 했던 점에서 보면 흥미롭다. 그가 만든 14개의 규칙 중 5개는 회비를 통해 지원하려 했던 자선사업에 관한 것으로, 다음 목적 선언문에 잘 나타난다.

이 회의 첫 번째 관심사는 검증된 신앙인에 의하여 어린이들, 그리고 필요에 따라 어른들에게 기독교의 기초를 가르치도록, 가난한 이들을 위한 학교를 설립하는 것이다.

웨슬리와 메소디스트라고 불리운 사람들

> 두 번째는 홀란드, 영국, 그리고 독일에서 실용적인 소책자를 구하고 일반 언어로 번역, 인쇄하여, 교회의 기회를 제대로 갖지 못하는 사람들에게 주거나 빌려주는 것이다.
> 세 번째는 영국, 독일 등지의 회들과 연락을 가져, 서로 교화할 수 있도록 하는 것이다.
> 네 번째는 병자와 가난한자들을 돌보고 영적, 육적으로 도움을 주는 것이다
> (M&M, 44).

엡워스 신도회의 이와 같은 의욕적인 목적이 얼마나 실현되었는가 하는 것은 현존하는 기록에 의해 평가하기가 어렵다. 그러나 비록 멀리 떨어진 액스홈 (Axholme) 섬에서라도 이러한 가능성을 내다 볼 수 있었던 웨슬리 가문의 가풍은 눈여겨 볼만하다. 사무엘은 출판업계에 생소한 사람은 전혀 아니었으며, 영국의 많은 종교, 정치 지도자들과 서신을 주고받았다. 런던의 아테네회에서의 활동에서 보는 것과 같은 사무엘의 학문적, 문학적 활동이 엡워스 신도회에 어떻게 효과적으로 전달되었는지는 몰라도, 그의 이러한 움직임은 그의 아들이 30년 뒤 옥스퍼드에서 취할 방향에 어떻게든 영향을 미친 것은 분명하다.

18세기 초 신도회가 의도한 "가슴과 삶의 진정한 성화 제고"는 고교회적 경건, 즉 성경과 그 밖의 실용적 신학서적의 열성적인 연구에 의지하고, 도덕적으로 절제된 개인의 삶을 요구하며, 사회의 불우 계층을 향한 자선행위로 나타내어지는 등의 특징을 가졌다. "실천적 경건"(practical holiness)에 있어서 서로 격려하기 위하여 정기적으로 가진 모임은 "이 세상"(world)의 덫으로부터 피하기 위한 더 큰 목적의 한 부분이었다. 이런 점에서 보면 중세 수도종파들이 가졌던 목적과 공통점이 있다. 사무엘 웨슬리는 "신도회에 관한 편지"에 다음과 같이 썼다.

> 나는 소수의 훌륭한 사람들을 알기는 하지만, 수도원들이 파괴된 후 그들을 대신해서 세워진 신도회는 몇 안 되고, 그 대신 그들의 오류에서 개혁하여 원시적 수준으로 되돌아 간 것에 대하여 슬픔을 느낀다. 교회사를 공부한 사람이라면 누구나 이와 같은 모임들이 우리 선조들에게 기독교를 심고 전파하는 일에 얼마나 필수 불가결하였나 하는 것을 알 수 있다. 이러한 삶이 주는 좋은 효과의 대부분은 우리가 지금 이야기하고 있는 이런 모임에서처럼 그에 따르는 불편함이 없이도 달성할 수 있다.
> (M&M, 44).

일부 사람들은 이러한 생각이 일부 고교회적 경향과 결부되어 신도회 지지자들 사이에 왕당파적 위험 요소를 지니게 하는 것으로 보았다. 새 회원은 교회와 국가 양쪽 모두에게 호의를 가져야 한다는 규정은 의혹을 푸는데 별 효과가 없었다. 반면에 신도회 내의 이러한 경향은 어차피 그런 쪽으로 기울고 있었던 웨슬리와 그의 가족에게 별로 문제가 안 되었다.

어렸을 때에 존과 찰스가 엡워스 신도회와 접촉을 가졌다는 증거는 없지만, 그들의 부모는 가족에 대하여나 교인들의 양육에 대하여나 같은

생각을 가지고 있었다. 모든 자녀들은 경건과 학문에 있어서 세심한 훈련을 받았다. 그들은 믿음과 행위를 연합한 전통적 신학을 배웠는데, 이것은 사무엘과 수잔나가 가지고 있었던 정통교리와 청교도적 윤리관을 반영한 것이었다. 남자아이들은 어머니의 무릎과 아버지의 교회에서 배운 뒤 10살쯤 되어 탁월한 학교에서 공식적 교육을 받도록 런던으로 보내졌는데, 아들 사무엘과 찰스는 웨스트민스터에, 존은 챠터하우스에 들어갔다. 후에 이 셋은 모두 아버지의 뒤를 이어 옥스퍼드에 들어갔다.

18세기 초의 옥스퍼드 대학교는 영국사회 전체에 퍼져있는 사회문제들을 많이 반영하고 있었다. 당시 어떤 사람은 옥스퍼드를 가리켜 "훌륭한 태도와 학문의 온상"(seat of good manners, as well as of learning, 즉 영국 내 다른 도시의 주민보다 예의가 있었다는 뜻에서)이라고 했지만, 대학교 내의 영적, 학문적 분야에서는 "안일한 나태함"(a comfortable slackness)이 팽배하여, 학교의 역사상 최악의 상태였다고 보는 편이 맞다. 옥스퍼드에서 웨슬리는 학교 안에서의 관계나 학교 주변의 상황에서 영국이 안고 있었던 문제들에 직면하게 되었다. 1725년에 그의 삶은 경건을 실제 삶으로 살아내는 방향으로 바뀌게 되는데, 이렇게 시작된 그의 영적, 지적 여정을 통해 그는 수백 권의 책에 글을 쓰고, 수십 개의 지방 교구와 감옥을 방문하고, 수많은 새로운 사람들을 만나며, 그리고 그로부터 10년 안에 신세계 미 대륙의 해안에 발을 딛기까지 했다. 웨슬리는 신도회의 명시적 목적인 "진정한 성화"(real holiness)를 추구한 것만이 아니라, 그들의 방법론의 일부도 받아들였다. 이 점에서 그는 그의 아버지의 뒤를 따랐다고 할 수 있다.

이 기간 동안 웨슬리는 그리스도인으로서의 삶에 요구되는 것들에 대한 진정한 이해를 추구했는데, 이러한 노력을 통해 그는 영국 국교회의 조직과 교리를 벗어나지 않으면서도 실용적으로 활용할 수 있는 범주 내에서 경건주의자들의 완전주의, 청교도들의 도덕주의, 신비주의자들의 묵상예배를 한데 묶었다. 성 미가엘 교회, 스탠튼 하코트(Stanton Harcourt) 교회와 같은 영국의 많은 교회들에 흔적을 남긴 많은 역사적 움직임은 그때까지도 영국 기독교의 살아있는 전통의 일부였고, 웨슬리의 발전에 영향을 끼치게 되며, 웨슬리는 이것에서 그리스도인의 삶과 생각의 본질과 구도에 대한 자기 나름대로의 개념을 찾게 된다. 웨슬리와 옥스퍼드 친구들이 이 과정에서 취한 자세와 처음 수년 동안 개발한 방법은 훗날 웨슬리 운동의 형태를 결정짓는 중요한 요소가 되었다. 이와 같은 옥스퍼드 메소디스트 이야기는 웨슬리 자신에 의해 "감리회의 시초"라고 잘 이름 지어졌다.

웨슬리와 메소디스트라고 불리운 사람들

Chapter 1—Suggested Additional Reading

Abbey, Charles John, and John H. Overton, *The English Church in the Eighteenth Century* (London: Longmans, Green, 1878).

Allison, Christopher F., *The Rise of Moralism; the Proclamation of the Gospel from Hooker to Baxter* (New York: Seabury Press, 1966).

Bangs, Carl, *Arminius* (Nashville: Abingdon Press, 1971).

Butterfield, Herbert, "The eighteenth Century Background," in *A History of the Methodist Church in Great Britain*, Vol. 1, ed. Rupert Davies and Gordon Rupp (London: Epworth Press, 1965).

Clarke, W. K. Lowther, *Eighteenth-Century Piety* (London: SPCK, 1944).

Cragg, Gerald, R., *The Church and the Age of Reason* (Baltimore: Penguin Books, 1966).

Dickens, Arthur G., *The English Reformation* (New York: Schocken, 1964).

Legg, J. Wickham, *English Church Life from the Restoration to the Tractarian Movement* (London: Longmans, Green, 1914).

M&M — Heitzenrater, Richard P., *Mirror and Memory: Reflections on Early Methodism* (Nashville: Kingswood Books, 1989).

McAdoo, Henry R., *The Spirit of Anglicanism* (New York: Charles Scribner's Sons, 1965).

More, Paul E., and F. L. Cross, *Anglicanism* (London: SPCK, 1962).

Plumb, J. H., *England in the Eighteenth Century*, 1714-1815 (Baltimore: Penguin Books, 1964).

Portus, Garnet Vere, *Caritas Anglicana* (London: Mowbray & Co., 1912).

Rupp, Gordon, *Religion in England, 1688-1791* (Oxford: Clarendon Press, 1986).

SPCK — Allen, W. O. B., and Edmund McClure, *Two Hundred Years: The History of the Society for Promoting Christian Knowledge, 1968-1898* (London: SPCK, 1898).

Walsh, John, "Origins of the Evangelical Revival," *Essays in Modern English Church History* (New York: Oxford University Press, 1966).

Willey, Basil, *The Eighteenth Century Background* (Boston: Beacon Press, 1964).

제2장

감리회의 기원 (1725-1739)

웨슬리는 감리회의 기원과 성장에 대하여 여러 곳에서 회상하면서, 이 감리회가 자발적으로 시작되었다는 것과 그 발전과정이 개방적이었다는 것을 종종 강조했다. 그의 관점에 따르면, 하나님은 구체적이고도 필요 적절한 목적을 위하여 메소디스트라고 불리우는 사람들을 일으키셨지만, 그 방법은 예측할 수 있거나 미리 정해지지는 않은 것이었다.

이렇게 아무런 계획이나 선입견도 없이 자발적으로 시작된 움직임의 시작을 정의하는 것은 어려운 일이다. 1765년 존 웨슬리는 "사람들이 메소디스트라고 불리우게 된 정황에 대한 설명을 하는 것은 쉽지 않다"고 기록했다 (*Short History of Methodism*). 그러나 교회사(*Ecclesiastical History*, 1781)에 감리회의 역사에 대해 기록하기로 했을 때 웨슬리는 1739년 이전 감리회 기원의 세 단계를 옥스퍼드, 조지아, 그리고 런던으로 지적했다. 초기의 발전단계를 이렇게 구체적으로 지적한 것은 감리회의 기원을 살펴보는데 유용한 참고가 된다.

감리회의 첫 기원—옥스퍼드

"메소디스트라고 불리운 사람들"의 기원은 존 웨슬리와 찰스 웨슬리 두 사람의 이야기와 자연스럽게 얽혀있다. 당시 사람들이 인정한 대로 존은 옥스퍼드 메소디스트들의 "최고 지휘관"이었다 (*EMW*, 2:38). 최근에 와서 찰스가 이 모임의 설립자였다고 주장하는 사람도 있다. "첫 메소디스트"에 보면, 윌리엄 모간(Morgan)이 설립자였다는 주장도 나온다 (*M&M*, 233). 어떤 운동이든지 운동의 시발을 정확하게 지적할 수 있는 것은 그리 쉽지 않고, 첫 메소디스트의 시작도 마찬가지이다. 교육학자는 구체적인 날짜를 찾으려 하고, 고서학자(archivist)는 창설회원 명단을 발견하려 하며, 인물연구가는 설립자가 누구인가를 알고 싶어 한다. 그러나 역사학자(hagiographer)는 그 운동의 발전 단계에 따라 기술하는 것을 대체로 만족스럽게 생각하고, 상황의 복잡성이 어떤 질문에 답을 할 것인가를 스스로 결정하도록 내버려 둔다.

18세기 옥스퍼드 시의 남서쪽 풍경. 올 세인트 교회 (All Saints' Church: 11), 성 마리아 교회 (12), 그리스도 교회 (16), 머튼 대학 (Merton College: 17), 그리스도 교회 성당 (다른 16번), 그리고 막달라 대학(18)의 탑들이 주류를 이룬다.

존 웨슬리는 런던의 챠터하우스 학교에서 대학 준비과정으로 7년간 고전교육을 받은 뒤, 1720년 6월 옥스퍼드에 올라갔다 (옥스퍼드는 넘어가거나 내려간다고 하지 않는다). 그는 옥스퍼드 대학교에서 가장 크고, 혹자에 의하면, 가장 명성이 높다는 단과대학인 그리스도 교회(그리스도 교회 대학이라고 하지 않는다)를 다녔다. 옥스퍼드 학생의 대다수는 정부나 의학, 법률, 그리고 교회에서 일하기 위해 공부를 하고 있었다. 각 단과대학에서 교과과정을 책임지고 있었던 교수나 연구원들은 당시 법에 따라 거의 대부분 성직자들이었다. 따라서 존 웨슬리가 1724년 학사 학위를 받고 옥스퍼드에 연구원으로 계속 남아있고 싶어 했을 때 안수를 받아야 할 것인가에 대하여 생각하게 되었다. 그가 비평적 학문을 공부하기를 원했던 그의 아버지는 미지근한 반응을 보였고, 그의 어머니는 이 과정에서 "실천신학"을 공부하게 될 것으로 여겨 찬성하였다. 존 웨슬리는 이렇게 해서 안수심사를 위한 준비를 시작했다 (Letters, 25:158-60).

영국 국교회에서의 안수과정을 보면, 우선 인문과학 학사 학위를 취득하고, 감독에 의해 심사를 받은 뒤 집사 (deacon) 안수를 받았다. 그리고 2년간 석사 학위를 위해 더 공부를 계속하며 준비를 한 뒤, 다시 한번 감독에 의해 심사를 받고 장로 (presbyter), 또는 신부(priest)로 안수를 받았다. 대학에서의 공부와 교회에서의 과정은 병행하여 진행되기는 했지만 뚜렷하게 구분되었다. 교구 목사가 되기 위해서는 신학학사 학위가 요구되지도 않았고 일반적으로 기대되지도 않았지만, 대학의 연구원이 되기 위해서는 석사과정을 마친 뒤, 7년 내에 취득할 것이 법적으로 요구되었다. 신학박사 학위는 계속 학문에 관심이 있는 경우에 한해 추구되었다.

1725년 사순절 기간 동안 웨슬리는 집사안수를 위한 공부를 시작했다. 이 시점에서 그는 후에 그가 자신의 신학적 발전의 제3단계라고 기술한 시기에 들어가게 된다. 첫 단계이었던 엡워스와 챠터하우스에서 그는 영국 교회의 신학적 전통 안에서 양육되었다. 중용을 강조하는 중도(via media)는 다음과 같은 그의 언급에서 찾아볼 수 있다. "나는 교황절대주의자들처럼 외적 행위를 과하게 강조하는 것이나 급진적 개신교도들처럼 행위가 따르지 않는 믿음을 강조하는 것은, 어느 쪽이든지 진정한 소망과 사랑으로 인도하지 못한다는 것에 대하여 일찍 눈을 떴다" (J&D, 18:212). 믿음과 행위의 균형, 덕스러운 품성을 따르는 것, 그리고 하나님이 주시는 모든 은혜의 수단을 활용하는 것은 사람들로 하여금 "그리스도가 품은 마음을 품게 하며, 그리스도가 걸은 길을 걷게 한다."

그 후, 1725년 얼마 전에, 웨슬리는 "믿음을 놀라우리만큼 지나치게 확대시켜 다른 모든 계명을 가려버리게 하는 혼동되고 잘못 소화된 신학을 가진 루터교와 칼빈주의 저자 몇 사람들"과 우연히 만나게 되었다. 이것을 "빈곤을 필요이상 두려워하여 생기는 자연적인 현상이며, '공로와 선행'의 주장에 현혹되어 즉각 그 정반대의 극단으로 뛰어들어간" 것으로 본 그의 오해는 후에 보면 이해할 만하다. 그는 그의 난처한 처지를 "이 미로에서 나는 완전히 길을 잃어, 무엇이 잘못 되었는지를 알아낼 수도 없었고 앞뒤가 맞지 않는 가설을 성서나 일반상식과 연결 지어 이해할 수도 없었다"고 기술하였다 (J&D, 18:212).

웨슬리는 이제 그의 신학 발전 제3단계에 진입하게 되었다. 1725년 그의 독서는 거룩한 삶의 전통에 입각한 경건주의자들에게 초점이 맞추어지기 시작했다. **토마스 아켐피스**(Thomas à Kempis)는 이러한 관점에 기초가 되었고, 웨슬리는 '그리스도를 본받아'를 정기적으로 읽었다. 전형적 경건주의자 도서목록에서 그는 제레미 테일러의 거룩한 삶과 거룩한 죽음에 대한 규칙과 훈련 (*Rule and Exercises of Holy Living and Holy Dying*, 1650), 로버트 넬슨(Nelson)의 진정한 헌신의 실천 (*The*

Practice of True Devotion, 1708), 그리고 윌리암 베버리지의 종교에 관한 개인의 사고(*Private Thoughts Upon Religion*, 1709?)를 골라 읽었다. 이와 비슷한 서적들을 통해 웨슬리는 스스로 말한 것처럼 "의도는 좋지만 잘못 생각하고 있는 독일 사람들"로부터 풀려날 수 있었다.

웨슬리는 **제레미 테일러**(Jeremy Taylor)로부터 거룩한 삶의 첫 번째 규칙은 시간관리라는 아주 중요한 생각을 영향 받았다. 이러한 테일러의 조언에 따라 웨슬리는 거룩한 삶을 향한 그의 여정을 기록하고 측정하는 **일기**를 쓰기 시작하였다. 경건주의적 영향이 가져다준 가장 의미 있는 신학적인 결과로는 거룩함은 내적 실체라는 웨슬리의 깨달음이었는데, 이것은 "진정한 신앙은 가슴에 자리잡고, 하나님의 율법은 우리의 모든 생각과 말과 행동에 미친다"는 뜻이었다. 그럼에도 불구하고 웨슬리가 기억하고 있었던 이 시점에서의 자기평가는 "나는 내가 훌륭한 그리스도인 임을 의심치 않는다"는 것이었다 (*J&D*, 18:244).

역사가와 전기작가 중 몇몇 사람들은 1725년 안수 준비 과정과 때를 같이한 웨슬리의 이러한 품성의 변화는 그의 "회심"의 증표라고 보았다. 웨슬리의 일기를 보면, 그가 얼마나 진지하게 **거룩한 삶**을 살려고 노력했나 하는 것과, 내적 의지의 순수함을 지켜나가려는 생각으로 가득 차 있었던 것을 찾아보게 된다. 이는 모두가 본질적으로 성경에 입각한 기독교의 덕목에 대한 이해에 근거를 둔다. 그러나 "회심"의 문제는 "그리스도인"이란 무엇인가 하는 정의에 달려 있으며, 이에 대한 웨슬리의 정의는 후에 수정될 뿐만 아니라, 자신의 영적 민감함이 때에 따라 동요하면서 개인의 영성 측정에 이 정의를 어떻게 적용하는가 하는 것도 변하게 된다.

1725년의 사건은 최소한 거룩한 삶은 진정한 기독교의 본질에 필수적이라는 확신이 외적으로 나타난 것이었다. 웨슬리가 이러한 관점을 삶과 사고에 처음 실천으로 옮긴 것은 후에 "메소디스트"라는 이름으로 알려지게 되는 것들의 많은 특징들을 보여준다.

이러한 **거룩함**(holiness)을 위한 영적 추구는 웨슬리의 신학에 초점을 제공해 주었다. 웨슬리는 그의 신학적 구도를 형성하고 일생을 지속하는 영적 추진력을 뒷받침하는 어떤 확신을 이미 가지고 있었다. 그는 1725년에 이미 하나님의 용서는 분명히 느낄 수 있다는 확신을 가졌는데, 이것은 후에 그가 관심을 가진 체험으로 알 수 있는 구원의 확신의 근거가 되었다 (*Letters*, 25:174-75). 그는 또 그와 같은 용서의 확신이 죄가 다시 발생하지 않는다는 보장은 아니라는 확신을 가졌고, 이것은 믿음의 퇴행(backsliding)에 대한 그의 지속적 경계심과 예정론에 대하여 그가 가졌던 저항감의 근거가 되었다. 그는 또한 은혜의 수단들은 끊임없이 사용되어야 한다고 생각했는데, 이 때문에 그는 일생동안 율법무용론과 투쟁하게 된다. 이 시점에서 웨슬리는 여러 권의 책과 그의 부모의 조언에 힘입어 이러한 문제들과 씨름하기 시작하였다. 이러한 문제들은 전적으로 개인적인 것이었으며, 대학교에서의 자신의 삶을 넘어서는 의미를 가진 것은 아니었다.

웨슬리는 그의 정치적 역량과 사회적 기품을 적당히 활용하여 1726년 3월 17일 링컨대학의 연구원으로 선발되었다. 그의 아버지는 이 소식에 "내가 어디에 있든지 간에 우리 아들 녀석은 링컨의 연구원이라네" 하는 말로 부모로서의 자랑스러움을 내보였다. 웨슬리는 독신으로 있는 동안은 계속 주어지는 연구원에 따른 혜택으로 숙식과 일생의 연금을 보장받았고 수하에 학생도 두게 되었다.

그러나 웨슬리는 그의 동료들이나 학생들로부터 영적 여정을 함께 할 수 있는 동지로서의 느낌은 발견하지 못했다. 심지어는 1726년 6월 그리스도 교회의 학자로 옥스퍼드에 온 그의 동생 찰스마저도 신실한 신앙적 추구에는 관심이 없고 마음과 영 모두가 경박한 면을 보였다. 이것은 찰스의 가장 친한 친구이며, 이 기간 동안 존 웨슬리의 가장 친한 여자 친구이었고 "바라니스"(Varanese)라고도 알려진 스탠튼에서 온 사라 커크햄(Kirkham)의 동생인 로버트 커크햄(Kirkham)도 마찬가지였다. 옥스퍼드에서 유일하게 그리스도인으로서의 결단과 거룩한 삶에 대하여 웨슬리와 같은 뜻을 가졌던 로빈 크리피스(Robin Griffiths)는 그 해 겨울에 죽었고, 존은 1727년 1월 15일 그의 장례식에서 설교를 했다 (*Sermons*, 4:236-43).

1727년 2월 14일 석사 학위를 받은 웨슬리는 그 다음 해 여름 엡워스와 루트(Wroot)에서 부목사로 일해 달라는 그의 아버지의 청을 받아들였다. 존은 교구 내 목회를 돕는 것 외에도 사무엘의 학문적 대표작인 욥기강해를 쓰는 것을 거들 수 있었다. 이로부터 2년 동안 존이 옥스퍼드를 방문한 것은 1728년 9월 22일 **장로** (priest) 안수를 받을 때뿐이었다. 존은 찰스에게 주저함 없이 이 새로운 교구상황이 마음에 들고 어쩌면 최소한 수년 동안은 여기에 자리잡고 지낼 것 같다고 고백했다 (*Letters*, 25:230).

한편 형의 부재를 절실하게 느끼면서 그리스도 교회에서 계속 머물고 있던 찰스 웨슬리는 얼마 뒤 존에게 자신의 "무기력에서 깨어났다"고 편지를 썼다. 그 해 후반기 대학교의 책임자들은 이신론(Deism)과 무종교주의가 옥스퍼드 내에 끼치는 영향에 대해 공개적으로 대처하기로 결정을 했는데, 이를 위해 교수들은 학생들에게 부지런히 신조를 설명해 주도록 공고했고, 교수들 자신도 "자주, 조심스럽게 성경을 읽을 것"을 장려했다. 이 방침을 성심껏 따르려 했던 찰스는 존이 3년 전 이미 발견한 사실,

즉 "그리스도 교회에서는 처음 발을 들여놓자마자 신앙을 웃음거리로 만드는 분위기에 믿음을 잃게 되기가 십상"이라고 존에게 편지를 써 보냈다. 찰스는 또한 존에게 도움을 청하며, "나는 하나님께서 내 안에 시작하신 일을 형님을 통해 이루시리라 굳게 믿으며, 형님 말고는 나에 대한 선의 도구로 내가 기꺼이 받아들일 사람이 없습니다"라고 말했다. 이제 영이 깨어나게 된 찰스는 형에게 구체적인 조언을 구하며, 특별히 영적 여정의 기록인 일기에 대해 다음과 같은 질문을 던졌다. 무엇을 적을 것인가? 선과 악 모두를 적어야 하나? 종교와 더불어 학문의 성장도 기록해야 하나? 암호를 써야 하나? 어떤 책을 읽어야 하나? 존이 아직 정식으로 그렇게 불리우지는 않았어도 영적으로 메소디스트였다면, 찰스는 다음에서 보는 바와 같이 그 여정에 기꺼이 동참하는 동반자였다: "형님이 목표하는 방향이나 그 방법을 나에게 가르쳐주면 나는 기꺼이 따르겠습니다."

찰스는 그와 함께 매주일 진지하게 공부하고 교회에 참석하도록 한 동료를 설득하였는데, 1729년 5월 찰스로부터 이 소식을 전해들은 존은 그의 생일인 6월 17일 옥스퍼드를 방문하였다. 그 후 두 달 동안, 존과 찰스와 찰스의 친구 **윌리암 모르간**(William Morgan)은 때로는 그들의 옛 친구 밥 커크햄(Bob Kirkham)과 더불어 서로 격려하며 가끔씩 모여 학문과 신앙적 추구를 함께 하기도 하고 매주일 교회에 가기도 하였다. 존의 일기에는 존이 1729년 여름 10주간 옥스퍼드에 머무는 동안 이들과 함께 정기적인 모임을 가진 것으로 나오지는 않는다. 그러나 이 기간 동안 어떤 조직적 형태의 씨는 그 싹을 내기 시작하였다. 존이 있음으로 힘을 얻은 친구들의 이 작은 모임(band)은 가끔씩 모여 공부하고 기도하며 신앙적 대화를 갖기도 하였고, 정기적으로 성찬식을 갖고, 매일 일기를 적음으로 그들의 삶을 살펴나갔다. 이러한 별 것 아닌 것 같은 활동이 후에 옥스퍼드 감리회(Oxford Methodism)로 알려지게 되는 명백한 증거가 된다. 모임은 정기적인 것도, 모든 사람이 모든 모임에 출석한 것도, 하루의 일정이 정해져 있었던 것도 아니었고, 때로는 가벼운 여흥을 가졌던 흔적도 보인다. 그러나 이 모임은 웨슬리 운동의 특징들의 일부를 지니고 있었다. 여름이 끝나고 학생들이 방학을 맞아 집으로 흩어질 때, 웨슬리는 엡워스로 돌아가 연례 마을축제에 참여했다.

10주 뒤 옥스퍼드에 돌아온 존에게 학장은 다른 연구원들의 말에 따라 존도 대학교수로서의 응분의 책무를 감당하도록 요청을 했다. 이러한 내용을 담은 10월 자 편지는 아버지가 쓴 욥기강해의 판석을 위해 아버지와 함께 여행하고 있었던 존을 찾아 요크셔(Yorkshire)로 전해졌다. 여러 가지 이유로 존은 옥스퍼드에서 수업료를 납부하는 학생을 가르치는 것을 좋게 생각했다. 이때 그의 일기를 보면 아버지로부터 받는 부목사의 급료로 서는 선물로 들어온 구두를 감안하더라도 일 년 넘게 적자생활을 할 수밖에 없는 형편이었음을 알 수 있다. 며칠 안에 존과 챨스는 남쪽으로 5-60 마일을 걸어 런던에 있던 동생 사무엘을 만나러 떠났다.

웨슬리 형제는 여름에 그만 두고 갔던 그 활동들을 다시 시작하였다. 그들의 대인관계에도 눈에 띄는 변화가 보이지 않았고, 학습과 예배를 위한 모임의 일정에도 달라진 것이 없었다. 그들이 옥스퍼드에 다시 돌아온 11월 22일은 존이 감리회의 기원을 회고하는 자리에 이 날을 옥스퍼드에서 다시 살기 시작한 날로 기록한 것 외에는 별 다른 의미가 없었다. 그 후 수주간 존과 챨스와 윌리암 모르간(William Morgan)은 여름에 하던 그대로 했다.

옥스퍼드 신도회 조직의 기원

뚜렷한 목적과 의도에 따라 정기적 활동이 시작된 것으로 존 자신이 언급하는 시기는 1729년 말 겨울이다. 이 때 **밥 커크햄**(Kirkham)은 존의 예상을 깨고 그의 모임을 떠나 웨슬리 형제와 모르간과 정기적으로 만나기 시작하였다. 존의 일기를 보면, 1730년 3월 초 다음과 같은 틀이 자리를 잡아가고 있는 것을 분명하게 보여주는데, 화요일 저녁은 챨스 방에서, 목요일은 커크햄 방에서, 토요일은 존의 방에서, 그리고 일요일은 모르간의 방에서 모이는 모임이 그것이다. 이처럼 눈에 띄는 정기성 외에, 이 모임들에 관하여 일기에 포함된 기록(예를 들면, "챨스의 방에서 모르간과 커크햄과 함께 툴리(Tully)를 읽었다")을 보면, 학습 외에 다른 어떤 일을 했다는 언급은 없다. 주중 학습 시간에 이 네 친구는 호라스(Horace), 쥬브널(Juvenal), 그리고 토렌스(Torence) 같은 고전을 공부했다. 일요일 저녁에 그들은 밀튼(Milton), 데렌티(de Renty), 그리고 프라이오(Prior) 같은 신학 서적을 읽었다. 그리고 주말이면 존은 옥스퍼드셔(Oxfordshire) 지방 교구에서 설교할 때가 많았지만, 기회가 있을 때마다 이들은 일요일에 대학교의 설교와 성찬에 참여했다.

대학교에서는 이 소수 학생들의 모임이 **"성찬주의"**(sacramentarian)적 경향이 있다고 꼬집는 경우도 있기는 했지만, 대학교의 교칙을 성실히 준수하려는 이들을 거의 주목하지 않았다. 이들이 18세기 초 옥스퍼드 학생들을 대표하는 전형은 아니었지만, 학문공동체의 이상을 진지하게 추구한 최초의 집단이나 유일한 집단도 아니었다. 기도와 공부를 목적으로 교수의 방에 모인 모임은 10여 년 전에도 있었고, 1730년대에 다른 단과대학에서는 웨슬리와 그의 동료들처럼 모이는 모임도 있었다 (*Ingham*, 12). 그와 같은 학문적이며 신앙적인 활동이 웨슬리의 모임의 특성이기는 했지만, 이 운동은 이와 같은 활동만으로 성격이 규명되는 것은 아니었다. 옥스퍼드에서의 웨슬리 운동을 잘 말해주는 삶과 생각의 독특한 조화는 1730년 늦은 여름 더욱 분명해졌다.

8월에, 윌리암 모르간은 존에게 이 모임을 통해 **캐슬 감옥**(Castle prison)에 있는 채무자와 중범자들을 방문할 것을 여러 번 제안했다. 모르간은 이미 얼마동안 어린 고아들을 가르치고, 빈민자와 노약자를 돌보며, 감옥을 방문하는 등, 폭넓게 자선활동을 해오고 있었다. 8월 24일, 모르간과 함께 옛 요새였던 캐슬을 방문했던 웨슬리 형제는 죄수들과 함께 한 그 경험을 아주 만족스럽게 생각하여 그 후로 최소 한 주에 한 번 방문하기로 동의하였다. 서서히 다섯 또는 여섯으로 커진 이 모임은 이와 같은 방문을 위하여 일정을 정하였고, 존이 방문하는 시간은 토요일 오후였다.

모르간의 인도에 따라 웨슬리 모임은 사회사업 일정에 다른 자선활동들을 포함하였다. 캐슬 방문 후 한 주일 뒤, 존은 교구교회에서 때때로 베푸는 생계지원과 영적 도움에 의지하고 사는 옥스퍼드의 많은 가난한 연장자 중 한 사람인 베시(Vesey) 부인을 방문하였다. 이것은 이미 지방교구에서 부목사로 일한 바 있는 링컨의 연구원인 존에게 새로운 활동은 아니었다. 그러나 학문공동체의 활동, 특별히 옥스퍼드의 감리회의 활동에 이와 같은 정기적 봉사활동을 포함하는 가능성을 발견한 공은 존의 친구인 윌리암 모르간에게도 돌아간다. 오래되지 않아 감리회원들은 한 주에 여러 시간을 동네의 빈민들과 함께 보냈다.

1730년 12월, 이 모임은 모르간이 길을 열어놓은 노스 게이트 (North Gate: **보카르도**-Bocardo) 감옥의 재소자들에게까지 그들의 활동범위를 넓혔다. 아일랜드 출신 젊은이이며 감리회의 사회활동 중 많은 부분을 창안해 놓기도 한 모르간은 1731년 봄 빈민가정의 자녀들을 옥스퍼드로 모아들이기 시작했다. 그가 병에서 요양차 잠시 떠나있을 때에는 이로 인해 생긴 공백을 웨슬리와 그의 친구들이 메우려고 노력했다. 이러한 상황에 대처하기 위해서는 좀 더 영구적인 방법이 필요하다는 것을 곧바로 깨달은 존은 1731년 6월 말 어린이들을 돌보도록 플랫 여사(Mrs. Plat)를 고용했다. 그러나 감리회원들은 어린이들의 발전을 위하여 지속적인 관심을 갖고 직접 이 일에 참여하기도 하였다.

이러한 일련의 활동들로 인하여 이들은 대학교 내의 동료들로부터 좋지 못한 평판을 얻게 되었다. 머튼(Merton)대학의 동료들은 조롱하는

감리회의 기원

옥스퍼드 시 감옥인 보카르도는 성 미가엘 교회와 함께 연결해 있는 시의 노스 게이트(North Gate)를 넘어서까지 있다. 이 판화에서 보는 것처럼, 죄수들은 때로는 창문을 통해 바구니를 내려 보내 행인으로부터 돈이나 음식물을 얻었다.

뜻에서 이 회원을 "**신성회**"(The Holy Club)라고 부르고 악의에 찬 비방을 일삼았는데, 처음 이것을 느낀 사람은 커크햄(Kirkham)이었다. 이 이름은 선행을 위한 이들의 노력을 경멸하는 뜻에서 붙여진 다른 이름들, 예를 들면, 거룩한 모임, 성경벌레, 또는 공덕회 (supererogation) 등으로 곧 대체되었다. 종종 그렇지만, 이들 모임의 활동에 대한 소문은 실제보다 크게 나서, 존이 아버지에게 보고한 것처럼 "우리 같은 괴짜들만 상대하는 친구들"이라는 평판을 가져왔다. 웨슬리는 이 모임이 특정 소수인만의 모임(클럽)이라고 불리어지는 것을 싫어했고, 비록 자신도 쓰는 경우가 있기는 했지만 어떤 공식적인 "신도회"(society)로 지칭되는 것도 달가워 하지 않았다. 이들에게 "메소디스트"라는 명칭이 주어지는 것은 이로부터 2년이 지난 다음이기는 하지만, 학생들의 이 작은 모임은 남은 세기를 통해 이 운동의 특성이 될 많은 것들을 보여주고 있었다.

우리가 계속 보게 되겠지만, 이들의 대외적 인상을 결정짓는 여러 가지 활동들 대부분은 웨슬리 자신에 의하여 시작된 것이 아니라는 사실을 아는 것은 옥스퍼드 감리회를 이해하는데 있어서 아주 중요하다. 웨슬리는 "영혼의 바른 상태"를 깊이 추구하고 있었다는 것을 기억해야 한다. 따라서 그의 방법론은 정적이거나 정해진 틀이 아니었고, 그가 새로운 위기를 만나거나, 새로운 점에 눈을 뜨게 되거나, 새로운 친구들을 만나면서 자라고, 발전하고, 변화하는 삶에 대한 접근이었다. 이 운동에서 존이 지도자로 인정받게 된 것은 그가 이와 같은 여러 가지 활동을 같은 목적으로 묶을 수 있는 능력에 연유하며, 이는 또한 감리회의 구원 추구에 방향과 영적 추진력을 제공하였다. 옥스퍼드 감리회의 핵심을 이해하기 위해서는 이 추진력과 이로 인해 전개되는 삶의 모습을 바로 보아야 한다.

다음 해 존의 관심은 점점 옥스퍼드 쪽으로 모아졌다. 전 해에 설교를 하기 위해 의례 지방 교구에 가던 여행을 갑자기 중단했다. 심지어 이 일을 위해 1년 전 구입했던 말까지도 팔았다. 캐슬 감옥에서 존은 그 다음 4년 반 동안 최소 한 달에 한 번 설교를 했다. 그가 1731년 일기장 앞에 적어놓은 주중 방문계획을 보면, 월요일 보카르도, 화요일 캐슬, 수요일 어린이들, 목요일 캐슬, 금요일 보카르도, 토요일 캐슬, 일요일 빈민과 연장자로 되어 있다. 웨슬리는 이렇게 분주하게 하는 활동 자체가 쉽게 목적이 될 수 있다는 사실을 바로 인식하고 있었다. 그는 이 많은 활동을 제대로 수행하기 위해서는 "우리는 도구를 사용하시든 하지 않으시든 모든 일을 하실 수 있는 하나님의 손에 잡힌 도구에 불과하다는 습관적이며 생동적인 감각을 유지하는 것"이 핵심이라고 나이가 들어가는 그의 아버지에게 말했다 (*Letters*, 25:257-58).

1729년 11월 웨슬리가 대학에서 한 설교는 그로 하여금 개인구원을 넘어 점점 더 남에게까지 관심을 갖게 하는 내면의 힘과 논리적 근거의 단면을 보여준다. 창세기 1:27을 본문으로 한 설교는 "다른 사람들을 죄와 그에 따르는 사망에서 구하는 사람들은 창공처럼 빛날 것이며, 다른 사람들의 영혼에 하나님의 형상을 되심는 사람들은 별처럼 반짝일 것입니다"(*Sermons*, 4:303)라는 말로 끝을 낸다. 존의 방법론과 활동은 어쩌면 **묵상적 영성**(meditative piety)이라는 말로 가장 잘 설명이 될 수 있는데, 이는 신도회에서 많이 쓰는 말처럼 그 자신과 다른 사람들의 "가슴과 삶의 성화"(holiness of heart and life)를 함양하는 것을 목적으로 했다. 그가 서두는 것처럼 보일 정도로 "하나님과 사람에 대한 어떤 의무도 빼먹지 않으려고" 애를 쓴 것은 구원의 확신, 즉 그가 하나님의 자녀임을 확인하려했던 그의 내면적 추구의 증거이었다.

1730년이 되어 존은 **윌리암 로**(William Law)의 경건하고 거룩한 삶에의 진지한 초청(*Serious Call to a Devout and Holy Life*, 1729)을

읽기 시작했는데, 이 책은 "하나님의 법의 엄청난 높이와 넓이와 깊이"에 대한 그의 기존 이해를 더욱 확고하게 함과 동시에 증진시켜 주었다. 웨슬리는 이 영향으로 자신의 삶이 뚜렷하게 변화된 것을 "내 영에 빛이 강력하게 흘러들어 모든 것을 새롭게 보게 되었다"는 말로 표현했다 (J&D, 18:244). 20세기 저자 중 어떤 이들은 이러한 언급이 웨슬리가 이 시점에서 그의 영적 삶의 방향을 뚜렷하게 재정립한 것, 즉 어떤 뜻으로 보든지 진정한 회심의 표징이라고 말하기도 한다.

이때 웨슬리가 가졌던 구원의 소망은 그리스도인으로 살고자 하는 **의도의 진실함**과 그가 이해하는 바에 따라 하나님의 약속을 믿는 것에 근거하였다. 그의 정의에 따르면, 구원의 **확신**(assurance)은 "우리의 부르심의 소망, 즉 우리의 소망은 완전함이 아니라 진실함에 있으며, 잘하는 것이 아니라 최선을 다 하는 것"에 달렸다 (Letters, 25:318). 할 수 있는 한 최선을 다하라는 이러한 지침은 이 시점에서 웨슬리의 활동의 든든한 뒷받침이 되었고, 여러 방면에서 오는 비난과 그 자신이 스스로 인식하고 있는 부족함에서 오는 비판을 견디어 내게 하는 힘이 되었다. 그러나 이것은 웨슬리처럼 정직하고 내성적이며 모든 행동은 선하거나 악하거나 반드시 어떤 도덕적 가치를 지닌다고 믿는 사람을 평온하게 해줄 수 있는 그런 소망이나 확신은 되지 못하였다. 비록 그가 **완전**(perfection: 여기에서는 완전한 순종)이 삶의 측정기준이나 목적이 되지는 못한다고는 하지만, 끝없는 도덕적 선택에 직면하여 자신의 진실함에 강도 있게 의지하는 것은 그에게 같은 정도의 책임감을 안겨 주었다. 이러한 생각들은 한동안 웨슬리에게 확신보다는 차라리 불안감을 더 가져다주었고, 웨슬리로 하여금 갈수록 강박관념에 사로잡혀 의도는 분명하지만 목적이 뚜렷하지 않은 활동들을 하게 만들었다. 그는 선행을 묵상함으로 증진되는 가슴의 내적 순수성에 높은 관심을 가지고 있었지만, 그와 그의 친구들은 밖으로 드러나는 이와 같은 선행이 어떤 규칙이나 방법에 따르는 것으로 변질되지나 않을까 하는 걱정을 가지고 있었다. 감리회원들 간의 묵상적 경건을 주위 사람들은 율법적 행위로 얻는 구원으로 보았다.

1732년에 옥스퍼드 웨슬리 신도회의 모습은 사람들이 대거 바뀌면서 눈에 띌 만큼 달라졌다. 지병으로 쇠약해진 모르간은 6월 초 아일랜드의 집으로 돌아갔다. 커크햄과 존 보이스는 옥스퍼드를 떠났고, 유일하게 남아있던 동료 윌리엄 하워드는 이 모임과 점점 거리를 두게 되자, 존과 찰스만이 창설회원 중 아직도 대학교에서 활동을 하는 유일한 회원으로 남아있게 되었다. 그러나 이런 부정적 경향들은 후에 수년 동안 종종 일어났던 것처럼 긍정적 발전으로 대치되었다.

웨슬리와 메소디스트라고 불리운 사람들

윌리암 모르간이 옥스퍼드를 떠나려고 준비하고 있을 때, 웨슬리는 **존 클레이튼**(Clayton)과 사귀게 되는데, 이 사람은 후에 감리회 운동에 많은 공헌을 하게 된다. 모르간과 같이 사회참여에 관심이 많던 클레이튼은 브레이스노우스 (Brasenose) 대학에 자신의 작은 모임을 가지고 있었고, 웨슬리를 위하여 몇 개의 새로운 모임들을 만들었다. 그는 웨슬리에게 초대 기독교의 삶과 사상에 관심을 집중하고 있었던 토마스 디콘이나 존 바이롬 같은 만체스터 선서 거부 성직자(nonjurors)들의 활동을 소개했다. 만체스터 서점집 아들인 클레이튼은 존을 도와 런던과 옥스퍼드의 출판업자와 서점과 가까운 관계를 갖게 했다. 그는 또한 신도회 운동을 지원하는 영향력 있는 지원자들 모임에 존을 소개한 것으로 보인다. 기독교 지식 장려회의 주요인물인 존 필립스 경은 옥스퍼드 감리회의 사업을 위한 상당한 기부자였다. 웨슬리는 반면에 기독교 지식 장려회의 도서목록에서 많은 소책자와 성경, 그리고 다른 출판물들을 구입하여 친구들에게 나누어주었다. 웨슬리는 1732년 기독교 지식 장려회의 "통신회원"이 되었는데, 이러한 기독교 지식 장려회와의 관계는 웨슬리의 삶과 생각에 영향을 미쳤다. 기독교 지식 장려회는 웨슬리 자신의 모임의 본보기가 되기도 하였고, 조지아 식민지에 관심을 갖게 되는 계기도 제공해 주었다.

클레이튼이 옥스퍼드에서 웨슬리와 사귐을 가진 것은 6개월이 채 안되지만, 그의 영향은 몇 가지 중요한 변화를 가져오게 되었다. 웨슬리의 일정표를 보면 좀 더 철저하게 신앙훈련을 한 모습이 나타난다. 초대교회를 본받아 그들의 한 주간 일정은 매 수요일과 금요일 오후 3시까지는 아무 것도 먹지 않는 "**정기적으로 금식**"(Stationary fasts)을 하게 되었다. 웨슬리는 첫 회심자와 같은 정열을 가지고 몇 달에 걸쳐 빠짐없이 금식을 실시하여, 여름이 될 때쯤에는 익숙한 습관의 일부가 되었다. 그가 엡워스의 부모를 방문했을 때의 일기를 보면, 수요일과 금요일 "그들은 아침을 먹는다"고 (떳떳치 않다면, 조금은 자랑스러운 마음으로) 적었다.

클레이튼은 웨슬리 모임의 구성원들로부터 기도문을 수집하는 일에도 새로운 관심을 보였는데, 이것은 결국 1733년 말 주중 매일 기도문 모음이라는 웨슬리의 첫 출판물이 된다. 그리고 그의 전에 윌리암 모르간이 했던 것처럼 클레이튼은 그 모임을 위한 새로운 사회활동을 자진해서 했다. 1732년 8월, 클레이튼은 휴가를 얻어 성 토마스 구제소를 한 주에 두 번 방문하게 되었는데, 이것이 웨슬리와 그의 친구들로 하여금 가난한 사람들을 돕는 또 하나의 길을 열게 되었다. 클레이튼이 옥스퍼드에 있었던 것은 웨슬리에게는 그가 타지에 나가 있는 동안 모임을 믿고 맡길 수 있는 지도자를 가진 것과 같았고, 이것은 웨슬리의 부재가 때때로 운동에 미친 부정적인 영향을 생각하면 퍽 의미가 있는 일이다.

웨슬리와 클레이튼의 만남이 조직에 미친 매우 중요한 영향은 그룹 안에 작은 조직을 둔 것으로, 많은 신도회가 이런 규칙을 가지고 있었고 (엡워스 신도회 규칙 참조) 옥스퍼드와 그 이후 웨슬리 운동 발전상의 특징이 된다. 이 운동의 규모가 커지고 점점 복잡해지면서 조직과 기구가 점점 필요해 지는데, 이것은 1732년 6월 모임을 요약한 웨슬리의 일기 "나누어진 사람들과 일"에 나타나 있다.

시간이 지나 갈수록 옥스퍼드 웨슬리 신도회 회원들의 삶과 사상은 복잡한 규칙과 요구사항으로 정리된 아르미니언적 방법론에 따른 신학과 실천으로 구체화되어 갔다. 웨슬리적인 삶은 새 언약의 테두리 안에서도 지속적으로 하나님의 뜻에 순종할 것을 요구하는 아르미니안 신학의 한 분파에 근거를 두었다. 웨슬리 운동을 주의 깊게 살펴보는 사람이라면 "새 메소디스트"라는 명칭이 존 웨슬리의 설교와 그가 시작한 회의 활동계획에 어울린다는 것을 알게 될 것이다 (*M&M*, 27-31).

그리스도 교회의 존 빙엄(Bingham)이 "우리 가운데 메소디스트의 새로운 일단이 나타났다"고 언급한 때가 바로 이때이다. 후에 웨슬리는 그가 사실은 "새로운 메소디스트 일단"이라고 했던 것은 아닌가 하는 말로 이 표현을 기억한다. 웨슬리는 그 전 세대의 신학논쟁에서 **"메소디스트"** (Methodist)라는 명칭을 연관시키지 않았는데, 그 이유는 이 불분명한 말의 뜻이 생소하기도 했을 뿐더러, 음식과 운동을 통해 건강을 증진하려 했던 1세기 그리스 의학도들의 한 분파를 연상했기 때문이다. 아무튼 이 명칭이 새롭게 쓰이게 된 것은 옥스퍼드에 있던 존 클레이튼이 1732년 8월 런던을 방문 중이던 존 웨슬리에게 보낸 편지에서 웨슬리를 가리켜 "이제 당신이 가고나니, 우리는 메소디스트라는 존경스러운 명칭을 잃은 것 같습니다"라고 언급한 것이다 (*JWJ*, 8:281). 그렇다고 이 이름이 모든 사람들의 마음에서 사라진 것은 아니었다. 많은 사람들은 이 이름이 조롱하는 투로 쓰였든 아니든 간에 웨슬리 모임에 잘 어울린다고 생각했다. 이 이름은 수주 안에 소문을 타고 많은 옥스퍼드 사람들의 입에 오르내렸다. 12월 런던 신문(*Fog's Weekly Journal*)에 실린 한 편지에 쓰인 이후 "메소디스트"라는 이름은 옥스퍼드의 웨슬리 운동을 가리키는 호칭으로 널리 인정되었다.

1732년 가을 클레이튼이 맨체스터 부근 살포드(Salford)에서 살기 위해 대학교를 떠났을 때, 웨슬리와 감리회원들은 시련을 겪고 있었다. 윌리엄 모르간이 죽었다는 소식이 옥스퍼드에 전해졌는데, 감리회 삶의

웨슬리와 메소디스트라고 불리운 사람들

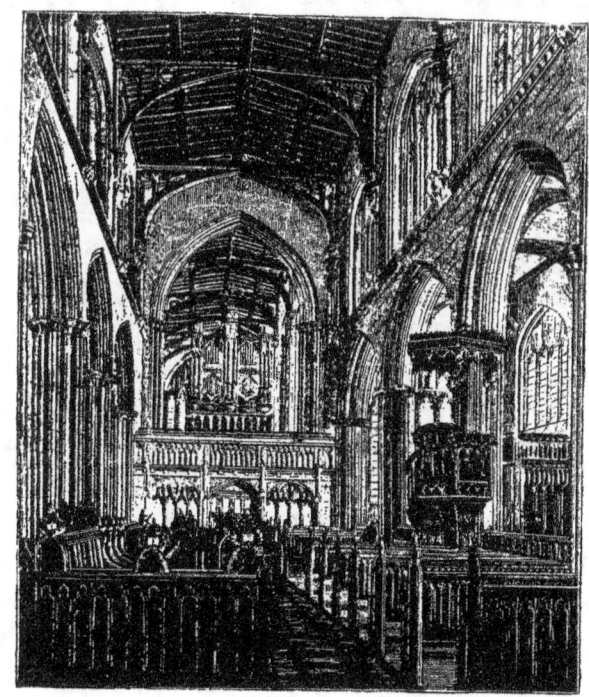

성 마리아 교회는 공식적 예배와 학기 초 성만찬, 특별 절기와 축제, 그리고 다른 예전을 포함한 대학의 대부분 공식 예배가 열린 곳이다.

양식에 따른 금욕과 고행 때문에 죽었다는 소문이 떠돌았다. 감리회로 불리운 이 그룹의 삶과 활동이 점점 눈에 띄게 되면서 대학 전반에 걸친 방해자들의 조롱과 비웃음은 그 빈도와 강도를 더해 갔다. 많은 사람들은 광적으로 보이는 수요일과 금요일 금식, 새벽 네 시와 다섯 시에 일어나는 비위에 거슬리는 습관, 웨슬리와 그의 동료들이 취한 극단적인 검소함과 자기부정을 어느 정도 놀라움으로 주목하기 시작했다.

이러한 상황에서 웨슬리는 감리회를 중상으로부터 방어하는 책임을 떠맡게 되었다. 그의 방어는 여러 형태를 띠게 되지만, 그 중 가장 중요한 것은 (1) 모르간의 아버지에게 이 운동의 기원과 발전에 대하여 설명하는 편지, 그리고 (2) 성 마리아 교회에서 신학적 논리를 요약하는 설교이었다. 이 편지는 글로 바꾸어 웨슬리가 대학교 내를 두루 방문하면서 여러 사람에게 그의 입장을 설명하고 널리 지지를 얻어내는데 활용되었다. 이 "**모르간 편지**"(Morgan Letter)는 가을과 겨울 그가 동료들이나 반대파를 가리지 않고 방어하는데 특별히 요긴한 문서가 되었다.

1733년 1월 1일 우리 주님 할례 축제주일 성 마리아 교회에서 행한 설교는 웨슬리 운동의 발전에 있어서 하나의 획기적인 문서가 되었다. 논란의 와중에 당일 본문("할례는 성령 안에서 마음에 받는 것이며, 그 문자에 있지 않다", 로마서 2:29)을 근거로 잘 준비된 이 설교는 웨슬리가 명백한 그리스도인의 삶을 펼쳐나가려 했던 의도의 근거가 되는 신학을 분명하고도 긍정적으로 설명한 것이었다 (*Sermons*, 1:401-14). 그와 같은 시대의 인사들이 가지고 있던 인상과 동시에 후대의 분석가들이 그대로 굳혀놓았던 인상과는 반대로, 웨슬리와 옥스퍼드 감리회원들의 삶은 금지로 일관된 훈령이나 법칙에 의해 규정지어졌던 것은 아니었다. 그들의 행동은 주중 각 날의 덕목에 따라 배열된 질문들에 의해 자신을 살펴보는 것으로 방향을 잡았다. 그 덕목은 하나님 사랑, 이웃 사랑, 겸손, 고행과 자기부정, 묵묵히 참고 좇는 것과 온유, 감사 등이다. "한 가지 필요한 것"은 하나님의 형상에 따라 새로워진 영혼이었다. 옥스퍼드 감리회 영성의 주된 초점은 그리스도인으로서의 삶으로 나타내지고 측정되기도 하는 영혼의 내적 상태였다.

그러나 이 설교는 그와 그의 동료들을 겨냥한 공격을 조목조목 반박하는 것은 아니었으며, 그보다는 "그리스도의 참 제자임을 드러내게 하는 특징, 즉 신앙문헌에 따르면 거룩함이라고 표현되는 영혼의 체질화된 성향"을 그가 어떻게 이해하고 있는가를 활기 있고도 긍정적으로 선포한 것이었다. 이 설교가 덕목에 초점을 두고, 묵상으로 깊이를 더하며, 믿음이 중심이 되어 나타나고, 성령의 증거로 확인되며, 자기부정을 통해 실천되는 내면을 강조한 것은 우리의 마음을 편안하게 하여준다. "완전한 율법의 총체이며 진실한 마음의 할례"로서의 사랑을 호소하는 것이 이 설교의 정점이다. 그것은 한 사람의 모든 사랑의 감정을 하나님의 뜻에 맞추는 훈련, 즉 그리스도 예수의 마음을 품는 것이다. 웨슬리의 이와 같은 성화의 교리는 **그리스도인의 완전**으로, 18세기 감리교 신학의 뚜렷한 특성이 될 뿐만 아니라, 웨슬리 자신의 일생을 통한 영적 여정의 길잡이가 된다.

이 설교에 대한 반응은 여러 가지로 나타났다. 링컨의 교구목사 토마스 윌슨은 이 설교가 열정적이었다고 생각하여 호감을 나타냈다. 그러나 그 이후 수주일 동안 이 설교보다는 모르간 편지에 더 많은 일반대중의 관심이 모아졌다. 무명으로 발간된 옥스퍼드 감리회(*The Oxford Methodists*, 1733)라는 이름의 소책자에 이 편지가 은밀하게 실린 것은 웨슬리의 걱정거리가 되었다. 왜냐하면 이 소책자에는 그의 운동에 대해 별로 호의적이 아닌 내용이 실려 있었기 때문이었다. 웨슬리는 누가 그의 편지를 몰래 제공했는지 알아내지 못하였을 뿐만 아니라, 이로 인하여 일반대중의 마음에 심겨진 용어들로부터 벗어날 수도 없었다. 그와 그의 동료들은 이때로부터 메소디스트로 불리어졌는데, 이 말은 처음에는 조롱투로 쓰여졌으나 웨슬리는 자신들에게 유리한 것으로 바꾸어 놓았다.

1732/33년 가을과 겨울에 발생한 사건들은 웨슬리의 일생을 통해 드러나게 될 그의 기본적 특성을 잘 말해준다. 이 특성이란 혼란과 위기 상황에서도 잘 처신하는 능력으로, 개인에게 향한 비난을 돌려 거꾸로 이러한 도전을 좀 더 확실하게 복음을 전하는 기회로 포착하는 웨슬리의 성향에 기인한다.

옥스퍼드 감리회, 1733-1735

웨슬리는 옥스퍼드에서 감리회가 시작된 것을 모르간 편지를 근거로 설명하였다. 이 편지가 웨슬리의 대부분의 일기의 앞쪽에 자리잡고 있는 것을 보면, 이 편지는 감리회의 기원을 설명하는 구체적인 설명서로서의 역할을 하였다는 것을 알 수 있다. 그렇기는 하지만 웨슬리가 이 편지를 쓴 뒤 몇 가지 중요한 일들이 옥스퍼드 감리회 운동의 발전 과정에 나타났다. 존 웨슬리와 다른 두 사람, 즉 클레이튼이 떠난 뒤 감리회원이 된 벤자민 잉엄(Ingham)과 조지 윗필드(Whitefield)의 일기를 연구해 보면 분명한 변화를 알게 된다.

가장 눈에 띄는 변화는 조직상의 변화이다. 클레이튼은 모임에 작은 단위의 그룹을 만들어 모임의 성격을 바꾸어 놓았을 뿐만 아니라, 이 운동을 의도적으로 퍼뜨려 나가기 위한 방법, 즉 그가 웨슬리에게 한 말에 따르면, "모든 친구들을 방문함으로 하나님 안에서 이 도시의 모든 대학에 우리의 형제나 동역자를 얻거나, 아니면 최소한 우리를 대변해 줄 수 있는 사람들을 얻는 것"도 추진했다 (*JWJ*, 8:281). 처음의 쇠퇴기를 지난 후 (웨슬리의 생각에는 "격류가 모든 방향에서 나에게 엄습하여 벽이 무너지는 것 같았다.") 웨슬리의 그룹은 1733년 말까지는 평소의 다섯 또는 여섯 정규 회원으로 커졌다. 웨슬리의 이름으로 지원을 받는 다른 그룹들도 옥스퍼드를 중심으로 결실을 얻고 있었다.

클레이튼의 지도와 신도회의 붐에 따라 존의 그룹 회원들은 각자 진지하게 성경을 공부하고 경건한 삶을 사는데 관심을 가진 사람들로 쎌(cell)조직을 만들었다. 찰스는 그의 동료 헨리 에반스(Evans)와 퀸스 칼리지(Queen's College)의 **벤자민 잉엄**(Ingham)을 포함하는 쎌조직 하나를 그리스도 교회에 만들었다. 다음 해가 가기 전 대학교 내에는 다른 조직들이 생겼고, 웨슬리가 대학교에 관여하고 있는 5년 내에 모두 40명 이상이 옥스퍼드 감리회와 관계를 가졌다. 이 사람들 중 일부는 20세 전후였지만,

대부분은 10대였고, 심지어 14살까지도 있었다. 이들은 8개의 단과대학, 즉 그리스도 교회, 링컨, 퀸스, 브레이스노스, 펨브로우크, 머튼, 막달린, 그리고 엑시터 대학을 망라했다. 여기에 더하여 감리회원들은 웨슬리와는 의견의 차이가 있어 실망한 회원들을 포섭해 나간 포터(Miss Potter)가 주관하는 그룹과도 관계를 가졌다.

이 그룹들 중 일부는 더 작은 모임으로 나누어졌다. 잉엄은 퀸스 대학에 자신의 그룹을 시작했는데, 주로 그 대학에서만 12명 이상이 참여하였다. 잉엄의 일기를 보면, 몇 개의 다른 조의 형태로 정기적으로 모였는데, 어떤 조는 여섯이나 일곱 사람으로 구성되었고, 다른 핵심조(band)의 경우에는 두세 사람만이 주중에 모이기도 했다. 그 중 몇몇 사람은 매주 두세 개의 다른 그룹 모임에 나가기도 했고, 잉엄의 경우에는 그리스도 대학에서 찰스 웨슬리의 그룹에 나가는 것 외에도 대부분의 모임에 직접 참여했다. 잉엄은 옥스퍼드에서 1년간 감리회의 활동적 회원이기는 했지만, 존 웨슬리의 핵심조와는 한 번도 만나지 않았다. 잉엄의 일기를 보면, 옥스퍼드 감리회의 다른 특성을 볼 수 있다. 감리회원들의 행동 지침이 되는 여러 가지 규칙과 방법들은 일반적으로 웨슬리 자신이나 (우리가 웨슬리를 지켜 본 것과 같이 꼭 그러한 것은 아니지만) 웨슬리의 그룹에서 시작되어 현장에 적용해 본 뒤 다른 그룹으로 전파되었다. 잉엄은 찰스로부터 일기쓰기, 개괄적 결심, 사순절 결심, 자신을 살펴보기 위한 질문들, 그리고 그밖에 여러 가지 실천항목을 배워 자신의 퀸스 그룹 회원들에게 전해 주었다.

그러나 대학교를 중심으로 한 감리회들이 획일적이며 조화된 모습을 보였을 것이라는 인상은 정확하지 않다. 우선 잉엄의 동료들 중 일부는 제시된 규칙들을 모두 준수하는 것에 흥미가 없었다. 금식, 일찍 일어나기, 자주 갖는 성찬식은 여러 사람들이 어려워했으며, 다른 일부 감리회원들은 경건한 삶을 살기 위한 방법들을 모두 시행해 보는 것에 관심이 없었다. 그런가 하면 잉엄과 그의 동료들은 웨슬리가 고안한 방법들을 때때로 새로운 분야에까지 적용해 보았다. 예를 들면, 잉엄과 제임스 허비(Hervey)는 글루스터 그린(Gloucester Green) 구제소를 개설하고 성 바돌로매 병원의 가난한 사람들을 위한 사역을 시작하려 했다. 잉엄은 성 토마스 교구의 일부인 하멜(Hamel)의 가난한 사람들을 위한 사역에 다른 어떤 감리회원들보다도 많은 시간과 노력을 기울였다. 잉엄은 또 두 사람의 동료들을 설득하여 웨슬리의 제안에 따라 토요일 밤 12시까지 함께 기도하고 묵상하며 성경을 공부하였는데, 이러한 관행은 몇몇 사람들에게는 유용한 것이었지만 모든 사람들에게 그랬던 것은 아니었고, 그 당시로는 웨슬리 자신도 실천하지 않고 있었다.

웨슬리와 메소디스트라고 불리운 사람들

1733-1734년에 걸쳐 대학교에서의 감리회 운동이 확산되어 나가면서 웨슬리 자신은 점점 경건성의 추구 하나에만 마음을 두었다. 이러한 추세는 그의 일기에 반영되어 있는데, 1734년 1월 "**더 엄밀해진 일기**" (exacter diary)라는 새로운 형태의 일기를 보면 통상적으로 기록해 오던 독서, 방문, 집필, 대화, 그 외 "관심의 도"로 측정된 활동 등에 더하여, 결심의 준수 여부, 1부터 9까지 점수로 매겨진 경건의 마음, "검소한 생활" (simplicity)과 "기억"(recollection)을 매시간 별로 꼼꼼하게 적고 있다. 이와 같은 강도 높은 내면의 성찰은 한편으로는 1732년 후반 웨슬리에게 중세 신비주의 저술인 독일 신학(*Theologia Germanica*)을 준 윌리엄 로(William Law)의 소개에 따라 신비주의 서적에 몰두하면서 시작되었다. 기욘 부인 (Madame Guyon), 안트완 버리농 (Antionette Bouringon), 페네론 감독 (Cardinal Fenelon), 마르키 드렌티 (Marquis de Renty), 그 외의 신비주의 문헌들은 웨슬리 독서 목록에서 중요한 부분이 되었다. 웨슬리는 이 문헌에 나타난 영성에 동조하는 마음이 들었고, 그들이 관심을 가졌던 거룩한 삶을 추구하기 위해서는 이 문헌들이 지니고 있는 부적절한 신학마저도 초월하여 볼 수 있었다.

좀 더 강화된 웨슬리의 자기성찰은 때로는 도를 지나칠 정도의 영적 진단을 초래했다. 신비주의적 방법론의 기본적 동기는 결국 웨슬리로 하여금 그의 여러 가지 규칙과 방법을 다시 생각해 보게 하였다. 만일 그가 좀 더 거룩해지기를 원한다면 이 세상의 악을 넘어서야 할 필요가 있었다. 그의 많은 규칙 행동이 도덕적 결과를 동반한다는 그의 신념은 오히려 그가 넘어서려고 하는 것들에 마음과 관심을 묶어두는 정반대의 결과를 가져왔다. 그의 방법이 이렇게 역효과를 초래할 수도 있다는 깨달음은 그가 지금까지 바로 해 오고 있었다는 일말의 확신마저 약화시키기 시작하였다. 지금까지 자기 스스로에게 좀 더 희망과 확신을 주기보다는 강화된 내면의 성찰을 초래한 이러한 방법은 그의 부족함과 실패에 더 많은 생각을 미치게 했다. 그러나 동시에 그는 그의 주변에 무수하게 널려있는 예에서 보는 것처럼 방종과 율법무용론이 위험하다는 인식도 가지고 있었다.

최소한 5년이 지난 뒤 그가 지니고 있던 딜레마와 이에 대해 그때까지 그가 유지하고 있던 그의 대답이 1734년 말 그의 일기 앞쪽에 기록되어 있다. "자기부정에 따른 철저한 자기성찰과 자기도취 사이에 어떤 태도를 가져야 하나? 네가 할 수 있는 것을 해라. 그러면 하나님께서 너의 선한 뜻을 도와주실 것이다" (*The Christian's Pattern*, 1735). 그는 그때까지도 성실함이 구원의 근거라는 믿음을 가지고 모든 일에 최선을 다하려고 노력했다. 그러나 그는 신비주의자들의 말을 그리스도와 사도들의 신앙이 그에게 "하나님의 모든 계명으로부터 전적인 사면"을 부여했다는 뜻으로 이해했다 (*J&D*, 18:213).

율법과 복음의 대립은 웨슬리에게 영향을 미치기 시작하였는데, 그는 바울이 이해한 그리스도인의 자유를 경건한 삶의 전통이 요구하는 테두리 안에서 어떻게 보아야 하는가 고심했다 (*Letters*, 25:411-13). 여기에 대한 확답을 찾지 못한 가운데 그는 순종과 불순종 사이를 오락가락 했다. 그의 일기에 따르면, 그는 규칙과 방법에 따른 삶을 살고자 하는 의도가 그의 마음에서 약해져 간다고 했다. 그는 어떤 규칙의 경우 그 필요성을 **제비를 뽑는** (casting lots) 방법으로 시험해 보기 시작하였다. 이 방법으로 그는 하나님이 그가 일찍 일어나기를 원하시는지, 금식하는 날 조찬을 건너뛰기를 원하시는지, 그밖에 자기부정을 위한 다른 감리회의 규칙들을 지켜 나가기를 원하시는지 알아보았다. 제비뽑기는 웨슬리와 그의 동료들에게 권위가 있는 것으로 받아들여졌는데, 이는 이 방법이 하나님의 섭리에 의해 인도된다고 느꼈기 때문이다.

제비를 뽑아 나온 결과는 규칙을 완화하고자 하는 그의 의도를 대체로 뒤엎었지만, 1735년 1월 일찍 일어나는 문제를 가지고 행한 제비뽑기의 첫 시도는 그 날 웨슬리로 하여금 40분을 더 자게 하는 결과를 가져왔다. 그리고 놀랍게도 2월 중반에는 정규 규칙으로 여겼던 수요일 금식에 대해 이 방법을 적용해 본 결과 꼭 해야 하는 것은 아니라는 생각을 갖게 했다. 제비뽑기의 결과는 그의 기대와는 다른 경우가 종종 있었다.

"좀 더 훌륭한 방법"을 찾는 과정에서 웨슬리는 또 다른 중요한 결정에 봉착하게 되었다. 나이를 먹으며 건강이 나빠져 가던 사무엘 웨슬리는 그의 아들 중 누군가가 그를 이어 엡워스 교구를 맡아 주기를 바랬다. 존은 1733년 1월 이 청을 거절했지만, 사무엘은 그의 맏아들을 시켜 존을 설득시키려 했고, 이 뜻을 받아들여 아버지를 기쁘게 해야 한다는 중압감은 그 후 몇 달간 강도를 더해 갔다. 사무엘 2세는 이 일을 곧 안수에 따른 소명으로 보아, "네가 부름을 받은 것은 대학이나 대학교가 아니라 교회의 성직자가 되는 것이다"라고 했다.

1734년 12월 아버지 사무엘은 이 문제에 대해 강경한 어조의 편지를 보냈고, 여기에 대해 존은 분명한 답을 했다. 대학에서의 삶과 교구 목사로서의 삶 가운데 하나를 결정하는데 있어서, 존은 그의 뜻을 아주 논리적으로 제시했다. "하나님의 영광과 그것을 드러내는 여러 가지 단계들만이 우리의 유일한 고려 대상이 되어야 합니다. 그리고 우리와 다른 사람들의 경건함을 가장 증진시키는 삶이 바로 하나님의 영광을 드러내는 삶입니다." 그 전 달, 그는 그의 목표를 다음과 같이 분명하게 표명했다. "문제는 내가 어디에서 누구에게 더 많은 선을 행하는가가 아니라, 나 자신을 더 잘 돌보는 것이다. 나 자신이 가장 경건하게 되는 바로 그 자리가 다른 사람들의 경건을 가장 잘 증진시키는 자리라는 것을 나는 확신한다." 번호를 매긴 26개항을 통해 존은 왜 옥스퍼드가 그 자신의 경건을 추구하고, 그로 인해 다른 사람들의 경건을 추구하기에 "하늘 아래 가장 적합한 곳"인가를 그의 아버지에게 설명했다. 그리고 옥스퍼드에서 그가 많은 경멸을 받았다는 지적에 대해 그는 그 후 수년간 위로가 될 원칙을 부끄러움 없이 되풀이했는데, 그것은 "이렇게 능멸을 받지 않고는 아무도 구원의 상태에 이르지 못한다"는 것이었다.

형 사무엘은 존이 받은 안수 서약에 따르는 의무 사항을 근거로 이 사안을 계속 밀었다. 둘 사이에 주고받은 편지는 1735년 2월 말 존의 일기에 "엡워스에 가야 한다는 의무를 거의 받아들였다"고 적게 하였다. 그러나 이 문제는 존에게 안수를 베푼 감독과 상의하면서 해결을 보았다. 존은 그의 형에게 편지를 보내, 그의 서약이 "교역자로서 현 위치나 다른 자리에서 하나님과 교회를 더 잘 섬길 수 있다면 어떤 교구를 맡아야 할 의무를 지우는 것은 아니라"는 포터 감독의 말을 전했다. 더 이상의 말이 필요 없었다. 존은 물론 "현재 위치에서" 하나님과 교회를 더 잘 섬길 수 있다는 그의 판단과 함께 감독의 글을 복사하여 형에게 보냈다.

이 모든 논리적인 논쟁은 4월 존 웨슬리가 아버지의 임종을 앞두면서 그 의미를 상실하게 되었다. 아버지가 "편안하게 삶을 마치도록" 존은 엡워스에서 그의 아버지를 잇기로 동의하고, 존 필립 경(Sir John Phillips)을 통해 런던 감독을 소개받으려 했다. 그러나 필립 경은 **제임스 오글토프**(James Oglethorpe)의 측면지원에도 불구하고 "이 문제에 끼어들기를 거부"했고, 그 후 웨슬리는 아버지의 뒤를 이으려는 모든 희망(찰스 웨슬리에 따르면, 두려움)을 접어 두었다.

아버지가 죽은 4월 25일 후 두 달간, 존은 엡워스에 머물면서 교구와 가족이 파도기를 잘 지내도록 도왔다. 그 동안 옥스퍼드에 있던 그의 친구들은 흩어져, 조지 윗필드는 글루스터로, 제임스 하비는 노스햄튼셔로, 토마스 브로튼은 런던으로, 벤자민 잉엄은 매칭(Matching)으로 각각 떠났다. 여름이 시작될 때 웨슬리는 엡워스에서의 임무를 마쳤다. 그는 그곳 사람들에게 행한 고별 설교에서 "*단 하나의 의도, 단 하나의 열망, 단 하나의 사랑* 만을 갖고 (one design, one desire, one love), 우리의 모든 말과 행동을 통하여 우리 삶의 단 하나의 목적을 추구할 것을 아주 분명하게" 말했는데, 그것은 바로 "죄인된 우리의 모습을 하나님의 형상에 따라 새롭게 하는 것"이었다 (*Sermons*, 4:351-59). 이렇게 분명한 감리회적 선언을 남기며 웨슬리는 그가 선택한 옥스퍼드에서의 삶을 다시 시작하기 위해 남쪽으로 향했다.

웨슬리는 그 전 몇 달간 겪은 어려운 일들에도 불구하고 경건을 추구하는 삶을 살 것을 기대하며 옥스퍼드에서의 임무를 재개하였다. 그러나 7월 대학교에 도착한 뒤 한 주 내에 그는 그의 아버지가 쓴 욥기강해를 출판한 출판사로부터 런던에 와 줄 것을 요청 받았다. 그리고 찰스 리빙튼(Charles Rivington)의 출판 마지막 단계를 도와주기 위해 런던에 머무는 동안 웨슬리는 존 버튼(John Burton)으로부터 그와 그의 동료들이 조지아에 갈 수 있는가 타진하는 연락을 받았다. 조지아는 그 전 가을 사무엘 웨슬리가 오글토프에게 편지를 써 "내가 10년만 더 젊었어도 나는 기쁜 마음으로 나의 남은 삶과 수고를 그곳을 위해 바치겠다"(*Memorials*, 142)고 한 곳이다. 이곳은 그래서 웨슬리가 그의 아버지의 꿈을 이루어 드리기 위한 엡워스에서의 삶에 견줄 만한 또 다른 기회였으며, 또한 그리스도인으로서의 완전을 유일하게 추구하기 위하여 "이 세상"으로부터 빠져 나오는 특별한 기회가 되기도 했다.

이 일을 놓고 웨슬리가 결심한 방법을 보면, 이 일이 웨슬리에게 갖는 중요성과 그를 향하신 하나님의 뜻을 분별하는 방법을 알 수 있다. 후자에 관하여 웨슬리는 "하나님의 뜻을 분별하는 유일한 방법은 자신과 동료들의

연대표 3
감리회의 첫 기원

1725		1730		1735
조지 1세		조지 2세		
존 웨슬리 집사 안수	대학원 졸업	존 웨슬리 장로안수	조지아 식민지 등록	사무엘 웨슬리 사망
존 웨슬리 테일러의 "거룩한 삶" 읽음	루트와 엡워스에서의 존 웨슬리	옥스퍼드로 돌아옴	존 웨슬리 SPCK 가입	존과 찰스 웨슬리 죠지아로
존 웨슬리 일기쓰기 시작		찰스 웨슬리 회심		존 웨슬리 "마음에 할례" 설교함
영국 경건주의자 영향 받음		옥스포드에서 웨슬리 그룹 시작	초대교회의 관심 클레이튼 입회	신비주의자 영향 그룹의 분산
거룩함의 추구		감옥과 빈민 방문 시작	"감리회" 비난 서면화	

이성에 따라 판단하고 하나님의 섭리의 질서를 주목하는 것 뿐"(OM, 64)이라는 견해를 가졌다. 이 일에 관하여 웨슬리는 런던에서 옥스퍼드, 벅스웰(Berkswell), 맨체스터 Manchester), 그리고 엡워스로 다니며 그의 친구들을 거의 모두 찾아 상의했다. 그는 모든 사람들로부터 격려를 받았지만, 어쩌면 그 중에도 그의 어머니의 격려, 즉 "내가 만일 아들이 스물 있고 다시는 그들을 볼 수 없다 해도 모두가 그 일에 종사할 수 있다면 기쁘겠다"(Moore, 1:234)고 한 말이 그의 결심을 굳히는데 가장 도움이 되었다.

조지아로 떠나기 위해서 그는 그와 함께 갈 동료들을 모았고 기독교 지식 장려회(SPCK)와 복음전파회(SPG)를 통한 적법한 절차를 밟았다. 그의 학생 중 웨슬리 홀(Westley Hall)이 기꺼이 자원했는데, 이 사람은 웨슬리의 여동생 둘에게 동시에 마음을 주다가 그 중 패티(Patty)와 결혼하여 함께 조지아로 데려가려고 하였다. 찰스 웨슬리는 미국의 황무지에 대해 그다지 관심이 없었지만, 이 신성한 임무를 맡아 같이 가도록 존 웨슬리는 존 버튼(John Burton)과 함께 설득했다. 찰스는 옥스퍼드에서 9월 21일 집사로, 런던에서 9월 29일 사제로 각각 안수를 받았다. 다른 두 사람의 동료들, 즉 매튜 살몬(Matthew Salmon)과 홀(Hall)도 식민지에서의 사역을 위해 안수를 받았고, 식민지의 이사회에서는 홀이 사무엘 퀸시(Samuel Quincy)의 뒤를 이어 사바나(Savannah)의 사제가 될 것을 기대하고 있었다. 웨슬리와 그의 동료들로부터 함께 가도록 권유를 받은 잉엄은 하나님으로부터의 소명을 기다리고 있다고 대답했지만, 홀이나 살몬이 못 가게 되는 경우에만 가려는 생각을 가지고 있었다.

기독교 지식 장려회는 특별한 지원을 했다. 9월 말 사바나에 가는 존에게 "필요한 대로 책을 가져가도록" 13파운드의 자금을 마련해 주었다. 찰스는 오글토프(Oglethorpe)의 인디안 담당 비서관으로 임명되어 프레드리카(Frederica) 교회에 "정착해서 일할 목사"가 올 때까지 필요할 때마다 집무를 할 권한을 부여받았다. 10월 초 퀸시는 조지아의 목사로서의 권한이 취소되었고, 그 대신 홀의 임명이 건의되었다.

그러나 일이 다 잘 되어가는 것 같은 바로 그때 일이 틀어지기 시작했다. 살몬(Salmon)이 가지 않기로 마음을 바꾸었고, 말 그대로 마지막 순간에 웨슬리 홀도 그의 계획을 포기하여, 상황의 이러한 전개가 바로 기다리던 징조라고 생각했던 잉엄과, 그의 친구이며 "하나님께 자신을 온전히 바치기 위해 세상을 떠나려는 마음을 가졌던"(*OM*, 68) **찰스 델라못**(Charles Delamotte)만이 웨슬리 형제와 함께 가게 되었다. 이 네 사람의 동료들이 배를 타기 위해 강을 내려갈 때 기독교 지식 장려회(SPCK)는 신문에 기고하여, 조지아에 살러 가는 사람들을 싣고 가는 배에 "세 사람의 교역자들, 그 중 두 사람은 사바나에 머물며 인디안의 언어를 배운 뒤 식민지와 인접해 있는 인디안 국가들에게 우리 주님 예수 그리스도의 복음을 전하는 일에 몸 바치기로 한 사람들"도 타고 있다고 하였다. 이 기고문은 "이 사람들은 이처럼 영광스러운 임무를 맡기에 출중한 자격을 지닌 사람들이며, 이 경건한 사람들의 열심을 하나님께서는 특별한 방법으로 도와주시리라 믿는다"는 말로 희망을 피력했다.

존 웨슬리는 책정된 사례비나 직책이 없이 자원 선교사(volunteer missionary)로 조지아로 갔다. 마지막 순간에 가지 않기로 한 홀(가족들의 만류 때문으로 보인다)의 상황을 두고, 기독교 지식 장려회의 비서인 헨리 뉴먼은 퀸시(Quincy)에게 "우리는 신도회를 만들기 위해 당신이 취한 방법이 좋은 결과를 거두기를 바랍니다"라고 쓴 편지를 보내 그의 일을 격려하였다. 이를 위해 뉴먼은 "언제나 그곳 식민지 정착촌의 유럽 사람들과, 가능하다면 오랫동안 암흑 가운데 살아 온 원주민들 사이에 종교심을 지니게 하려는 당신의 수고를 도울 준비가 되어있는" "자원 선교사" 제도를 도입하였다.

동시에 옥스퍼드에서 새로운 사역지로 옮겨가게 된 웨슬리는 이 "경건한 임무"의 동기를 "다른 사람들의 영혼을 위하여 선한 일을 하며, 그 결과로 자신의 영혼에도 선한 일을 하고자 하는" 것으로 본 존 버튼(Burton)에게 답을 보내어 그의 지속적인 목적을 "나의 주된 동기는… 나 자신의 영혼 구원입니다"라는 말로 상기시키며 이 둘의 순서를 바꾸어 놓았다 (*Letters*, 25:439-41). 그는 이 과정을 좀 더 완전한 방법으로 추진할 수 있는 새로운 상황을 맞았고, 그리고 나서, 그의 두 번째 동기는 "미국에서 좀 더 많은 선을 행하는 것"이었다. 웨슬리는 조지아로 부름받은 그의 소명이 하나님으로부터 온 것이며, 이 소명이 옥스퍼드 감리회가 계획했던 궁극적 목표를 장려하게 되리라는 확신을 가지고 신세계로 향했다. "나는 내가 완전히 새 사람이 되면, 나의 형제들을 강하게 하고 이방인에게 하나님의 이름을 선포하도록 하나님께서 나를 쓰시어, 세상 끝까지 우리 하나님의 구원을 보리라는 것을 확신한다." 이것은 자신의 노력으로 자신을 구원하려는 필사적인 시도는 아니었다. 다음 말에서 보는 것처럼, 이 시점에서도 결국은 하나님의 은혜로 구원받는다는 것을 그는 알고 있었다. "우리가 우리 이웃을 주님께로 인도해 보려고 열심히 노력할 때만큼 우리 자신의 무능력함을 느끼게 하는 것은 없다. 그러나 다른 한편 우리가 하나님을 위해 할 수 있는 모든 것을 다할 때까지는 우리가 아무 것도 할 수 없다는 것을 느끼게 된다."

감리회의 두 번째 기원—조지아

18세기에 신세계를 향하여 항해하는 것은 상당한 자신감을 가진 사람들만이 할 수 있는 일이었다. 어려서부터 배를 싫어하고 두려워 한 존 웨슬리는 배를 타 본 적이 없었다 (J&D, 18:222). 더구나 겨울에 배를 타고 조지아에 가는 것은 결코 즐거움이 될 수 없었다. 버튼은 웨슬리가 다른 사람들을 위하여 선한 일을 할 수 있는 첫 번째 기회는 선상이 될 것이라고 하며 다음과 같이 말했다. "깊은 바다에서 주님의 솜씨를 바라보고 있는 동안 그들에게 하는 개인적인 말이나 공적인 설교는 그들 마음에 가장 좋은 효과를 끼칠 것이며, 이로 인하여 좀 더 좋은 신앙의 습관을 갖게 될 것이다." 그러나 대서양의 막강한 태풍으로 깊은 영향을 받은 사람은 사실 웨슬리 자신이었다.

곧 죽게 될는지도 모른다는 현실감은 웨슬리가 가진 구원의 확신의 취약점을 드러냈고, 구원의 문제는 이제 급하고도 바로 닥친 차원으로 떠올랐다. 그는 죽을까봐 두려워하였고, 죽고 싶지 않았으며, 이것을 인정하는 것을 부끄러워했다. "아무 때라도 하나님 앞에 서게 되는 것을 기뻐하는 사람들의 영혼은 얼마나 순결한가!" (J&D, 18:141). 웨슬리는 죽음에 대한 그의 공포가 부족한 믿음의 증거라고

1735년 웨슬리를 조지아로 파견한 해외 복음전파회 문장

점점 생각하게 되면서 더 큰 고민을 안게 되었다.

땅을 보기 불과 한 주 전 겪은 세 번째이자 가장 심한 태풍은 웨슬리로 하여금 "하나님의 지혜롭고 거룩하고 은혜로운 뜻에 승복"하게 하였다. 그것은 또한 배에 타고 있던 독일 모라비안 교도들의 믿음의 깊이에 눈을 뜨게 했다. 습관에 따라 그들의 저녁예배에 참석하고 있는 동안 "흑암이 우리를 이미 삼켜 버린 것처럼" 바닷물이 배를 덮쳐 제일 큰 돛을 찢었고 갑판 사이로 퍼부었다. 영국 승객들은 공포로 부르짖었지만 독일인들은 "쉬지 않고" 평온한 가운데 계속 시편을 노래했다. 웨슬리는 죽음을 앞둔 모라비안들의 믿음에 엄청난 인상을 받았다. 그는 이와 같은 평온한 확신을 본 적이 없었다. 이 경험으로 웨슬리는 어려운 상황을 맞아 하나님을 경외하는 사람들과 그렇지 않은 사람들의 차이를 그의 동료들에게 "담대하게"

말 할 수 있게 되었다. 이 경험이 웨슬리에게 주는 의미심장함은 그의 일기에 "오늘은 지금까지 내가 본 중 가장 영광스러운 날이다"라고 적은 것을 보아 알 수 있다.

웨슬리는 1736년 2월 조지아에 발을 들여놓았다. 그때 그는 그가 이 식민지에 두 해도 못 있게 될 것이라는 것을 알지 못했다. 그러나 이 기간은 웨슬리가 후에 "감리회의 두 번째 기원"이라고 부를 정도로 중요했다. 이러한 명칭은 우선은 옥스퍼드 감리회처럼 조지아에도 웨슬리 그룹이 세워진 것을 가리키는 말이다. 그러나 조지아에서의 경험은 웨슬리의 영적 여정에 중요한 일부가 되며, 그의 신학적 발전에 의미 있는 역할을 하게 된다. 그리고 비록 큰 성공을 거두지는 못했지만 조지아에서의 선교활동은 웨슬리가 발전시켜 나가고 있었던 세계를 향한 교회 선교활동 개념의 특정한 부분을 시행하게 하는 기회를 제공했다.

새 교구에서 맞게 된 첫 번째 위기는 뒤에 다가올 문제들을 예고하는 것이었다. 첫 날 저녁 심몬즈(*Simmonds*)로 돌아오는 길에 그는 모두가 다 취해 있는 것을 발견했다. 다음 날 배를 떠나기 전 그는 많은 식민지 주민들의 반대에도 불구하고 노예와 럼(rum)주를 금한 식민지 법에 의해 럼주 통이 파괴되는 것을 보았다. 웨슬리는 200마일에 달하는 교구 전체를 매일 돌아볼 의사도 능력도 없었다.

대서양에서 겪은 시련의 즉각적인 결과는 웨슬리가 갖고자 했던 믿음과 확신을 가진 독일 신부들의 영적 지도에 자신을 맡겼다는 것이다. 조지아에 도착해서 처음 대화를 가진 사람 중 하나는 모라비안 지도자인 **어거스트 스팡겐버그**(Spangenberg)였다. 이 사람은 조지아에 나와 있는 두 집단의 독일 신부들을 웨슬리에게 소개해 주었다. 뉴 에벤에셀(New Ebenezer)에 정착해 있던 **잘즈버거스**(Salzburgers)는 필립 제이콥 스페너(Spener)와 할레대학교(University of Halle)의 전통에 근거한 어거스트 헤르만 프랑크(Francke)와 사무엘 얼스퍼거(Urlsperger)의 가르침을 따르고 있었다. 다른 한쪽에서는 사바나에 정착한 **모라비안** 교도들이 중부 독일 헤른후트(Hernhut)에 모라비안 분리주의자들에게 은둔처를 제공해 준 스팡겐버그와 니콜라스 루드빅 본 진젠도르프(Nicholas Ludwig von Zinzendorf)의 가르침을 따르고 있었다. 기본적으로 독일 루터교 전통을 이어나가는 데 있어서 비록 전자 그룹이 후자 그룹보다는 덜 유신론적이었지만, 두 그룹 사이의 긴장은 주로 조직, 관습, 그리고 개성의 차이에서 비롯된 것이었다. 웨슬리는 모라비안들이 믿음과 믿음생활에서 초대교회의 흔적을 지녔다고 보아 이들과 좀 더 자주 만났다.

스팡겐버그는 웨슬리가 가지고 있던 개인의 구원 문제, 특별히 웨슬

웨슬리와 메소디스트라고 불리운 사람들

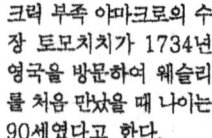
크릭 부족 야마크로의 수장 토모치치가 1734년 영국을 방문하여 웨슬리를 처음 만났을 때 나이는 90세였다고 한다.

리가 번민했던 문제의 핵심인 "하나님의 영은 당신의 영에게 당신이 하나님의 자녀임을 증거하는가?" 하는 질문에 관하여 조언하여 주었다. 웨슬리는 여러 가지 질문에 최선을 다해 대답을 했고, 비록 그의 일기에 "그것들은 그저 공허한 말일 뿐"이라고 낙심하는 말을 썼지만, 독일 신부는 자신의 일기에 "내가 보기에는 은혜가 참으로 그 안에 거하며 그를 다스린다 (Schmidt, 153)"고 적어 만족을 표했다. 웨슬리는 스팡겐버그가 사도계승(Apostolic Succession)을 부인하는 것에 대해 고뇌를 느꼈다고 일기에 적고 있지만, 이 시점에서 그를 "신비주의자"라고 본 것이 문제가 되지는 않았다. 웨슬리는 조지아에 머무는 기간 내내 독일인들, 특별히 사바나 거주 독일인들과 가깝게 지냈는데, 전임자 사무엘 퀸시가 사택을 비울 때까지 몇 주간을 그들의 집에서 살기도 했고, 그들의 저녁 예배에 정기적으로 참석하여 찬양에서 은혜를 받기도 했다.

미국 원주민 사역을 위한 웨슬리의 계획은 선교사들이 배에서 해안으로 거처를 영구히 옮기기 전 2월 실천에 옮겨지기 시작하였다. 조지아 원주민과의 첫 번째 만남은 심몬즈(Simmonds) 배 위에서였는데, 이 만남을 통해 웨슬리는 이 "고결한 야만인"을 위한 그의 선교계획의 근거가 되었던 생각이 잘못된 것이었음을 알게 되었다. 그는 원주민들이 아무런 선입관이나 이해타산 없이 어린아이와 같이 "복음을 가장 단순하게 받아들이기"를 열망하고 준비가 되어 있다는 생각에서 바로 벗어나게 되었다. 크릭 부족의 수장 토모치치(Tomochichi)는 자신의 나라 현인들이 허락한다면 "위대한 말씀"(the Great Word)을 듣고 싶다는 희망을 피력했지만, 웨슬리 형제와 그의 동료들에게 프랑스인, 스페인인, 그리고 영국인 교역자들이 이미 많은 혼란을 야기했고 사람들로 하여금 그 말을 듣고 싶어 하지 않도록 만들어 놓았다고 경고했다. 토모치치는 그들이 스페인 식으로 전도 활동을 하는 것을 원하지 않는다는 것을 분명히 하며, 먼저 가르치고 그 뒤에 세례주기를 바랬다. 수장은 그의 아버지가 세례받기를 거부하여 스페인인들에게 죽음을 당했기 때문에 기독교에 대해 강한 반감을 가지고 있었다. 토모치치와 사바나 부족의 수장인 시나우키는 웨슬리 형제들을 그들의 촌락으로 초청했지만, 존과 찰스가 강을 거슬러 올라 사바나를 지나 그들을 찾아갔을 때에 그들은 집에 없었다. 그 날 하루 모두를 요약해 "미국을 조심하라. 영국이 아니다!"라고 일기에 쓴 것은 시사하는 바가 크다. 원주민 사역의 출발은 순조롭지가 못했으며, 그 후 수개월간 이렇다 할 진전을 보지도 못했다.

사바나 주민들을 위한 웨슬리의 사역도 희망과 문제를 동시에 내포한 가운데 시작되었다. 3월 4일 심방 첫 날 만난 사람들 중에 교구 사무원 **로버트 하우스**(Robert Hows)가 있었는데, 이 사람은 그 해가 다 하기 전 웨슬리의 감리회 계획에 중요한 역할을 하게 된다. 그 다음 주일 많은 회중이 임시 막사로 몰려들어 그 날의 서신서인 고린도전서 13장을 본문으로 한 웨슬리의 설교를 진지하게 들었다. 웨슬리는 이 본문을 또 하나의 본문인 누가복음 18장과 연결지어, 사랑과 결심의 의무는 "다 버리신 예수를 따르기 위해 다 버리는" (naked to follow a naked Christ) 것에 만족하는 사람들에게 주어지는 하나님의 영원한 생명의 약속과 균형을 이루고 있다고 설교하였다. 그리고 웨슬리는 "여러분의 마음에 들지 않을 수도 있다"라는 말로 후에 설명된 문서를 읽어, 영국 국교의 충실한 종으로서 교회의 규칙 모두를 준수할 의사가 있음을 경고했다. 웨슬리는 이 뜻을 확고하게 지켜 나갔다 (*J&D*, 18:365).

교회를 통한 신앙생활에 대한 이러한 접근방식은 어쩌면 대체로 냉담하고 교회에서 훈련을 받지 못한 영국인 교인들보다는 웨슬리의 친구 독일인 신부들에게 더 어울리는 것이었다. 아무튼 사바나에는 후에 영적 성장을 도모하는 전형적인 감리회 운동의 핵심이 될 작은 그룹이 있었다. 그 전해 여름 작은 "**신도회**"(religious society)가 로버트 하우스에 의해 사바나에 만들어졌다. 1736년 4월 존과 찰스가 프레드리카(Frederica)에 있을 때 잉엄은 이 그룹을 찾아냈다. 그들은 수요일, 금요일, 그리고 주일 밤에 모여 책을 읽고, 기도하고 찬양을 했다. 잉엄은 이들을 격려하고 한 번 만나기로 약속했는데, 그 해 봄 주일 저녁에 실제로 만날 수 있었다.

그 달 말 존이 사바나로 돌아왔을 때 잉엄은 그에게 이 신도회에 대해서 설명했음이 틀림없다. 4년 뒤 출판된 웨슬리의 *일지*를 보면 그와 잉엄은 그들의 "적은 무리" 중 "좀 더 진지한 사람들" 가운데 "서로 책망하고,

가르치며, 권면하도록" 신도회의 활동을 추진하기로 동의하였다. 그의 기억에 의하면, 그들은 이 사람들에게 "어떤 작은 모임을 이루도록" 권유하였는데, 사실 신도회는 이미 세워져 있었다. 웨슬리가 후에 출판한 문서에는 이 그룹 중 몇몇 사람들이 "서로 좀 더 가깝게 연합"하도록 주일 오후에 모이기를 격려하였다고 되어 있다. 웨슬리의 일기에는 잉엄과 이런 약속을 한 것이 5월 9일로 되어 있지만, 웨슬리의 일기나 편지, 또는 일지에는 1736년 여름 사바나에서 웨슬리가 어떠한 종류의 모임에도 참여하지 않은 것으로 되어 있다. 사실은 5월 중순 그는 사바나를 떠나 프레드리카로 가 있었기 때문에 9월 전에는 자신의 교구에 불과 4주 정도밖에 머물지 않았으며, 7월 중 그의 정기적 저녁 행사는 독일인들의 예배에 참석하는 것뿐이었다.

이와 같은 모임의 형태는 **프레드리카**에서 웨슬리에 의해 시도되었다. *일지*는 그곳 감리회의 시작을 아래와 같이 분명히 밝히고 있다.

> 6월 10일 목요일. 우리는 사바나에서 합의한 일을 프레드리카에서 실천에 옮겼다. 우리가 뜻한 것은 주일 오후에, 그리고 공중예배가 있는 그 날 저녁에는, 가장 성실하게 성찬을 받은 사람들과 함께 찬양하고 읽고 대화하는 것이다. 오늘 저녁에는 마크 허드(Mark Hird)만 참석했다. 그러나 주일은 허드와 입회하기를 원하는 다른 두 사람이 참석했다. 찬양을 부르고 약간의 대화를 나눈 뒤 나는 로(Law)의 그리스도인의 완전(Christian Perfection)을 읽었고 찬양으로 마쳤다.

일기는 이 일의 모든 부분을 일치하게 기록하고 있는데, 유일하게 추가된 것은 마크 허드(Mark Hird)와 함께한 그 주일 참석한 사람들의 이름들을 기록한 것으로, 그들은 베티 해슬(Betty Hassel), 휘비 허드(Phoebe Hird), 그리고 허드 부인(Mrs. Hird: 출판된 기록과는 다르게 허드 씨-Mr. Hird-는 아니었다)이었다. 허드 씨는 다음 날 저녁 기도회 후에 그들과 함께하지 않았고, 이 그룹은 한 주일쯤 후 웨슬리가 떠날 때까지 열심히 모였다. 한 가지 더 살펴보면, 마크는 21살, 베티는 18살, 그리고 휘비는 17살이었는데, 감리회원들은 옥스퍼드에서 그랬던 것처럼 대체로 젊은 층이었다. 6월 16일 또 다른 친구들이 금식일인 수요일과 금요일 정오에 모이기로 약속했지만, 이 그룹이 첫 주 이후 계속해서 모였다는 증거는 없다.

8월에 웨슬리가 다시 프레드리카를 방문했을 때, 그는 옥스퍼드에서 시작된 일기 양식의 변형으로 다음과 같이 정기 저녁 모임을 기록하고 있다. "허드 씨 등, 찬양, 기도, 찬양, 독서, 신앙토의, 찬양." 그 다음 날 모임에 참석한 9-10명 가운데 5-6명은 그 달 말 존이 떠난 뒤에도 계속 모이기로 동의하였다. 평신도 보조자였던 리드 씨(Mr. Reed)는 웨슬리가 없는 동안 그를 대신해서 기도문을 읽기로 약속했다. 프레드리카를 떠나기에 앞서 존은 아마도 리드가 쓰도록 찬송과 시편(Psalms and Hymns)에 표를 해두었다.

웨슬리가 사바나에서 주일 오후에 한 번, 그리고 수요일 저녁에 두 번 신도회에 참석하였다는 눈에 익은 일기 기록은 9월에 나타나기 시작한다. 여기에 추가하여 웨슬리는 성찬 수령자 그룹과 매 토요일 저녁 만나기 시작했다. 찰스 웨슬리와 벤자민 잉엄이 영국으로 돌아간 뒤, 사바나에서 그 뒤 몇 달간, 특히 11월부터는 좀 더 정기적으로 이 그룹이 모인 것을 기록해 둔 웨슬리의 일기에 가장 눈에 띄게 등장하는 이름은 로버트 하우스(Robert Hows)이다.

1736년 11월은 이 그룹의 발전에 두 개의 다른 활동이 하나가 되는 결정적인 (critical point) 현상이 일어나고 있는 것 같았다. 이때까지 웨슬리는 저녁 예배를 직접 인도한 뒤에 독일인들이 보는 예배에 참석했었다. 11월에는 이 관습을 바꾸어 저녁 일찍 독일인들을 먼저 방문한 뒤에 저녁 예배를 인도하고, 개인적으로 만남을 갖거나 (소피 합키, 또는 보비 양 같은 사람들) 감리회 모임에 함께 했다. 웨슬리가 지속적인 관심을 가졌던 덕분에 사바나 신도회는 잘 발전해 나갔다. 성찬을 받는 사람들은 1736년 9월 중순부터 1년 뒤 그의 일기가 중단될 때까지 사바나에서 웨슬리와 매주 토요일 밤에 모였다. 주일 오후 그룹은 1736년 11월 중순 정기적 모임이 되었고, 보비 양(Miss Bovey), 그리고 소피 합키(Sophy Hopkey)와 갖던 주중 모임은 1736년 12월 "하우스 씨 등"(Mr. Hows, etc.)을 포함하는 모임으로 발전하게 되었다.

1737년 2월에 이르러서는 이 작은 신도회 모임은 수요일과 토요일 저녁 기도회 후와 주일 오후에 만나는 정기적 모임의 틀을 갖추어 갔고, 하우스 씨와 길버트 부인이 주로 빠지지 않고 참석했다. 이 모임의 진행은 1737년 2월 기독교 지식 장려회(SPCK)에 보낸 그의 일기에 다음과 같이 나와 있다.

> [주일 오후] 저녁 예배 얼마 뒤 원하는 교인들은 나의 집에 모여 (수요일 저녁에 하는 것처럼) 한 시간에 걸쳐 기도하고 찬양하고 실제로 도움이 되는 책을 읽으며 서로 권면하였다. 좀 더 소수의 사람들(주로 다음 날 성찬을 받기 원하는 사람들)은 여기서 토요일 저녁에 모이고, 이 중 몇 사람들은 다른 날 저녁에 나에게 와 같은 방식으로 반시간을 보낸다 (J&D, 18:476).

사바나의 신도회는 웨슬리가 식민지에 머무는 동안 내내 활발하게 움직였고, 예배 참석자도 계속 늘어났다.

그러나 프레드리카의 신도회는 똑같은 성공을 거두지 못했다. 1736년

웨슬리와 메소디스트라고 불리운 사람들

10월 존이 한 주간 방문하는 동안 그는 예배가 중단된 것을 발견하였다. 그는 에프렘 사이러스(Ephrem Syrus)를 읽는 정규 저녁모임을 가져 이 회를 살려보려 했다. 그러나 1737년 1월 다음이자 마지막으로 그 마을을 방문할 때 모든 희망을 잃어버렸다. 그의 일기에 보면, 감리회 저녁 모임이 등장하지 않는다. 후에 그는 일지에 그의 마지막을 "이 불행한 곳에서 20일간 '허공만 친' 뒤 [정오에] 나는 프레드리카를 아주 떠났다. 다시는 그곳을 보지 않아도 된다는 생각으로 나를 만족하게 한 것은 선행의 완전한 절망이었다"라는 말로 적고 있다.

웨슬리는 원주민들, 특별히 그가 "모든 원주민 국가 중 가장 세련되지 못한, 다시 말해서, 가장 덜 더럽혀 진" 것으로 생각한 촉토(Choctaws)족과의 만남을 추구하고자 원했던 것 같았다. 이러한 목적은 웨슬리의 부재가 사바나에 "목회자의 결핍"을 가져 올 것을 염려한 오글토프 때문에 계속 이루어지지 못했다. 미국 원주민들과 가졌던 몇 번의 대화는 웨슬리에게 매우 부정적인 인상을 남겨, 그의 일지에 그들을 "탐식가, 주정뱅이, 도둑, 위선자, 거짓말쟁이"나 더 심한 부정적인 말로 묘사하고 있다. 그의 비판의 핵심은 크릭족에 대한 다음과 같은 그의 결론에 잘 드러난다. "그들은 현대의 중국이나 고대 로마처럼 자신들의 것과 지혜만 고집하여, 기독교는 물론 어느 것도 배우고자 하는 마음이 전혀 없다" (*J&D*, 18:204). 그러나 잉엄은 달라, 크릭족 원주민 거주지 가까운 언덕에 세운 집 **아이린**(Irene)에 대부분 머물렀다. 그는 크릭 언어를 배웠을 뿐만 아니라 크릭 문자를 사용해 문서를 만들기 시작하였다 (Schmidt, 185). 패트릭 테일퍼(Patrick Tailfer)의 보고에 따르면, 웨슬리와 그의 동료들은 "얼마 안 가 이 일에 지쳐" 아이린을 포기하였다.

웨슬리는 미국에 거주하는 흑인들에 대한 사역에 좀 더 호의적인 생각을 가졌던 것 같다. 존 버튼은 웨슬리에게 복음전파회(SPG)의 한 가지 목적은 "흑인 노예들의 회심"이며, 이 일을 이룰 수 있는 기회가 퍼리스버그(Purrysburg)에 있다고 말한 적이 있었다. 1736년 8월 찰스톤의 한 교회에서 웨슬리는 몇 사람의 노예들과 만난 뒤, 그들이 기독교 믿음의 기본적인 이해도 교육도 없는 것을 보고 약간 실망했다. 그 다음 4월 폰폰(Ponpon)에서 웨슬리는 한 흑인 여아에게 교리 교육을 시켰는데, 가르침에 대한 그 여아의 관심을 "말로 할 수 없다"고 묘사했다. 그 여아는 선하면 죽어서 영혼이 몸을 떠나 "하늘 위" 아무도 때리지도 피롭히지도 않는 곳에서 하나님과 함께 살게 될 것이라는 웨슬리의 말에 특별한 흥미를 보였다. 그 다음 날 그 여아는 배운 것을 다 기억하고, 웨슬리에게 창조주 하나님께 "어떻게 하면 선하게 되는지" 물어보겠다고 했다 (*J&D*,

18:180). 얼마 후 웨슬리는 퍼리스버그(Purrysburg)의 한 젊은 남자에게서 비슷한 성공을 거두었는데, 웨슬리는 이 남자가 "가르침을 매우 받고 싶어하기도 하고 받을 능력도 있다"고 보았다. 이러한 경험들에 힘입어 웨슬리는 미국 흑인들을 위한 순회 교육 제도를 다음과 같이 제안하였다.

> 우선 가장 신실한 농장주를 탐문하여 찾아낼 것. 그리고 그들에게 그들의 노예 중 누가 가장 가능성이 있고 영어를 해독하는가 물어, 농장에서 농장으로 다니며 필요한 만큼 한 곳에 머문다 (J&D, 18:181).

비록 캐롤라이나의 몇 사람들이 이 일에 협조할 의사가 있었다고 웨슬리는 적고 있지만, 실제로 이 계획이 실천에 옮겨졌다는 말은 없다. 그는 조지아 이사회(Georgia Trustees)에 했던 말, 즉 "길이가 200 마일이 넘는 교구는 한 사람의 힘으로 감당하기에 너무 벅차다"라는 말을 사실로 실감하게 되었다 (Letters, 25:474). 그렇지만 비인도적인 대우에 대하여 웨슬리는 변함없이 반대했으며, 많은 건의 백인 노예화를 알게 되면서 항의를 하곤 했다. 그 중에는 레이첼 우레(Rachel Ure)와 악명 높았던 농장주인 윌리암스 대위의 학대로 인하여 자살한 데이빗 존스(Jones)의 슬픈 이야기도 포함되어 있었다 (J&D, 18:177, 445-46).

옥스퍼드 감리회의 일에서 나타난 것처럼 웨슬리가 가졌던 젊은이들의 교육에 대한 관심은 조지아에서도 계속되어 사바나 학교에 감리회가 관여하였다. 찰스 델라못(Charles Delamotte)은 복음전파회(SPG)가 부분적으로 지원해 주는 교사였다. 그는 어린이들에게 "읽고 쓰고 셈하는 것"을 가르쳤을 뿐만 아니라, 어린아이들에게는 오전 학교가 시작하기 전에, 좀 나이가 든 아이들은 방과 후 교리문답 교육도 실시했다. 그리고는 웨슬리가 이들 모두를 주일 오후에 모아 교육을 시켰다. 웨슬리 스스로는 또한 합키와 보비 두 젊은 여인에게 언어와 신학을 지도하는데 특별한 관심을 기울였고, 그들에게 특별한 정을 가지게도 되었다.

웨슬리가 조지아에 있으면서 특히 관심을 가진 다른 사람들과 그룹들도 있었다. 그는 모라비안 교도들, 그리고 살즈버그(Salzburgers) 교도들과 대화를 하기 위해 독일어를 배웠다. 또한 그의 교구에 있던 뉴예즈 박사(Dr. Núnez)와 그의 가족 같은 스페인계 유태인과 대화하기 위해서 그들의 언어도 역시 공부했다. 1737년 5월 그는 독일계와 프랑스계 정착민들 중 영어를 할 줄 모르면서 동시에 자신들의 말을 하는 교역자와도 멀리 떨어져 있어, 영어를 배울 때까지는 예배를 드리지도 못하고, 따라서 "이 세상에 하나님 없이 사는 것과 마찬가지"인 사람들이 있다는 사실에 대해 가슴 아프게 생각했다. 1737년 늦가을 그는 토요일 오후 햄프스테드(Hampstead)와 하이게이트(Highgate)의 정착민들을 위해 독일어와 프랑스어로 기도회를 인도했다. 타언어를 구사하는 사바나의 정착민들이 이 소식을 듣고 웨슬리에게 자신들의 언어로도 기도회를 인도해 줄 것을 요청하자, 웨슬리는 그 다음 주일부터 5시, 10시 반, 그리고 3시 영어예배를 드리는 사이, 아침 9시에 "몇몇 사람들의 보드와(Vaudois)인들"을 위해 이태리어로, 오후 1시에는 프랑스어로 기도회를 인도하기 시작했다 (J&D, 18:194). 그러나 이러한 타언어 사역은 웨슬리가 조지아에서 오래 머물지 않았기 때문에 얼마 지속되지 못했다.

그럼에도 불구하고 사바나 교구는 웨슬리의 사역에 호의적인 반응을 보였다. 그가 온 뒤로 예배 출석인원이 계속 증가했다. 1737년 가을이 되자 주일 오후 예배에 60명에서 80명이 정기적으로 출석하였고, 매일 아침 5시 "짧은 기도회"에도 24명에서 36명가량이 정기적으로 출석하였다. 웨슬리의 설교가 "특정 인물에 대한 풍자"라는 공공연한 비판도 교구 활동에 큰 악영향을 주지 않았다. 이런 방법을 싫어한 사람들도 있었지만, 호감을 가졌던 사람들도 있었기 때문이었다. 웨슬리를 종종 비판한 패트릭 테일퍼(Tailfer)까지도 웨슬리의 설교에 대해서 좋은 평을 했다.

조지아의 예배에 있어서 사람들의 마음을 끈 한 가지 독특한 면모는, 웨슬리에 의해 1737년 미국에서 영어로 처음 출판된 "찬송과 시편 모음" (A Collection of Psalms and Hymns)에 힘입은 **찬송가**의 사용이었다. 대부분 독일어를 번역한 찬송 가사들은 성서에 근거한 경건주의의 핵심을 표현하며, 웨슬리의 영적 추구의 중심이 되는 주제, 즉 은혜에의 전적인 의존, 사랑 중심, 자신의 차가운 가슴을 불붙게 할 진정한 불에의 열망 (진젠도르프의 '영혼의 신부가' 참조)을 잘 나타내 보인다. 찬송가 2부는 수요일과 금요일을 위한 찬송과 시편, 그리고 3부는 토요일용 등으로 감리회 모임에 잘 사용될 수 있도록 편집되었다.

1737년 2월 일기에 보면, "예전집의 모든 부분을 철저히 지킬 것"이라고 적고 있는데, 예배에 대한 웨슬리의 이러한 까다로운 성향이 식민지 정착민들 대부분에게 별 문제가 되지는 않았지만, 결국은 웨슬리가 직면하게 되는 가장 심각한 문제를 야기하게 된다. 정착민 중 일부는 세례를 사적으로 베풀고, 혼인예식 전 결혼에 대한 이의유무를 묻는 질의서를 생략하려는 시도가 있었다. 이에 대해 웨슬리는 "도대체 어디에서 규율을 찾아 볼 수 있단 말인가! 영국에도 없고, 미국에도 아직은 없구나!" (J&D, 18:419) 하는 말로 한탄을 토로했다. 소피 합키와 윌리암 윌리암슨이 서둘러 결혼하게 된 것은 합키를 연모했던 웨슬리에게는 개인적인 큰 타격이었을 뿐만 아니라, 교구의 담임사제로서의 입장에서 보아도 교회법으로 문제가 있었다.

합키가 몰래 취했던 이중적 태도에도 불구하고 뉘우침이 없는 모습을 본 웨슬리는 합키가 성찬 받는 것을 금지했다. 이와 같은 공공연한 모욕에 맞서 합키의 신랑은 사바나의 대법원에 고소를 제기했다. 웨슬리의 사역 방법은 소피 합키의 사건으로 편이 갈린 상황에서 웨슬리에게 불리한 고소거리를 제공해 주었다. 소피의 후견인이며 주임판사였던 토마스 코스튼(Causton)은 일방적으로 대배심원(grand jury)을 구성하여 10가지 죄목으로 웨슬리를 기소했다. 웨슬리는 코스튼이 아래와 같은 소문을 퍼뜨렸다고 주장했다.

"웨슬리는 '교활한 위선자, 여자를 농락하는 자, 나의 신의를 저버린 자, 말도 못하는 거짓말쟁이에다가 사기꾼, 기혼녀들을 그들의 남편들에게서 멀어지게 만드는 자, 술주정꾼, 매음굴 주인, 창녀를 용인하는 자, 호색가, 다시 술주정꾼, 그리고 살인자처럼 성찬 테이블에 피를 흘리는 자, 악의로 다른 사람들을 몰아내는 자, 신도에게 신도로서의 장례식을 거부하는 자, 찬물에 아기를 담가 죽이는 자, 예수회 수도사이든가 아니면 교황 절대주의자, 아니면 아무도 들어보지 못한 새로운 종교를 소개하는 자, 감독이 되기를 꿈꾸는 교만한 사제, 영적 독재자, 불법 전횡을 일삼는 자, 자신은 섬길 차례가 되어도 하지 않으면서 남에게는 지옥에 간다고 접주어 억지로 하게 하는 거짓 교사, 국왕의 최상권을 부인하는 자, 식민지의 적, 반역을 부추기는 자, 선동가, 가정의 평화를 훼손하는 자, 소동을 일으키는 자, 반란의 주모자' - 한 마디로 하면 '그에게서 고통을 당하느니 죽는 것이 나은' 피물이다" (J&D, 18:540-41).

실제로 대배심원에게 올려진 죄목은 이런 식으로 들리지는 않았지만, 많은 같은 항목들이 좀 더 전문적인 용어로 설명되었는데, 그 내용은 웨슬리가 공인되지 않은 새롭고 낯선 방법을 국교의 예배와 성찬예식에 도입하고, 성찬예식에 참가하는 사람을 "가혹한 참회의식, 고해성사 및 고행에 응한 자, 그리고 이른 아침과 늦은 밤 기도회에 지속적으로 참석한 소수에 국한" 하며, 하인들과 첩자를 이용하여 가정사에 간섭함으로, "많은 경우 이 식민지의 행복과 번영에 반하여 기성 교회의 원칙과 규율로부터 이탈"하였다는 것이었다. 몇 가지 항목은 결국 10개항의 "공소인정서"의 근거가 되었고, 웨슬리는 이것을 아래와 같이 요약했다.

웨슬리와 메소디스트라고 불리운 사람들

1. 소피 윌리암슨 부인에게 남편의 동의에 반하여 편지하고 말한 것.
2. 그녀를 성찬예식에서 쫓아낸 것.
3. 주일 아침예배를 두 쪽을 낸 것.
4. 영국 국교회 준수서약을 하지 않은 것.
5. 파커의 아기가 약하다고 증명할 때까지 물 뿌리는 방식으로 세례주기를 거부한 것.
6. 성찬식에서 가프 씨를 쫓아낸 것.
7. 재침례파 교인 나다나엘 폴힐의 장례식을 거부한 것.
8. 자신을 사바나의 주교라고 부른 것.
9. 성찬에 참여하지 않는 자라는 이유로 윌리암 애글리온비를 대부로 받기를 거부한 것.
10. 같은 이유로 제이콥 매튜를 거부한 것 (J&D, 18:561-62).

이것들은 웨슬리가 법정 심리가 시작되기 전에 식민지를 빠져나가지 않았더라면 재판의 근거가 될 수 있는 것들이었다. 이와 같은 항목들은 대배심의 소수 의견이 "알려진 어떤 법에도 저촉되지 않는다"고 했듯이 심각한 법적 문제가 되지 않을 수도 있었지만, 웨슬리의 첫 번이며 유일한 교구의 교인들 가운데 일부 반발을 불러일으킨 웨슬리의 행동을 대체로 정확하게 나타낸다. 심리가 시작되기 전 1737년 겨울 웨슬리는 보석금을 포기하고 갑자기 식민지를 떠나, 그의 적대 세력은 그의 실형을 끝어내지는 못하였다.

큰 기대를 가지고 조지아에 도착했던 웨슬리는 비통함과 실망으로 그곳을 떠났다. "나는 그곳에서 응당 해야 할 만큼이라기보다는 내가 할 수 있는 만큼 복음을 전한 뒤, 내 발의 먼지를 떨어버리고 조지아를 떠났다." 그러나 그는 자신을 이해하는 일에 있어서 엄청난 성장을 이루었다. 다시 한번 폭풍과 싸우며 긴 항해 끝에 영국에 돌아온 뒤, 그는 비록 조지아에서 그가 "뜻한 것을 성취하지는 못하였지만" 그곳에서 한 사역을 통하여 긍정적 가치를 깨달을 수 있었다. 그는 하나님이 그를 겸손하게 만드셨고, 그를 증명해 보이셨고, 그의 가슴에 무엇이 있는가를 보여주셨다(신명기 8:2 참조)고 느꼈다. 그는 조심할 줄 알게 되었고, 하나님의 인도하심을 인지할 수 있게 되었으며, 바다에 대한 공포를 극복하게 되었다. 이러한 것들에 더하여, 그는 많은 하나님의 일꾼들, "특별히 헤른후트(Herrnhut) 교회의 교인들"을 알게 되었다. 조지아에 있는 모든 사람들은 하나님의 말씀을 들었고, 그 중 일부는 믿음과 사랑으로 응답하였다. 많은 어린이들은 하나님을 어떻게 섬겨야 하는가를 배웠고, 그는 "아프리카와 아메리카의 이교도들을 위한 기쁜 소식의 출판"을 위한 준비작업도 했다 (J&D, 18:222).

어쩌면 가장 중요한 것은 웨슬리가 그의 영적 여정에서 두드러진 진전을 이루었다는 것이다. 구원의 확신에 대한 그의 오랜 추구는 계속 이어져 가는 신학적 영향과 함께 했는데, 그는 이것을 조지아에서 돌아오는 길에

감리회의 기원

회상하며 비망록에 요약을 해 두었다 (J&D, 18:212-13). 교구 사택에서 출발하여 사제다운 부친에게서 교리를 배우고 경건한 모친으로부터 교육을 받은 웨슬리는 근본적으로 영국 국교회의 고교회적 관점을 지녔지만, 한편으로는 외적 선행을, 다른 한편으로는 행함이 없는 믿음을 너무 강조하지 않는 현저한 청교도적 실용주의 성향이 있었다. 학교에서 보낸 첫 몇 해 동안 웨슬리는 루터교와 칼빈주의 저자들과 만나게 되었는데, 이들의 저술을 이제는 "천주교에 대한 과장된 두려움"으로 특징지어지며 율법을 소홀히 하면서까지 믿음을 강조하는 것으로 보게 되었다. 1720년 중반에서 후반 사이에 읽기 시작한 영국 경건주의자들, 베버리지(Beveridge), 넬슨, 테일러, 그리고 로(Law)는 비록 그들의 다른 성경의 해석이 혼동을 자아내기도 했지만, 이들이 이성과 성경에 좀 더 조화를 이룬 것으로 보였다. 1732년부터 클레이턴과 그의 맨체스터 선서거부자 (non-jurors) 동료들은 웨슬리에게 시대를 통해 변하지 않는 "확실한 성서 해석의 법칙"을 알게 해주었다. 이로 인해 초대 기독교는 하나님의 신탁을 이해하는 척도가 되었고, 기독교 사고와 행동을 위한 원시적 모형을 제공해 주었다. 이러한 접근방식이 함축하고 있는 의미를 제대로 이해하기도 전에 웨슬리는 윌리엄 로를 만났는데, 이 사람은 1732년 중반에는 좀 더 신비주의 쪽으로 기울고 있었다. 로는 웨슬리에게 중세 신비주의 문헌인 독일신학을

연대표 4
감리회의 두 번째 기원

1736	1737	1738
	조지 2세	
존과 찰스 조지아로 떠나다 (미국 도착)	찰스 영국으로	잉엄 영국으로	존 영국으로
		존이 샬즈버거를 만남
존과 모라비안이 선상에서 만남	존 베버리지의 *시노디콘* 읽음		
		존 웨슬리 죠지아 이사회 보고	찰스톤 찬송가 출판
하우스가 사바나 신도회 인도함	프레드리카 감리회 조직		존이 소피에게 성찬을 금지함
		소피 합키 윌리암슨 결혼함	
	존 인디안 만남	잉엄 인디안 사역	존 웨슬리 기소당함

77

소개해 주었고, 이 사건은 웨슬리가 대륙 카톨릭 신비주의 문서를 폭넓게 접할 수 있는 시발점을 제공하여 주었다.

위에 언급된 두 가지 견해, 즉 잘 훈련된 신앙인으로서의 삶과 생각의 모형을 제시하는 한쪽과 진실한 믿음은 순종의 굴레를 넘어선다는 다른 한쪽 사이의 긴장은 조지아에서 웨슬리가 경험한 영적 씨름의 영역을 제공해 주었다. 이 긴장은 1736년 9월 웨슬리가 베버리지의 저서 Pandectae를 정성껏 읽고 난 후 초대교회의 경전은 그가 한때 생각했던 것처럼 그렇게 확실하고 보편적이며 권위가 있는 것은 아니었다는 것을 깨닫게 되면서 해소되었다. 그리고 두 달 안에 그는 신비주의자들이 은혜의 수단을 가볍게 여긴다고 보아 신비주의의 필수적 관점을 대부분 포기했다. 그는 동생에게 신비주의 문헌은 "믿음을 거의 파선시킬 뻔했던 암초"였다고 말했다 (Letters, 25:487). 두 경우 모두 웨슬리는 신학적 방법론으로부터 그리스도인의 삶의 태도로 그의 관심이 달라지게 되었다. 식민지 주민들이 웨슬리를 비난했던 항목 중 하나는 "그리스도의 삶을 철저히 닮으려했던 초대교회 믿음의 선조들을 닮으려고 노력"했다는 것이었다. 영국으로 돌아오는 배 위에서 웨슬리는 많은 시간을 들여 프랑스 신비주의자 드렌티의 거룩한 삶 (The Holy Life of Monsr. de Renty) 초본을 읽었는데, 이 사람의 경건과 믿음의 삶은 구원의 확신을 추구하는 웨슬리에게 끊임없는 영감을 주었다.

그러나 무엇보다도 이제 웨슬리의 의미있는 믿음 추구를 위하여 독일 경건주의자들(pietists)이 중심무대를 차지하게 되었다. 모라비안의 "가슴신학"(heart theology)의 핵심 교훈과 모습은 조지아에 머물던 웨슬리의 마음에 분명히 심겨졌다. 어렸을 때 불타는 사택에서 구출된 사건에서 발전된 은유는 이제 새로운 영적 의미를 가지게 되었다. 그는 합키와 함께 하였을 때, 몇 차례에 걸쳐 "불타는 것으로부터 지켜"(preserved from the burning)졌을 뿐 아니라, 시편기자가 육정을 빗대어 말한 "이상한 불"을 회피할 수 있기를 점점 더 열망하였다. 그가 이제 이해하게 된 신비주의자들(mystics)의 말은 "지옥 불에 타는 것"(set on fire of hell)이었다. 그러나 그가 "찬송과 시편 모음"(Collection of Psalms and Hymns)에 실린 진젠도르프(Zinzendorf) 백작의 찬송시를 번역한 것을 보면 모라비안 신학이 얼마나 분명하게 그의 영적 추구의 한 가지 목적으로 자리 잡았는지 알 수 있다.

> 오 나의 얼어붙은 가슴에 비추어
> 거룩한 따스함으로 불붙게 하소서.

감리회의 세 번째 기원—런던

조지 윗필드(George Whitefield)가 탄 배가 조지아로 출항할 무렵 웨슬리가 탄 배는 딜(Deal) 항으로 들어왔다. 이제 동료들 사이에 영적 지도자로 자리잡은 웨슬리는 윗필드의 여행을 놓고 제비를 뽑았다. 그 결과는 조지아 식민지로 가기보다는 "런던으로 돌아가"야 하는 것으로 나왔고, 웨슬리는 자신이 런던으로 가기 전에 이 사실을 윗필드에게 알렸다. 윗필드의 일기를 보면, 그는 존의 부재중 영국 안에서 감리회 지도자의 역할을 수행하는 것에 익숙해져가고 있었다. 그는 웨슬리의 통고를 탐탁지 않게 보고, 자신이 느낀 "조지아의 소명"을 달성하기 위한 계획을 추진해 나갔다. 식민지에 도착한 윗필드는 존이 한 일을 보고는 일기에 "하나님의 인도하심으로 존 웨슬리가 미국에서 행한 선은 말로 표현할 수 없다"고 스며 나오는 감정을 기록했다 (Whitefield, 157). 다른 한편 웨슬리는 이제는 안수를 받고 날로 설교자로서의 명성을 더해 가고 있는 윗필드가 그 동안 옥스퍼드와 고향 글루스터(Gloucester) 뿐만이 아니라 런던에서 까지 신도회 활동에 적극적이었다는 사실을 알게 되었다.

존의 갑작스러운 귀환은 그를 조지아로 보낸 사람들에게만이 아니라 동생 찰스에게도 의외였다. 이 당시 존의 의도는 좀 모호했던 것 같다. 예를 들면, 그는 사바나의 교구사제 자리를 당장 사임할 의사가 없었고, 그렇다고 곧 돌아갈 의사가 있었는가 하는 것도 분명하지가 않았다. 영국에 돌아온 처음 몇 주간 그의 관심은 그때까지 해오던 일들과 새롭게 하고자 하는 일들 사이에 나누어진다. 즉 한편으로는 조지아 이사회에 조지아 현황 보고서를 제출하는 일, 찰스와 잉엄이 했던 것처럼 지원을 얻어내는 일, 그리고 옥스퍼드와 런던에서의 일이 어떻게 되어 가는지 옛 동료들을 통해 확인하는 일을 했지만, 다른 한편으로는 새로운 모임에 적극 관여하며 새 친구들, 특별히 런던에 새로 도착한 독일 모라비안들과 사귀었다.

웨슬리는 조지아 이사회에 2월에 세 번 참석했는데, 웨슬리가 돌아가기 전에 이 소문을 먼저 들은 조지아 이사회의 이사들은 웨슬리가 그들의 승인 없이 돌아간 것은 잘못 되었다고 생각했다. 웨슬리는 식민지에서의 상태에 대해 우울한 내용을 담은 보고서를 이사회에 제출했다. 그리고 "조지아에서 그가 어떻게 이용당했는가" 하는 불평을 포함하여 "그의 입장을 정당화하는 몇 건의문서와 증명서"(Egmont, 2:467)를 이사회에 제출하였다. 코스튼(Causton)에 대한 웨슬리의 보고는 이사 중 한 사람이었던 에그몬트 백작(Earl of Egmont)에 따르면, "모든 이사들을 사임하게 만들기에 충분"했다. 그는 웨슬리의 "판단이 부적절"했다고 생각했지만, 코스튼이 "일을 크게 잘못 처리"하여 "더 큰 책임"이 있다고 보았다. 4월 26일 웨슬리가 드디어 사바나의 직분에서 사임했을 때 에그몬트는 웨슬리가 "열성적이면서도 동시에 위선자인 대단히 기이한 이중적 인물"처럼 보인다고 비교적 솔직한 평가를 내렸다.

영국의 감리회로 말하면, 웨슬리가 보기에는 옥스퍼드에서 살아남아 이제는 다른 지역으로 퍼져나가기 시작하였다. 1737년 돌아온 챨스는 옥스퍼드에서 몇몇 감리회원들을 격려하여 전에 했던 것처럼 "거룩한 삶의 규칙을 재개"하고 함께 모이려고 했다 (*CWJ*, 1:115, 127). 존은 옛 동료들의 대부분이 이제는 해외로 흩어졌지만, "세 명의 신사가 그 길을 따라 걷고 있는 것"을 알게 되었다. 옥스퍼드에 처음 돌아온 웨슬리는 과거의 관습을 일부 되찾아 카팩스, 캐슬, 링컨대학 교회에서 설교했고, 보카르도 감옥에서 죄수생활을 했던 폭스의 집에서 모이는 등 신도회의 모임에 참석했다.

웨슬리는 또한 많은 그의 옛 동료들이 영국의 다른 지역에서 바쁘게 활동하고 있다는 것을 알게 된다. 십여 명의 "런던과 옥스퍼드 감리회원들"은 런던의 제임스 허튼(Hutton)의 집에 모여 "조용하고 평화로운 이웃이 시끄러울 정도로 큰 소리로 찬송을 불렀다." 이들 중 한 사람이 웨슬리가 없는 동안 런던과 또 다른 곳의 신도회에서 열정적으로 복음적 설교를 시작한 **조지 윗필드**(Whitefield)였다. 웨슬리가 돌아왔다는 소식을 들은 제임스 허비(Hervey)는 윗필드의 활동에 대해 웨슬리에게 다음과 같은 전갈을 보냈다. "당신도 우리의 친구 윗필드의 성공적인 열정에 대해 들었을 것이고, 듣고 기뻐했을 것입니다. 런던 전체와 전국이 그의 사역을 통해 '하나님의 놀라운 역사가 이루어지는 소식으로 떠들썩합니다." 윗필드는 1735년 존이 대학교를 떠나기 직전에 그들의 활동에 참여했기 때문에 존이 옥스퍼드에서 윗필드를 만난 적은 거의 없었다. 그 뒤 윗필드는 영적 각성을 체험했고, 런던 전체와 영국의 많은 지역에서 복음적 설교를 했다.

조지아에서 돌아온 벤자민 잉엄은 요크셔 지방의 리즈 (Leeds) 주변의 많은 교구에서 설교를 시작했고, 켄트 (Kent) 지방 블렌든(Blendon)에 살던 델라못 가족을 통해 챨스 델라못의 형제 윌리암을 그 운동으로 끌어들였다. **케임브리지**(Cambridge)의 학생이었던 윌(Will)은 1738년 초에 그 대학교에서 이미 메소디스트라는 "낙인"이 찍힌 "하나님을 위한 한 무리를 일으켜" 놓았다 (*Cambridge*, 251-83 참조). 챨스 웨슬리는 조지아로 떠난 존에게 쓴 편지에 활기있는 어조로 "우리는 모두 엄청난 소용돌이에 휘말려 있습니다. 기독교는 진정 다시 한번 그 머리를 들고 있습니다"라고 썼다 (*Letters*, 25:526). 그러나 이 폭넓은 부흥은 모두가 웨슬리로부터 비롯된 것은 아니었다. 영국 이곳저곳에 영적 부흥의 여러 불꽃이 불붙기 시작하고 있었다. 1730년대 초 **그리피스 죤스**(Griffith Jones)와 **하웰 해리스**(Howell Harris)는 교육개혁과 순회설교를 중심으로 웰쉬 지방의 복음주의 운동을 개척했다. 죤스, 해리스 윗필드, 그리고 잉엄은 모두 1737년까지는 어떤 형태로든지 복음주의적 회심을 체험했고, 교회와 그때까지도 기독교 지식 장려회(SPCK)에 의해 후원되고 있었던 신도회들과 지방 전역을 통하여 적극적으로 부흥운동을 펼쳐나갔다. 이 영적 각성운동의 초기에는 존 웨슬리가 선도적 역할을 했지만 이제 그는 그의 옛 동료들이나 새 동료들에 비해 열심이나 열정에서 뒤쳐지고 있다는 느낌을 가지고 있었다.

독일에서 몇몇 모라비안 교도들이 도착한 것은 조지아에서 시작된 웨슬리의 영적 수업을 계속하게 했다. 런던 서적상의 아들이며 이 분야에서 중요한 교량역할을 한 **제임스 허튼**(Hutton)은 일찍이 옥스퍼드에서 웨슬리 형제를 만났었고, 웨스트민스터의 사무엘의 이웃이기도 했다. 제임스와 그의 자매는 웨슬리가 조지아로 가기 바로 전에 행한 엄중한 설교 "한 가지 필요한 것"을 듣고 "진지하게 깨어난" 경험을 하였다. 이 결과 허튼은 올더스게이트 가에 있는 것을 포함하여 런던의 신도회에 하나 이상 참석했으며, 그의 아버지의 집에 새 신도회를 조직하여 조지아로부터 오는 웨슬리의 일지편지를 종종 읽고 모라비안들에 대해 알게 되었다 (Hutton, 181-82). 허튼은 또한 옥스퍼드의 감리회원들과 많이 사귀게 되었고, 그들을 위해 런던, 특별히 런던탑과 화요일 비숍스게이트의 세인트 헬렌 교회에서 설교할 수 있는 기회를 만들었다. 허튼의 모임은 "평상적 진지함 이상으로" 설교할 뿐만 아니라 병자를 방문한다든가 기도하기에 힘쓰는 "감리회 실행방침"을 바로 따르는 윗필드와 다른 옥스퍼드 학생들의 설교를 통해 은혜를 받았다 (Hutton, 183). 존은 이러한 방식에 다시 쉽게 적응했고, 허튼의 모임에 자주 참석하며 1738년 봄에는 서너 번 화요일 성 헬렌 교회에서 설교하여 어느 정도 성공을 거두었다.

식민지에서 찰스 웨슬리가 돌아온 것, 허튼의 활동, 윗필드의 설교, 조지아에서 보낸 존 웨슬리의 일지편지, 그가 이제 조지아에서 돌아온 것, 그리고 독일에서 모라비안 교도들이 새롭게 도착한 것은 새로 조직된 신도회에 힘이 되었을 뿐만 아니라 몇몇 기존 신도회를 되살리는 힘도 되었다. 웨슬리는 이러한 여러 가지 새로운 교우관계를 잘 발전시키고 런던에 있는 수많은 신도회들의 사역에 동참함으로써 자신의 영적 확신을 추구해 나가기 시작했다.

피터 뵐러(Peter Böhler)와 믿음의 추구

영국에 돌아온 웨슬리는 한 주간이 못 되어 루터교 목사였다가 후에 진젠도르프에 의해 모라비안 목사로 안수 받았으며, 독일에서 막 와 미국으로 가는 길이었던 **피터 뵐러**(Peter Böhler)를 만났다. 웨슬리와 뵐러가 그 후 4개월간 가졌던 만남은 개인적인 영성회복은 물론 감리회의 조직적 발전을 위한 모형을 제공하게 되었다.

존이 계속해서 관심을 가졌던 문제는 두 번에 걸쳐 항해하는 동안 죽음과 마주치며 뚜렷하게 깨달은 것은 믿음의 **확신**이 없다는 것이었다. 대서양에서 태풍을 만나 물에 빠져죽을 수도 있는 상황에서 웨슬리가 깨달은 것은 그가 아직 창조주를 만날 준비가 되어 있지 않았다는 것이었다. 이에 대한 그의 첫 반응은 그의 믿음이 그와 같은 공포를 극복할 만큼 강하지 못한 부족한 믿음이었다는 생각이었다. 그는 옥스퍼드에서 잘 발전시켰던 방법으로 돌아와 전에 했던 결심을 새롭게 했다.

그러나 3월 초까지 피터 뵐러는 웨슬리에게 믿음의 부족은 정도의 문제가 아니라는 것을 깨닫게 해주었다. 웨슬리의 문제는 믿음이 약한 것이 아니라 쉽게 말해 믿음이 없는 것이 문제였다. 뵐러에 의하면, 웨슬리에게는 "믿음으로만 구원을 얻는 그 믿음"이 전혀 없었다. 문제는 약한 믿음이 아니라 제대로 된 믿음이 전혀 없다는 것이다. 즉 **믿음의 정도**"(degrees of faith)에 문제가 있었던 것이 아니라, 믿거나 믿지 않는데 문제가 있었다. 그리고 진실한 믿음은 언제나 확신을 동반하고, 또한 진실한 믿음은 세 가지 열매로 명시되는데 죄와 공포와 의심으로부터의 자유로 증명된다는 것이었다. 그러므로 의심이나 두려움은 어느 것이나 불신앙의 표시였다. 이렇게 자신에게 믿음이 없다는 것을 깨닫게 된 웨슬리는 더 이상 설교하는 것은 부적절하다고 생각했다. 이에 대해 조언하면서 뵐러는 다음과 같은 기억할 만한 말을 남겼다. "믿음이 생길 때까지 믿음을 설교하시오. 그러면 그렇게 얻은 그 믿음 때문에 믿음을 설교하게 될 것이오" (*J&D*, 18:228).

3월 6일, 웨슬리는 캐슬에서 폭행, 강도, 그리고 탈영으로 사형언도를 받은 윌리암 클리포드(Clifford)라는 죄수에게 한 것으로부터 시작하여 **오직 믿음으로 얻는 구원**이라는 "새로운 교리"를 설교하기 시작했다. 존은 너무나 열정적으로 설교하여 런던의 일부 교회에서는 그가 설교하는 것을 금하고 있었다. 그러나 그는 이러한 반응에 개의치 않았다. 핍박의 징후는 진실에 대한 그의 확신을 강화시켜주었고, 교회의 무사안일주의에 정면으로 도전하도록 부추겼다. 이제 그는 "가장 남의 비위에 맞지 않게 하는"

홀본의 성 안드레 교회는 1738년 웨슬리가 피터 뵐러의 조언에 따라 "믿음을 설교"하기 시작한 뒤 웨슬리에게 설교를 금지한 많은 런던 교회들 중 하나이다. 존의 아버지 사무엘은 1689년 이 교회에서 안수를 받았다.

설교가 하나님께서 가장 축복하는 설교라고 생각하게 되었다 (J&D, 18:226).

웨슬리는 점점 더 모라비안적인 구원관을 따르고 싶은 마음이 생겼고, 이것을 그 자신의 전통에 입각해서 이해해 보려고 노력하였다. 설교집은 믿음을 "하나님에 대한 확실한 신뢰와 확신"이라고 정의했다. 뵐러는 이 정의에 대한 경험적 측면을 "그리스도의 공로를 통해 나의 죄가 사하여지고 내가 하나님과 화해하는 것"이라는 말로 강조했다. 4월 23일 그는 드디어 뵐러를 포함한 다섯 사람의 모라비안들에 의해 "믿음은 즉각 회심하게" 하고 이러한 순간적 회심은 성서적으로 뒷받침될 뿐만 아니라 현실에서도 가능하다는 것을 받아들이게 되었다 (J&D, 18:234, 576). 그러나 모든 감리회원들이 같은 확신을 가진 것은 아니었다. 죄인들이 "**즉흥적으로 회심하여**" (instantaneous conversion) 얻게 되는 "이 새로운 믿음"을 존이 설파하는 것을 들은 찰스 웨슬리와 토마스 브로톤 (Broughton)은 "그의 무지한 설교를 크게 못마땅하게 생각했다."

이제 그의 설교를 금지하는 강단의 숫자는 급속도로 늘어갔다. 존 클레이튼 (Clayton) 같은 옥스퍼드의 옛 친구들은 웨슬리에게 그의 열정을 조절하고, 즉흥적 설교를 중단하고, "격렬한 강조"를 억제하고, 심지어 머리를 깎도록 권유하였다. 친구들은 이렇게 비난하였지만 웨슬리의 개인적 확신의 추구를 격려하고 동조하는 사람들도 있었다. 웨슬리는 옥스퍼드 대학교의 헨리 워싱톤이나 그 밖에 다른 학생들을 계속 만났는데, 이들 중 일부는 뵐러의 격려에 힘입어 주중 세 번 모임을 가졌다. 옥스퍼드 동네에서 웨슬리는 때때로 모두 합해 100명이 넘는 둘 또는 세 개의 신도회와 함께 모이기도 했다. 런던에서 웨슬리는 70여명이 되는 허튼의 그룹과 함께 했는데, 이들은 웨슬리가 뵐러에게 말한 바에 따르면, 별다른 조직이나 인도자가 없이 모여 기도하고 찬양하고 성경을 공부했다 (Boehler, 5, 8).

1738년 5월 초, 피터 뵐러는 이러한 상황을 정상화하기 시작했다. 그는 "같은 마음으로 서로 가깝게 교제하기를 원하는" 사람들 몇을 초청하여 핵심그룹(band)을 만들었다. 존 허튼의 집에서 모인 허튼과 그 집에 병들어 있던 찰스를 만나러 갑자기 런던에 돌아온 존을 포함한 소수의 사람들은 두 가지 규칙을 받아들임으로 작은 모임을 설립했다:

> 1. 한 주에 한 번 모여 자신들의 잘못을 서로 고백하고 서로의 치유를 위하여 기도한다 [야고보 5:16 참조].
> 2. 진실하다고 판단되는 다른 사람들이 원한다면 같은 목적을 가지고 모인다 (Watson, 197).

이러한 간단한 규칙이 후에 **훼터 레인 신도회**(Fetter Lane Society)라는 이름으로 알려진 모임의 틀을 제공했으며, 웨슬리는 이 모임을 "감리회 제3의 기원"이라고 불렀다. 이 모임에 들어가기 위한 유일한 요구조건은 의도의 진실됨이라고 되어 있었지만 회원들은 대부분 감리회와 모라비안적 견해에 호의를 가진 사람들이었다. 감리회와 모라비안은 이 모든 사람들이 소속되어 있는 영국 국교회의 교리와 신앙생활로부터의 분리를 요구하지 않았다. 그러나 그들의 분명한 목적은 구원에 관한 것, 즉 참여자들의 영적 건강이었다. 뵐러가 회원수가 증가하면서 기혼남자와 미혼남자가 각각 따로 정기적으로 모이며 한 달에 한 번 함께 모이게 될 것으로 내다 본 것을 보면 당시 회원들은 모두가 남자이었던 것 같다.

사흘 후 피터 뵐러는 런던을 떠나 신세계로 향했고, 웨슬리는 이 작은 모임의 확실한 지도자가 되었다. 비록 뵐러는 떠났지만 그의 영향력은 계속되었다. 그로부터 몇 날이 못 되어 찰스 웨슬리와 아일링턴의 교구목사이며 옥스퍼드 감리회원인 조지 스톤하우스를 포함한 몇 사람들이 더 모라비안적 견해에 대해 확신을 가지게 되었다. 일부는 믿음의 확신을 경험하기도 했다. 여기에는 찰스 웨슬리도 포함되어 있었는데, 그는 영적으로 번민하며 성령강림주일날 몸이 아파 누워 있을 때 "가슴이 이상하게 뛰는 것"을 느끼며 "나는 믿는다, 나는 믿는다!"라고 말 할 수 있게 되었고 하나님과 평화를 누리게 되었다 (*CWJ*, 1:146-47).

감리회의 기원

존은 동생 찰스가 체험한 "놀라운 소식"을 듣고 "계속 슬픔"에 빠졌고 가슴이 무거웠다. 성령강림절은 웨슬리로 하여금 성령의 증거를 체험하고 싶어하는 열망을 더욱 증진시켜 주었지만, 이러한 분명한 확증을 추구하면 할수록 그가 당시 친구에게 보낸 편지에 썼던 것처럼 "하나님은 소멸하는 불이시다. 나는 전적으로 죄인이며 소멸당하기에 마땅하다"는 것을 깨닫게 되었다. 그의 고민은 확신을 체험한 친구들의 수가 늘어감에 따라 더욱 커져만 갔다. 심지어 그의 동생도 회심을 간증할 수 있었으며, 다른 동료들과 함께 존이 참석한 자리에서 존을 위해 기도했다.

존은 동생보다 사흘 뒤에 **확신**(assurance)을 체험했다. 5월 24일 아침 성경 읽기부터 시작하여 오후 성 바울 교회에서의 찬양, 그리고 같은 날 조지 3세가 될 아기의 탄생을 알리는 종이 울린 후 가졌던 신도회의 모임에 이르기까지의 일련의 결정적인 사건들을 기록한 웨슬리의 일지를 보면 그가 하나님의 섭리를 어떻게 이해했는지 알 수 있다:

> 저녁이 되어 나는 올더스게이트 가의 신도회 모임에 마지못해 참석했다. 여기에서 어떤 사람이 루터의 로마서 서문을 읽고 있었다. 9시 15분 전쯤, 그리스도 안에서 믿음을 통하여 하나님께서 어떻게 마음을 바꾸어 놓으시는가를 루터가 설명하는 대목에 이르러 나는 내 가슴이 이상하게 뜨거워지는 것을 느꼈다. 나는 내가 그리스도를, 구원을 위하여 그리스도만을 믿는다고 확실히 느꼈고, 그가 나 같은 사람의 죄까지도 사하여 주시고 죄와 사망의 법에서 나를 구원하셨다는 확신을 갖게 되었다 (*J&D*, 18:249-50).

웨슬리는 곧바로 그 자리에 모인 사람들 앞에서 간증을 함으로 그 순간의 감격을 함께 나누었다. 이 감격의 나눔은 그 날 밤늦게 찰스의 방에 모여 어쩌면 "확신 없는 내 영혼은 어디에서 시작하리?"라는 찬송을 부름으로 계속되었다. 믿음이 가져다주는 신뢰와 자신감은 이제 더 이상 이론적인 진실이 아니라 체험적 현실이었다. 모라비안 스승들이 준 나의 그리스도(Christus pro me)라는 가르침은 이제 그가 스스로 내세울 수 있는 믿음의 고백이 되었다. 이제 웨슬리는 자신이 진정한 그리스도인이라고 느꼈다. 모라비안들의 견해에 따르면, 이러한 확신의 체험이 있기 전의 자신은 그리스도인이 아니라고 말할 수 있었다.

이 경험이 진짜인가 아닌가 하는 진정한 시험(test)은 그의 가슴이 "이상하게 뜨거워졌나" 뜨거워지지 않았는가에 달린 것이 아니라, 모라비안들이 가르쳐 주었던 것처럼 마땅히 따라야하고 필요한 믿음과 확신의 열매가 있나 없나 하는 것에 달렸다. 이 열매란 죄와 의심과 두려움으로부터의 자유이며, 성령 안에서의 평안과 사랑과 기쁨의 충만함("거룩과 행복"으로 불리우기도 함)이었다.

믿음과 확신의 열매의 뚜렷한 증거를 계속 찾는 웨슬리에게 즉각적으로

웨슬리와 메소디스트라고 불리운 사람들

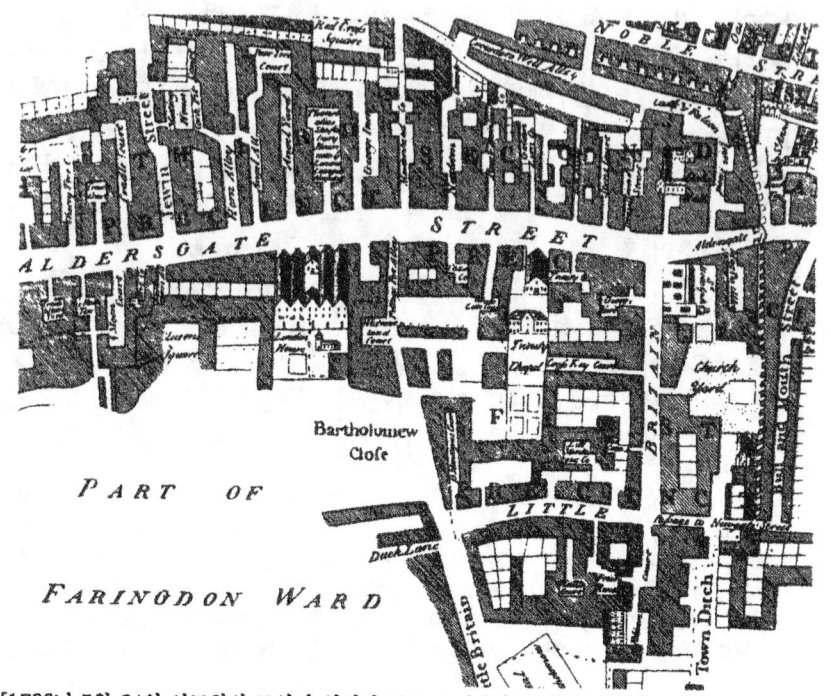

[1738년 5월 24일 신도회의 모임이 열렸던 곳으로 생각되는 네틀턴 뜰(Nettleton Court)은 지도 왼쪽 올더스게이트의 문으로부터 멀지 않은 북쪽 여덟 번째 공터이다. 찰스가 확신을 경험한 곳인 리틀 브리튼(Little Britain)은 이 지도의 아래 끝 네틀턴으로부터 바로 서쪽에 있다.]

의문이 생기기 시작했다. "사탄"은 "네 기쁨이 어디 있느냐?"고 물으면서 웨슬리가 체험한 것은 믿음이 아니었다고 속삭였다. 그가 최소한도 확신을 통하여 위안으로 삼은 것이 있다면 아직도 시험을 받기는 했지만 그는 이제 "언제나 정복자"라는 인식이 생겼다는 것이었다. 그 다음 날 웨슬리는 "당신이 정말 믿는다면 어찌하여 좀 더 많은 변화가 눈에 띄지 않는가?" 하는 경험주의자적인 질문을 받게 되었다. 그러나 다시 한번 위안은 "하나님과의 평화"를 이룬 정도에서 얻었다. 불신과 마찬가지라고 들은 두려움의 문제는 성 바울의 "밖으로는 투쟁, 안에서는 두려움"이라는 말씀으로 처리했다. 그는 그냥 그것들을 넘어서 전진해 나가기로 결심했다. "많은 시험에서 오는 무거움"에 관하여도 상황은 같았다. 모라비안들은 이것들과 싸우지 말고 이것들로부터 도망치라고 권하였다. 올더스게이트 사건 나흘 뒤에도 그는 아침에 깨어나면서 "평화는 느꼈지만 기쁨이 없다"는 것 때문에 마음이 편치 않았다.

그 후에도 그의 기대가 부분적으로만 충족되었다는 것 때문에 그는 계속 문제에 봉착했다. 그렇다고 "새로운 복음"을 설교하는 것을 중단하지는 않았다. 그러나 몇몇 친구들은 그의 이러한 견해에 대해 의심을 가졌다. 허튼의 집에서 그는 열성주의자이며 "새로운 교리"를 제창하는 미혹자라는 이유로 "거칠게 공격을 받았다." 그 예로 허튼 부인은 존의 이러한 새로운 주장에 이의를 제기하며 그의 형제 사무엘에게 이렇게 썼다:

> 존과 함께 있게 되면 그를 따로 혼자 있게 하든지 그의 마음을 바꾸어 놓으세요. 5월 28일 주일 그가 취한 행동에 대해 듣게 되면 그가 정상이 아니라고 생각하게 될 거예요. 존이 우리 집에서 일어나 사람들에게 자기는 닷새 전만 해도 그리스도인이 아니었다고 했어요. 저녁식사시간에도 같은 말을 해서, 나는 "내가 당신을 알기 시작한 뒤로 줄곧 그리스도인이 아니었다면 당신은 훌륭한 위선자였어요. 왜냐하면 우리로 하여금 당신이 그리스도인이라고 믿게 했으니까요" 하고 답을 해 주었지요 (*JWJ*, 1:480n).

존은 다른 사람에게와 마찬가지로 그의 가까운 친구들에게, 모든 것을 버리고 믿음만을 가지고 그리스도 안으로 들어가기 전까지는 그들이 그리스도인이라고 생각할 이유가 없다고 밀어붙였다. 그리고 3월 초 이후 핵심 설교로 사용해 온 "믿음으로 얻는 구원"이라는 설교를 계속했다.

그러나 개인적으로 웨슬리는 특별히 "믿음의 정도"에 관한 의심으로 아직도 시달리고 있었다. 비록 그의 모라비안 친구들은 "진정한 믿음이라면 전혀 의심치 않는다"는 점을 계속 강조했지만, 웨슬리가 경험한 바로는 비록 상존하는 기쁨은 없었지만 그 시점에 계속되는 평화와 죄로부터의 자유가 있었기에 그는 어느 정도의 믿음은 있다고 생각했다.

웨슬리는 독일에 있는 모라비안 공동체를 방문해 "믿음의 온전한 권능의 살아있는 증거이며 동시에 믿음이 약한 사람들과도 지낼 수 있는 거룩한 사람들"과 대화해 보기로 결심했다. 그러나 그가 알게 된 것은 웨슬리에게 전적인 신뢰와 기쁨이 없다는 사실을 그들이 용납하려 하지 않았다는 것이다. 한 번은 그들 생각에 웨슬리는 확신의 증거를 분명하게 갖지 못한 흔들리는 사람(*homo perturbatis*)이라는 이유로 성찬식에 참여하는 것을 금지하기도 하였다. **헤른후트**의 모라비안 교도들의 어떤 견해들은 뵐러나 영국 모라비안 교도들과 중요한 문제에 있어서 다르다는 것을 발견하게 된 웨슬리는 더욱 혼란을 느꼈다.

모라비안 공동체의 지도자인 **니콜라스 본 진젠도르프**(Nicholas von Zinzendorf)는 확신의 시점은 구원의 시점과 다를 수 있다고 말했다, 즉 구원을 받고도 그 사실을 오랫동안 모르거나 확신을 가지지 못할 수도 있다고 주장했다. 이러한 견해는 뵐러가 가진 생각, 즉 즉각적으로 느끼지 못하는 죄사함은 없다는 주장과는 배치가 되었다. 진젠도르프는 구원의 다른 증거에 대하여, 평화는 있지만 기쁨이 함께 하지 않는 경우는 종종 있다는 좀 더 온건한 견해를 피력하였다. 웨슬리에게는 구원에 대한 이러한 견해, 즉 믿음의 정도에 차이가 있을 수 있다는 것과 경건의 성장을 받아들이는 견해가 자신의 경험이나 성서의 이해에 가까웠다.

독일 모라비안 교도들은 구원과 구원의 확신 (신학적으로나 순서적으로), 믿음과 믿음의 확신, 그리고 구원의 시작과 완성을 구별하였는데 (pp 85-87 참조), 웨슬리는 이러한 구분을 중요하게 여기게 되었다. 웨슬리는 "'믿음이 약한' 사람들, 구원은 받았지만 새롭고 깨끗한 마음을 갖지 못한 사람들, 그리스도의 피로 죄사함은 받았지만 성령의 내재하심을 받지 못한 사람들"에 관하여 반복하여 언급한 크리스챤 데이빗(Christian David)의 설교 4편에 특별히 주목하였다. 봄에 뵐러와 만나 토의한 이후 웨슬리는 같은 제목으로 설교한 것처럼 "믿음으로 얻는 구원"이라는 일반적인 표현을 썼다. 그러나 이 시점으로부터 웨슬리는 "**의인**"(義認, justification)이라는 좀 더 정확한 개념을 자주 사용하기 시작했다.

독일에 있을 때 웨슬리는 자신들의 체험이 자신들의 교리와 일치한다고 증거할 수 있는 몇 사람들과 만나 이야기를 나누었다. 웨슬리는 이 대담들을 세심하게 기록하여 후에 그의 *일지*에 출판했는데, 이는 모라비안교의 참 교리의 증거를 남겨, 영국에 있는 모라비안 교도들의 가르침에서 비롯되는 비방으로부터 모라비안들을 보호하기 위한 것이었다.

이 시점에서 독일 모라비안 교도들과 영국 모라비안 교도들 간의 알력은 웨슬리에게 핵심적인 문제가 되었다. 영국 모라비안들은 일찍이 뵐러가 피력한 체험의 필요성을 웨슬리에게 가르쳤는데, 이러한 체험의 증거는 어떠한 의심이나 두려움을 동반해서는 안 되는 것이다. 이러한 가르침에 의해 자신의 체험을 이해해 보려고 할 때 웨슬리는 혼란을 느꼈고, 이는 부분적으로는 모라비안의 가르침 자체에서 연유하는 것이었다. 영국 모라비안들은 루터교 식으로 성화의 개념을 의인의 개념에 포함시켜 이해 했으며, 경건주의자들처럼 **죄의 용서**(imputed righteousness)를 **죄로부터의 자유**(infused righteousness)로까지 이해했다. 이러한 접근방식은 죄가 없는 완전(성령의 열매의 충만함 포함)을 구원(순수한 회심)의 외적 표현이나 증거로 기대하게끔 만들었다.

믿음을 확신으로 보고 성화를 의인과 연계시키는 이러한 경향은 웨슬리 자신의 신학적 배경과 맞지 않았다. 그는 그 자신의 영국 국교회와 아르미니안적 신학적 배경을 가지고 루터교적 신학을 이해하고 체험해 보려했던 것이다. 영국 모라비안들은 웨슬리가 자신의 전통에 따라 자연스럽게 이해할 수 있는 구원의 외적 증거를 성화의 증거로 추구하였다. 그들의 제안에

니콜라스 루드비히 본 진젠도르프 백작에 의해 설립되었으며 Unitas Fratrum의 본부인 헤른후트는 18세기 유럽의 모라비안 운동의 중심이었다.

따르면 회심과 완전은 필수적으로 같다는 견해였는데, 구원을 성화로 보는 이러한 견해는 웨슬리가 모라비안의 지도를 받아 경험한 것에 비추어 보더라도 결코 온전히 받아들일 수 없는 것이었다. 웨슬리는 믿음과 그리스도인의 완전과 같은 자신의 교리상의 미묘한 차이는 말할 것도 없고 아직 구원과 성화를 섬세하게 구별할 줄도 모르는 상태였다. 당시로서는 모라비안들과 유대를 갖고 사귀면서 자신의 영적 난국과 신학적 문제를 풀어나가려고 힘썼다.

웨슬리가 독일의 시골지방을 여행하면서 쓴 일지는 그가 학교, 성당, 교회, 그리고 회당에 매혹되어 있었음을 보여준다. 특별히 그는 옥스퍼드의 감리회원들과 함께 읽은 책의 저자인 고 어거스트 헤르만 프랑크의 고향 **할레**(Halle)를 방문하였다. 웨슬리의 일지는 650명의 어린이들을 수용하고 있으면서 3,000명을 가르치던 유명한 **고아원**에 그가 각별한 관심을 가졌음을 보여주고 있다. 그가 특별히 관심을 가졌던 것은 책의 출판과 판매, 그리고 약국을 통해 얻는 수입 등을 포함한 경제적 지원책이었다.

웨슬리는 **모라비안의 조직**에 관해서도 세심하게 기록을 했다. 헤른후트(Herrnhut)를 찬양단(choirs)이라는 이름의 마을로 나눈 것은 11개의 지역별 "속회"(class)의 근거가 되었다. 여기에 더하여 성별과 연령에 의해 구분된 열 개의 속회는 매일의 영적 지도와 정규적 종교회의의 근거가 되었다. 그들의 영적 양육 과정의 핵심에는 90개의 "핵심조"(band)가 있어, 한 주일에 두세 번 야고보서 5:16의 말씀을 따르기 위해 모였는데,

이는 런던 훼터 레인 그룹이 따른 뵐러의 규칙과 같은 형태였다. 비록 모라비안들과 함께 나눈 성만찬에 대해서 기록한 것은 없었지만, 웨슬리는 종교회의(religious conferences)와 애찬식(love-feasts)을 비롯한 영적 공동체 수련을 위한 많은 기회에 참여하였다.

로테르담 (Rotterdam) 여관에서 영국으로 돌아가는 배를 기다리는 시간을 이용하여 웨슬리는 여러 사람의 영국 여행객들에게 "내적 신앙과, 의와 진정한 경건으로 영혼의 새로워짐을 추구하도록" 권면했다. 이러한 말들은 웨슬리에게는 오랜 시간에 걸쳐 이미 익숙해진 것이었지만 중요한 전기가 되는 1738년의 수개월간 새로운 의미를 갖기 시작했다.

웨슬리는 많은 인상을 가지고 대륙을 떠났다. 몇 가지 새로운 깨달음은 그가 영국 모라비안들과 토론을 계속하는데 좋은 소재가 되었다. 다른 어떤 개념들은 효과적인 영적 양육을 이루기 위한 신앙공동체의 조직과 기능에 대하여 실질적인 방법을 제공해 주었다. 그러나 모든 것을 다 좋게만 본 것은 아니었다. 웨슬리가 본 그들의 결함, 즉 금식을 소홀히 하는 것, 자신들의 교회와 지도자들을 과대평가 하는 것, 가벼움으로 가는 경향, 비밀주의, 교활함과 약삭빠름과 겉치레 등은 그가 헤른후트에서 보기를 원했던 사도적 신앙공동체에 못 미치는 것들이었다.

1738년 9월 영국으로 돌아온 웨슬리는 그의 마음과 경험에서 생기는 혼란을 즉각 해소하기 시작했다. 어떤 중요한 관점에 관해서 그는 자신의 견해와 모라비안들의 견해가 다르다고 생각되는 것에 설명을 달기 시작했다. 모라비안들이 "정말로" 진실한 그리스도인이라면 믿음의 충만함을 확실하게 증명하기 위하여 사랑, 기쁨, 평화와 같은 열매를 요구하는 것이 웨슬리를 난감하게 만들었다. 그 후 수개월 동안 웨슬리는 이러한 문제와 씨름하였는데, 씨름하면 할수록 모라비안들과의 거리를 느꼈고, 믿음의 정도문제, 그리고 의심이 상존하는 이유에 대해서는 개인적으로 조용히 다루었다. 그리고 은혜의 수단을 사용하여 믿음의 확증의 필요성과 신앙인의 행복의 근거로 죄로부터의 실질적 자유에 대해 계속 설교했다.

1738년 가을 이러한 문제들을 풀어나가는 가운데 웨슬리는 자신의 생각을 전개해 나가는데 도움이 되는 두 가지 획기적인 사실을 터득했다. 10월 10일 그는 **죠나단 에드워즈**(Jonathan Edwards)가 미국 동해안에서 일어난 회심을 기록한 "놀라운" 글을 읽었다. 여기에서 그는 성령이 영국의 부흥 운동에 미치는 영향에 대해 분명히 알 수 있었다. 이 글을 통해 그는 성령의 역사하심과 신학적 설명의 성령론적 차원을 확인하게 되었으며, 사람들 가운데 역사하시는 성령을 이해하기 위한 발판을 마련하게 되었다.

감리회의 기원

그로부터 한 달 뒤 11월 12일 주간 웨슬리는 **설교집**(Book of Homilies)에서 "많은 논란이 된 믿음으로 얻는 구원"에 관하여 다시 읽게 되었다. 설교집 중 구원, 믿음, 그리고 선행(3, 4, 5항)을 다룬 부분을 읽으며 웨슬리는 자신의 신앙전통에 따른 권위 있는 교리 설명에서 모라비안들에 의해 야기된 문제에 대해 그가 스스로 완성하려고 애썼던 답을 깨달았다. 이 당시 웨슬리는 자기가 얼마나 영국 국교회의 교리를 그대로 반복하고 있는가를 눈치채지 못하였지만, 영국 모라비안들과 겪었던 대부분의 신학적 문제에 대한 답이 이 설교집에 들어있다는 것을 곧바로 알게 되었고, 서둘러 일부를 발췌하여 출판했다.

그 동안 웨슬리는 런던과 옥스퍼드에 있는 10여 개의 신도회들을 계속 순회하고 있었다. 웨슬리와 잉엄이 독일에 있는 동안에도 허튼은 "새로운 신도회"를 계속 만들어왔다. 그 해 여름 이 신도회는 30명 이상으로 성장했다. 10월 중순까지는 웨슬리도 "우리의 작은 성도회"라고 부른 이 모임이 56명이나 되는 여덟 개의 다른 남성 핵심조와 두 개의 여성 핵심조 8명, 모두 64명이 되었다. 웨슬리는 시내 여러 교회, 특별히 그가 영향력을 지니고 있었던 모임이 있는 지역에서 설교를 계속했다. 그가 *일지*에서 자랑스럽게 기록한 것처럼 이런 곳 몇 군데에서는 이것이 마지막이었다. 1738년 마지막 몇 달간 웨슬리가 밖으로는 모라비안식에 따른 믿음으로 얻은 구원을 선포하고 있었지만, 그 자신은 강도있는 자신의 성찰을 경험하는 기간이 되고 있었다.

질문은 자신과 다른 사람들의 경험, 그의 교회의 전통, 그리고 성경에 의해 제기되었다. 이로 야기된 긴장은 1738년 10월과 1739년 1월 사이 웨슬리가 기록한 몇 편의 **자기반성의 글**에서 분명히 볼 수 있다. 첫 번째는 10월 옥스퍼드에 온 직후 사도 바울이 제공한 기준, 즉 "그런즉 누구든지 그리스도 안에 있으면 새로운 피조물이라 이전 것은 지나갔으니 보라 새 것이 되었도다" 하는 말씀에 따라 자신의 영적 상태를 점검할 때였다. 웨슬리는 점검 기준을 다섯 가지로 보았다:

첫째, 자신과 자신의 행복과 경건에 대한 평가가 새롭다… 둘째, 삶의 방식이 새롭다. 셋째, 바라는 것이 새롭다… 넷째, 대화가 새롭다… 다섯째, 행동이 새롭다 (*J&D*, 19:17).

자신이 경험한 것을 근거로 웨슬리는 처음 네 항목에 있어서는 과연 자신이 새로운 피조물이라고 판단했다. 그러나 마지막 항에 있어서는 기준에 미치지 못하였다. "성령의 열매"에 관하여 웨슬리는 좀 실망스러움을 느꼈다. 화평, 오래 참음, 자비, 양선, 그리고 절제에 있어서는 어느 정도 이룬 것이 있었지만, 다른 것들에 있어서는 확실히 부족함을 느꼈다. 그러나

그는 희망으로 가득 차 있었고 자신이 하나님의 자녀라는 확신도 더욱 있었다:

> 나는 내 안에서 하나님의 사랑이나 그리스도의 사랑을 발견할 수 없다. 성령 안에서 자리잡고 지속되는 기쁨이 없다. 두려움이나 의심이 따르지 않는 평화도 없다. 비록 성령 안에서의 기쁨이나 믿음의 온전한 확신도 없고 "그리스도 안에서 새로운 피조물"이라는 말에도 많이 못 미치지만, 나는 어느 정도의 믿음을 가지고 있으며 "사랑하는 자 안에서 용납"되었다는 것을 믿는다. 나는 그의 아들을 통해 "하나님과 화해"를 이루었다 (J&D, 19:18).

모라비안식의 절대적 요구조건들이 웨슬리의 마음에서 무너지기 시작했다. 그는 믿음과 확신에 정도의 차이가 있다는 생각을 받아들이기 시작했다. 그리고 믿음의 온전한 확신(웨슬리는 이것을 한 번도 경험해 보지 못했다고 느꼈다)이 거듭남에 필요한 것은 아니며, "어느 정도의 믿음"이 그리스도를 통한 화해를 위해 족하다고 느끼기 시작했다.

확신(assurance)에 관하여 웨슬리는 **확신**(assurance)과 **믿음**(faith)을 두 개의 독립된 실체로 구분하기 시작했다. 모라비안들은 이 둘을 사실상 같은 것으로 연관시켰다. 올더스게이트 이후의 경험들은 조지아에서 스팡겐버그(Spangenberg)와의 대화에서 처음 등장한 믿음의 정도에 관한 문제, 즉 믿음을 약한 믿음과 강한 믿음이라고 말 할 수 있는가 하는 것과 믿음이 있는데도 의심과 두려움이 있을 수 있는가 하는 문제와 종류는 같지만 형태가 다른 질문들을 계속 불러 일으켰다. 뵐러와 영국 모라비안들의 경우처럼 믿음을 온전한 확신과 같은 것으로 보는 동안은 의심과 두려움은 믿음이 없다는 증거였고, 이것은 진실한 믿음이 전혀 없는 불신앙의 죄와 마찬가지였다. 그러나 많은 경우 의심과 두려움에도 불구하고 믿음은 확실히 존재할 수 있었다.

웨슬리는 "어느 정도의 믿음"이 그의 삶에 있어서 "그리스도를 통하여 하나님 안에서 평화와 신뢰"를 가져오는 것을 알 수 있었다. 그리고 5월 24일 이후 스스로 자신있게 여겼던 죄로부터의 자유가 사실은 죄 자체가 더 이상 남아 존재하지 않는 것이 아니라 죄의 지배로부터의 자유로 이해해야 한다고 확신하게 되었다. 그리고 그가 비록 다른 많은 사람들이 받은 것처럼, 성령의 열매로 증거되며 성령의 역사를 통한 온전한 확신을 아직 경험하지는 못하였지만, 5월 24일 이후로는 그 자신과 그와 같은 처지에 있는 다른 사람들이 "불완전한 의미"에서이긴 하지만 그리스도인임을 알 수 있게 되었다. 5월 24일 이전에는 그리스도인이 아니었다는 존의 주장을 동생 사무엘은 완강히 부인하였고, 존이 지금도 죄의 지배로부터 자유하다고는 믿지 않았다.

감리회의 기원

확신에 관한 모든 문제를 계속 추구해 나가며 웨슬리는 믿음의 확신과 구원의 확신을 구분하였다. 그는 현재의 죄사함의 확신, 즉 믿음의 확신은 중요한 문제이며 신앙인에게 정상적으로 기대되는 것으로 여겼지만, 인내와 최후의 구원의 약속에 근거한 구원의 확신은 드물었고 요구되지 않는 것은 물론, 기대되는 것도 아니었다고 생각했다. 그는 아더 베드포드에게 "믿음의 충만함"이란 희망 그 자체라고 지적했다. 이는 곧 "성령에 의해 우리 안에 생긴 확신, 즉 우리가 그리스도 안에서 어느 정도의 진실한 믿음을 가졌다는 것과, 그가 이미 우리의 화해가 되시어 우리는 계속 조심하며 노력하며 기도하면 그는 점차 '이곳에서 우리의 성화가 되며, 이후로는 우리의 완전한 구속이 되는 것'이었다" (*Letters*, 25:564). 여기에 더하여 그는 "이 확신은 어떤 이에게는 작은 정도로, 어떤 이에게는 큰 정도로 주어진다"고 지적했다. 웨슬리에게는 확신이란 정도의 문제이며 최후의 구원과 혼동이 되어서는 안 되는 문제였다. 말하자면 확신이란 자신이 하나님의 자녀라는 것을 매일 확실하게 믿는 것이었다. 믿음의 퇴행(backsliding)의 실질적 가능성은 웨슬리의 사고의 틀에서 한 번도 벗어난 적이 없었다.

연대표 5
감리회의 세 번째 기원

1738		1739		1740	
		조지 2세			
존 영국으로 돌아옴	존 독일 모라비안 방문함	윗필드 브리스톨에서 부흥 시작		웨슬리 설교 금지	
옥스퍼드 방문		존 자신의 구원을 의심함	존 브리스톨 방문	어머니 런던 도착	존 모라비안과 결별
존 필러와 만남	찰스와 존 구원의 확신 체험	존 에드워드의 *설명문* 읽음		"연합 신도회"	
	존과 필러와 훼터 레인 신도회 조직	핵심조 조직		브리스톨에 새 방 건축	런던 화운드리회
	존 "믿음으로 얻는 구원" 설교	존 설교집 발췌 출판	존 야외설교 시작		브리스톨 부근 킹스우드 학교

웨슬리와 메소디스트라고 불리운 사람들

10월 29일 웨슬리는 "자신의 상태"가 특별히 믿음에 관하여 "의심스럽다"고 다시 한번 기록했다. 당시에 그는 성경을 아무 곳이나 펴 나오는 말씀으로 하나님의 뜻을 가늠하곤 했는데, 야고보 2:22에 나오는 아브라함에 관한 기록, 즉 "네가 보거니와 믿음이 그의 행함과 함께 일하고 행함으로 믿음이 온전케 되었느니라"는 말씀을 펴 보게 된 것으로 위안을 삼았다.

그가 이러한 자기성찰(self-examination)에서 얻은 위안은 무엇이든지 그의 친구들, 특히 모라비안들과 교류를 갖는 친구들에 의해 테스트를 받곤 했다. 조지아에 갔다가 존과 함께 영국에 돌아와 지금은 모라비안의 영향력 아래 있던 찰스 델라못(Charles Delamotte)은 11월 웨슬리에게 웨슬리가 사바나에 있을 때보다 좋은 상태였다고 말했는데, 그 이유는 웨슬리가 조지아에 있는 동안 자신이 틀렸다는 것을 지금은 알기 때문이라고 했다. 델라못은 "당신은 아직 바로 된 것은 아닙니다. 그때 당신이 보지 못하였다는 것을 지금 알기는 하지만, 그렇다고 지금 눈을 뜬 것은 아닙니다"라고 덧붙였다. 델라못은 웨슬리로 하여금 그가 그리스도를 믿지 않고 그 자신의 행위에 의지하고 있다는 것과, 죄로부터의 자유는 죄가 임시로 중단된 것뿐이며, 그것으로부터 구원받은 것은 아니라는 것, 그리고 이 평화는 진정한 평화가 아니라는 것, 그래서 "죽음이 다가온다면 당신은 당신의 모든 두려움이 되돌아오는 것을 발견하게 될 것"이라고 설득하려 했다 (J&D, 19:363).

자신의 영적 여정의 문제와 씨름하고 있던 웨슬리는 옥스퍼드에서 런던에 있는 네 친구에게 편지를 보내어 "그들의 영적 상태"에 대해 물었다. 사람들의 영적 상태에 대한 웨슬리의 이러한 각별한 관심의 결과로 두 개의 답신이 출판된 일지에 실리게 되었다 (J&D, 19:23-26).

1738년 12월 웨슬리는 10월 14일자 기록의 속편이 되는 기록을 남겼는데, 여기에서 그는 그 전과 같은 증거를 기준으로 자신을 평가한다. 행복에 관하여는 "나는 아직도 피조물 행복을 갈망한다"고 말하며, 이것을 1726년에 가졌던 감정과 용어로 설명한다. 즉 "나는 하나님에게서보다는 먹고 마시는 것에서, 그리고 내가 사랑하는 사람들과 함께 있는 것에서 더 많은 기쁨을 느낀다"고 했다. 그는 그의 발전의 정도를 "내 깨달음의 눈들은 아직 다 열리지 않았다"라는 성경구절로 표현했는데, 이는 시사하는 바가 크며 후에 자주 등장하는 비유가 된다. 두 번째 항목인 그의 삶의 목적에 대하여는 그는 하나만 보는 눈을 아직 갖지 못하였다. 그리고 세 번째, 그의 욕구는 아직 다 새로워지지는 않았다. 왜냐하면 그의 일반적인 애착은 영적인 것과 자연적인 것들 사이에 섞여 있었기 때문이다.

그럼에도 불구하고 많은 다른 사람들은 계속 개종하고 있었다. 윗필드가 설교하는 것을 들으려고 수천이 모였다. 목사들은 윗필드에게 강단을 허락하지 않았다. 윗필드는 넓은 밖으로 나갔다. 이러한 성장으로 인하여 "새 신도회"(new society)는 허튼의 집에서 모이기에는 너무 커져버렸고, 12월 26일 훼터 레인(Fetter Lane)으로 장소를 옮기고 훼터 레인을 신도회의 이름으로 정하였다. 신도회와 핵심조는 저마다의 규칙을 가지고 있었으며 계속 개정해 나갔다. 실례를 든다면, 아이링턴(Islington) 신도회는 웨슬리의 도움을 받아 만든 고유의 규칙이 있었다. 웨슬리의 일기를 보면 1739년 초 수주간 몇 차례에 걸쳐 "여자들을 위한 규칙"을 포함한 신도회와 핵심조의 규칙을 개정하여 기록으로 남겼다. 웨슬리가 1738년 12월 25일자로 기억한 **"핵심조 규칙"**(Rules of the Band Society)은 훼터 레인 신도회 규칙의 수정판이었으며, 이것 역시 창립된 이래 두 번 수정된 것이었다 (*Societies*, 9:79).

새해를 맞으며 갖는 전야제 애찬식에서 하나님의 능력이 "강하게" 훼터 레인 모임에 임재하여 "많은 사람들은 기쁨에 넘쳐 소리를 질렀고 바닥에 넘어지기도 하였다." 이러한 성령의 역사는 웨슬리로 하여금 자신을 돌아보게 하여 그는 며칠 안으로 자기성찰을 기록했다. 그러나 이 기록은 사랑, 화평, 그리고 기쁨에 관한 웨슬리 자신의 의구심을 드러내는데, 여기에서 그는 드러난 증거에 조그마한 양보도 없는 철저한 그리스도인의 정의에 자신을 비교한다.

> 나의 친구들은 1년 전 내가 그리스도인이 아니었다고 말했다는 이유로 나를 미쳤다고 했다. 나는 지금 내가 그리스도인이 아니라고 말할 수 있다. 내가 간절히 기대했던 대로 나의 죄를 사함 받았다는, 그때까지는 알지 못했던 느낌을 받았던 5월 24일 그 날 받은 은혜에 충실했더라면 내가 어떻게 되었을는지 나는 알지 못한다. 그러나 오늘 내가 그리스도인이 아니라는 것은 예수님이 그리스도시라는 것을 아는 것만큼 확실히 안다.

그리고는 매우 논리적으로 한 걸음 더 나아가 이 시점에서 진정한 그리스도인을 판별하는 기준이 어떠한가를 설명한다.

> 그리스도인은 사랑, 화평, 그리고 기쁨 등의 성령의 열매를 지닌 사람이다. 그러나 나에게는 이것들이 없다. 나에게는 하나님의 사랑이 없다. 나는 이 순간 하나님을 사랑하지 않는다고 느낀다. 나는 느낌으로 이것을 알 수 있다. 성령 안에서의 기쁨도 나에게는 없다. "하나님의 평화"도 없다. 그러므로 내가 가진 모든 것을 가난한 사람들에게 주더라도 나는 그리스도인이 아니다. 비록 어려움을 이겨내고, 모든 것에서 나를 부인하고 나의 십자가를 졌다 하더라도 나는 그리스도인이 아니다. 나의 선행은 아무 것도 아니다. 나의 고통도 아무 것도 아니다. 나에게는 그리스도의 영의 열매가 없다. 내가 지난 20년 동안 항상 모든 은혜의 수단을 사용하였더라도 나는 그리스도인이 아니다 (*J&D*, 29:29-31).

여기에서 웨슬리는 의심과 두려움을 배제하고 화평, 사랑, 그리고 기쁨과 같은 성령의 열매의 충만함으로 증거되는 믿음의 완전한 확증이 있어야 한다고 보는 것 같다. 이제 그는 자신을 아는 지식의 근원(직접적 내적 증거, 즉 확증의 근거인 성령의 증거)과 열매의 원천(간접적 외적 증거, 즉 확증을 확인하는 성령의 열매)이 되는 **성령**(Holy Spirit)의 명백한 역할이 얼마나 중요한가 하는 것을 이해하게 되었다. 참된 (genuine) 그리스도인이란 완전(perfect)한 그리스도인이며, 웨슬리는 이 기간 동안 감리회원(즉 "참 그리스도인")의 특성을 이와 같은 말로 정의하는데 주저함이 없었다. 감리회원은 곧 "그의 가슴에 성령에 의해 하나님의 사랑이 널리 발하는 사람"이었다.

비록 웨슬리가 때에 따라 그리스도인의 정의에 질적인 차등을 받아들이기 시작하였지만, 그의 설교의 일반적인 내용은 "제대로 된 그리스도인" (altogether Christian)이야말로 "참" (real) 그리스도인이며, "거의 다 된" (almost) 그리스도인은 그리스도인이 전혀 아니라는 것이었다. 그가 그때에는 아직 쓰지 않던 다른 말로 하면, 문제의 핵심은 완전한 성화를 이룬 (fully sanctified) 그리스도인만이 "참" (true) 그리스도인인가 하는 것이었다. 이때까지 웨슬리는 이러한 생각이 지니는 온전한 의미를 제대로 파악하지 못하고 있었고 그의 용어 사용에 있어서도 충분한 주의를 기울이지 못하고 있었다.

1739년 1월 그는 "낮은 의미"(lower sense)에서의 **거듭남**과 "완전한 의미"(the full sense of the word)에서의 거듭남을 결정적으로 구별한다. 이러한 용어를 사용하지는 않았지만 그가 말한 것은 의인과 성화의 차이, 즉 죄의 용서와 가슴에 널리 비치는 하나님의 사랑에 의한 완전하고도 내적인 변화와의 차이였다. 이 말이 갖는 뜻은 후자, 즉 높은 의미에서 거듭나야 진정한 그리스도인이라는 것이었다. 그러나 중요한 것은 웨슬리가 단순하게 이것 아니면 저것을 고수하는 입장보다는 다시 한번 정도의 차이("낮은 의미")를 받아들이기 시작했다는 것이다. 의인과 성화를 함께 보는 것("both/and")에 웨슬리의 성숙한 신학이 세워지며, 이 단계에서 그는 이와 같은 생각을 느끼고 발전시키기 시작한다.

그럼에도 불구하고 웨슬리는 런던과 옥스퍼드의 신도회에서 "**성령의 증거**"(witness of the Spirit)의 중요성에 대해 계속 설교했다. 사실 그는 후에 "살아있는 논쟁"이라고 부르게 될 것을 통해 이 진리에 대한 확신을 키워나갔다. 그는 뉴잉글랜드에서 일어난 하나님의 역사에 관하여 에드워드가 쓴 글을 읽고 사람들 가운데 일어나는 하나님의 역사의 가능성에 대해 눈을 뜨게 되었다. 이제 성령의 역사하심은 웨슬리의 설교를 들은 사람들의 삶 가운데 드러나 보이기 시작했다. 그는 특별히 옥스퍼드에서 그의 설교를 듣고 성령의 역사를 체험한 몇몇 여인들에 대해 언급한다. 1738년 12월 성 토마스 구제소의 한 여인은 심한 광기에서 구원을 받았고, 폭스(Fox)의 신도회의 또 다른 여인은 "그녀가 하나님의 자녀라는 증거를 받았다." 1739년 3월 "이러한 새로운 방법에 참을 수 없을 만큼 분노하며 열렬히 반대해 온" 콤튠 (Compton) 부인은 웨슬리의 논리에 더욱 치미는 분노를 느꼈지만, 웨슬리가 그녀와 함께 기도하기 시작하자 성령의 증거를 체험하여 "이제 내가 그리스도로 인하여 용서받았다는 것을 압니다" 하고 큰소리로 말했다.

그러나 이런 종류의 성령의 감화는 논쟁을 불러 일으켰다. 웨슬리는 이 모든 경우를 단순히 믿을 수 있는 것으로 보기만 한 것이 아니라 성서에서 보는 바와 같이 하나님의 영인가 아닌가 "영을 시험"(try the spirits)해 보고자 했다. 1739년 1월 그는 "프랑스 예언자들"이 인도하는 어떤 모임에 참석했다. 그러나 두 시간에 걸친 관찰 끝에 그는 나타난 증거가 성령의 역사로 보기에는 불충분하다고 보았고, "성서를 잘 알고 이해하는 사람이라면 누구라도" 그렇게 보았을 것이며, 소동은 "병적 흥분이거나 인위적"일 수도 있을 것이라고 생각했다. 이런 경우에 대한 그의 조언은 "눈에 보이는 것이나 남에게 전해 듣는 것이나 마음에 갖게 되는 느낌으로 영을 판단하지 않아야 한다. 이런 것들은 본질적으로 생각해 볼 여지가 있고 다르게 볼 수도 있는 것으로 의지할 만한 것이 못된다. 그보다는 유일한 판단의 근거인 율법과 증거(the Law and the Testimony)에 의해 판단되어야 한다"는 것이었다. 이어서 웨슬리는 "이 사람들을 상관 말고 버려두라. 이것이 사람에게로서 났으면 무너지리라"는 사도행전의 말씀으로 결론을 지었는데, 이것은 그가 사도시대(apostolic times)에 살고 있는 듯 행동하려는 그의 성향을 보여주기도 한다.

이 조언은 웨슬리가 외적 표적이 참된 것인지, 내적 표적은 어떻게 분별되어야 하는지, 그리고 이 둘이 뜻하는 바는 무엇인지를 판단하려고 노력함과 동시에, 참으로 믿는 사람들의 삶에 나타나는 성령의 역사에 계속 중점을 두면서 더욱 중요해져 가게 된다. 이러한 질문들은 얼마 후 감리회 운동이 신도회로 모이는 소규모 집회를 넘어 거리와 야외로 나가면서 크게 대두되었다. 이 분야의 선두주자인 윗필드는 그다운 과장을 섞어 웨슬리에게 다음과 같이 말했다. "나는 우리의 구원자의 복음에 대한 당신의 지칠 줄 모르는 열심과 굉장한 성공을 진심으로 기뻐하는 바입니다." 3월이 끝날 무렵, 그는 브리스톨에서 웨슬리에게 또 하나의 찬사를 보내며 "나는 하나님께서 옥스퍼드와 그 외 다른 곳에서 당신에게 허락하신 성공을 기뻐합니다. 나는 당신이 다음 주말경 이곳에 오실 수 있으면 합니다"라고 청했다. 그는 또 이 청을 강조하기 위해 "오늘 신문에 광고가 나갔습니다"라는 말을 추가했다 (*Letters*, 25:604, 611-12).

브리스톨을 향하여 출발할 때에 웨슬리는 이번 방문이 그에게 어떤 의미를 가져다주게 될 것인지 전혀 알지 못했다. 그러나 그의 마음에는 그의 소명과 교회에서의 그의 역할이 점점 분명해졌다. 이 무렵 웨슬리가 가까우면서도 비판적인 태도를 가진 한 친구에게 쓴 편지를 보면, 옥스퍼드와 런던 등지의 신도회를 순방하며 다른 목회자들의 교구를 침범하지 말고 한 개의 공동체나 교구를 맡아 정착해야 한다는 주장에 대해 답을 하고 있다. 간단하면서도 기억해 둘 만한 그의 답은 "나는 모든 세계를 나의 교구로 본다. 즉 내가 세상 어디에 있든지 구원의 기쁜 소식을 듣기 원하는 사람들에게 복음을 선포하는 것이 합당하고도 필수적인 나의 의무라고 판단한다"는 것이었다 (*Letters*, 25:616). 브리스톨은 이 원칙이 시험대에 오르는 곳이었다.

웨슬리가 조지아에 가 있는 동안 영국에 있던 윗필드가 지도자의 역할을 이어받았다. 옥스퍼드에서 시작된 첫 번째 감리회의 기원에서는 의식적으로 그리스도인의 삶을 살려고 노력하는 잘 훈련받은 학생들을 세상에 내어놓는 것이었다. 즉 내적, 외적으로 뿌리내린 묵상적 경건의 삶을 살려 했던 학생들, 경건한 삶의 전통 경향을 띤 신학, 그리고 매일의 일상생활 속에서 성서적 신학을 실천하려는 규칙과 결심을 함께 나누는 서로 연결된 소그룹 조직이었다. 그것은 확실하게 영국 국교회의 신도회 전통의 범주 안에 있었다. 윗필드는 이 조직에 뒤늦게 들어와 옥스퍼드로부터 이 운동이 퍼져나가는 것을 이끌었다.

웨슬리가 영국으로 돌아간 뒤 윗필드는 또한 미국에서의 주도권을 이어받았다. 조지아에서 일어난 감리회의 두 번째 기원에서는 비록 몇 가지 흥미로운 새로운 시도가 있기는 했지만 정치적, 개인적 긴장 관계가 있는 상황 하에서 약간의 성공밖에는 거두지 못했다. 기본적인 사회질서를 유지하기에 급급했던 식민지 상황에서 고교회식(high-church)의 묵상적 경건(meditative piety)의 한 형태를 심으려 한 것은 종교적으로 별로 관심이 없었던 주민들에게 큰 호응을 얻어내지 못하였다. 웨슬리의 추종자들에게 주어진 골치 아픈 광신자라는 딱지는 식민지에 믿음의 공동체를 일으키는 일보다는 자신이 듣고 나온 고아원 사업에 더 관심을 가졌던 윗필드에 의해서 조금도 나아진 것이 없었다. 윗필드는 또한 감리회원들을 조지아로부터 대서양 해안을 따라 버지니아와 펜실바니아에 가서 퍼뜨리는 일도 했다.

그러나 다른 한편 윗필드가 미국으로 가 있는 동안 웨슬리는 런던에서 윗필드부터 주도권(the reins)의 일부를 이어받았다. 감리회의 세 번째 기원인 훼터 레인 신도회는 영국 국교회, 감리회, 그리고 모라비안의 영향력이 연합된 결과였다. 신도회들 사이에 불기 시작한 부흥의 정신은 윗필드의 설교에서 크게 힘을 얻었고, 허튼, 뵐러, 그리고 웨슬리가 시작한 신도회들은 윗필드의 노력의 덕을 보았다. 윗필드는 불같은 설교가였으며, 그의 복음적 열정에 보인 대중의 반응은 영국 국내와 국외 모두에서 많은 사람들의 주목을 받게 했다. 이 시점에서 감독들이 감리회를 공격하는 말을 할 때 염두에 둔 것은 바로 윗필드였다. 신도회를 통한 웨슬리의 활동은 보다 조용하여 사람들의 주목을 보다 덜 받았지만, 그가 가졌던 조직에 관한 관심과 능력은 훨씬 더 구체적인 결과를 낳았다. 웨슬리는 영국 국교회의 구조 안에서 감리회와 모라비안의 사역을 하나로 묶는 역할을 했다. 그러나 그는 그가 가지고 씨름했던 영적 문제들로 인해 윗필드와 같이 힘이 넘치거나 확신에 찬 모습을 보여주지 못했다. 웨슬리는 자신의 영적 여정의 테두리와 함께 영적 성장을 도모하는 작은 규모의 믿음의 공동체 안에서 조용히 자신의 신학적 문제들을 해결해 나가고 있었다. 이제 윗필드는 브리스톨이라는 또 하나의 사역지로 웨슬리를 부르고 있었다.

Chapter 2—Suggested Additional Reading

Böhler, Peter, "Diary," translated by W. N. Schwarze and S. H. Gapp, in "Peter Böhler and the Wesleys," *World Parish* 2 (Nov. 1949), 5.

Cambridge — Walsh, John, "The Cambridge Methodists," in *Christian Spirituality* (London: SCM Press, 1975).

CWJ — Wesley Charles, *The Journal of the Rev. Charles Wesley*, ed. Thomas Jackson, 2 vols. (London: Conference Office, 1849).

Egmont — John Percival, Earl of Egmont, Diary, 3 vols. (London: HMC, 1923).

EMW Heitzenrater, Richard P., *The Elusive Mr. Wesley*, 2 vols. (Nashville: Abingdon Press, 1984).

Hutton, James, "James Hutton's Account of 'The Beginning of the Lord's Work in England to 1741'," *WHS* 15 (1926).

Ingham — Ingahm, Benjamin, *Diary of an Oxford Methodist: Benjamin Ingham, 1733–1734*, ed. Richard P. Heitzenrater (Durham: Duke University Press, 1985).

J&D Wesley, John, *Journal and Diaries*, ed. W. Reginald Ward and Richard P. Heitzenrater (Nashville: Abingdon Press, 1988 –); vols. 18-24 of the Bicentennial Edition of *The Works of John Wesley.*

JWJ — Wesley, John, *The Journal of the Rev. John Wesley*, ed. Nehemiah Curnock, 8 vols. (London: Epworth Press, 1909-16).

Letters — Wesley, John, *Letters*, ed. Frank Baker (Oxford University Press, 1980-82; Nashville: Abdingdon Press, forthcoming); vols. 25-31 of the *Works*.

Memorials — Steven, George J., *Memorials of the Wesley Family* (London: Partridge, 1876).

Moore, Henry, *The Life of the Rev. John Wesley*, 2 vols. (London: John Kershaw, 1824).

OM — Tyerman, Luke, *The Oxford Methodists* (NY: Harper, 1873).

Schmidt, Martin, *John Wesley; A Theological Biography*, 2 vols. (London: Epworth Press, 1963-73).

Sermons — Wesley, John, *Sermons*, ed. by Albert C. Outler (Nashville: Abingdon Press, 1984-87); vols. 1-4 of the *Works*.

Societies — Davies, Rupert, ed., *The Methodist Societies: History, Nature, and Design* (Nashville: Abingdon Press, 1989); vol. 9 of the *Works*.

Watson, David L., *The Early Methodist Class Meeting* (Nashville: Discipleship Resources, 1985).

Whitefield, George, *George Whitefield's Journals* (London: Banner of Truth Trust, 1960).

제3장

부흥이 시작되다 (1739-1744)

영국의 복음주의적 부흥은 전 세계에서 일어나고 있던 성령의 역사의 한 부분이었다. 17세기 말 독일의 경건주의(Pietism)와 18세기 초 미국의 대각성 운동은 영국 부흥 운동보다 앞서 있던 것들이었다. 이들은 힘 있는 설교, 복음주의적 회심, 그리고 개인적 경건의 증진이나, 집단적 열광 등 여러 가지 형태로 나타났다.

영국 제도(British Isles)에서는 웨슬리의 특별한 부흥 운동이 있기 전에 벌써 부흥 운동을 하던 사람들이 있었다. 1670년 이래 신도회들은 영국 국교회 내에서 지역적으로나 전국적으로 기독교 교육, 출판, 그리고 선교 프로그램을 설립했으며, 소그룹을 통한 부흥을 진지하게 도모했었다. 1720년대 전에도 웨슬리와 옥스퍼드에서 처음 만나 웨슬리와 윗필드의 친한 친구가 된 그리피스 존스의 사역에서 보는 것처럼, 웨일스 지방에 순회 야외설교자(itinerant field preaching)가 존재했었다. 웨일스 지방에서의 부흥은 1730년대 중반 하웰 해리스(Harris)와 다니엘 로우랜드(Rowland)의 회심을 계기로 본격적으로 시작되었다. 그리고 웨슬리에 앞서 콘월과 스코틀랜드 지역에서도 영적 부흥이 일어나고 있었다.

물론 존 웨슬리 스스로는 감리회원들 가운데 복음적 체험이나 혹은 회심을 제일 처음 한 사람은 아니었다. 윗필드, 잉엄, 그리고 심지어는 그의 동생 찰스도 존보다 앞서 전형적인 복음적 체험을 했었다. 야외설교(open air)에 있어서도 윗필드는 웨슬리보다 앞선 1739년 2월 브리스톨 부근 킹스우드에 있는 "들"에서 광부들에게 설교하였다. 이 시점에서 비록 웨슬리가 런던과 옥스퍼드에서 여러 신도회에 관여하며 활발하게 활동하고 런던과 주위 마을 많은 교회에서 설교를 하기는 했지만, 좀 더 열렬한 설교로 좀 더 많은 사람들에게 알려져, 감리회원들을 비판하는 두드러진 목표의 대상은 윗필드였다. 같은 기간에 웨슬리는 영국 남부지방에서, 1738년 그는 옥스퍼드에서 감리회원들에게 영향을 받은 리딩(Reading)의 존 체닉(John Cennick)과 같은 사람들이 시작한 신도회와의 교류를 넓혀가고 있었다.

웨슬리와 윗필드는 이미 방법론과 신학의 차이에서 오는 갈등을 경험했지만, 늘 정열이 넘치고 있던 윗필드는 웨슬리의 비판을 감사와 칭찬으로 받아넘기곤 했다. 1739년 3월 말, 웨일스로 옮겨가고 있던 윗필드는 "많은 사람들이 핵심조가 될 준비를 갖추었다"는 말과 함께 웨슬리에게 브리스톨로 와 그곳에서 자기 대신 신도회를 이끌어달라고 부탁했다. 윗필드는 조직능력에서 자신의 한계를 느끼고 있으면서도, "비록 당신이 나보다 뒤에 오지만 나보다 더 환영받기를 바랍니다"라고 편지를 써 은연중 어떤 면에서는 자신이 우위에 있음을 내비쳤다 (*Letters*, 25:612).

브리스톨에서의 부흥

존은 1739년 3월 브리스톨을 향하여 떠났다. 이 작은 도시는 영국 남서지방의 상업 중심지로 성장하며, 영국의 신흥지방 도시로 떠오르고 있었고, 북미, 서인도와의 교역을 위한 주 항구이기도 했다. 이곳의 상인들은 담배와 설탕을 수입하고 가공생산품과 아프리카 노예를 수출했다. 굉장히 멋진 성당을 가진 이 도시는 인구가 런던의 10분의 1인 50,000이었는데, 산업혁명을 지원하는 탄광으로 둘러싸여 있어, 이에 따르는 제반 문제와 가능성을 동시에 가지고 있었다.

후에 밝혀지지만 브리스톨의 이러한 특성도 웨슬리의 독창적 방법 앞에서는 문제가 되지 않았다. 윗필드가 야외에서 예배를 이끌었다는 것을 알게 된 웨슬리는 "처음에는 야외에서 설교하는 이러한 이상한 방법에 적응할 수가 없었다" (*J&D*, 18:612). 그가 일지에 적은 것처럼 그는 그의 일생동안 "모든 점에서 철저하게 품위와 질서를 중시하여 교회가 아닌 곳에서 영혼을 구원하는 것은 죄악이라고까지 여길 정도였다." 영국에서 야외설교는 불법은 아니었지만 비정상적인 방법이었고, 종교개혁 이전의 롤라드 (Lollard) 파의 "가난한 승려"들이라든가 그 뒤에는 떠돌이 불평분자들이나 하던 것으로 여겨졌다. 4월 1일 주일 설교본문이었던 산상수훈에서 웨슬리는 "괄목할 만한 야외설교의 전례"를 깨달았다. 그날 오후, 그는 윗필드가 로우스 그린의 "작은 동산"에서 약 30,000명에게 설교하는 것을 보았다. 그 다음날 오후, 웨슬리도 야외에서 설교를 함으로 "좀 더 비천해짐을 감수하게 되었다."

웨슬리의 일기에 보면, "유리집"(후에는 "벽돌공장"으로 불림)에서 "3, 4000명"이 그의 야외설교를 들었다. 그 후 며칠간 같은 광경이 뱁티스트 밀스(Baptist Mills), 핸함 마운트 (Hanham Mount), 킹스우드의 투 마일 힐, 로즈 가든 (Rose Garden), 배스(Bath), 그리고 펜스포드

(Pensford) 등 브리스톨과 주위 여러 곳에서 되풀이되었다. 4월에 가졌던 야외설교에 참석한 사람들은, 웨슬리의 계산법에 의하면, 매번 천명에서 7천명 사이였다. 이러한 대형 집회 사이사이에 웨슬리는 볼드윈 (Baldwin) 스트리트, 니콜라스 스트리트, 캐슬 스트리트 (여기서 Griffith Jones를 다시 만났다), 글루스터 스트리트, 백 레인(Back Lane), 그리고 위버스 홀 같은 곳에 있는 브리스톨 신도회에 계속 참석했다. 그리고 이 지역의 교구 교회들에서와 뉴게이트 감옥 교회, 그리고 로포드 게이트의 구제소에서도 설교를 계속했다.

옥외(open-air)에서 하던 설교는 꼭 야외가 아니라고 하더라도 "**야외설교**"라고 불리웠다. 어떤 옥외이든지 사람들이 모여 설교를 들을 수 있으면 그것으로 족했다. 이러한 방법으로 복음은 사람들이 있는 바로 그곳에, 정해진 시간에 교회에 가지 않거나 갈 수 없는 사람들에게 전해질 수 있었다. 웨슬리는 얼마 안 있다가 공동묘지는 무덤을 발판으로 삼고, 교회를 배경으로 하고, 음향을 잘 전할 수 있어 좋은 장소가 된다는 것을 알게 되었다. 시장 광장은 건물로 둘러싸여 있고 중앙 광장에 십자가 탑도 있어, 층계에 올라서면 잘 보이고 들리는 썩 좋은 야외무대가 되었다. 때로는 나무들이 둘려져서 가지 아래서 나오는 소리를 크게 울려 퍼지게 했고, 탄광의 굴은 때로는 청중을 위하여 안성맞춤의 장소가 되기도 하였다. 한 번은 이브샘에서 "윗필드 강단, 즉 벽"에서 설교한 적도 있었다.

그의 *일지*에서 웨슬리는 브리스톨에서의 첫 달 그의 설교를 들은 사람들의 수를 평균 3,000명, 모두 47,500으로 추측하여 기록하였다. 그 다음 달은 더 많은 수가 야외설교에 참석했는데, 올더스게이트 1주년이 되는 즈음 웨슬리는 로즈 그린에서 10,000명에게 설교를 했다. 그 다음 달은 런던에 오가면서 블랙히스와 케닝턴 단지에서 15,000명이나 되는 군중에게 설교했다. 윗필드는 더 많은 군중을 모아, 7월 로즈 그린에서 설교할 때는 17,000명이나 되었다. 찰스 웨슬리는 이러한 대형 집회들의 성과와 보고되는 참석자 수에 대해 회의를 가졌지만, 그 자신도 6월 24일 무어필드 (Moorfield)에서 자신의 계산으로 10,000명에게 설교를 하게 되어, 모든 회의를 해소하게 되었다. 이러한 일은 분명히 하나님의 뜻이라고 여겼기 때문이었다 (*CWJ*, 1:155). 9월이 되자 웨슬리는 런던과 그 부근에서 12,000명에서 20,000명이 되는 군중에게 설교를 했다. 이 숫자는 윗필드의 30,000명에는 못 미치지만 웨슬리가 윗필드만큼 잘 알려지거나 열정적인 설교가 아니라는 것을 감안하면 괄목할 만한 것이다.

이러한 군중의 규모보다 놀라운 것은 이 시점에서 실제로 신도회에 참여하고 있는 수가 상대적으로 적다는 사실이다. 이 기간 동안 웨슬리는

웨슬리와 메소디스트라고 불리운 사람들

런던교에서 남서쪽 케닝턴 단지(Kennington Common)는 윗필드와 웨슬리의 설교를 듣기 위하여 수천 명이 모였던 야외설교 장소 중의 한 곳이다.

매일 핵심조(band)를 구성하거나 핵심조 모임에 참석하고 있었고, 저녁에는 몇 개의 신도회 모임에 돌아가며 참여하고 있었다. 그의 기록에 따르면, 비록 모임을 갖는 집들이 많은 사람들을 수용할 수는 없었지만 전형적인 신도회는 수십 명을 넘지 못하였다. 웨슬리는 그답게 브리스톨에 온 지 사흘 만에 석 달 전 런던 핵심조를 위하여 만들어 놓은 양식을 토대로 한 "모임순서"(orders)를 브리스톨 핵심조에게 제공했다.

일부 생각과는 다르게 사람들이 죄사함이나 위로를 받는 사건은 대형 야외집회에서가 아니라 대부분 작은 그룹 모임에서 일어났다. 웨슬리는 사람들이 "벼락을 맞거나" "성령의 검으로 상처를 입거나" "심한 고통에 빠지거나" "가슴이 쪼개지거나" "땅으로 꺼지는" 많은 경우를 기록하고 있다. 곧 신도회 모임에서 사람들이 "이상한 발작에 빠진다"는 소문이 퍼졌다. 그리고 마찬가지 현상이 뉴게이트라든가 다른 곳에서의 공중 예배에서도 일어나기 시작했다. 웨슬리는 하나님의 능력이 이렇게 나타나는 것을 많은 사람들이 좋지 않은 눈으로 보고 있다는 이야기를 들었지만 대부분의 경우 고통 받던 사람들이 기도로 회복되고 평화와 기쁨을 누리게 된다고 설명했다. 찰스는 이러한 사람들을 "불에서 건져진 이들"이라는 잘 알려진 표현으로 기술하곤 했다 (*CWJ*, 1:149, 157).

당연히 그 지방의 목회자들은 이러한 외부 교역자들의 활동을 그 도시 교구의 불법침해로 보거나 또는 해서는 안 될 것으로 보았다. 브리스톨 올 세인트 (All Saints) 교구의 목사 조사이아 턱커(Josiah Tucker)는 윗필드와 웨슬리를 공격하는 글을 쓴 첫 번째 사람이었다. 그는 그들의 방법론과 신학 모두를 공격하였다. 그러나 같은 신학적 논쟁으로 두 사람 모두를 공격하는 것은 어려운 일이었다. 웨슬리의 신학이 윗필드의 칼빈주의와는 달랐기 때문이었다. 존은 만인 대속론과 그리스도인의 완전을 믿었고, 찰스의 찬송 "보편적 구원"을 포함한 "거저 주는 은혜"(Free Grace: 로마서 8:32)라는 제목의 설교를 자주 했다 (그리고 결국은 출판하였다). 웨슬리는 그 전에 비슷한 비난을 한 친구에게 쓴 편지의 논리를 따라 턱커와 브리스톨 감독 요셉 버틀러(Joseph Butler)에게 답을 했다. 즉 하나님은 복음을 전하도록 나를 부르셨고, 대학의 연구원인 내가 받은 안수는 어떤 특정한 교구에만 한정된 것이 아니라 영국 전체에 유효한 것이다. 따라서 나의 사역은 교구의 경계에 한정되지 않으며 "나는 모든 세계를 나의 교구로 본다"는 것이었다.

이 말의 뜻은 분명하다. 웨슬리는 자신이 받은 소명과 안수에 따라 복음을 선포하라는 하나님의 위임을 달성하기 위하여서는 교구의 경계나 행동양식을 뛰어넘지 않을 수 없다고 생각했다. 이것은 후에 하나님께서 사역과 선포의 활동 범위를 정하신다는 감리회의 **순회제도**(itinerancy)를 뒷받침하는 기본적 논리가 된다. 이 당시 "나는 모든 세계를 나의 교구로 본다"(I look upon all the world as my parish.)는 말은 지역적 경계와 소유권에 관한 질문에 답하는 한정된 의미를 지녔지만, 이렇게 마음을 사로잡는 용어는 자연스럽게 훨씬 광범위한 의미를 함축하게 된다 (*EMW*, 2:107). 신학에 있어서 웨슬리는 자신의 아르미니안주의를 방어하는 한편 윗필드가 설교하는 것에 대해서 자신은 무관함을 내세웠고, 턱커에 대해서는 선행으로 구원을 얻는다는 잘못된 교리를 설교한다는 이유로 거꾸로 감독에게 제소했다 (*J&D*, 19:473).

웨슬리는 브리스톨에서 있었던 일을 그의 삶의 "새로운 시기"(new period)라고 그의 *일지*에 적었는데, 그것은 맞는 말이었다. 이전의 웨슬리는 옥스퍼드에서 몇 사람의 학생들과 함께 엄격한 묵상적 경건(meditative piety)의 실천을 통해 의미 있는 믿음을 추구해 보려했던 학자였으며, 멀리 떨어진 조지아 교구에서는 불량스러운 식민지 주민들을 신앙적으로 훈련해보려 했던 영국 국교회 신부였고, 일 년 전쯤에는 올더스게이트(Aldersgate)에서 믿음의 확증을 체험했던 그리스도인이었다. 그는 옥스퍼드와 런던에 있는 그리 많지 않은 수의 신도회 핵심조 회원들을 격려하는 한편 자신은 끊임없는 의심 가운데 영적으로 확실한 그 무엇을 얻어 보려고 지난 수개월 노력해 왔다. 이제 브리스톨에서 웨슬리는 죠나단 에드워즈(Jonathan Edwards)의 뉴잉글랜드 부흥 기록에서 글로만 읽었던 성령의

웨슬리와 메소디스트라고 불리운 사람들

역사를 직접 보았다. 이제 그는 그의 설교, 특별히 믿음으로 얻는 구원을 설교할 때 사람들이 반응하는 것을 보면서, 그 자신의 믿음과 하나님의 은혜 안에서 얻는 소망에 대한 확신을 느꼈다. 그의 동생 찰스는 5월 웨슬리의 회심 1주년을 기념하여 17소절로 된 시를 썼는데, 그 중 7번째 소절은 "만 입이 내게 있으면 그 입 다 가지고 내 구주를 찬송하겠네!" 하고 시작했다. 찰스는 또한 그들의 설교에 대한 대중의 반응을 "하나님이 나의 사역에 인을 치셨네"라고 시적으로 표현했다 (CWJ, 1:129). 감리회 부흥의 씨앗은 이제 설교를 들은 수천 명 가운데 웨슬리가 경험해 보지도 기대하지도 않았던 방법으로 싹트기 시작했다. 그러나 찰스가 "하나님이 나를 통해서는 계속 역사하시지만 내 안에서는 역사하지 않으신다"라고 기록했던 것처럼 웨슬리 형제에게 의심과 실망의 순간들은 물론 계속되었다 (CWJ, 1:159). 이런 욥과 같은 태도에도 불구하고 이들의 수고의 열매는 줄어들지 않았다.

연합신도회

브리스톨의 신도회들은 집에서 모이기에는 너무 커져버렸다. 그중 가장 큰 두 개의 신도회(니콜라스와 볼드윈 스트리트)는 두 그룹이 함께 모이기에 충분한 건물을 짓기 위해 5월에 땅을 구입했다. 회원들의 헌금이 비용이 아주 부족하게 되자 웨슬리는 재정적으로 지원을 하기로 결정했다. 그는 또한 재정적 관리통제(재정적 책임)를 신도회들의 실무자들로부터 떠맡는 결정적 단계를 밟았는데, 이는 그렇게 하지 않으면 신도회 이사들이 웨슬리의 설교가 마음에 들지 않을 때 웨슬리를 건물에서 나가게 할 수도 있다는 윗필드의 경고를 수용한 결과였다 (J&D, 19:56). 이러한 조치는 받아들여졌고, 존이 "우리 방"(후에는 "새 방" New Room)이라고 부른 건물이 시의 동북쪽 변두리 호스페어 (Horsefair)에 세워졌다.

브리스톨의 "새 방"은 거리의 뒤쪽으로 지어졌는데, 이는 비국교도의 집회 장소를 관장하는 규정을 따른 것이다. 그러나 처음부터 이렇게 등록하지는 않았다.

부흥이 시작되다

런던과 옥스퍼드와 마찬가지로 브리스톨에 있는 신도회들도 자신들이 비록 잘 알려진 감리회원들인 웨슬리, 그리고 윗필드와 연계되어 있기는 했지만 특별히 "감리회" 운동의 한 부분이라고는 여기지 않았다. 웨슬리가 일으켜 세웠거나 단순히 출석만 한 많은 신도회들은 이 시점에서 "감리회"로 구분되기보다는 영국 국교회의 틀 안에서 신도회가 갖는 전통적 특성들을 지니고 있었다. "감리회"라는 명칭은 어떤 특정한 신도회나 신도회 지지자들에게 사용되거나 적용된 것이 아니라, 반대파가 특정한 광신적 복음주의자를 좋지 않게 부를 때 주로 사용되었다. 그리고 이 시점에서는 어떤 특정한 신도회가 단순히 웨슬리, 또는 윗필드와 관계를 가졌다는 이유만으로 "감리회"가 되는 것은 아니었다. 한 예로, 찰스 웨슬리는 이런 명칭을 받아들이지 않았다. 1738년 12월 런던의 세인트 안톨린 교회(St. Antholin's Church)가 "감리회원"들이 설교하지 못하도록 금했을 때 그 교회의 집사는 찰스에게 "당신은 자신을 감리회원이라고 부릅니까?" 하고 물었고, 이에 찰스는 "아닙니다. 세상은 자기들이 원하는 대로 나를 부를 수 있습니다"라고 대답했다 (*CWJ*, 1:139). 그는 설교하도록 허락되었다.

신도회가 자라면서 **핵심조**(bands)도 빠르게 퍼져나갔다. 이런 배경에서 핵심조는 대부분의 신도회보다는 웨슬리적 특성을 좀 더 가지고 있었다. 핵심조는 옥스퍼드 감리회 안의 더 작은 단위조직과 마찬가지로 모라비안의 영향의 흔적을 지니고 있었다. 이들은 강도 높은 영적 양육과 지원을 위해 자발적으로 모인 다섯에서 열 명으로 구성되었다. 주된 활동은 죄의 고백과 기도였으며, 목표는 영적 성장이었다. 모라비안과 마찬가지로 여자 핵심조, 남자 핵심조, 그리고 심지어 브리스톨의 소년 핵심조에서 보는 것처럼 끼리끼리 모였다. 성별에 더하여 미혼 남자, 기혼 여자와 같이 결혼 여부에 따라서도 따로 모였다. 이러한 세심한 분리조직은 핵심조 안에서 가장 마음을 열고 솔직해질 수 있도록 하기 위한 것이었다.

웨슬리와 가장 가까운 관계를 가졌던 런던, 옥스퍼드, 그리고 브리스톨에 있는 서너 개의 신도회의 특징은 그 회의 중심부를 이루는 핵심조의 발전에 중점을 둔 것이었다. 신도회원 모두가 핵심조원은 아니었지만, 핵심조원은 전원이 신도회 모임에 참여했다.

웨슬리의 핵심조는 회원들이 확신의 체험으로 인하여 죄, 두려움, 그리고 의심으로부터 지속적인 자유(continuing freedom)를 누린다고 본 모라비안 형태와는 좀 차이가 있었다. 자신의 경험과 성서적 가르침에 근거한 웨슬리의 신학에 의하면, 구원받은 사람들이 계속하여 의심을 품는 것과 이로부터 비롯되는 "믿음의 정도", 그리고 많은 시험으로 둘러싸인 "광야 상태"를 이해할 수 있었다. 웨슬리는 구원이 단순히 그리스도의 의가 믿는 사람에게 부여되는 단 한 번의 공식적 변화가 아니라는 것을 깨닫기 시작했다. 그보다는 소용돌이치는 이 세상에서 의의 은사를 유지하고 구체화하는 것이 대부분의 사람들에게 어렵다는 것을 깨닫고 있었다. 웨슬리는 칭의(하나님께서 우리를 위하여 죄를 사하여 주시는 것)와 **성화** (sanctification, 하나님께서 우리 안에서 삶을 거룩하게 하시는 것)의 관계를 살펴보기 시작했다. 그리스도의 의가 믿는 사람에게 부여됨으로 얻는 본질적 변화는 한 차례 겪는 것으로 끝나는 경험이 아니라 매일 가져야 할 관심과 성장의 과제였다.

그러므로 웨슬리의 핵심조는 지도자가 성도들의 인내를 점검하는 영적 정예들의 모임이라기보다는, 그리스도인으로 교제하며 신앙으로 모여 서로에게 대한 책임과 고백, 그리고 은혜 안에서의 성장을 통해 영적 양육을 강조했던 공동체였다. 웨슬리의 핵심조 규칙은 훼터 레인(Fetter Lane) 신도회의 규칙을 수정한 것으로, 회원들의 영적 상태, 죄, 그리고 유혹에 관한 질문을 구체화한 것이었다. 핵심은 사랑의 역사를 통하여 믿음을 북돋는 것, 즉 하나님의 사랑이 그들의 가슴과 삶에 널리 비춰게 하기 위한 것이었다. 이를 위하여 핵심조는 최소 한 주에 한 번 이상 정기적으로 모여 깊이 있는 영적 교제를 가졌다.

웨슬리는 1739년 6월 호스페어에 아직 건축이 끝나지 않은 "새 방" (New Room)에서 신도회로 모이기 시작하였다. 윗필드에 의하면, 한 달 뒤 볼드윈 스트리트와 니콜라스 스트리트의 신도회는 통합하였다. 그러나 웨슬리는 이 그룹을 계속 "볼드윈 스트리트 신도회"라고 부르다가 석 달 뒤에는 그의 10월 30일자 일기에서 보는 것처럼 **"연합신도회"**(United Society)라는 명칭을 쓰기 시작했다. 이 날은 웨슬리가 이 건물을 처음 "새 방"이라고 부른 날이기도 하다.

웨슬리는 6월 브리스톨 지역에서 또 하나의 사역을 시작했다. 웨슬리의 생각에 따르면, 지식은 생명력 있는 경건(vital piety)을 위하여 필수적인 것이었다. 이때에 킹스우드의 탄광에는 학교가 없었다. 그래서 그는 윗필드가 처음 가졌던 계획을 실천에 옮겨, 투 마일 힐(Two-Mile Hill) 부근에 설교를 위한 큰방과 교사 두 명을 위한 시설을 갖춘 학교를 건축하고 나이 든 사람을 포함한 모든 연령층의 학자들을 불러 모았다. 그는 가난한 어린이들이 "읽고, 쓰고, 셈하는 것만 배우는 것이 아니라, 하나님의 도우심으로 '하나님과 하나님이 보내신 예수 그리스도를 아는 것'"에 각별한 관심을 가졌다 (*J&D*, 19:124-25). 웨슬리의 교구는 경계도 없었고 그가 돌보는 회중은 내세울 것도 없었을 뿐만 아니라, 하나님의 구원이 인간에게 가져다주는 온전함을 얻도록 하기 위하여서는 무엇이든지 하려했던 그의 생각에 따라 성서적 기독교의 이상에 부합되는 활동이라면 무엇에든지 제한을 두지 않았다.

칼빈주의자들과 모라비안들과의 논쟁

인간이 자신의 성화를 추구하는 과정에서 어느 정도 책임을 져야하나 하는 문제에 관하여 모든 사람들이 웨슬리와 의견을 같이 하지는 않았다. 당시 런던에서는 훼터 레인 신도회가 제임스 허튼(Hutton)의 격려로 인하여 좀 더 직접적으로 모라비안의 영향력을 받게 되었었다. 당시 런던을 자주 방문하던 웨슬리는 1739년 늦은 가을 독일에서 막 온 **필립 헨리 몰더**(Molther)가 많은 회원들로 하여금 그들에게는 진정한 믿음이 없고, 따라서 모든 은혜의 도구(means of grace)와 경건을 위한 전 노력을 중단하고 주님 앞에서 잠잠해야 한다(시편 46:10)고 설득했다는 사실을 알게 되었다. 몰더가 주장한 것은 그리스도 외에는 "은혜의 도구"란 없고, 따라서 그리스도를 진정으로 믿기 전에는 은혜의 도구라는 것들, 특별히 성찬을 삼가 해야 한다는 것이었다.

웨슬리가 "터무니없는 신학"(sublime divinity)이라고 부른 이러한 추리의 결론은 그가 올더스게이트 체험 이후를 포함하여 오랫동안 믿고 실천해온 모든 것과 배치되는 것이었다. 이제 그는 그가 영적 고향이라고 믿어온 신도회의 내부로부터도 그의 기본적 신학에 대한 심각한 위협에 직면하였다. 이러한 "잠잠함"(stillness)의 논쟁으로부터 비롯된 모라비안들과의 긴장은 웨슬리로 하여금 자신이 이해하고 있는 진정한 믿음이란 무엇인가 하는 문제를 다시 한번 살펴보지 않을 수 없게 만들었다.

시편의 "여호와를 기다릴지어다"라는 구절을 포함한 이런 말들로부터 방향을 돌려, 웨슬리는 신도회들에게 "모든 계명에서 하나님을 기다리고, 하나님이 그들의 영혼에 온전히 역사하시도록 잠잠하고 참으라"고 권면했다. 웨슬리는 구원을 위하여 믿음이 우선적으로 필요하다는 것을 믿고 있었지만, 경건과 자비의 모든 행위를 행위로 구원을 얻으려는 시도라도 되는 양 제해 버리는 오직 믿음(*sola fide*)은 견지할 수 없었다. 그와 같은 반율법주의(Anti-legalism) 또는 **율법무용론**(antinomianism)은 웨슬리가 생각하기에는 "한 번 구원받으면 영원히 구원받는다"(once saved, always saved)는 믿음을 동반하는 예정론과 마찬가지로 참 그리스도인의 삶에 대한 심각한 도전이었다. 웨슬리는 신앙은 그저 아무런 해로운 일을 하지 않고, 선을 행하며, 은혜의 도구를 활용하는 것(그는 이 모두를 행하고도 진정한 믿음이 없을 수 있다는 것을 알고 있었다; *J&D*, 19:123)이라는 일반적인 견해에 종종 반대의 입장을 취했지만, 이와 같은 세 가지 항목을 포함하는 믿음생활의 틀이 칼빈주의자들과 모라비안들, 즉 예정론자와 아무 것도 하지 말아야 한다고 주장하는 사람들의 율법무용론을 수정하는 효과를 지녔다는 것을 알게 되었다. 동시에 웨슬리는 신앙체험의 핵심은 성령 안에서 누리는 의와, 평화와, 기쁨이라는 영적 동료들의 생각에 공감했다. 그는 감리회원의 특성(*The Character of a Methodist*, 1741)에, 진정한 "감리회원"이란 "성령을 받아 하나님의 사랑이 가슴에 넘치도록 비치는" 사람이라고 기록했다. 이것이 웨슬리가 **강조한 그리스도인의 완전**, 즉 마음과 뜻과 영혼을 다하여 하나님을 사랑하고, 이웃을 내 몸같이 사랑하라는 믿음의 근거였다.

웨슬리가 윗필드와 가졌던 신학적 논쟁에는 두 개의 핵심이 있었는데, 그것은 예정론에 관한 것과 칭의에 관한 것이었다. 윗필드는 칼빈주의적 믿음에 따라 하나님으로부터 의롭다고 인정받은 사람은 믿음을 끝까지 지켜 궁극적 구원에 이른다는 것, 다시 말해, 진정한 신앙인에게는 믿음의 퇴행은 없다고 믿었다. 구원의 문제에 있어서 윗필드는 칼빈주의적 견해, 즉 우리는 그리스도의 의로움만으로 구원을 받으며, 우리에게는 그리스도의 의밖에는 다른 의가 없다고 주장했다. 웨슬리는 그리스도를 통한 하나님의 역사가 비록 우리의 구원의 근거가 되기는 하지만 이것만으로는 절반밖에 되지 않는다는 확신을 갖고 있었다. 즉 우리 안에서의 하나님의 역사도 역시 중요했다. 하나님의 은혜로 우리 안에 갖게 된 믿음, 즉 그리스도가 자신을 사랑하고 자신을 위해 죽었다는 확실한 믿음 또한 우리의 구원의 필요조건이었다. 그리고 이러한 믿음이 신앙인에게 진정한 변화를 가져와 하나님의 은혜로 그리스도의 의를 *얻게 되며*, 이로써 의롭다고 칭함을 받는 것만이 아니라 실제로 *의로워진다* (성화 혹은 성결).

웨슬리는 이 성결함과 그리스도인의 완전에 관하여 윗필드 외에도 많은 교역자들로부터 도전을 받았다. 그들은 이것이 "완전"의 추구를 내세우는 또 하나의 교리의 출현이라는 입장에서 보았다. 비록 용어는 다르지만 그들은 웨슬리의 견해가 1738년 그가 받아들이려고 노력했던 모라비안들의 견해, 즉 구원받은 사람은 두려움, 의심, 그리고 죄로부터 자유하다는 견해와 별로 다를 것이 없다고 생각했다. 그리고 웨슬리가 이와 같은 생각에 여러 가지로 설명을 부연하고 오해를 막기 위한 해명도 했지만 "완전"이라는 단어를 완성된 상태를 뜻하는 것으로 여긴 사람들은 이와 같은 교리를 따를 수 없었다. 윗필드는 1739년 8월부터 1741년 3월까지 미국에 있었지만, 이 두 주인공은 문서로 논쟁을 계속해 예정론과 완전에 관한 논쟁은 영국에서 소책자를 통한 싸움으로 번져갔다.

부흥이 시작되다

모라비안과 가졌던 웨슬리의 논쟁은 "잠잠함"(stillness)에 국한된 것은 아니었다. 웨슬리는 12명 정도의 훼터 레인 신도회원들이 몰더를 중심으로 뭉쳐 "그들이 전체를 대표하는 양" 결정권을 행사하는 것에 대해 못마땅하게 생각했다. 이러한 폐쇄적인 접근방식은 웨슬리가 드러 내놓고 추구했던 개방적 결정방식("그리스도인의 개방적이며 솔직한 언어")에 위배되는 것이었다 (*J&D*, 2:139). 이러한 견해의 차이는 신도회를 두 쪽으로 갈라놓았다.

웨슬리는 또한 (폐쇄된 신앙공동체에서 서로의 영적 상태를 신중히 점검하는) 핵심조에 대한 모라비안식의 개념이 사회적, 경제적으로 변화하는 일상생활에서 어려움을 겪고 있는 영국의 노동계층의 필요에는 적합하지 않다는 생각을 점점 갖게 되었다. 킹스우드에서 "하나님도 두려워하지 않고 사람들도 개의치 않는 것"으로 이름난 광부들을 대상으로 설교하는 것은 헤른후트에서 모라비안들에게 설교하는 것과는 완전히 달랐다.

존은 비교적 새로 얻은 독일 동료들과 전부터 사귀어 온 옥스퍼드의 동료들뿐만 아니라 자신의 가족하고도 이러한 이슈를 놓고 씨름했다. 찰스는 많은 경우 존의 발자취를 따르며 때로는 존의 설교를 그대로 설교하기도 했었지만, 일부 중요한 점이나 방법에 있어서는 존과 의견을 달리하였다. 존은 또 야외설교와 믿음의 확신 문제로 존의 형 사무엘과 논쟁을 해 왔지만, 사무엘이 1739년 11월 죽음으로 이 논쟁은 끝이 났다. 이 죽음은 슬픈 일이기는 했지만 사무엘이 죽기 며칠 전 하나님께서 사무엘에게 "평온하고 온전한 확신"을 허락하셨다고 알려져, 존의 신학적 입장을 확인하는 또 하나의 기회가 되었다. 존은 *일지*에 "모든 반대자들은 이처럼 믿음이 하나님으로부터 온 것임을 믿을지어다"라고 독자에게 호소한다.

이때쯤 (1739년 11월 12일) "연대"(connectional) 조직의 모습이 웨슬리의 활동에 나타나기 시작하는데, 첫 번째 계기는 옥스퍼드 감리회의 일원이었던 세 사람—웨슬리, 존 갬볼드 (Gambold), 존 롭슨(Robson)이 우연히 (아니 어쩌면 하나님의 섭리로) 만나게 된 것이었다 (*Letters*, 25:700). 이들은 매년 한 번 주님 승천일 (Ascension Day, 통상 4월, 또는 5월) 전 날 저녁 런던에서 만나기로 뜻을 모았다. 그리고 가능하면 분기마다 7월, 10월, 1월 둘째 화요일 런던에서 만나기로 하였다. 그리고 각자 자기 임지에서의 활동을 기록한 월보를 돌려보기로 하였다. 그들은 또한 대부분 옥스퍼드 감리회 출신 중에서 신규 회원으로 맞아들일 대상자 명단을 작성했는데, 거기에는 웨슬리 홀 (Wesltey Hall), 벤쟈민 잉엄 Benjamin Ingham), 존 헛칭스 (Hutchings), 킨친 (Kinchin), 스톤하우스 (Stonehouse), 존 심슨 (Sympson), 제이콥 로져스 (Rogers), 존

웨슬리와 메소디스트라고 불리운 사람들

파운드리(The Foundery)는 웨슬리의 런던 본부가 되었다. 개조한 이 건물에는 (A) 웨슬리의 숙소, (B) 서재, (C) 종 (아침예배를 위해 새벽 다섯 시에, 그리고 저녁 기도회를 위해 오후 네 시에 울림), (D) 현관, (E) 예배당 입구, (F) 가족과 설교자를 위한 숙소, (G) 교실, 핵심조실 등, (H) 마굿간, 그리고 (I) 마차 보관소 및 정원이 있었다.

체닉(Cennick), 윌리엄 옥스리(Oxlee), 존 브라운(Browne), 그리고 그밖에 가입을 원하는 "영적 동료들"이 포함되어 있었다. 이렇게 석 달에 한 번이나 일 년에 한 번 모이는 것은 새로운 개념은 아니었지만, 웨슬리가 부흥 운동에 관여한 첫 해부터 어떻게 그의 생각과 방법의 방향을 잡아가기 시작했는지를 시사해 준다.

분리와 런던 연합신도회

1739년 11월 11일 존 웨슬리는 전에 대포를 만들던 왕실 주물공장에서 7,000에서 8,000명 정도의 군중을 상대로 설교를 했다 (*Letters*, 25:699). 새로 사귀게 된 볼(Ball)과 왓킨스(Watkins) 씨로부터 이 장소를 소개받은 것은 시기적으로 큰 행운이었다. 모라비안들과의 긴장이 고조되고 있었던 겨울 동안 이 두 사람은 웨슬리에게 이 장소를 떠맡아 줄 것을 요구하였다. 그리고 이와 같은 요청의 진지함을 증명이라도 하듯 115파운드를 빌려주었는데, 이 돈은 건물 구입비와 보수비(첫 해 200

파운드, 그 다음 해부터는 140파운드)에 쓰도록 1년에 4쉴링부터 10쉴링까지를 낸 기부자들에 의해 상환되었다. 웨슬리가 "엄청 크고 황량한 폐허"라고 부른 이 건물의 재건축에는 700파운드 정도의 돈이 들었다 (*Appeals*, 85). 그러나 완공된 이후에는 이 파운드리에 핵심조실, 교실, 웨슬리의 숙소, 웨슬리의 어머니와 외래 설교자 등 손님들을 위한 방, 마구간, 그리고 마차 보관소 등이 갖추어졌다. 사이러스 톨드(Silas Told)는 좀 더 솔직한 표현으로 이곳을 가리켜 "낡은 기와지붕에, 거친 널빤지를 엉성하게 엮어 만든 임시 강단이 있으며, 썩은 목재들 몇 개로 전체 골격을 갖춘 황량한 곳"(*People*, 111)이라고 했다. 그러나 가장 중요한 것은 평범한 의자가 놓여 있는 큰방에 남자와 여자가 따로 모두 1,500명이 모일 수 있어, 웨슬리가 런던에 마련한 첫 번째 예배당이 되었다는 것이다.

겨울 동안 웨슬리는 주로 런던을 떠나 있었지만, 12월 중 두 주간 런던에 머무는 동안 그는 훼터 레인 신도회의 내분으로 인하여 갈수록 골머리를 앓았다. 성탄 전날 저녁 "서로 물고 뜯는 극도의 혼란"으로 점철된 신도회 모임 뒤, 웨슬리는 소수의 사람들과 함께 찬송과 영가와 권면을 위해 모였다. 2월 런던에 다시 돌아온 웨슬리는 계속하여 훼터 레인 신도회 모임에 참석했다. 그 달 마지막 날 그는 그의 조언을 듣기 위해 찾아온 "마음이 무거운 많은 사람들"과 함께 모였다. 이들은 훼터 레인 신도회 가운데서도 같은 마음을 가진 사람들로서 웨슬리와 뜻을 같이하기 시작한 그룹이기는 했지만, 그의 일지에는 아직 파운드리에서 모임을 가졌다는 기록은 없다. 1월에도 그는 상당한 보수를 요하는 그 건물을 구입하기 위한 상담을 진행하고 있었다. 연합신도회(United Society)는 파운드리 보수가 끝난 직후부터 그곳에서 모이기 시작했던 것으로 보인다 (*City Road*, 22). 찰스는 4월 3일 목요일 첫 설교를 한 뒤 그의 일지에 "나의 마음은 이제 막 태어난 신도회를 위한 기도로 넓어졌다"(*CWJ*, 1:205)고 적었다. 4월 중순이 되자 **파운드리 신도회**(Foundery Society)가 조직되어 다음 두 가지 규칙에서 훼터 레인 신도회와 명확한 구분을 두기로 하였다 (적은 수이기는 하지만 출석에서 중복되는 회원들도 있었던 것으로 보인다): "(1) 목사가 참석하지 않은 상황에서 만들어진 규칙은 무효다; (2) 규칙을 명령으로 받아들이고 준행하기를 거부하는 사람은 누구나 신도회에서 제명한다."

4월 말 존 웨슬리는 런던에 돌아가 두 주간 머무는 동안 훼터 레인에 있는 "우리 신도회" 모임에 참석했는데, 함께 참석했던 찰스에 의하면, 이 모임은 "찬양도 별로 없었고, 기도도 덜 했으며, 사랑은 전혀 없이" 헤어졌다. 그러나 다음 날 밤 존은 "연합신도회" 모임에 참석했다고 일기에 적고 있는데, 이것은 목요일마다 파운드리에서 모였던 새 그룹에 대한 최초의 언급이었다. 이 날 신도회에서 한 존의 설교를 들은 찰스는 그들이 같은 복음을 설교하고 있다는 것을 확신했다.

파운드리는 하루 두 번, 아침 6시나 7시, 그리고 저녁 6시나 6시 반에 모여 정기적으로 예배를 드리는 장소가 되었다. 찰스와 존은 누구보다도 정규적으로 설교를 한 설교자였다. 찰스는 부활절 아침 7시에 그곳에 꽉 들어찬 회중에게 설교하였다. 웨슬리가 인도한 예배는 일반적으로 짧은 개회기도, 찬송, 30분간의 설교, 찬송, 그리고 폐회기도로 구성되었다 (*Societies*, 528). 전에 노예무역상이었던 사이러스 톨드(Silas Told)는 이때쯤 파운드리 아침예배에 참석했던 경험을 기록하였는데, 5시에 성복을 입고 도착한 웨슬리가 참석자들을 "거의 황홀하게" 하는 찬송으로 예배를 시작하는 것을 경이롭게 여겼다고 적었다. 그러나 사이러스는 기도문을 보지 않고 즉흥적으로 하는 기도는 "좀 거북하게" 여겼다. 죄의 용서에 관한 설교를 들으며 그는 처음에는 웨슬리가 천주교인이 아닌가 생각했었지만, 그의 마음에 "이것이 진리이다" 하는 조용한 소리를 듣고는 그의 영혼에 용서를 느꼈다 (*People*, 111-12).

이렇게 설교를 하는 예배는 신도회 모임은 아니었다. 신도회로 모였을 때에도 종종 다른 신앙적 대화와 더불어 설교를 하는 경우도 있었지만 항상 그랬던 것은 아니었다. 훼터 레인 신도회의 경우는 특별히 더 그러했다. "잠잠하라"는 가르침의 여파로 시간이 갈수록 무슨 말이든 하기보다는 찰스가 "멍청한 짓거리"(dumb show)라고 표현한 침묵의 시간을 길게 가졌다.

런던을 떠나기에 앞서 존 웨슬리는 몰더와 그의 추종자가 잘못되었다는 것을 공적이나 사적으로 설득하려 했지만 실패했다. 6월에 돌아온 웨슬리는 훼터 레인 신도회와의 관계가 더욱 악화되었다. 훼터 레인 회원들 중 웨슬리 쪽으로 가까워진 몇몇 사람들은 5월 9일 금요일 그들의 규칙의 일부인 기도와 금식을 하기 위해 많은 사람들을 모았다 (*CWJ*, 1:227). 훼터 레인 회원들 중 일부가 파운드리 신도회를 오염시킬 것을 염려한 찰스는 파운드리 신도회에 가입하기를 원하는 사람은 누구나 먼저 그에게 와서 가입 의사를 밝히도록 했다. 그는 이렇게 함으로써 "논쟁을 좋아하는 신도회"들 중 가장 질이 나쁜 사람들을 가려낼 수 있기를 바랐다. 동시에 존은 다시 한번 훼터 레인 신도회에게 "당신들은 믿음으로부터 멀어져 불쌍하고 혼동하고 있고 산산조각이 난 신도회"라고 말하여 반대의사를 분명히 하였다. 훼터 레인 신도회의 지도자들은 꿈쩍도 하지 않았다. 그러나 이제 간곡하게 자기 의사를 전달한 웨슬리는 비록 그들과 계속 만나고,

부흥이 시작되다

그들을 "우리 신도회"라고 부르고, 잉엄의 도움을 받으며 파운드리에서 아침마다 그들과의 쟁점에 직접 초점을 맞춘 설교를 했지만, "그들의 피로부터 깨끗해졌다"고 느꼈다.

5월 초 찰스가 피할 수 없을 것으로 생각하게 된 불화는 갈수록 심화되어 7월에 들어서자 극치에 달했다. 제임스 허튼은 훼터 레인 신도회에서 쓰기 위한 교회당(chapel)을 구입했고, 그들은 즉시 웨슬리가 설교하지 못하도록 의결했다. 이틀이 지난 금요일이며 금식일, 웨슬리는 "아직도 옛 길을 따르는" 사람들을 모아 그의 어머니도 참석한 가운데 성찬을 나누었고, 마땅히 취해야 할 조치를 만장일치로 가결하였다. 다음 주일 훼터 레인 신도회에서 애찬식을 마친 뒤, 웨슬리는 모인 사람들에게 그들의 입장이 "명백하게 하나님의 말씀에 위배된다"고 쓴 글을 읽어 자신의 생각을 분명히 밝혔다. 이 글에서 그는 "나는 당신들이 되돌아오기를 기다리며 오래 참았습니다. 그러나 나는 갈수록 당신들이 잘못 되었다는 것을 알게 되어, 이제는 하나님에게 맡기는 수밖에는 아무런 다른 방법이 없습니다. 나와 판단을 같이 하는 분들은 나를 따르십시오"라고 결론지었다. 그리고 뒤로 물러서자 열여덟에서 열아홉 명 정도가 그를 따라왔다. 이제 마지막으로 절교가 이루어졌고, 훼터 레인 신도회는 웨슬리에게 더 이상 "우리 신도회"가 아니었다.

훼터 레인 신도회와 의견을 달리하는 사람들의 수는 늘어났다. 다음 수요일, 즉 연합신도회의 주간 모임 하루 전 날, 웨슬리는 훼터 레인에서 떨어져 나온 추종자들 "한 무리"와 파운드리에서 만났는데, 이들의 수는 핵심조에 있던 남자들 중 3분의 1인 25명, 그리고 여자들 대부분인 48명에 달했다. 그 전 주일 찰스는 브리스톨에서 편지를 써 "우리가 휩쓸려" 가지 않도록 그가 런던에 다시 돌아올 때까지 신규 회원을 받지 말라고 요청했다 (*Letters*, 26:20). 그럼에도 불구하고 훼터 레인에서 떨어져 나온 사람들은 연합신도회 회원이 되어, 연합신도회는 이미 훼터 레인 신도회보다 커졌다.

훼터 레인 신도회의 분열은 감리회원들 간에 분열을 일으키는 더 큰 이슈를 분명하게 보여주었다. 4월, 갬볼드는 존에게 "나는 더 이상 당신의 사람이 아닙니다"라는 편지를 썼고, 심슨, 옥스리, 그리고 스톤하우스도 믿음의 정도나 실천에 대한 문제에 있어서 웨슬리의 입장에 반하여 모라비안의 편이 되었다. 1740년 6월 모이기로 했던 옥스퍼드 그룹의 연차 컨퍼런스는 신학적인 입장이 벌어지면서 결국 성사되지 못하였고, 분기별로 갖기로 했던 컨퍼런스도 취소된 것으로 보인다. 1740년 7월 이후 웨슬리는 런던의 파운드리 연합신도회 모임에 힘을 쏟아 부었고, 그밖에도 사보이 (Savoy), 보우스 (Bowes'), 윗채플 (Whitechapel), 아이링턴, (Islington), 롱 레인 Long Lane), 왜핑 (Wapping) 등 다른 모임에도 참여하기는 했지만 훼터 레인 모임에 대해서는 더 이상 언급하지 않았다. 찰스가 4월 파운드리에서 만났던 "막 태어난 신도회"는 6월이 되어 열두 명에서 3백 명으로 늘어났다 (*CWJ*, 1:241). 그들은 목요일 모임 외에도 화요일과 토요일에도 종종 모였다. 웨슬리는 매일 아침 사람들이 일하러 가기 전 예배와 저녁 예배 설교를 계속 하기는 했지만, 진정한 역사는 신도회 내에서 이루어지고 있다는 것을 알게 되었다. "하나님을 두려워하고 의를 행하기"를 시작했더라도 신도회 모임에 참여하지 않는 사람들은 믿음이 식고 옛 생활로 돌아갔지만, 함께 모이는 사람들은 믿음 안에서 강해져 갔다 (*Societies*, 257-58).

　신도회의 성장은 또 다른 문제를 일으키기도 하고 기회를 제공하기도 하였다. 초기 감리회 견지에서 볼 수 있던 많은 단계의 양상과 마찬가지로 **평신도 설교**(lay preaching)는 계획보다는 필요에 의해서 발전해 나갔다. 런던과 브리스톨에서 성장하고 있었던 연합신도회와 킹스우드와 옥스퍼드의 관련되어 있던 조직들은 내적으로는 잠재적으로 파괴성을 띤 분쟁과 외적으로는 비난에 직면하여 끊임없이 돌보지 않으면 안 되었다. 웨슬리는 영국의 신도회 전통에서 보는 것처럼 신도회를 꾸려가기 위해서 교역자들 중에 충분한 수의 뜻을 같이 하는 이들이 있었으면 하는 희망을 가졌었지만, 1738년 웨슬리와 힘을 같이 했던 대부분 옥스퍼드 감리회 출신 여섯에서 여덟 정도의 교역자는 부흥의 결과에 따라 사람들이 칼빈주의자 (Calvinist), 모라비안 (Moravian), 그리고 웨슬리 파(Wesleyan)로 갈라지면서 웨슬리 형제와 등지게 되었다. 많은 신도회는 지역이나 전국적인 지도자 밑에 들어가지 않고 지방에서 독자적으로 움직였다. 그러나 존과 찰스는 사람들을 격려하고 지도력을 개발하기 위해서 많은 신도회들을 순회시키기 시작하였다. 연합신도회를 조직하고 있는 동안 그들이 없을 때 지역 핵심조 지도자들이 조직 활동을 위한 여러 가지 규칙을 사용하면서 신도회를 무난하게 인도하기 원했다.

　웨슬리 형제는 교역자 동지들(clergy allies)을 잃는 반면, 평신도 협력자들(lay assistance)을 얻어가고 있었다. 드문드문 흩어져 성장은 하고 있지만 분쟁에 휘말릴 가능성을 가진 신도회가 주의를 요할 때면 존은 특정한, 즉 믿을 만한 평신도 지도자에게 책임을 맡게 했다. 교사가 될 꿈을 가지고 리딩(Reading)에서 온 가장 초기의 평신도 지도자였던 퀘이커 (Quaker) 출신 존 체닉(John Cennick)은 1737년 회심한 직후 존이 아직 조지아에 있는 동안 옥스퍼드에서 감리회원들에게, 특별히 존

킨친(John Kinchin)으로부터 영향을 받았다. 체닉이 리딩의 신도회에서 발휘한 지도력을 눈여겨 본 존은 1739년 여름 체닉에게 브리스톨과 킹스우드에 가 웨슬리 형제가 없는 동안 신도회를 도와 줄 것을 요청했다. 웨슬리는 체닉이 기도와 성경공부를 조지 윗필드로부터 킹스우드에 세워질 학교에 대한 계획을 듣고 교장이 되기를 희망했던 체닉은 이 일을 기껍게 받아들였다.

볼드윈 스트리트 (Baldwin Street) 핵심조장이었던 사무엘 워든 (Samuel Wathen)도 킹스우드 신도회의 지도자 중 한 사람이었는데, 한 번은 (6월 14일) 시간이 되어도 모임에 나타나지 않자 그 자리에 있던 한 여인은 체닉에게 설교를 해줄 것을 요청하였다. 체닉은 심지를 뽑아 이것이 하나님의 뜻임을 확인한 뒤 플라타너스 나무 밑에 서서 "마음 속에 있는 특별한 자유를 담대함으로, 그리고 특별한 마음의 자유"를 가지고 사람들에게 설교를 했다. 그는 일기에 자신의 설교는 거기서 만이 아니라 브리스톨과 그밖에 10여 곳에서도 좋은 호응을 받았다고 기록했다. 그러나 어떤 경우에도, 특별히 복장에 있어서, 그는 "목사처럼 보이지" 않기 위해 많은 노력을 기울였다.

또 한 사람의 초창기 평신도 설교자는 1739년 8월 윗필드의 전도로 회심한 사람들을 모아 신도회를 시작하면서 뎁트포드(Deptford)에서 국교 반대자 수련원(Dissenters Academy)에 참석하고 있던 모라비안 죠셉 험프리스(Joseph Humphreys)였다. 이 신도회가 새로 결성되고 한 달이 채 안되어 방문한 웨슬리는 얼마 후 험프리스에게 파운드리에 와서 그를 도와 줄 것을 요청했다. 1738년 6월 설교를 시작한 험프리스는 안수를 받기 전에 설교했다는 이유로 뎁트포드에서 신도회를 결성한 지 넉 달 만에 수련원에서 제명당했다. 험프리스는 1740년 9월 파운드리에서 설교를 시작했다. 그 해 가을 존 체닉이 칼빈주의적 생각으로 기울이자 웨슬리는 험프리스에게 브리스톨로 가 그곳의 신도들을 바른 길로 인도해 줄 것을 요청했다. 그러나 윗필드와 오랜 친분을 가졌던 험프리스는 결국 칼빈주의의 교리인 궁극적 구원에 반하여 설교하거나, "죄 없는" 완전은 말할 것도 없고 그리스도인의 완전에 대해서도 설교할 수 없었고, 곧 웨슬리를 떠났다 (*Letters*, 26:62).

그러는 동안에, 1739년 4월 브리스톨에서 웨슬리의 설교를 듣고 격렬한 신앙 체험을 한 토마스 맥스필드는 찰스 웨슬리와 함께 신도회들을 방문하고 있었다. 1739년 여름 런던에 머무는 동안 찰스는 존에게 일지를 우편으로 보내, 모라비안들은 맥스필드가 찰스를 "잠잠함"으로 마음을 돌리는데 유일한 걸림돌이라고 여긴다고 썼다. 굳은 신념을 가진 이 핵심조지도자는 때때로 파운드리 신도회의 책임을 맡기도 하였다. 1740년쯤 맥스필드는 웨슬리가 없는 동안 신도회를 위하여 설교하기 시작하였는데, 열심히 듣는 회중들에 의해 "처음 의도했던 것보다 더 나가도록" "자기도 모르는 사이에 이끌려" 나가기도 하였다. 헨리 무어(Moore)의 보고를 듣고 맥스필드가 설교한 사실을 알게 된 존은 당시 파운드리에 머물던 그의 어머니 수잔나에게 "이제 보니 토마스 맥스필드가 설교자가 되었네요" 하는 말로 이 잘못을 지적했다. 수잔나는 일률적으로 평신도 설교자의 편을 들지는 않았지만, "너와 마찬가지로 그이도 설교하도록 하나님으로부터 부르심을 받았으니 그 젊은이를 돌보아 주어라. 설교의 열매가 있나 잘 살펴보고, 직접 한 번 들어 보아라"고 답을 했다. 무어는 웨슬리가 "진실의 힘을 용납하면서, '주님이 하시는 일이니, 그 분의 뜻대로 되기를 바란다'"고 말할 수밖에 없었다고 기록했다 (*WHS*, 27:8).

1740년 여름 토마스 리처드즈(Thomas Richards)와 토마스 웨스톨(Westall)은 서신을 작성하거나 복사하고, 설교도 하면서 웨슬리를 도와 일하기 시작하였다. 후에 존은 그들을 "**복음의 아들들**"(sons in the gospel)이라고 불렀는데, 이것은 웨슬리의 요청에 따라 언제 어디로든가 다른 직업을 갖지 않고 이 일만 하기로 동의한 평신도 설교자들을 지칭하는 호칭이 되었다 (*J&D*, 19:186).

맥스필드와 리처드스가 이 기간 동안 찰스 웨슬리를 도와 일하기는 하였지만 찰스는 존에 비해 평신도 설교자들에 대해 호감을 갖거나 용납하는 일에 훨씬 뒤졌다. 1739년 봄 찰스는 조지 윗필드와 함께 훼터 레인 신도회의 두 모라비안인 쇼(Shaw)와 울프(Wolf)에 맞서게 되었는데, 이들은 기독교의 사제직 자체를 부인하며 자신들도 어느 누구 못지않게 성찬을 집례할 수 있다고 주장하는 사람들이었다. 찰스는 쇼를 "자신에게 스스로 안수를 준 사제"라고 부르며 모든 방법을 다 동원해 반대했는데, 그와 그의 동료들이 자기들은 더 이상 영국 국교회의 신도가 아니라고 선언하자 더 이상 참을 수 없었다. 그는 하웰 해리스(Howell Harris), 그리고 조지 윗필드와 한 편이 되어 쇼와 울프를 훼터 레인 신도회에서 제명하는 일에 찬동했다.

찰스는 이와 같이 교회 질서를 어지럽히는 일들을 존보다 더 심각하게 받아들였으며, 평신도가 목사의 직분(pastoral capacities)을 맡아 하는 것은 용납할 수 없는 비정상적인 행위로 여겼다. 윌리암 시워드(Seward)의 경우를 예로 들면, 비록 많은 사람들이 이 사람의 열정을 인정했지만, 그의 설교를 들어 본 찰스는 그가 설교를 하도록 부름 받았다는 것을 확신할 수 없었다 (*CWJ*, 1:250). 한 달 뒤, 시워드는 폭도들에 의해 맞아 죽어 감리회의 첫 번째 순교자가 되었다 (*WHS*, 39:2-5). 찰스는 예정론에 반대하는 것 못지않게 평신도가 설교하는 것에 대하여도 드러내 놓고 반대하였다. 찰스는 윌리엄 로(Law)가 감리회적 성향을 가진 성직자들이 영국 국교회 전체에 퍼져서 누룩의 역할을 했으면 하는 기대와 같은 맥락에서, 부흥을 퍼뜨려 나가기 위한 무언가 다른 방법을 찾고 있었다 (*CWJ*, 1:159).

영국 국교회와 좋은 관계를 유지하기 위하여 웨슬리 형제는 모든 일에 너무 과하지 않게 조심해야 할 필요를 느꼈고, 이 점에서 찰스는 늘 좀 더 준비가 되어 있었다. 1739년 봄 신도회들에서 터져 나온 영적 운동은 많은 좋지 않은 평판을 가져왔다. 그래서 일 년 뒤 브리스톨에서 웨슬리는 "작년 봄에 비하면 지금은 하나님이 역사하시는 방법이 얼마나 다른지" 바로 알게 되었다. 그는 약간의 과장을 섞어 그 차이를 "하나님께서 그 때에는 모든 사람들에게 급류와 같이 부어주셨는데, 이제는 '그의 비밀을 알려주시듯, 조용히 내리는 이슬처럼 은혜를 주신다.' 확신은 좀 더 깊이 뿌리내린다. 사랑과 기쁨은 좀 더 안정되고 고르며 흔들리지 않는다"고 적었다 (*J&D*, 19:140).

그러나 반대파가 사라진 것은 아니었다. 옛 것을 가지고 새롭게 등장한 반대파는 같은 해 봄 브리스톨 거리에서 인쇄물을 팔기 시작하였다 (*J&D*, 18:81). 겨울에 조지아에서 돌아온 선장 로버트 윌리암스는 조지아에서 있었던 웨슬리의 연애로 인한 탈선행위와 이에 따르는 법적인 문제들을 기록하여 시장 앞에서 선서한 문서를 출판하였다.

웨슬리는 조지아에서의 그의 활동을 나름대로 기록한 문서를 출판하여 맞서기로 하였다. 얼마 동안 웨슬리 형제는 손으로 쓴 일지의 일부를 신도회와 핵심조 모임에서 돌려 읽어 그들의 활동을 설명하고 납득시키려 했다. 윗필드는 자신의 일지를 그 전 해 출판하기 시작하였다. 존은 좀 더 많은 독자에게 읽히도록 그의 자서전 일지를 출판하기로 했다.

1740년 5월이나 6월 처음 출판된 일지의 "발췌문"(Extract)에는 조지아에서 있었던 일들이 기록되어 있다. 이것은 존이 그 전에 써 두었던 일지나 편지, 비망록(memoranda)과 그의 사적 일기를 근거로 한 회상 (editorial reflections), 그리고 여기에 일정한 틀을 잡아주는 추가 글로 구성되어 있었다. 그 결과는 선교사로서의 모험, 신학적 해설, 목회활동의 옹호, 그리고 식민지 여행기를 흥미 있게 모아놓은 글이 되었다. 감리회를 옹호하는 이 글은 옥스퍼드에서 그랬던 것처럼 역사적 서술의 형태를 지녔다. 이 출판물의 서문에 "모건 (Morgan) 씨에게 보내는 편지"(1732

년 10월 작성된 옥스퍼드 변증문)를 추가하기로 마지막 순간에 결정한 것은 우연만은 아니었다.

다섯 달 뒤에는 1739년 말까지의 이야기를 실은 두 번째 출판물이 뒤따랐다. 감리회가 나가는 방향은 점점 더 명확해졌다. 이 출판물들은 감리회나 웨슬리의 입장을 대변하고 있었다. 비록 찰스는 자신의 일지를 출판하지 않기로 결정했지만, 존의 일지는 이 운동에 사용된 문서의 한 부분이 되었고, 회원에게 읽히는 동시에 일반대중에게도 배포되었다.

속회와 지도자들

브리스톨에 새 방(New Room)이 지어지고 런던의 파운드리가 개축되면서 웨슬리는 두 개의 "신도회"를 자신이 직접 하나씩 통제했다. 이 시점까지 조직은 전체 조직의 핵심이 되는 다섯에서 열 명까지의 작은 핵심조를 중심으로 구성되어 있었다. 교리와 믿음생활을 놓고 웨슬리가 모라비안들과 논쟁을 벌였던 문제들은 핵심조의 활동에까지 영향을 미쳤다. 이 결과로 바꾼 것 한 가지는 1741년 5월 그의 일기에서 보는 것처럼 죄사함을 받고 모범이 되는 삶을 사는 사람들을 위하여 **선별핵심조**(select band)를 구성한 것이었다. 그러나 이 조직의 허점 한 가지는 핵심조에 소속되지 않은 사람들은 격려와 인도를 받을 수 있는 소그룹이 없었다는 것이다. 이 문제는 예기치 못한 방법으로 해결되었다.

브리스톨과 런던에 있는 건물을 위해서 웨슬리가 떠맡은 채무는 무거웠다. 그는 그때까지도 학교에서 25파운드에서 35파운드의 연봉을 받고 있었지만 ("내가 필요한 것은 다 구할 수 있게 해 준다"고 했다.) 이것으로는 건물을 위해 빌린 돈을 갚아 나가기에는 충분하지가 않았다. 여기에 더하여 개인으로부터 기부금을 모으는 일은 그렇게 성공적이지 못하였다.

1742년 2월 그는 새 방 (New Room) 때문에 진 빚을 갚아나갈 방안을 논의하기 위하여 신도회 지도자 몇 명을 만났다. 포이 (Foy) 선장은 신도회의 모든 회원들이 한 주에 1페니씩 낼 것을 제안하였는데, 이것은 신도회 내에서 통상 사용되는 방법이었으며 파운드리 신도회에서 가난한 사람들을 돕기 위해 실제로 시행되고 있기도 했다. 그러나 그 중 일부는 신도회의 많은 회원들이 이것을 부담할 수 없을 정도로 가난하다는 이유로 이의를 제기했다. 당시 1년에 1쉴링은 작은 설탕 한 부대나 연필 세 자루에 상당한 금액이었다. 포이가 내어놓은 새로운 제안은 간단했다. 즉 신도회를 12명 단위로 나누고 책임자가 걷는 대로 거두다가 모자라는 것을 채워 넣어

한 주에 12페니씩을 내게 하자는 것이었다. 그리고 자신은 가장 가난한 사람 11명을 맡아 한 조를 만들기로 자원하였다. 그의 제안은 받아들여지고 모두가 참여해 이 일은 이루어졌다.

이리하여 전 신도회는 지역별로 대충 12명을 단위로 하여 지도자를 중심으로 한 속(영어로는 class이고 라틴어로는 classis이며 "구분"이라는 뜻)으로 나누어졌다. 두 달 뒤 런던에 있는 파운드리 신도회에도 같은 계획이 시행되었다.

얼마 안 가서 이 속회의 중요성은 처음 뜻했던 것을 훨씬 넘어서게 되었다. 지도자들이 한 주에 한 번 신도회원 모두를 순방하면서 그들이 집안싸움과 술취함을 비롯하여 경건생활과는 거리가 먼 생활들을 하고 있다는 문제들을 깨닫게 되었다. 웨슬리는 이 속회 조직이 실제적으로 제시하는 목회를 위한 기회를 포착하였다. 다시 말해서 웨슬리가 "가장 신임할 수 있는" 사람들로 임명한 **속회 인도자**들은 각 속의 영적 지도자가 되었다. 웨슬리는 허락하는 한 한 주에 한 번 속장들과 모임을 가졌다. 이때쯤 런던 신도회에는 1,000명이 넘는 회원이 있었는데, 이 방법을 통해 웨슬리는 빠르게 성장하는 신도회 회원을 일일이 알고 목회적으로 돌보며 신앙생활을 잘 하도록 지도하는데 도움을 받았다. 직접 가정으로 속원들을 방문하는 것보다 한 자리에 모이게 하는 것이 여러 가지 이유로 유리하게 되었다. 이렇게 함으로써 웨슬리가 말한 것처럼 "각자의 행동에 대한 좀 더 깊은 성찰이 이루어졌다… 필요에 따라 권면이나 견책이 주어졌고, 말다툼은 멈추었고, 오해가 풀렸다. 그리고 사랑으로 한두 시간을 지낸 뒤 그들은 기도와 감사로 모임을 마쳤다" (*Societies*, 262).

속은 몇 가지 점에서 핵심조와 차이가 있었는데, 일반적으로 좀 더 규모가 컸고, 나이, 성별, 결혼 여부보다는 지역적으로 조직되었으며, 자원해서 함께 모인 사람들만이 아니라, 신도회 회원 모두를 망라했다. 핵심조가 대부분 영적으로 좀 더 성숙한 사람들의 양육에 힘을 쓴 것에 비해, 속은 신도회 전체를 영적으로 훈련하는 것을 가능하게 했다. 그러나 두 경우 모두 작은 규모의 모임이었고, 지도자는 웨슬리가 직접 뽑은 평신도였다.

이러한 조직의 발전에 따라 핵심조 지도자와 속장 외에 또 하나의 평신도 지도자가 필요해졌다. 주물공장의 채무를 갚고 개축하는 일은 신도회 회원에게 맡겨졌고, 그는 목적에 따라 수급하고 지불하는 일을 담당했다. 이것이 감리회의 첫 **집사**(steward)로, 각 신도회의 재정업무와 회계를 다루는 사람이었다. 그래서 도움이 필요한 사람들을 위해 웨슬리가 특별헌금을 거둘 때, 조직은 이것을 잘 다룰 수 있게 되었다 (*J&D*, 19:193-94). 이렇게 함으로써 모아진 돈이나 물건은 웨슬리의 손을 거치지 않게 되었는데, 당시 웨슬리는 가난한 사람들을 팔아 부자가 되고 있다는 비난을 받기 시작했다.

계속되는 논쟁

교회 내부에서 일어난 새로운 부흥 운동은 논쟁이 생산적이지 못하다는 것을 알고 있었다. 신도회들은 "하나님의 존재를 부정하는 논쟁에 대하여" (Watson, 188) 자제하는 규칙이 있었다. 스페너(Spener)는 독일 경건주의자 교역자들이 자신들의 주장을 펴기보다는 마음을 바꾸고, 논쟁을 하기보다는 덕을 세울 것을 종용하였다. 웨슬리는 옥스퍼드 감리회원들 간에 논쟁을 자제하도록 권유했다.

18세기 영국의 많은 복음주의자들은 같은 목적을 가지고 있기는 했지만, 신학적 견해의 차이로 인해 함께 일하는 것이 어려웠다. 이렇게 힘든 상황을 감안하여, 웨슬리는 이견을 가진 사람이라도 문제를 야기치 않는 한 어느 정도의 견해 차이는 묵과하려고 생각했었다. 모라비안들의 견해 그 자체 못지않게 그들의 분열은 웨슬리를 화나게 만들었다. 존 어코트 (John Acourt)가 런던에서 연합신도회에 가입하기를 희망했을 때 그가 지닌 예정론적 원칙 때문에 그의 가입은 받아들여지지 않고 있었는데, 신도회원 가운데에도 같은 예정론적 견해를 가진 사람들도 있었다. 웨슬리는 그 전 해 윗필드로부터 "우주적-보편적 영성"(a catholic spirit)으로 사역하지 않는다고 질책을 받은 적이 있었는데, 이제 웨슬리는 신도회에 가입하기를 희망하는 사람들이 어떤 특별한 견해를 가졌는지 묻지 않기로 원칙을 정했다. 다만 그와 같은 견해를 근거로 논쟁을 벌여 다른 사람들을 괴롭히지 않기만을 요구했다. 회원들은 "의심하는 바를 비판"(로마서 14:1)함으로 서로를 괴롭히지 않고 그저 "경건함과 평화를 이루는 것을 따를 것"만이 기대되었다 (J&D, 19:153).

부흥의 원동력이 되고 신도회들의 단결을 가져온 것은 구원의 추구였으며, 밖으로 드러나거나 증거로 증명이 된 이와 같은 성실한 구원의 추구는 새 회원을 받아들이거나 회원 자격을 유지하기 위한 지침이 되었다. 모라비안들과 함께 지낸 경험을 통해 웨슬리는 성서적 진리가 무엇인가 하는 기본적인 문제에 대하여 일정한 규범을 갖게 되기는 했지만, 신규 회원이 입회할 때 신조를 심사하지는 않았다. 기회가 있을 때마다 자기주장을 편 어코트의 경우와는 반대로 죠셉 험프리스는 이러한 조건하에서 웨슬리를 도와 평신도 설교자로 일할 수 있었다. 그는 어떤 분야에 있어서는

부흥이 시작되다

매우 다른 견해를 가지고 있기는 했지만, 그것들을 남에게 강요하려는 생각을 갖지는 않았다. 웨슬리와 체닉 사이에는 체닉이 웨슬리가 가르치는 보편적 구원론에 공개적으로 반대하지는 않을까 하는 염려 때문에 지속적인 긴장관계가 존재했는데, 체닉은 한동안 자제하였다. 찰스와 웨슬리도 둘 사이의 여러 가지 다른 견해들에 대해 문서상으로는 자제할 필요를 느꼈고, 혹 논쟁할 일이 있으면 사적인 자리에서 했다.

윗필드의 경우는 달랐다. 복음주의적 부흥가 가운데 대표적인 칼빈주의자였던 윗필드는 웨슬리와 주저함 없이 맞붙었다. 1739년 4월 웨슬리는 브리스톨 부흥회를 시작할 때 "거저 주는 은혜"(Free Grace)라는 제목으로 설교를 했다 (*Sermons*, 3:544-63). 이것은 조지 윗필드와의 기본적 차이점인 불가항력적 은혜(irresistible grace)와 이에 따르는 모든 예정론적 교리들, 즉 제한적 용서, 무조건적 선택 (unconditional election), 영원한 정죄 ("끔찍한" 선언), 그리고 성도의 궁극적 구원 등을 직접 겨냥한 것이었다. 그리고는 곧바로 이 설교에 찰스 웨슬리의 시 "보편적 구원" (Universal Redemption)을 곁들여 출판하였다.

이 설교의 출판이 야기하게 될 공공연한 논쟁보다는 양쪽이 모두 침묵을 지키는 편이 낫겠다는 생각을 가졌던 윗필드는 충격을 받았다 (*Letters*, 25:662). 1739년 11월부터 1741년 3월까지 윗필드가 미국에 있는 동안은 불편하지만 평화가 유지되었다. 그곳에 있는 동안 윗필드는 조지아에 있는 고아원을 위한 기금을 마련하기 위해 웨슬리의 찬송과 성시(*Hymns and Sacred Poems*)를 출판하여 판매하였다.

웨슬리는 그의 설교와 출판, 그리고 식민지의 젊은 동료들과의 서신을 통해 계속하여 예정론을 강하게 반대하였다. 웨슬리는 교리 그 자체보다는 예정론이 함축하고 있는 율법무용론이 실제적인 위험이 된다고 보았다. 영국으로 돌아오기 직전 윗필드는 자신이 선택된 것과 자신의 궁극적 구원을 "천 배나 확신한다"고 공언하며, 죄가 없는 완전함이 이 세상에서 가능하다는 웨슬리의 주장에 도전하는 다음과 같은 편지를 보냈다. "완전을 부르짖으면서 궁극적 구원을 부정하는 것은 얼마나 잘못된 것인가!" (*Letters*, 26:32). 그는 또한 웨슬리의 죄론을 비판하고 심지를 뽑는 웨슬리의 습관을 조롱하였다.

윗필드의 편지는 1741년 겨울 영국에서 출판되었고, 2월 1일, 아무도 모르게 파운드리 문 앞에 배달되었다. 이것을 알게 된 웨슬리는 회중들에게 그가 이 편지에 대해 어떻게 생각하는지를 말하고, 모두가 보는 앞에서 찢어버리며 그들도 그렇게 하도록 요구했다. 웨슬리에 따르면, 그들도 다 찢어버려 "온전하게 남은 것은 한 장도 없었다" (*J&D*, 19:180).

웨슬리와 메소디스트라고 불리운 사람들

싸움은 시작되었다. 양방은 자신들의 거취를 분명히 하고 나섰다. 윗필드는 웨슬리를 공격하는 설교를 하지 않겠다고 말한 적이 있었지만 논쟁이 뜨거워지면서 공격하기 시작했다. 여기에 더하여 그는 웨슬리에게 답하는 편지의 형식으로 문단지를 출판하였다. 웨슬리는 예정론을 공격하는 소책자를 대량 (약 6천장 가량) 출판하는 것으로 맞받았다.

이와 같은 열띤 논쟁과 그밖에 좋지 않은 평판을 수반한 사건들은 런던의 감독 에드먼드 깁슨(Edmund Gibson)의 주의를 끌게 되었다. 그는 여러 차례 윗필드와 웨슬리 형제를 불러 자신들의 견해를 설명하게 했다. 그리스도인의 완전에 관하여 존은 자신의 주장이 "아무런 주저함이나 가장된 것"이 없다고 피력하였고, 존의 설명을 들은 감독은 "그것이 그대가 주장하는 것의 전부라면 모든 세상이 볼 수 있도록 출판하시오"라고 답했다. 웨슬리는 실제로 그의 설교 *그리스도인의 완전(Christian Perfection)*을 출판하여 그 말이 뜻하는 바와 그렇지 않은 바를 분명히 밝혔다. 웨슬리의 견해는 간단했다. 그것은 "그리스도인은 죄를 짓지 않는 만큼 완전하다"는 것이었다. 윗필드의 반응은 기대한 대로 "우리 속에 내재하는 죄가 이 세상에서 소멸되리라는 것에 동의할 수 없다"는 것이었다 (*Letters*, 26:66). 웨슬리는 모라비안들(하나님의 계명을 통해 그를 섬기라)에 반대하는 "참된 잠잠함"(true stillness)이라는 설교를 한 것처럼 예정론자을 반박하는 "위대한 천명"(the great decree)이라는 설교를 했다. 그 내용은 "믿는 자는 구원을 얻을 것이며 믿지 않는 자는 멸망할 것이다" (*J&D*, 19:196)라는 것이었다.

속회 회원증은 석 달에 한 번 갖는 심사에서 "구원을 갈망하는 증거"를 계속 보이는 사람들에게 발부되었다. 초기의 회원증에는 일반적으로 유효일자와 성경구절을 적어 넣었다.

부흥이 시작되다

물론 이 모든 일들은 둘 사이의 논쟁을 종식시키지 못했고, 논쟁은 30년 뒤 윗필드가 죽은 후에도 계속되었다. 윗필드는 그의 방법이 기본적으로 웨슬리와 마찬가지로 "모든 사람들에게 값없이 예수를 전하는 것"이라고 말하며 웨슬리와 합치기를 계속 희망했다 (Letters, 26:66). 그러나 1741년 봄에 일어난 사건들은 영국의 부흥 운동이 예정론파와 아르미니언파 둘로 분리되어 있었음을 분명히 보여주었다. 윗필드는 레이디 헌팅던의 후원 아래 감리회 안의 예정론자들을 이끌고 나갔다. 존은 찰스에게 "나는 조지 윗필드의 뒤를 따라가며 이삭을 주워 모아야 하겠다"라고 말했는데, 이 속에는 긍정적인 뜻과 부정적인 뜻이 함께 담겨 있는 듯하다 (Letters, 26:55).

이렇게 분명하게 분리되면서 웨슬리는 두 사람의 평신도 설교자를 윗필드에게 빼앗겼다. 존 채닉은 한 동안 웨슬리와 관계가 좋지 않았었는데, 1740-41년 겨울에는 그가 웨슬리를 반대하는 설교를 함으로써 킹스우드 신도회를 거의 떼어 나갈 뻔한 일이 있었다. 존 웨슬리는 다른 조역자 조셉 험프리스를 킹스우드 신도회에 보내 사건을 수습하려고 하였다. 그러나 험프리스는 채닉의 신학에 동조하는 쪽으로 기울었으며, 웨슬리가 예정론에 반대하는 설교를 하는 것을 점점 더 못마땅하게 생각했다. 웨슬리가 윗필드의 편지를 찢어버리고 채닉을 공공연하게 나무라는 것을 본 험프리스는 웨슬리를 떠나 채닉의 편에 가담하였다. 이 둘은 함께 존 웨슬리의 "예정론 소고"(Treaties on Predestination)를 사람들이 보는 앞에서 불태웠는데, 이 책자는 웨슬리가 윗필드의 회중과 파운드리 신도회원들에게 배포했던 것이었다. 이제 거리는 더욱 벌어졌다.

1741년 봄, 존 웨슬리는 신학적 면에서 더욱 혼자임을 느꼈다. 그는 모라비안들에 이어 칼빈주의자들과도 결별하였지만, 그들과의 논쟁은 계속되고 있었다. 많은 사람들이 일찌감치 모라비안의 편을 들면서 웨슬리의 동료와 동역자의 수는 줄어들고 있었다. 심지어 그의 동생 찰스마저도 그들의 교리에 물들어 있는 것처럼 보였다. 1741년 4월, 존은 찰스에게 "몇 달 전까지만 해도 우리 다섯은 같은 편이었는데, 둘은 오른쪽으로 (험프리스와 채닉), 그리고 다른 둘은 왼쪽으로 (훌과 너, 찰스) 가버렸구나" 하고 썼다. 모라비안들은 웨슬리 형제를 회심시켜 파운드리 신도회를 되찾으려는 노력을 계속하고 있었다. 어떤 면에서 존은 그들에게 아직도 호감을 가지고 있었는데, 이런 느낌을 가슴이 따뜻해진다는 표현으로 다음과 같이 적은 것도 이해가 된다. "나는 그들을 거의 보지 못하고 지내지만 내 가슴은 내 안에서 뜨겁게 타고 있다. 나는 그들과 함께 있고 싶지만 그렇게 할 수는 없게 되었다" (J&D, 19:190). 1741년 5월 1일, 존은 꼭 3년 전

웨슬리와 메소디스트라고 불리운 사람들

시작된 훼터 레인 신도회의 창립회원 10명을 위해 피터 뵐러(Böhler)가 마련한 애찬식에도 참석했었다. 그 다음 주 연합신도회의 핵심조들은 훼터 레인 신도회와 재결합할 것인가를 논의하기 위해 모였지만 시기가 아니라는 결론을 내렸다. 다시 결합하게 될 날은 영원히 오지 않을 것처럼 보였다.

브리스톨에서 채닉과 어려움을 겪으면서 웨슬리는 신도회에 입회하는 조건을 강화하기 시작했다. 1741년 2월, "규율을 지키지 않는 어떤 사람도 신도회에 있을 수 없도록" 결심한 웨슬리는 **회원증**(tickets)을 사용하기 시작했다. 핵심조 앞에서 조심스럽게 심사함으로써 웨슬리는 "온당한 사유가 있는 반대"(any reasonable objection)에 직면한 사람, 또는 "진실됨을 믿을 수 있는 사람"의 추천을 받지 못한 사람들을 골라내었다. 핵심조원들을 심사한 뒤 추천된 사람들에게는 웨슬리가 회원증을 발급하였고, 나머지 사람들 가운데 이의를 제기한 사람이나, 따져보아 죄가 없거나 참회하는 사람들은 신도회에 받아들여져 회원증을 발급받았다. 회원증은 처음에는 성경구절과 이름을 손으로 적은 조그만 종이쪽이었다. 회원증을 받지 못한 사람들은 자발적으로 탈퇴(voluntarily expelled)하는 경우가 아니면 다시 심사(on trial, 종종 입구에서)에 붙여졌는데, 첫 심사에는 40명이 해당이 되었다 (*J&D*, 19:183-84).

3월에, 존은 "믿음이 느슨해진" 브리스톨 여인들 중 몇을 모아 핵심조를 만들었다. 이 모임은 **참회핵심조**(penitential bands)로 불리워졌고, 믿음의 퇴행을 보인 핵심조원들로 구성되었다. 이렇게 하여 석 달에 한 번 하는 심사, 회원증의 발급 또는 취소, 그리고 핵심조의 새로운 구성은 연합신도회의 일차적인 양육과 훈련 방법이 되었다. 참회핵심조는 아래에서 보는 바와 같이 찰스가 존에게 보낸 서신에 나타난 웨슬리의 신학을 조직화한 것이었다:

> 만일 구원받은 사람이 다시금 수렁에 빠진다면 처음 은혜를 맛보기 전보다 더욱 나쁜 상태에 있는 것이다. 모든 것을 빼앗긴 불쌍한 이 죄인은 처음 그리스도에게 왔던 것처럼 되돌아 와야만 회복할 수 있다. 그러나 그가 전과 같은 생각으로 편안히 지낸다면 그는 죄인이나 바리새인만도 못하다. 왜냐하면 그는 영적 바리새인과 다름이 없으며 자비를 잘 못 믿고 있기 때문이다 (MS letter, 10/24/40).

이처럼 찰스는 믿던 사람들이 믿음을 잃게 될 때 심각한 결과를 가져온다는 것을 확신하고 있었다.

웨슬리 형제는 신도회의 영적 목표(spiritual goals)를 추구하기 위한 새로운 방법들을 도입하였다. 이때쯤 "깨어 기도하라"는 사도들의 가르침에 따라 킹스우드 신도회 회원 몇 사람들이 토요일 저녁에 기도와, 찬양과 감사를 드리기 위해 모이기 시작하였다. 10년 전 존 웨슬리의 권면에 따라 벤자민 잉엄과 옥스퍼드 감리회원 중 일부가 이런 식으로 주일을 준비하는 방법을 채택하였었다 (*Ingham*, 205). 1741년 5월, 킹스우드에서 존과 함께 이것을 본 찰스 웨슬리는 그의 일지에 "이와 같은 초대교회의 관습이 우리 모든 형제들에 의해 받아들여졌으면 좋겠다"(*CWJ*, 1:278)고 기록했다.

존은 신도회가 이렇게 하는 것을 금지하는 어떤 이유도 발견할 수 없었다. 그는 이러한 "새로운" 옛 관습이 죽음의 불에서 영혼을 건져내어 구원하는 효과적인 방법이 될 수도 있다고 생각했다. 실제로 토요일 밤을 술집에서 보내곤 하던 많은 광부들이 이제는 기도하는 일에 시간을 썼다. 이렇게 "한밤중"을 넘어 모이는 "심야 기도회"는 초대교회에 그 전례가 있을 뿐만 아니라 영국 국교회의 "철야"와도 맥을 같이 하는 것이었다 (*Societies*, 264). 대체로 3시간에서 4시간 동안 계속되는 이러한 **심야 예배**(watch-night services)는 1742년 4월 9일, 런던에서 공식화되었다. 멀리 사는 사람들이 한밤중에 집에 돌아가기가 용이하도록 월례 금요 예배 날짜를 보름에 가깝게 잡은 것은 웨슬리의 실용적인 면모를 잘 보여준다 (*J&D*, 19:258).

감리회의 선교사역

1730년대 초 옥스퍼드 대학교에 적을 두고 있던 대부분의 감리회원들은 많은 시간과 돈과 힘을 가난한 사람들을 돕는 사역에 바쳐, 구빈원에서 어린이를 교육하거나, 가난한 사람들에게 음식을 전달하거나, 옷이나 다른 물건을 만들어 입거나 팔 수 있도록 털실과 그밖에 다른 자재들을 공급하는 일을 했다. 이렇게 "이웃 사랑"을 특별히 강조하고 그리스도의 본을 따르는 것("두루 다니시며 착한 일을 행하시고," 사도행전 10:38)은 부흥 운동에 진입할 당시 지속적으로 감리회 운동의 특징이 되었다.

찰스와 존은 특별히 런던의 뉴게이트와 마샬시 (Marshalsea), 옥스퍼드의 캐슬, 그리고 브리스톨의 뉴게이트 감옥을 다니며 폭넓은 교도소 선교를 펼쳤다. 그들은 자신들의 주된 과제가 특별히 죽음을 앞둔 죄수들에게 복음을 전파하는 것이라고 보았다. 찰스는 죽기 직전에 참회하는 것에 대한 편견을 가져 이러한 사역을 한동안 탐탁하게 여기지 않았다.

교도관들이 이러한 방문자들을 늘 환영한 것은 아니었다. 한 번은 찰스의 방문 허가증이 취소되어 치안관으로부터 허가증을 새로 받아 방문하였는데, 이를 본 교도관은 눈살을 찌푸린 적도 있었다. 옥스퍼드 감리회 출신 토마스 브로튼(Thomas Broughton)은 죄수들에게 그들이 자신의 죄가 용서받았다는 것을 알 수는 없을 것이라고 말했는데, 찰스는 이와는 생각을 달리했다 (*CWJ*, 1:305). 찰스와 존은 전도의 대상을 찾아 사형 집행장 형틀에까지 따라가곤 했으며, 때로는 사형수와 같은 마차를 타고 가며 찬송하고 기도하기도 하였다. 한 번은 존이 사형을 구경하려고 사형장에 모인 군중들에게 설교한 적도 있었다 (*J&D*, 19:362).

죄수들의 경험은 웨슬리 형제들의 설교와 글에 좋은 소재가 되곤 했다. 존이 그의 일지에 사형수 로버트 램시(Ramsey)를 방문하려다 실패한 경험을 기록한 것이 그 한 예이다. 브리스톨의 연합신도회는 극빈에 시달리던 램시를 데려다 살게 했다. 얼마 안 가 그와 또 한 사람의 공범은 킹스우드 학교 기금에서 돈을 훔쳤다는 의혹을 받게 되었지만, 범죄가 밝혀진 것도 고백한 것도 없었다. 그러나 웨슬리가 말한 것처럼 "그들은 하나님을 속이지도 않았지만, 그의 손을 피할 수도 없었다." 런던으로 돌아온 이들은 강도혐의로 구속되었고 사형을 언도받았다. 공범은 처형 하루 전 웨슬리에게 강도짓 한 것을 고백했다. 램시는 웨슬리가 방문해 줄 것을 요청했지만 교도관은 웨슬리를 들어오지 못하게 했다. 존은 이 사건을 다음과 같이 설교조로 정리하였다: "전에 나의 입을 통하여 하나님 말씀을 받기를 거부한 사람이 이제는 받을 수 없게 된 것을 받고 싶어합니다. 그리고 수요일, 그는 오래 하나님을 속여 온 죄 값을 받았습니다. 하나님을 잊고 지내며 언제가 여러분의 방문일이 될는지 모르는 여러분은 이 일을 잘 생각해 보십시오!" (*J&D*, 19:245).

웨슬리 형제는 철저한 기독교 교육이 젊은이들을 이와 같은 삶에서 돌이키게 하고 "그들이 평화를 이루는 일들을 알게 되리라"고 기대했다 (*J&D*, 11/27/39). 브리스톨과 킹스우드에 건축한 방들은 학교 교사들에게 시설을 제공할 뿐만 아니라, 모든 연령층의 학생들을 가르칠 수 있게 했다. 이것은 윗필드가 처음 계획했던 것을 부분적으로 성취한 것이었다. 윗필드 자신은 이 분야의 관심을 대부분 조지아의 고아원으로 돌렸다. 웨슬리는 처음 생각했던 것보다 경비가 많이 드는 것을 알고 경비를 줄이기 시작했다. 학교 교사들은 무급 자원봉사자들이었지만 처음 계획했던 것만큼 많은 직원을 두기에는 돈이 모자랐다 (*Letters*, 25:702). 한때 윗필드는 건물들이 너무 잘 치장되어 있고 어린이들을 가르치기만 하는 것이 아니라 입히기도 한다고 불평을 했다. 웨슬리와 다투고 있었던 1741년, 윗필드는 킹스우드 사역의 소유권을 주장하기도 했었는데, 웨슬리는 이미 윗필드보다 두 배나 많은 재정적 투자를 했다는 사실을 지적하였다. 그럼에도 불구하

부흥이 시작되다

이 그림에는 마블 아치 부근 사형장에 형 집행을 받으러 가는 죄수와 함께 마차를 타고 가며 죄수에게 "웨슬리 설교집"을 읽어주는 감리회 목사가 보인다.

고 웨슬리는 조지 윗필드와 동생 찰스를 상속인으로 지정한 유언을 준비해 두고 있었다 (*Letters*, 26:59).

기금을 거두는 한 가지 방법은 **자선에 대한 설교**(charity sermons)를 하는 것이었다. 가장 잘 알려진 예라면 기독교 지식 장려회(SPCK)가 지원하는 자선 학교를 위하여 일 년에 한 번 한 설교일 것이다. 윗필드는 회중을 감동시키는 데에 대가였다. 특별한 목적을 가지고 헌금을 할 때에 윗필드는 어떤 종류의 모임에서든지 넉넉한 마음으로 낼 수 있도록 감동을 줄 수 있었다. 바로 킹스우드를 위해서도 이렇게 하였다. 그리고 이제는 조지아의 고아원을 위해서 이렇게 하고 있었다. 웨슬리 형제도 선한 목적을 위하여 이 방법을 사용하는 한편 신도회에서도 헌금을 거두고 때로는 속회에서도 특별헌금을 하도록 했다.

감리회가 돌보는 사람들을 위해 필요한 것이 많았고, 재정적 지원은 가능한 다방면으로 시도하였다. 심지어는 웨슬리 형제가 추진하고 있던 출판사업도 신도회를 위하여 기금을 마련하기 위한 뜻도 있었다. 여기서 나온 수입을 어떤 이들은 웨슬리 형제가 개인적으로 소유하는 것으로 잘못 알기도 하였는데, 그 금액은 감독의 봉급에 맞먹는 금액인 1,300

파운드가 되었다. 웨슬리는 자신도 음식과 의복, 그리고 숙소가 필요하다는 것을 인정하였지만, 동시에 이 돈의 대부분은 신도회의 집사들이 관할하고 있었고, 만일 그가 10파운드 이상을 자기 명의로 남기고 죽는다면 자기를 "도둑과 강도"로 불러도 좋다고 말하였다 (*Appeals*, 83-88). 그의 개인 재정기록은 그의 손으로 들어온 거의 대부분의 금액을 남에게 주었음을 증명해 주고 있다.

해가 거듭되며 부유한 회원으로 구성된 대부분의 신도회는 가난한 사람들을 돕는 것을 자신들의 사역의 일부로 생각했다. 1730년대 초 옥스퍼드에서 대부분 대학에 적을 두고 있었던 감리회원들은 동네의 가난한 사람들을 위해 돈과 물품을 거두었다. 감리회 부흥 운동이 영국 도시의 가난한 근교로 퍼져나가면서 새로 구성된 감리회의 신도회들은 무척 어려운 가운데 사는 광부들이나 하인들, 그리고 다른 노동층 사람들을 돌보기 시작했다.

1740년 1월 브리스톨 지방에 내린 혹심한 서리는 많은 사람들을 곤경에 처하게 했었다. 웨슬리는 일거리도 없고 교구에서 도움을 받지도 못하여 "막다른 어려움에 직면한" 가난한 사람들을 위하여 특별 헌금을 거두었다. 이러한 방법으로 하루에 최소 150명("우리가 보기에 가장 어려운 사람들")에게 끼니가 제공되었다 (*J&D*, 19:135-36).

1741년 웨슬리는 런던의 연합신도회에 생활필수품에 궁핍을 겪는 회원들이 많다는 것을 알게 되었다. 5월, 그는 신도회가 가능하면 한 사람이 한 주에 1페니 정도를 모아 가난하고 병든 사람들을 구제하고, 의복을 모아 신도회의 집사들을 통해 필요한 사람들에게 나누어 줄 것을 제안하였다. 그는 또한 일하고자 하는 여인들이 뜨게질을 할 수 있는 작은 가내공업(small cottage industry)을 만들기도 했고, 병든 사람들을 찾아보는 방법을 정립하기도 했다. 열두 사람을 구역별로 **병자 심방인**으로 임명하고 화요일 저녁 웨슬리와 협의하기 위하여 모이도록 했다.

1744년에 두 달간 그는 런던의 연합신도회(이제는 2,000명의 회원을 갖게 됨)에서 196파운드를 모았는데, 이것은 360명가량의 가난한 사람들에게 "필요한 의복"(Curnock, 3:125)을 제공할 수 있는 금액이었다. 이러한 방법을 통해 신도회는 그들 가운데 일부(부지런하지만 결핍한 가운데 있는 이들, Curnock, 3:117)를 돌보는 자체 사역을 시작하였다. 회원들은 그들이 사랑하여야 할 이웃이 파운드리 의자 바로 옆에 앉아 있는 사람이라는 것을 깨닫게 되었다.

널리 퍼진 빈곤과 어려움은 동시에 죽음이 늘 함께 하고 있다는 뜻도 되었다. 경건한 사람들에게 잘 죽는다는 것(*ars moriedi*)은 잘 사는 것

(arts of Christian living)의 증거가 되었다. 죽음을 앞둔 모습은 신앙인들이 그 자리에 모인 친구들에게 믿음을 증거하는 마지막 기회였으며, 모인 사람들에게는 이 삶에서 영원한 삶으로 옮겨가는 것을 목격할 수 있는 기회였다. 웨슬리가 옥스퍼드 일기에 가장 먼저 언급한 경건서적 중에는 제레미 테일러(Jeremy Taylor)의 거룩한 삶과 거룩한 죽음(*Holy Living and Holy Dying*)이 포함되어 있다. 죽음에 관한 예전이 감리회의 기본문서 중 하나가 되어 있고 또 종종 신도회 모임에서 읽혀진 것은 전혀 놀라운 일이 아니다. 이 기간에 쓰여진 웨슬리의 일지에는 훼터 레인 신도회의 창립회원 중 한 사람인 제인 먼시(Jane Muncy)의 본이 되는 죽음과 케임브리지의 젊은 여인 사라 위스킨(Sarah Whiskin)의 믿음을 지킨 죽음, 그리고 방탕에서 회개한 13살짜리 존 울리(John Woolley)의 죽음에 대하여 길게 쓰여진 기록 등이 많이 포함되어 있다. 웨슬리가 1742년 7월 죽은 어머니에 대하여 쓴 기록은 "의의 설교가"(a preacher of righteousness)로서 그녀의 중요한 역할을 인지하는 한편 괄목할 만큼 자신을 절제하면서도 적절하게 성찰하는 글이다.

방어와 변호

부흥 초기 수년간 웨슬리가 휘말려들었던 신학적 논쟁은 선택과 보편적 구원, 잠잠함과 선행, 전가된 의와 그리스도인의 완전 등 굵직한 주제에 관한 것이었다. 이것들은 운동 전체의 골격을 정의하는 기본적인 쟁점이었다. 그 전 한 세기 동안 영국 국교회는 여러 가지 다른 견해들이 공존할 수 있도록 허용하는 관용주의적 경향(latitudinarian tendencies)으로 발전해 왔다. 혁명의 소용돌이, 다양한 청교도 정통신학을 실천하는 데서 오는 긴장과 격동, 그리고 왕정 복고주의가 가져온 관용과 안도감은 교역자나 회중들이 신학적 논쟁에 열성을 띠지 않게 했다. 사실 자신은 단순히 영국 국교회의 "옛 믿음"을 설교할 뿐이라고 한 웨슬리의 말에는 일리가 있다. "옛 믿음"은 만민 구제설(Restoration)이 자리를 잡으면서 교역자나 일반 대중으로부터 대부분 사라졌기 때문이었다.

감리회원의 특성(1742)에서 웨슬리는 감리회원을 다른 신앙인과 구분 짓는 것은 어떤 특정한 종교적 구도나 개념이 아니라는 것을 주장하였다. 그가 정확히 지적한 것은 감리회원들의 믿음이나 신앙의 행태는 많은 다른 기독교인들과 다를 바가 없다는 것이었다. 감리회원의 특성은 단순히 하나님 사랑과 이웃 사랑이었다 (*Societies*, 9:35). 이것이 "기독교의

공통적이고도 기본적인 원칙"에 불과하지 않느냐는 지적에 대해 웨슬리는 "당신들의 바로 그 말이 내가 하는 말이다"라고 응수했다. 그가 바란 것은 감리회원들이 "참 그리스도인들"로부터가 아니라 믿지 않는 이 세상과 구분되는 것이었다. 그렇다면 감리회는 단순히 "진정한 기독교"가 된다. 이것이 감리회를 옹호하기에는 미흡한 것 같아도 일치에 관심을 둔 감리회를 잘 나타내 주고 있다. 신학적 논쟁이 곧 분열을 의미하는 교계에서 감리회가 관심을 가진 기본적 질문 한 가지는 "당신은 하나님을 사랑하고 섬기는가?" 하는 것이라고 웨슬리는 말했다. 이것이 웨슬리의 실천적 신학(practical divinity)의 근거이다.

그러나 웨슬리는 자신의 신학을 구체적으로 설명하는데 주저하지 않았다. 그로부터 몇 달 후 좀 더 구체적인 설명을 담은 신학 소책자를 두 권 더 출판했다. 조사이아 터커(Tucker)의 *감리회 신학 원칙의 간략한 역사*에 대한 웨슬리의 답은 *감리회원의 원칙*(1742)의 출판이었다. 여기에서 웨슬리는 "건전한 신학"(sound divinity)이란 성경과 경험의 사

찬양곡 모음(1742)은 1740년 출간된 찬송과 성시에 따라 파운드리에서 웨슬리의 찬송을 부를 때 곡을 제공해 주었다.

리에 맞아야 하며, 자체적 일관성이 있어야 한다고 주장했다 (*Societies*, 9:64). 감리회원들이 윌리엄 로(Law)와 모라비안들에게서 논리를 빌려왔다는 터커의 주장을 웨슬리는 반박하였다. 자신의 견해를 설명하는 과정에서 웨슬리는 (어떤 의미에서) 죄가 없는 완전을 믿지 않으며, 또한 (어떤 의미에서) 믿음만으로 구원받는다는 것을 믿는다고 주장했다. 터커의 오류를 지적하는 방법으로 웨슬리는 자신의 일지를 인용하기도 했고, 일부 신학적 쟁점에 대해서는 확신, 조건, 그리고 구원의 효과 등에 대해 자신의

믿음을 피력하는 글을 쓰기도 했다. 해야 할 많은 일들과 시간에 쫓긴 웨슬리는 "복음적 경건은 의로워짐에 앞서는 필수적인 자격"이라고 한 턱커의 말에 "그것은 그리스도의 복음에 정면으로 위배된다"라고 말을 하는 선에서 자제했다. 웨슬리는 이 모든 일에 있어서 그의 동생 찰스가 "나와 똑같은 생각을 가졌다"고 말했다.

웨슬리는 누구와도 논쟁을 할 시간이나 마음이 없다고 말했었다 (J&D, 19:90). 그러나 1743년, 그는 그를 비난하는 사람들을 반박하기로 결정했다. 이렇게 함으로 감리회 운동을 공공연하게 문서를 통해서나 육체적으로 박해하는 이면에 있는 소문들을 처리할 수 있기를 희망했기 때문이다. 웨슬리는 감리회의 원칙과 행동을 "단순하게 설명"하는 *이성과 믿음을 가진 사람들에게 보내는 진지한 호소*를 출판했다. 웨슬리는 그가 가르치는 교리의 "간략한 소개" (rude sketch) 서문에서, 잘 알려진 원칙, 즉 감리회란 생명을 잃고 형식화된 종교를 넘어서서 하나님에게 합당한 사람이 되고자 하는 운동이며, 이것은 하나님 사랑과 이웃 사랑을 마음에 담고 선행과 행복으로 그 열매를 보이는 것이라고 거듭 주장한다.

이 논문은 이성을 가진 모든 사람을 목표로 한 것이었다. 그것의 강점은 독자를 향한 끊임없는 대화였다. 기독교인이 아닌 사람에게는 "우리가 당신에게 어떤 악을 행하였기에 다른 사람들처럼 우리를 비난하십니까?" 하고 묻는다. 그리고 이성의 시대였던 당시 유행하던 주제를 활용하여 "최소한 당신은 당신 스스로에게 중요하다고 생각하는 것을 우리에게서 빼앗아 가겠다고 주장하지는 않겠지요. 이 말은 이성을 가진 자라면 꼭 필요한 각자 알아서 판단할 권리를 말합니다. 그렇다면 당신 자신의 원칙에 의거해서라도, 최소한 우리의 *무죄*를 인정해 주어야만 합니다."

일반적인 원칙을 설명한 뒤 웨슬리는 믿음이 무엇인가를 설명하기 시작한다. 이러한 상황에서 웨슬리가 신앙 용어들을 개발하고 믿음과 이성의 관계를 설명하는 것은 당연한 일이다. 경험론에 따라 웨슬리는 자연적인 문제를 올바로 판단하기 위해서는 "자연적 감각"(natural senses)의 인식에 근거해야 한다는 것을 지적한다. 마찬가지로 영적 문제의 분명한 인지는 "보이지 않는 것들의 증거"(히브리 11:1)를 인식할 수 있는 "영적 감각"에 의해서 가능해진다. 이러한 내적 감각이 거듭남을 통해 되살아날 때까지는 영적인 일(things divine)을 아는 것은 불가능하다.

이어서 웨슬리는 스스로를 기독교인이라고 생각하는 사람들에게 거룩한 삶에 대하여 진지하게 생각해 보도록 권한다. 비도덕적인 사람들에게는 "신앙인이 아니라고 *실토를 하든지*, 아니면 그리스도인이 *되십시오*" 라고 말한다. 악을 피하고 선을 행하며 은혜의 수단을 활용하는 도덕적인 사람들에게는 "믿음을 전혀 갖지 않고도 그만큼은 할 수 있습니다. 그러나 정작 하나님 앞에서 필요한 것은 믿음입니다. 당신에게는 사랑으로 일하는 믿음은 없습니다"라고 말한다. 웨슬리는 그리스도인의 완전과 같은 교리를 간추려 설명하는 한편 "성서를 믿는 사람이 성서의 이런 작은 부분을 부인한다는 것이 가능합니까?" 라고 물으며, 이 내적 믿음을 설명한다. 그리스도인 독자들을 상대로 모든 살아있는 믿음에는 이와 같은 공통점이 있다는 것을 설득한 웨슬리는 "만일 당신이 하나님의 자녀라면 우리 사이의 어떠한 차이도 우리 사이의 공통점보다 크지 않다는 것을 인정할 것입니다. 그렇다면 어찌하여 우리를 나쁘게 보거나 비난하는 말을 하십니까?" 하고 묻는다.

웨슬리는 또한 감리회가 교회를 허물어뜨리고 분열을 야기한다는 비난을 변호하기도 했다. 그는 그가 대부분의 동료 교역자들보다도 영국 국교회의 장정과 성경을 좀 더 "양심적으로 철저하게" 따르고 있다고 주장한다. 이 주장을 뒷받침하기 위하여 웨슬리는 장정과 성경을 인용하며 독자들에게 누가 이들을 좀 더 철저하게 따르고 있는가 물었다. 교회를 떠나거나 분열시키는 사람들은 감리회에 발붙일 자리가 없는데 어떻게 우리가 교회를 분열시키고 있단 말인가.

"이 세상의 이성적인 사람들"에게 주는 웨슬리의 결론적 권면은 사도행전에 나오는 가말리엘의 다음과 같은 충고였다: "이 사람들을 상관 말고 버려두라. 이 사상과 이 소행이 사람에게로서 났으면 무너질 것이요 만일 하나님께로서 났으면 너희가 저희를 무너뜨릴 수 없겠고 도리어 하나님을 대적하는 자가 될까 하노라."

모든 사람들이 웨슬리의 운동이 하나님께로서 났다고 믿은 것은 아니었다. (요크 지방 대주교) 토마스 헤링(Herring)은 웨슬리가 "뜨거운 열정"을 "진실되고 유일한 기독교"라고 주장하는 것에 대해 놀라움을 나타냈다. 또한 "*감리회라는 이름으로 통상 구분되는 일부 집단의 행동에 관한 고찰*"의 저자(아마도 에드먼드 깁슨, 런던 감독)는 자신이 보기에 교구행정을 혼란스럽게 하는 감리회원들이 행하고 있던 내용들을 열거하였다. 여기에서 감독은 전에 찰스와 존 웨슬리에게 했던 조언과는 다르게, 개인의 집에서 저녁 모임으로 시작한 것이 이제는 공식 집회가 되었고, 여기에 참석하는 사람들이 비국교도로 등록을 하지 않았기 때문에 이런 모임들은 신교 자유령에 따르면 불법 비밀집회라고 주장하였다. 이렇게 하여 그는 조용히 사적으로 영적 교제를 하기 위해 모이는 일부 신도회로부터 감리회를 구분하려 했다.

부흥이 시작되다

어떤 사람들은 감리회를 좀 더 적극적으로 반대하고 나섰다. 당시 영국에서는 "집단행동"이 드물지 않았던 만큼 공공 안녕을 방해하는 어떤 일에도 이에 항의하는 폭도들을 모으는 것은 어렵지 않았다. 찰스는 1740년 킹스우드에서 높은 옥수수 가격에 항의하는 폭동에 광부들이 가담하는 것을 막으려 한 적이 있었다 (*CWJ*, 1:249). 3년 후 그는 셰필드(Shefield)에서 그 자신이 폭도들의 공격 대상이 되어 돌에 맞기도 했고, (교구 목사들의 선동과 경찰의 격려에 힘입어) 신도회관과 찰스가 머물고 있던 존 베넷의 집은 사실상 파괴되었다. 찰스는 폭도들에게 설교를 하고 폭력시위에 관한 법(Riot Act)을 읽어 주었다 (*CWJ*, 1:309-10).

존도 브리스톨에서 폭도들과 직면하기도 하고 런던에서 폭력시위를 겪기도 했고, 한 번은 찰스 광장에서 옥외 집회로 모여 있을 때 누군가가 황소를 몰아 모임 가운데로 지나가기도 했다. 그러나 이런 일들보다 더한 폭력이 1743년 10월 존이 웬스베리(Wednesbury)를 방문했을 때, 한때는 친하게 지냈던 그곳의 목사에 의해 저질러졌다. 웨슬리의 일지에 자세히 소개된 이 폭동은 극심한 반대에 직면했을 때에도 보호해 주시는 하나님의 섭리를 보여주는 대표적인 일화가 되었다 (*J&D*, 19:344-49). 비가 심하게 내리는 어느 밤 폭도들이 옥스퍼드 학자인 존을 머리채를 잡고 교외로 끌어가고 있을 때 그들은 옆 동네의 맞수 깡패 일단과 마주치게 되었다. 양쪽 집단은 서로 웨슬리를 차지하려고 싸움을 벌였다. 이 사건을

이 오래된 그림에 보면 웨슬리가 폭도들에게 공격을 당하고 있다. 그럼에도 폭력을 당하지 않은 것은 수호천사가 돌보아 주신다는 웨슬리의 주장과 일치하는 듯하다.

통하여 웨슬리는 많은 사람들이 그에게 해를 끼치려는 의도를 품기는 했지만 실제로는 그렇게 하지 못했다는 것을 알게 되었고, 두 번 얻어 맞았어도 아프지가 않았다. 다음날 존은 찰스에게 이 이야기를 전하며, 이제는 그가 어떻게 초대 기독교 순교자들이 불 속에서도 고통을 느끼지 않았는가를 알게 되었고, 그도 수호천사를 통해 보호를 받았다는 말을 곁들였다. 이에 대한 찰스의 반응은 신학적이기보다는 실제적이었다: "그는 키가 작아서 주먹을 피할 수 있었다" (*CWJ*, 1:338). 존은 당시 그 지역에서 치안판사들(justices)에 의해 회람되던 다음과 같은 호기심을 유발하는 선언을 기록함으로 이 사건에 대한 그의 보고를 마감했다:

> 스스로 감리회 설교가로 행세하는 몇몇 나이들은 사람들이 싸움과 폭동을 일으키며 다녀 국왕의 신민들과 평화에 막대한 피해를 입히고 있다: 이와 같은 감리회 전도자들을 부지런히 색출하여 우리가 그들의 범법 행위를 조사할 수 있도록 우리에게 데려 오도록 하라.

넉 달이 지난 뒤, 그 지방에서 수백 명의 폭도들이 "웬스베리에서 감리회를 뿌리 뽑기 위해" 모인 것은 이상할 것이 없다. 그 뒤 4, 5일에 걸쳐 떠돌이 폭도들은 그 지방의 감리회원으로 알려진 사람들의 집을 때려부수고 약탈했다. 감리회에 대한 반대는 *런던 이브닝 포스트*에 이 일이 감리회에 반대하는 사람들이 아니라, 감리회원 자신들에 의해 저질러졌다는 기사가 나가면서 더욱 거세어졌다. 이 말이 전혀 가능성이 없는 것은 아니었다. 콘월에서 웨슬리를 지지하는 주석 광부들은 "우리에게 반대하는 사람들은 돌로 쳐 죽여야 마땅하다"고 주장하고 다녔다 (*CWJ*, 1:326).

감리회원들을 겨냥한 여러 가지 비난은 갈수록 커졌다. 그들이 분리주의자라는 주장에 더하여 친교황주의자라는 비난은 더욱 반역적인 것이었다. 당시 스튜어트가의 왕위 계승자로 알려진 보니 찰리 왕자(Bonnie Prince Charlie)가 프랑스의 카톨릭계와 연합하여 영국을 침공하려 한다는 소문은 감리회가 친교황주의자라는 비난에 정치적 색깔을 더하였다. 그 결과 1744년 3월 웨슬리는 국왕 조지 2세에게 "영국과 웨일스에서 감리회라는 이름으로 조롱받는 신도회에서 공손하게 드리는 글"이라는 편지를 썼다. 여기에서 웨슬리는 자신들은 영국 국교회의 충성된 한 부분이며, "로마 교회의 근본주의적 교리를 혐오하고, 국왕 폐하의 어떤 명령도 하나님 말씀과 일치한다고 판단하면 끝까지 복종하려는 자세를 가지고 있는 국왕의 편"(*Letters*, 26:105)이라고 선언했다. 동생 찰스는 감리회의 이름으로 이 편지를 보내는 것은 자신들이 하나의 분파라는 것을 스스로 인정하는 결과라는 이유로 반대하였다. 웨슬리는 당분간 이 편지를 보내지

부흥이 시작되다

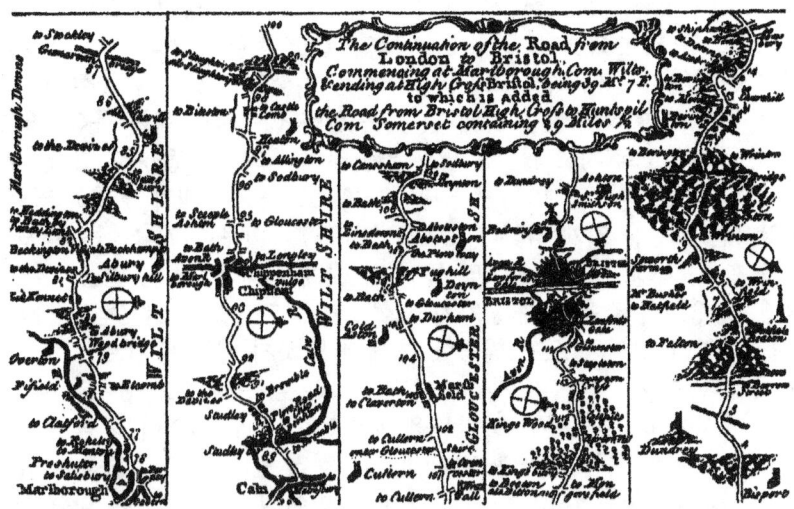

전 영국을 순회한 웨슬리는 많은 길을 다녔는데, 이들 중 대부분은 현대 여행 안내서에도 등장한다. 어떤 지도는 여기 그림에서 보는 말보로(Marlborough)에서 브리스톨까지의 지도처럼 부분 세부지도를 첨부하고 있었다.

않기로 했다. 그 다음 달 프랑스에 선전이 포고되었을 때 웨슬리는 국왕에게 충성을 맹세하는 많은 기회를 갖게 되었다.

넓어지는 교구

웨슬리는 버틀러 감독에게 자신은 영국 전역에 걸쳐 하나님의 말씀을 선포하도록 "한계가 정해지지 않은 교구"를 받았다고 말한 바 있다 (J&D, 19:472). 1739년 10월 하웰 해리스의 "강력한 요청"에 따라 웨슬리가 웨일스에 가게 되었는데, 이 일로 그의 한계가 없는 교구는 이제 런던과 브리스톨의 축을 넘어섰다. 존은 5일간 여행하면서 하루에 세 번 설교했다. 설교의 본문은 매번 달랐지만, 목적은 구원의 길을 설명하는 것 한 가지였다. 그의 *일지*에 보면, 그의 관점이 잘 나타나 있는데, 그는 "감리회라는 새로운 이름 때문에 이제 거의 모든 곳에서 반대되고 있는 영국 국교회의 평이한 옛 믿음을 설명하는 것 뿐"이었다 (J&D, 19:106). 계속하여 그는 사람들이 "복음을 들을 때가 되었지만 복음에 대해서는 크릭(Creek)이나 체로키 인디안과 마찬가지로 무지하다"고 말했다. 그리고 독자에게 "이 불쌍한 사람들"이 순회자설교자에 의해서라도 구원을 받는 것보다 "지식이 없어 멸망하는 것이 좋겠는가" 하고 물었다.

웨슬리와 메소디스트라고 불리운 사람들

1741년 6월, 존은 북쪽으로 갔다. 그는 레이디 헌팅던의 초청을 받아 미드랜즈를 방문했는데, 도닝턴 파크에 있는 백작 부인의 집은 잉엄과 데이빗 테일러 등에 의해 그 지역에 조직된 많은 신도회의 중심이 되고 있었다. 존이 백작 부인을 알게 된 것은 훼터 레인 신도회를 통해서였고, 그 지방의 신도회 지도자들 중 몇은 웨슬리 형제와 교분을 가지고 있었다. 모라비안들도 얼마 전 이 지방을 다녀가 웨슬리는 신도회가 그들의 영향을 받았다는 사실을 알게 되었다 (J&D, 19:271). 아무튼 웨슬리는 늘 하던 대로 교회, 가정, 시장, 나무 밑 등 여러 곳에서 회개, 구원, 믿음, 신앙의 퇴행 등 평소와 같은 주제를 가지고 설교를 했다. 그는 또한 듣는 사람의 마음이 열려 있지 않으면 믿음에 대해서 말하지 않는 흥미로운 시도도 해 보았다. 그 결과는 런던에서 리스터(Leicester)에 이르는 8마일 길에서 같은 마차에 타고 있었던 사람들을 포함하여 아무에게 아무 말도 하지 않았고, 도리어 가는 곳마다 "예의바르고 점잖은 신사"로 존경을 받았다. 이것이 비록 "육체적으로는 만족스러운" 일이었지만 그는 이 일을 통해 그의 통상적 전도 방식을 포기하기보다는 재확인하게 되었다 (J&D, 19:197-98).

런던으로 돌아오는 길에 웨슬리는 루터의 갈라디아서 주석을 읽고 그것이 불분명하고, 깊이가 없으며, 혼동하고 있고, 신비주의의 색채를 띠고 있다고 느끼게 되었다. 이에 웨슬리는 모라비안들이 루터를 따르고 있구나! 라는 사실을 분명하게 깨닫게 된다. 그리고 이것이 바로 그들이 크게 잘못 생각하고 있는 "진짜 원인"이라고 생각하게 되었다 (J&D, 201). 웨슬리는 당시 영국 국교회가 가지고 있던 견해, 즉 모라비안들의 근본적 문제는 선행, 율법, 하나님의 계명, 그리고 이성을 일관되게 부정적으로 보았던 루터에게까지 깊숙이 연결되어 있다는 생각을 가졌다. 웨슬리에게 이성은 이해하고, 판단하고, 소통하는 힘에 지나지 않았다 (Sermons, 2:590).

이 시점에서 많은 사람들에게 부흥 운동이 식어가고 갈라져 가는 것처럼 보였다. 여러 분야의 몇몇 지도자들 가운데는 아직도 연합에 대한 의지가 있었지만 견해차가 너무 커 희망이 없어 보였다. 존 갬볼드는 웨슬리에게 "당신이 함께 어울려 지내는 사람들 때문에 부끄럽다"고 말했다 (J&D, 19:203). 이러한 긴장관계는 일부 신도회에 파괴적 결과를 가져왔다. 1741년 여름 웨슬리 형제는 옥스퍼드 신도회가 존의 말에 따르면, "두 동강이 나 조각이 널리 퍼져" 엉망이 되어 있는 것을 보게 되었다. 전에 있던 25-30명의 회원 중 두 사람만이 주중에 정기적으로 성찬을 받았고, 교회에서 매일 갖는 기도회에는 아무도 나오지 않았다. 2년 전만 해도

부흥이 시작되다

타인의 뉴캐슬 샌드게이트 스트리트에서 첫 설교를 하는 웨슬리. 이 그림에는 그의 목소리를 들을 수 없는 먼 거리에 있는 군중이 나와 있지 않다.

찰스는 카울리 교구를 맡아 옥스퍼드에 정착할 것을 고려하기도 했었다. 웨슬리 형제는 교회나 대학에 남아 지도자의 위치에 오르기 위해 필요한 신학 학위를 취득하기 위해 학교에 자격 요건을 알아보기도 하였다. 1741년 여름 존은 실제로 이 학위를 취득하기 위한 과정을 밟아 예정론, 은혜의 수단, 그리고 칭의에 관해 글을 쓰기도 하고 대학에서 설교하기 위해 라틴어로 된 설교를 준비하기도 하였다 (*Sermons*, 4:408-19). "어떻게 이 도시가 창녀가 되었나"라는 제목의 설교는 옥스퍼드의 위선과 배교를 주제로 하는 것이어서 옥스퍼드 교직원의 입맛에 맞춘 것이 아님은 분명하다. 그러나 그는 이 설교를 하지 않도록 누군가에 의해 설득을 당해, 한 달 뒤 대학에서 "거의 다 된 그리스도인"(The Almost Christian)이라는 제목으로 설교를 했다. 그는 학위취득을 위한 자격 요건을 갖추는데 실패를 했거나 이 노력을 중단하였다. 어느 쪽이 되었든지 보드레이언(Bodleian) 도서관에서 주로 시간을 보내며 준비를 했던 이 짧은 기간은 그가 후에 자주 다루게 되는 신학적 주제에 대한 학문적 지원을 획득하는 일에 도움이 되었고, 연합신도회 일을 계속 추진할 수 있게 했다.

그 다음 해 웨슬리는 웨일스와 미드랜즈를 넘어서 여행을 했다. 킹스우드의 감리회 활동을 잘 알고 있는 레이디 헌팅던은 웨슬리 형제에게 북쪽에 있는 탄광의 광부들을 방문할 것을 제안했고, 존 넬슨은 여러 번 그들에게 버스톨(Birstall)에 오도록 초청했다. 런던에서 웨슬리와 만난 적이 있는 젊은 석공 넬슨은 "사막의 부엉이처럼" 광야에서 외치는 음성으로서 설교하기 시작했었으며, "여러 사람들이 하나님의 손에 상처를 입고… 강한

뉴캐슬의 고아원은 북쪽 지방의 첫 번째 웨슬리 건물이었다.

느낌을 동반한 죄사함(*conscious pardon*)의 교리를 받았다"는 등 경고에도 불구하고 계속 일을 해나갔다 (*People*, 32).

그래서 존은 1742년 봄 요크셔에 가서 친구와 동료들이 인도하는 그 지역의 여러 신도회를 순회 방문하였다. 5월 30일 그는 뉴캐슬에서 사역을 시작하여 "그 동네에서 가장 가난하고 비참한 지역"인 샌드게이트(Sandgate)를 방문하였다. 존 테일러와 함께 동네의 끝에 서서 그가 송영을 부르기 시작하자, 이를 궁금하게 여긴 서너 사람들이 왔다. 곧 400에서 500명이 모였고, 머지않아 웨슬리는 "그는 우리의 죄로 인하여 상처를 입으셨다"는 설교를 1,200에서 1,500명에게 했다. 그는 자기의 이름을 밝히고 그 날 저녁 다시 설교할 것이라고 알렸다. 그 날 저녁은 웨슬리가 무어필드(Moorfields)나 케닝턴(Kennington)에서 본 것보다 더 많은 사람들이 모여, 그는 일지에 "비록 나의 목소리가 크고 분명했지만" 모인 사람들의 절반 이상이 믿음의 퇴보에 관한 그의 설교를 들을 수 없었던 것으로 안다고 기록했다 (*J&D*, 19:269).

그 해가 지나가기 전 웨슬리는 그가 관할하는 네 개의 예배당 중 가장 큰 뉴캐슬 예배당을 짓기 위한 첫 돌을 놓았다. 그는 주머니에 1.6파운드밖에 없었지만 다시 한번 믿음으로 이 일을 벌였다. 그는 사람들에게 지원을 청하였고, 자선에 관한 설교를 하며, 기부금을 받았고 (예를 들면, 꿈에 웨슬리가 자금을 쓰는 것을 본 퀘이커 교도가 헌금한 100파운드) 어떻게든 자금이 채워질 것이라는 믿음을 가졌다. 그는 어거스트 헤르만 프랭키(Francke)가 할레(Halle)에 고아원을 세울 때 쓴 방법을 따라서 했다. 프랭키와 윗필드를 따라 웨슬리는 뉴캐슬의 건물을 "고아원"이라고 불렀고, 예배당은 물론 학교와 병원 등 여러 가지 용도로 사용하였다.

부흥이 시작되다

자금을 모으기 위하여 잠깐 남쪽에 다녀온 뒤 1743년 2월, 뉴캐슬로 돌아온 웨슬리는 신도회의 기강(discipline)이 해이해진 것을 알게 되었다. 석 달 전, 웨슬리는 회원 중 문제를 일으키는 몇 사람들을 심사했었다 (찰스는 이런 종류의 "가짜"를 가려내는데 익숙해져 있었다). 그러나 이번 경우에는 웨슬리는 사람들을 심사한 뒤 "복음의 길을 걷지 않는" 50명 이상의 사람들을 제명해야 할 필요를 느꼈다. 결국은 신도회에서 64명의 회원들이 제명을 당했다. 그들에게 적용된 죄목은 우리에게 새로운 깨달음을 준다.

  2 사람: 욕지거리와 상 말
  2 사람: 습관적으로 안식일을 범함
 17 사람: 술 취함
  2 사람: 주류 판매
  3 사람: 말다툼과 싸움
  1 사람: 아내 구타
  3 사람: 습관적, 고의적 거짓말
  4 사람: 폭언과 사악한 말
  1 사람: 빈둥거림과 게으름
 29 사람: 안일함과 조심성 없음 (*J&D*, 19:318 참조)

이틀 뒤 웨슬리는 *연합신도회의 성격, 목적, 일반 규칙*을 써 심사 과정을 기호로 정리해 두었다. 신도회에 관한 간략한 역사와 소개를 기록하면서 웨슬리는 회원이 되기 위한 자격에 관한 규정을 구체적으로 적었다. 신도회에 가입하기를 원하는 사람은 한 가지 조건, 즉 "다가오는 심판을 피하고 자신들의 죄에서 구원받고자 하는 열망"(desire)을 보여야 했다. 그러나 신도회의 회원으로 계속 남아 있기를 원하는 사람에게는 "첫째, 남에게 해를 끼치지 않고, 둘째, 선을 행하며, 셋째, 하나님의 모든 계명을 지킴으로 구원받고자 하는 열망을 증거"할 것이 요구되었다. 웨슬리는 간단한 이 세 가지의 규칙을 구체적으로 본을 보였다 (*Societies*, 70-73, 79). 피해야 할 악의 목록은 회원을 제명한 사유 목록과 놀라울 정도로 일치한다. 그리고 지켜야 할 계명의 목록은 잠잠함을 주장하는 모라비안들이 지킬 필요가 없다고 주장했던 바로 은혜의 수단 그 자체였다.

이 세 가지 전제 조건이 참 믿음의 전부는 아니라고 웨슬리가 종종 말하기는 했지만, 이것들이 이제는 진심으로 구원받기를 열망하는 사람들에 나타나는 최소한의 증거가 되기도 했다. 이 조건들은 이 시점에서 웨슬리식 구원론에 가장 큰 장애가 되는 율법무용론을 정면으로 반박하는 것이었다. 이리하여 **일반 규칙**(General Rules)은 신도회의 속회 회원증 갱신을 위한 유일한 근거가 되었다. 74명의 회원들이 자발적으로 신도회를 떠났지만, 800명가량의 뉴캐슬 신도회 회원들은 지난 2월의 정화 이후에도 자격요건을 유지하고 있었다. 그럼에도 그 다음 주 웨슬리는 남아 있는 회원들에게 "우리 모든 회원들이 지켜야 할 이 규칙"을 들이대었다. 물론 웨슬리는 이렇게 하는 것이 많은 회원들을 당혹스럽게 만들 것이라는 것을 잘 알고 있었다. 철저함을 추구하는 웨슬리는 다음 주 속회들을 다시 구분해 내는 면에서 찰스는 존보다도 더욱 엄격한 심사관이었는 듯하다 (CWJ, 1:305).

감리회원 중 일부는 그들이 모든 규칙을 다 지킬 수 없다는 것을 웨슬리 형제에게 솔직하게 털어놓았다. 1744년 11월 토마스 윌리스는 존에게 긴 편지를 써, 일반 규칙 중 웨슬리가 구체적으로 적용하고 있는 핵심조항에게 해당되는 규칙을 그가 어떻게 지키거나 못 지키고 있는지를 설명했다. 여기에서 그는 구세주의 황금율을 "거의 완벽하게" 지킬 수는 있지만 웨슬리가 핵심조장들에게 적용하는 규칙을 "문자 그대로 철저하게" 지킬 수는 없다고 솔직하게 시인했다. 윌리스는 주일에 물건을 사고파는 것을 금하는 문제에 대해 특별히 어려움을 실토했다. 우유를 그 예로 들면서 주일날에도 소는 젖을 짜야하고, 어린이들은 우유를 마셔야 하며, 우유는 주일 아침부터 월요일까지 보관할 수 없다고 지적했다. 여기에 대한 웨슬리의 단순한 반응은 "정말 그렇군" 하는 것이었다 (Letters, 26:116-18).

연결망의 성장

서쪽과 북쪽 지방으로 설교 여행을 다니는 동안 존 웨슬리는 조직된 신앙활동에 관계하고 있는 다양한 사람들과 웨슬리 운동에 호의적인 사람들을 접촉하게 되었다. 그 중에는 리즈 (Leeds) 지방의 벤자민 잉엄처럼 전에 알고 지내던 동료들, 웨일즈 웬보 (Wenvoe, Wales) 지방의 존 핫지스 같은 교역자들, 버스톨(Birstall)의 존 넬슨처럼 런던에서 만나 그 뒤로 연락을 주고받던 친구들, 그리고 후에 "복음의 아들"이 되며 더비셔 (Derbyshire)에 신도회를 조직하게 되는 존 베넷과 같은 새로운 친구들이 포함되어 있다. 존은 기회가 되는 대로 이들이 이끄는 신도회에서 강연을 하고, 때로는 지역교회들 또는 시골 동리에서 설교도 하였다. 물론 모든 교회가 그를 받아들인 것은 아니다. 심지어는 그 전 해 그의 고향인 엡워스에서 조차 존 롬리 (John Romely) 목사가 성 앤드류 교회에서 설교를 하지 못하게 막아 존은 가까운 묘지에서 아버지의 무덤을 강대상 삼아 설교를 했다 (J&D, 19:273).

부흥이 시작되다

웨스트 스트리트의 예배당은 웨슬리 형제가 런던 감리회원들에게 성찬을 베푸는 장소가 되었다.

웨슬리는 많은 곳을 순회하면서 이 신앙운동을 여러 곳에 퍼뜨리고, 여러 지역에 흩어져 있는 신앙인들을 **연대조직**(connection)으로 묶어 세우기 시작했다 (Rack, 214-37 참조). 존 웨슬리는 여러 지방에 있는 신도회들을 연결시키는 고리 (link) 역할을 하였고, 또한 영국 국교회의 한 부분으로 확고한 소속감을 심어주려 했다.

감리회원들은 가능한 한 자주 성만찬을 위해서 교구 교회에 출석하도록 권유를 받았다. 그러나 교회 출석이 불가능한 경우를 고려하여 존과 찰스는 그들의 추종자들이 성찬을 받을 수 있도록 때로는 예전(rubrics)을 확대하여 해석하기도 했다. 브리스톨에서 킹스우드의 가난한 광부들이 교구 목사에 의해 성찬식에서 쫓겨나게 되었을 때, 찰스는 교회를 옹호하는 입장을 지녔음에도 불구하고 킹스우드에서 교회당이 아닌 다른 곳 (unecclesiastical setting)에서 그들에게 성찬을 베풀었다 (CWJ, 1:267). 이미 수년간 존은 감리회 동료들 중 병자들을 위해 폭넓게 성찬을 베풀었으며, 이것은 교회가 금하는 "사적 성찬"이 아니라는 주장을 폈다.

1743년 성찬을 위해서 자신들의 교회에 출석할 수 없거나 출석하지 않는 감리회원들의 요구를 충족시켜주기 위한 기회가 생겼다. 5월에 존은 웨스트 스트리트(West Street)에 쓰지 않고 있는 위그노 (Huguenot) 교회당을 세내었다. 그는 1741년 8월 그곳에서 설교를 했고, 매번 200명가량의 감리회 방문자들에게 다섯 주일에 걸쳐 성찬을 베풀었다. 이곳은 성별된 건물이었으니 만큼 존은 런던 지역의 감리회원들에게 성찬을 베풀기 위한 목적으로 이 건물을 취득하는 것을 편안하게 생각했다. 1743년 처음 몇 번 웨스트 스트리트 예배당을 찾은 수많은 (당시 런던의 연합신도회에는 2,000명이 넘는 회원이 있었다.) 사람들에게 성찬을 베풀기 위해서는 다섯 시간에서 여섯 시간이 걸렸는데, 웨슬리는 한 번에 성찬을 받는 사람들이 600명을 넘지 않도록 이 사람들을 세 그룹으로 나누었다 (J&D, 19:326). 성 야고보 교회의 담임목사는 감리회원들이 무더기로 몰려드는 것에 대해 상부에 진정을 했지만, 웨슬리는 자신이 옥스퍼드에 있을 때 그곳의 감독이었고 지금은 캔터베리의 대주교인 존 포터와 이미 협의를 끝낸 뒤였다. 이와 같이 웨슬리가 채택한 감리회를 통한 부흥 운동의 또 다른 수단은 그가 명백히 정체가 다른 새로운 분파를 세워 나가고 있다는 비난의 위험도가 높아지게 하였다.

런던 신도회는 회원수가 많기 때문에 더 많은 전도처소들이 필요하게 되었다. 1743년 8월 웨슬리는 테임스 (Thames) 강의 남쪽 연안 스노우스필드(Snowsfield)에 있는 "간이 예배당"을 구입하도록 연락을 받았다. 그곳은 썩 좋은 지역은 아니었다. 누군가가 "도시 전체에 이런 곳은 없다고 말했고, 그곳 주민들은 사람이 아니라 마귀들이다"라고 할 정도였다 (J&D, 19:330). 찰스는 1740년 그곳에서 설교를 했고, 그쪽 지역에 감리회원들의 수는 늘어가고 있었다. 스노우스필드 예배당은 웨슬리 형제가 런던에서 사용한 세 번째 건물이다 (WHS, 43:59-61). 부흥이 영국 내 타지역으로 퍼져나가면서 뉴캐슬에서와 비슷한 필요가 발생했다. 그러나 웨슬리 운동에 동참한 다른 지방 신도회들은 자신들의 집회 장소를 확보하고 있었다.

논쟁과 컨퍼런스

영국의 여러 지방에 나타나기 시작한 부흥 운동과 웨슬리 운동의 다른 점은 그의 아르미니안 신학과 영국 국교회에 가진 충성심이었다. 많은 경우 복음주의적 설교가들은 강한 칼빈주의적 색채를 띠었고, 영국 국교회에 반대하는 이들의 성향은 영국 국교회로부터 분리되어지는 것에 대해 별로 신경을 쓰지 않고 있었다. 웨슬리가 영국 국교회 내에 있던 많은 다른 복음주의적 교역자와 다른 점 또 한 가지는 그리스도인의 완전에 관한 교리이며, 이들은 이와 같은 가르침을 열성의 한 단편으로 보았다. 그러나 윗필드가 미국에서 많은 시간을 보내고 있는 동안 부흥 운동을 하는 사람들 중에서 웨슬리의 지도력의 역할은 강화되고 확정적인 위치로 되어가고 있었다.

이러한 지도자적 역할을 수행하기 위한 웨슬리의 노력은 "모라비안들, 그리고 예정론자들의 우두머리와 협의하기 위하여" 1743년 8월 런던에서 개최한 **컨퍼런스**(conference)였다. 부흥 운동이 전개되면서 부흥 운동의 지도자들은 서로 연락을 유지해 왔었고, 그들 중 일부는 1739년 이후 최소 한 번 이상 함께 모이기도 했다. 우리가 이미 본 것처럼 웨슬리는 실제로 1740년부터 런던에서 연차 컨퍼런스를 갖기로 약속을 한 상태였다. 그러나 이 계획은 부흥 운동이 갈수록 분파적이 되면서 이루어지지 못했다. 1743년에 들어 존은 부흥 운동을 갈라놓는 알력을 극복하기 위하여 지도자들이 모이는 컨퍼런스를 개최하기로 결정했다.

찰스는 그의 말에 따르면, 랜즈 엔드(Land's End)에서 "소환"되었고, 존 넬슨은 요크셔로부터 왔다. 뉴캐슬로부터 도착한 존 웨슬리는 모라비안들과 예정론자들이 와 있지 않은 것을 알게 되었다. 모라비안들을 대표해서 오겠다고 했던 스팡겐버그는 영국을 떠나 있었다. 제임스 허튼은 모라비안 형제들이 그를 가지 못하게 한다고 주장하며 오지 않았다. 윗필드도 나타나지 않았다. 처음 의도했던 대로 되지는 않았지만, 8월 12일 모임에 참석한 세 사람은 아무튼 파운드리에서 "선한 목적"을 위하여 모임을 가졌다고 찰스는 일지에 기록했다 (*CWJ*, 1:333-34).

연합을 위한 컨퍼런스의 결성에는 실패했지만, 이와 같은 시도는 부흥 운동의 획을 긋는 전기가 되었다. 회의를 준비하는 동안 웨슬리는 토의될 주제에 대해서 자신의 생각을 정리해 보았음이 틀림없다. 그 다음 주간 콘월에 가기 전 웨슬리는 그가 윗필드와 겪고 있는 문제에 대한 자신의 느낌들을 서면으로 기록해 두었다. 그는 다음의 세 가지 문제점에 관한 자신의 입장을 정리했는데, 이는 무조건적 선택 (unconditional election), 불가항력적 은혜 (irresistible grace), 그리고 궁극적 구원이었다. 이 글에서 그는 토론을 최소화하기 위해서, 그리고 아직도 자신이 윗필드와 연합하기를 소망하고 있다는 것을 보이기 위해 자신의 입장을 많이 양보한다. 그렇기는 하지만 처음 두 건에 있어서의 그의 양보는 영원한 정죄에 대한 단호한 거부와 자유 의지에 대한 강한 주장으로 의미가 없어져 버렸다. 그리고 세 번째 항에 있어서의 그의 양보는 사람에 따라 다르게 해석될 수 있는 성화에 관한 암호와도 같은 언어로 되어 있었다. 윗필드나 레이디 헌팅던과 같은 예정론자들과 평화를 이루기 위한 목적으로 준비되기는 했지만 이 신조는 결국 최후의 경계선이 되고 말았다 (*J&D*, 19:332-33).

그 다음 해 웨슬리는 다시 한번 컨퍼런스를 개최하기로 결심했다. 초청 받은 사람들 중에는 모라비안적, 또는 칼빈주의적 성향이 있는 사람들도 있었다. 그러나 그들이 그쪽 진영의 지도자들은 아니었고, 그리스도인의 완전에 대하여 의문을 가진 옥스퍼드 출신 모라비안 평신도 리처드 바이니 (Viney), "칼빈의 손에서 빠져나오려" 했던 맨 섬(the Isle of Man)의 교역자 토마스 메리튼(Meriton) 등 웨슬리의 지도력을 따르기로 마음먹은 사람들이었다 (*CWJ*, 1:365). 1744년 6월 협의회에 웨슬리와 교류를

웨슬리와 메소디스트라고 불리운 사람들

가진 모든 교역자나 평신도 설교자들이 초청을 받은 것도 참석을 한 것도
아니었다 (*Polity*, 231). 한 예로 바이니는 오지 않았지만, 토마스 리처드
즈, 토마스 맥스필드, 존 베넷, 그리고 존 다운스 등 네 사람의 평신도
설교자는 왔다. 네 사람의 교역자들이 이 기회에 웨슬리 형제와 연계를
갖게 되었는데, 그들은 메리톤, 사무엘 테일러 (이브샴 부근 퀸튼 출신),
헨리 피어스(켄트 지방 벡슬리 출신), 존 핫지스(웨일스 지방 웬보 출신)이
었다. 대표들은 웨슬리 형제들이 방문했던 대부분의 지역에서 왔다. 이
컨퍼런스를 위하여 웨슬리는 다시 한번 여러 신학적 문제들, 특별히 모라비
안에 관하여, 생각을 정리했다. 모임을 갖기 전 날 밤, 그는 영국 내 모라비안
교회에 편지를 썼다. 그 전 해 예정론에 대해 썼던 글과 마찬가지로 이
편지에 그는 토의 상대자들과 동의할 수 있는 점들과 그들이 가진 장점들
열거했다. 그리고 그는 "당신들 중 어떤 이는 '당신이 이 모든 것을 인정하는
데 더 이상 무엇을 바라십니까?'"라고 썼다. 그러나 이런 경우에 그는
차이점들을 편지에 요약해 쓰지 않고 대신 당시 출판사에서 출판을 기다리
던 그의 일지 발췌집의 서문으로 쓸 계획을 했다: "여기 실린 발췌문은
당신의 질문에 대부분 답을 줄 것입니다." 발췌문 끝에 웨슬리는 그가

연대표 6
부흥 초기

1740	1745	1750	1755
		조지 2세	
리차드슨의 *파멜라*	수산나 웨슬리 죽다	찰스 왕자의 침공	찰스 웨슬리 결혼	존 웨슬리 결혼	존슨의 *사전*
윗필드와의 논쟁	*진지한 호소*	프란시스 애스베리 출생	토마스 복 출생	헨델의 *메시아*	웨슬리의 *사전*
		설교집 1권	기초 의학	기독교 도서관	신약 주해
					"과연 결별해야 하나"
모라비안과 분리	브리스톨에서 속회를 시작함	초기 연회와 *연회록*	순회 시작	첫 아일랜드 연회	분리에 대한 논쟁
"복음의 자녀들"	*일반 원칙*	약방	킹스우드 학교를 다시 열음		런던에서 설교할 계획
존 웨슬리가 뉴케슬에 감		존 웨슬리가 아일랜드를 처음 방문함	존 웨슬리가 스코틀랜드를 처음 방문함		

모라비안들과 갖는 문제점들, 특별히 보편적 구원론, 율법무용론, 정적주의, 이 세 가지에 대해서 썼다. 그는 모라비안들에게 교리, 장정, 그리고 실천, 이 세 가지 분야에서 변화하기를 촉구하는 것으로 이 글을 마무리지었다 (J&D, 19:220-24). 그 전 해 윗필드와의 문제를 다루었던 것처럼 모라비안들과의 문제를 다룬 웨슬리는 이렇게 하여 그가 관련을 맺고 있었던 두 개의 부흥 진영과의 마지막 경계를 확실히 그었다.

이로써 1744년 컨퍼런스는 웨슬리의 교리와 실제 신앙생활의 발전에 중요한 전기가 되었다. 웨슬리는 선을 분명히 그었고, 분열을 극복해 보려는 그의 주요 노력은 이제 과거의 일이 되었으며, 이제는 그 자신의 영역에서 힘차게 전진해 나갈 준비가 되었다.

컨퍼런스에서 다룬 첫 번째 의제는 평신도 설교자들을 토의에 참여시킬 것인가를 교역자들이 결정하는 것이었다. 이 질문은 평신도 설교에 대한 부정적인 선입관을 고려해 볼 때 이치에 맞는 것이었다. 그곳에 모였던 여섯 명의 교역자들은 웨슬리가 이끄는 부흥 운동에 앞으로 얼마나 많은 수의 교역자들이 참여하게 될는지 전혀 알 수가 없었다. 평신도 설교자들을 참여시키게 된 것은 존의 태도에 비추어 보면 이미 결정이 난 것이나 다름없었다. 그러나 이것은 장래 협의회의 성격과 감리회의 형태에 중차대한 영향을 미치는 결정이었다.

이 컨퍼런스의 목적은 다음과 같은 기본적인 질문, 즉 "무엇을 가르칠 것인가; 어떻게 가르칠 것인가; 그리고 무엇을 해야 할 것인가"(What to teach; how to teach; and what to do.)하는 것으로 요약이 된다. 웨슬리는 이에 따라 세 부분으로 된 의제를 마련하였고, 특별히 어떻게 교리, 장정, 그리고 신앙의 실천을 규제해 나갈 것인가를 물었다. 처음부터 모두가 자유스럽게 발언하고 모든 질문은 충분히 토의될 것("한 톨까지 체로 거를 것"-세밀히 조사함)임을 분명히 하였다. 목적하는 바는 "자신의 양심을 상하지 않으면서" 모두가 따를 수 있는 합의를 이끌어 내려는 것이었지만, 회의록에 기록된 답을 보면 존 웨슬리가 질문만 준비한 것이 아니라 그의 시각이 대화를 주도한 것이 분명하다.

처음 이틀간의 토의는 교리에 관한 것이었다. 특별히 평신도 설교자들은 신학적 개념의 깊이가 없었다. 웨슬리가 보기에는 설교의 핵심(성경의 해설)은 설교자의 영적 체험을 증거하는 것 이상이었지만, 당시 감리회 속회에서는 이러한 설교가 많은 평신도 설교의 기본이 되어 있었다. 그 전 몇 해 동안 웨슬리는 체험을 성서와 연결짓는 것은 결국 성서를 어떻게 해석하는가 하는 기본적 선택이라는 것을 잘 알게 되었다. 윗필드가 모두에게 그리스도를 제시했다고 해서 그가 웨슬리의 아르미니안 신학과 아무런 기본적 차이도 없다는 뜻은 아니었다. 웨슬리에게 있어서 이러한 차이와 이에 따르는 선택에서 오는 결과는 믿음의 핵심 그 자체, 즉 거룩한 삶의 핵심에 결정적인 요소들이었다.

웨슬리는 최근 몇 달간 그의 마음에 정리해둔 몇 가지 교리적 쟁점들을 분명히 해둘 준비가 되어 있었다. 이 컨퍼런스의 회의록에 보면, 믿음으로 얻는 구원이 강력하게 주창되었지만, 믿음에 앞서 회개와 회개에 합당한 선행 (일반 규칙에 준해서 정의 됨) 또한 받아들여졌다. 확신은 모든 진실한 그리스도인에 의해 받아들여지는 것으로 확인되었지만, 의심과 두려움을 포함하는 믿음의 여러 단계는 "첫 기쁨"에 곧 이어 나타나는 일반적인 경험으로 인지되었다. 율법무용론은 거부되었고, 성화는 정의되었다.

세 번째 날과 네 번째 날 컨퍼런스에서 다루어진 장정에 관하여, 첫 번째 관심사는 영국 국교회의 성격 규명과 그 일원으로서의 감리회의 역할에 대한 정의를 내리는 것이었다. 그들은 영국 국교회에서 분리해 나올 의사가 없음을 강력하게 주장했다. 그들의 목적은 드러내 놓고 말하지는 않았지만 누룩이 되어 영국 국교회 전체를 변화시키려는 것이었다. 그들은 부흥 운동의 세부 사항을 논의하였고, 이미 결성되어 있는 신도회로부터 조금씩 퍼뜨려 나가기로 결정하였으며, 이렇게 하는 것이 "적은 누룩이 소리 없이, 그러나 효과적으로 퍼져" 나가게 되고, 도움이 필요할 때 줄 수 있을 것이라고 여겼다. 그들은 연합신도회의 구조를 검토하였고, 각 기관을 문서로 정리하고 각각의 규칙을 검토했다. 신도회는 깨어난 사람들로 구성이 되었는데, 이들 중 "죄사함을 받은 것으로 여겨지는 사람들"이 핵심조를 이루었고, "하나님의 빛 가운데 걷는 것으로 여겨지는 사람들"이 각각 선별 신도회를 구성하였으며, "믿음을 잃은 사람들"은 따로 참회조(penitential bands)로 모였다. 신도회 안의 여러 직책들, 즉 보조원, 집사, 핵심조와 속의 지도자들, 병자 방문인, 학교 교사, 그리고 집회소 관리인 등은 그에 따르는 규칙과 함께 문서로 정리되었다. 야외설교는 허용되기는 했지만, 교회나 실내 장소를 사용할 수 있을 때에는 하지 않는 것으로 하였다. 평신도 보조원은 "필요한 때에 한해서" 허용이 되었다. 모든 설교에 있어서 가장 좋은 일반적인 방법은 초청하고, 설득하고, 그리스도를 제시하며, 믿음을 세우는 것으로 정리되었다.

마지막 날에는 모라비안들 및 윗필드와 연합하는 문제가 토의되었다. 모라비안의 경우는 이미 끝난 문제로 보아 포기했고, 윗필드의 경우는 그가 먼저 손을 내밀어 온다면 허용하기로 했다. 그들은 또한 설교를 듣지 못한 이들을 위해 웨슬리가 교역자들을 상대로 한 강연을 출판할 것과, "추가적 호소"(Farther Appeal)를 작성하고, 다른 유용한 짧은 글 및 간략한 글과 함께 16개의 설교를 출판할 것을 결의했다.

부흥이 시작되다

컨퍼런스에 참석한 열 명의 감리회원들은 감리회 순회구역의 세 끝 지역에서 참석할 수 있는 이들을 위한 분기별로 회의(구역회)를 할 것을 합의했는데, 11월은 뉴캐슬에서, 2월에는 브리스톨에서, 그리고 5월에는 런던에서 돌아가면서 갖기로 했다 (*Letters*, 25:700 참조). 그리고 사분기는 8월 1일 연회로 모이기로 했다. 그들은 또한 일사분기 중 가질 특별 월별 모임도 일정을 잡았는데, 신년 철야, 애찬식 (love feast), 그리고 모라비안들이 통상 갖는 새로운 소식이나 종교적 체험을 담은 편지를 협회에서 읽는 **편지낭독일**을 포함한다 (*Cambridge*, 271). 참석자들이 돌아가기 전 그들은 "각각 어디에서 수고할 것인가"를 결정했는데, 이 파송을 결정하는데 웨슬리가 주로 영향력을 행사했다.

이 컨퍼런스의 회의록(Minutes)은 웨슬리가 그의 옥스퍼드 일기 앞 부분에 번호를 매긴 문단으로 조심스럽게 정리된 간결한 질문과 암호를 사용하여 답으로 기록하고 정리해 두었다. 논리를 추구하는 웨슬리의 취향과 학구적 문서들을 쓰는 훈련 등은 이 경우에 유용하게 쓰였다.

이 컨퍼런스의 긴 일정과 진지하고도 철저한 토의, 그리고 폭넓은 참석자들은 이 컨퍼런스가 그저 또 하나의 동료들의 모임이 아니었다는 것을 잘 보여준다. 이 컨퍼런스는 동역자들이 한 자리에 모여, 생각들을 다시 정리하며, 조직과 방법을 명확히 하고, 성장을 계획하는 웨슬리와 감리회의 조직적 분기점이었다. 이제 감리회 운동은 때를 만났고, 웨슬리 형제는 미래를 향한 든든한 발판을 마련하게 되었다.

Chapter 3—Suggested Additional Reading

Appeals—Cragg, Gerald R., ed., *The Appeals to Men of Reason and Religion* (Nashville: Abingdon Press, 1976), vol. 11 of the Bicentennial Edition of *The Works of John Wesley*.
Polity—Baker, Frank, "The People Called Methodists: Polity," in *A History of the Methodist Church in Great Britain*, ed. Rupert Davies and Gordon Rupp (London: Epworth Press, 1965), 1:213-55.
Rack, Henry, *Reasonable Enthusiast: John Wesley and the Rise of Methodism*, 2nd edition (Nashville: Abingdon Press, 1992).
Walsh, John, "The Cambridge Methodists," in *Christian Spirituality*, ed. Peter Brooks (London: SCM Press, 1975), pp. 251-83.

제4장

감리회 운동의 정립 (1744-1758)

1744년 컨퍼런스에서 웨슬리는 교리, 장정, 그리고 그와 관계하여 일하는 설교자들의 목회활동을 좀 더 구체적으로 정리하기 시작했다. 웨슬리 형제는 하웰 해리스, 벤자민 잉엄, 조지 윗필드와 같은 다른 부흥사들과 보조를 맞추는 한편, 다른 형태의 부흥 운동이나 영국 국교회로부터 점점 더 독자성을 띠어가는 감리회 운동의 윤곽을 뚜렷하게 하기 시작했다. "무엇을 가르칠 것인가? 어떻게 가르칠 것인가? 무엇을 할 것인가?" 하는 1744년 컨퍼런스의 세 가지 의제는 자신의 연대조직을 통합, 정립하려 했던 새롭게 부상하는 지도자 웨슬리의 주 관심사가 무엇이었는가를 알게 해준다. 이 컨퍼런스의 회의록은 이러한 관심사의 구체적 성격과 실체를 드러내기 시작하는 웨슬리의 방법론을 잘 보여준다.

연합신도회의 부흥은 우리가 전에 보았듯이 단순히 웨슬리의 전도의 결과만은 아니었다. 이 운동이 런던과 브리스톨을 넘어서 퍼져나가기 위해서는 여러 지역에 흩어져있는 교역자, 또는 평신도들에 의해 시작된 신도회들을 연결하는 조직이 필수적이었다 (Rack, 214-18). 많은 수의 신도회들은 버스톨(Birstall)의 존 넬슨처럼 웨슬리 형제와 전부터 알고 지내던 사람들이 이끌고 있었다. 다른 신도회들, 예를 들면, 토드모든의 윌리엄 다니, 또는 더비셔(Derbyshire)의 존 베넷이 이끌고 있었던 신도회들은 자생적으로 시작된 지역 부흥의 결과이었거나, 레이디 헌팅던, 또는 데이빗 테일러 같은 다른 지도자들에 의해 시작된 운동의 일부였다.

웨슬리 운동에 속한 신도회들이 여러 지역 지도자들이나 그들의 모임을 부분적으로 흡수해 가면서 퍼져나가게 되자, 감리회 운동에는 서로 다른 신학적 입장이나 조직적 형태가 나타나게 되었고, 설교자들과 신도회 회원 간의 마찰도 따르게 되었다. 칼빈주의자들 중 어떤 이들은 윗필드와 웨슬리 중 누구를 따라야 할지를 몰라 했고, 모라비안주의자들 중 어떤 이들은 어떤 면에서는 웨슬리와 연대감을 느끼기도 하였지만 다른 면에서는 웨슬리와 의견을 달리하기도 했다. 나름대로의 조직적 특성을 가지고 부흥 운동에 참여했던 침례교도들과 퀘이커들은 감리회 신도회에 정기적으로 들락날락하였다 (*J&D*, 20:41-42 참조).

웨슬리와 메소디스트라고 불리운 사람들

감리회 예배를 풍자한 윌리엄 호가트(Willaim Hogarth, 1762)의 "믿음성, 미신, 그리고 열광주의"(Credulity, Superstition, and Fanaticism)의 세부도. 그림에 나타난 영적, 그리고 성적 충동에도 불구하고 믿음의 온도계는 겨우 "뜨뜻미지근함"을 나타내고 있다.

영국 국교회에 남아 그 지침에 따르자는 웨슬리의 주장은 특정 문제를 해결하는데 별 도움이 되지 않았다. 웨슬리와 영국 국교회 사이에서 벌어지고 있는 모든 상황에 맞는 전례는 존재하지 않았다. 영국 국교회는 수년 동안 일반적인 조직이나 믿음의 규범 (rubrics) 안에서 다양한 신앙의 표현을 허용하고 있었다. 국교회 안에서도 청교도들은 오랫동안 칼빈주의적 성향을 드러내 왔고, 영국 모라비안들의 루터교적 성향은 영국 국교회와 이중 교적을 갖는 것을 허용해 왔다. 반세기 이상 신도회들은 영국 국교회 안의 조직적 갱신 운동으로 활발하게 성장해 왔다. 지난 이 세기 동안 많은 종교적 문제들이 해결을 보았지만 영국 국교회 안에서 어떤 것들이 허용이 되고, 어떤 것들은 허용이 되지 않는지 하는 것을 정의하는 데는 아직도 문제가 있었다. 종교자유령(1689)이 기성교회와 이에 비판적인 사람들 사이에 기본적인 선을 긋기는 했지만, 실제적인 인정과 해석, 그리고 적용의 문제에 있어서는 때때로 분명하지가 않았다.

웨슬리 자신은 감리회의 교리가 정통성이 있는 것이라고 주장하기는 했지만, 많은 영국 국교회 교도들은 감리회의 특징인 전도의 열심을 열광과 광신의 한 형태로 보아, 감리회원들을 비국교도로 간주했다. 여기에 더하여 감리회의 선교와 조직은 신도회 운동의 틀을 넘어 독자적 교회의 모습을 보이기 시작하였다. 18세기 중엽에 들어서면서 웨슬리 운동은 당시 볼 수 있었던 어떤 기존 틀과도 맞지 않게 되었다.

이리하여 넓은 의미에서 통일된 교회의 형태와 복음적 다양성의 테두리 안에서, 메소디스트라고 불리운 사람들이 구성한 연합신도회의 좀 더 구체적 지침을 세우는 문제는 웨슬리 형제의 과제가 되었다. 특별히 중요한 문제는 영국 국교회의 기존 입장을 넘어서는 교리적 강조점과, 국교회 안의 전통적 신도회의 틀을 넘어 새롭게 정립해야 할 조직구조에 관한 것이었다.

연대주의(Connectionalism)의 발전

1744년 컨퍼런스에서 그와 함께 연대적으로 일하는 사람들을 위하여 교리와 장정(doctrine and discipline)의 기초를 놓기 시작한 웨슬리는 자신이 회의록에 열거한 여러 가지 결정이 가져오는 결과에 대해 검토를 계속했다. 그의 의도는 감리회의 목적을 벗어나지 않도록 자신의 역량에 맞게 관리할 수 있는 속도로 퍼뜨려나가면서, 불필요한 비난을 예방하는 것이었다. "산불"(wildfire)처럼 번질 필요는 없었다. 웨슬리는 심지어 다음과 같은 말로 야외설교를 과하게 하지 않도록 주의를 주기도 하였다: "필요 없이 다른 사람들을 건드리지 않기 위하여, 우리는 실내에서 설교할 수 있을 때에는 절대로 옥외설교(preach without doors)를 하지 않습니다." 그는 이미 세워져 있는 신도회를 출발점으로 단계적으로 조금씩 퍼져나가 "적은 누룩이 소리 없이, 그러나 효과적으로 퍼지고 필요하면 언제나 도움을 받을 수 있도록" 하려고 하였다 (*Minutes*, 23).

컨퍼런스가 끝나고 얼마 안 있어 성 바돌로매 일 (8월 24일), 존 웨슬리는 자기 차례를 맞아 옥스퍼드의 세인트 마리아 교회에서 "성서적 기독교" (Scriptural Christianity)라는 제목으로 설교하며 대학교의 위선에 대하여 신랄한 공격을 퍼부었다. 우선 참되고 성서적인 기독교 신앙의 본질과 확산에 대하여 그가 주장해온 대로 내적, 그리고 외적 경건에 근거하여 설명한 다음, 그는 본론에 들어가 "기독교 신앙은 지금 어디에 존재합니까?… 이 도시는 기독교 도시입니까?"라고 질타했다. 설교에서 물론 그 답은 분명히 "아니오"였고, 웨슬리는 냉정하게 대학교가 기독교 학교답지 못한 세부 사항들을 열거하였다. 그는 단과대학 학장 중 한 사람도 진실한 그리스도인을 발견하지 못했으며, 교수들의 일반적 성향도 "까다롭거나 익히 알려진 대로 쓸모가 없고," 젊은 학생들은 대부분 "경솔하게 처신하는 세대"라고 지적했다.

옥스퍼드의 성 마리아 교회

참석자 중 일부는 윗필드가 미국에 자주 가고 없는 관계로 영국의 대표적 감리회원으로 알려지고 있었던 웨슬리에게서 열정적인 모습을 볼 것으로 기대했었다. 그러나 아무도 웨슬리가 벤자민 케니커트(Keenicott)가 말한 대학교의 "반짝이는 저명한 학자들"에게 "불타는 성스러운 책망"을 (censure; *Sermons*, 1:112) 내리리라고는 예측하지 못했다. 그것은 즐겁게 들을 수 있는 동문의 설교가 아니었고, 웨슬리는 이것이 어쩌면 그곳에서 하는 그의 마지막 설교가 되리라는 것을 감지하고 있었을 것이다. 그는 그의 느낌을 일지에 "그러려면 그러라지. 이제 나는 이 사람들의 피에서 깨끗하다. 나는 내 영혼을 다 바쳐 설교를 했다"고 기록했다. 그때까지도 연금과 특혜를 받는 연구원 자격을 가지고 있었지만, 웨슬리는 이로써 대학교에 남아 일하는 것을 포기하고 부흥 운동에 전념하기로 하였다. 브리스톨에서 처음 시작한 야외 설교가 그의 삶에 "새로운 시대"를 연 것처럼, 옥스퍼드에서의 이 설교는 부흥 운동가로서 웨슬리가 독립적으로, 그리고 더욱 열심을 가지고 일하기 시작한 계기가 되었다.

감리회 운동의 정립

순회제도와 설교

존과 찰스는 계속 여행과 설교를 하면서 감리회 운동을 확산시켰을 뿐만 아니라, 감리회 운동 사역에 참여하는 사람들을 연결해 주려고 했다. 다음 해 존이 순회 방문한 지역은 웨일스, 콘월, 미드랜즈 (Midlands), 그리고 북부 지방 등 감리회 신도회가 있는 영국 거의 전역이었다. 그 중 북부 지방은 존이 2월, 바람, 우박, 비, 어름, 눈, 진눈깨비, 그리고 매서운 추위에도 불구하고 여행한 곳이었다. 이러한 여행은 무척 힘들 뿐만 아니라, 특별한 어려움도 따랐다. 예를 들면, "감리회원들을 반대하는 싸움"은 영국 전역에서 일어나고 있었다 (J&D, 20:40). 존의 기록에 따르면, 함성, 종소리, 오르간 연주, 또 한 경우에는 방앗간 주인이 가까운 연못에서 "큰 소리로" 폭포를 떨어지게 하여 그의 설교를 들리지 않게 하려는 시도를 여러 번 했었다. 웨슬리 형제는 자신들에게 가해진 육체적 위협도 많이 겪었는데, 일반적으로 계란, 토마토, 돌, 진흙 덩어리 등을 던지는 방법이 동원되었다 (J&D, 20:64-65의 예를 볼 것).

웨슬리가 스튜어트 왕가를 복원하려 했던 "보니 찰리 왕자"(Bonnie Prince Charlies)와 서로 연락을 취하고 있다는 소문은 특별히 난처한 문제를 일으켰는데, 당시 찰스 왕자는 영국을 침공해 왕위를 재탈환하려 한다고 알려져 있었다. 스튜어트 왕가에 동조하는 사람들은 찰스 왕자가 스코틀랜드에서 영국 땅으로 남하하면서 거쳐 가는 지방의 지원을 규합하기를 바라고 있었다. 일부 사람들의 생각에는 옥스퍼드 출신 웨슬리가 스튜어트 왕가의 지지자라는 평판과 (근거야 있든 없든), 그를 추종하는 연대조직이 북부 지방에서 성장하고 있다는 사실이 공공질서를 해칠 수 있는 반체제적 위협으로 보였다. 웨슬리는 이를 난처하게 생각했었다. 콘월에서 지속적으로 떠도는 소문은 존이 프랑스에 있는 찰스 왕자와 관계가 있다는 것이었다 (J&D, 20:22). 같은 때, 찰스 웨슬리는 요크셔 지방에서 "추방당한 사람들, 또는 찰스 왕자를 위해서 기도함으로 반역에 해당하는 말과 선동"을 한 혐의로 기소되어 있었다. 찰스를 고소한 증인은 결국에는 찰스가 "주님께서 그를 떠난 사람들을 집으로 다시 불러 주실 것"을 위해 기도하는 것을 들은 것뿐이었고, 이것은 침공이 임박했다고 알려지기 전의 일이었으며, 이러한 언어는 성서적으로 주님과 함께 하기를 간구하는 영적 순례자에게 적용될 수 있다는 것을 순회판사에게 실토했다. 판사는 찰스를 무혐의로 처리했고, 이 기회에 찰스는 모든 감리회원들이 영국 국왕에게 충성을 다할 것을 강력하게 종용하였다 (CWJ, 1:358-61). 이러한 경험을 바탕으로, 그리고 프랑스와의 전쟁의 위협에 직면하여,

존 웨슬리는 감리회원들을 대표하여 왕에게 충성을 서약하는 편지를 쓰는 것이 좋겠다고 생각했고, 이에 찰스는 그렇게 하는 것이 그들을 영국 국교회를 떠난 하나의 분파로 보이게 할 것이라고 반대했지만, 존은 편지를 써 보냈다 (J&D, 20:16; CWJ, 1:354).

감리회에 대한 도전은 모두가 밖으로부터 온 것은 아니었다. 추종자들을 모아 일치된 조직으로 키워나가려는 웨슬리 형제의 노력은 곳곳에서 조직과 교리적인 질문에 직면하곤 하였다. 1745년 늦은 여름, 웨슬리는 이번에는 브리스톨에다 교역자 컨퍼런스를 소집하였다. 전 컨퍼런스 회의록에 따르면, 한 해 동안의 발전을 살펴보기 위해 웨슬리는 그의 전국 순회구역의 세 끝부분을 돌아가면서 석 달에 한 번 지역 컨퍼런스(regional conference)를 열 계획을 가지고 있었다. 분기에 한 번 모이는 것은 1739년에는 이루어지지 않았다 (111-112쪽 참조). 1744-45년에는 잘 모였다는 기록도 없다. 모이기로 한 11월과 5월, 찰스는 뉴캐슬과 런던에, 존은 2월에 브리스톨에 가 있었지만, 두 사람 중 어느 누구의 일지에도 이때 컨퍼런스로 모였다는 언급이 없다.

그러나 1745년 8월의 컨퍼런스는 큰 의미를 가지는 계기가 되었다. 최소한 이 계기를 통해 **연회**가 정례화 되었고, 이것은 웨슬리가 그의 설교자들과 교회 조직과 교리에 대하여 정기적으로 의논할 수 있는 기회가 되었다. 브리스톨에 모인 12명(추정)의 참석자 중 세 사람의 교역자와 여섯 사람의 평신도 설교자들은 "무엇을 설교할 것인가" 하는 문제에 대하여 장시간 토의하였다. 먼저 회의에서 평신도 설교자("보조자," helpers, 또는 "보좌관," assistants)는 "꼭 필요한 경우"에만 설교할 수 있다고 되어 있었다. 이제 필요한 경우는 일반화가 된 것으로 보였고, 이 컨퍼런스에서는 감리회의 설교 방법과 내용을 계속 개선해 나갔다.

컨퍼런스의 참석자들은 많은 시간을 할애하여 자신들의 선교적 사명을 정의하는 기본 교리에 대해 토의를 했다. 설교자들 중 일부는 그들이 본래의 목적을 포기하고 교리를 변경한 것은 아닌가 의문을 제기했다. 웨슬리는 그들이 처음에는 거의 대부분 믿지 않는 사람을 대상으로 설교했기 때문에 칭의를 강조했었다는 사실을 지적하였다. 그러나 지금은 "이미 기초가 놓여진" 신도회원들이 완전을 향하여 갈 수 있도록 권면할 필요가 더해졌는데, 이것은 초기 감리회원들이 "처음에는 분명하게 생각해 보지 못한" 것이었다. 그러나 웨슬리는 "전적 성화의 상태를 높이 두기 위해" 구원을 가볍게 여겨서는 안 된다고 경고했다. 동시에 오직 믿음으로 얻는 구원을 강조하는 것이 구원에 앞서는 회개와 "회개에 따르는 행함"을 추구할 것을 배제해서는 안 된다고 하였다.

감리회 운동의 정립

웨슬리와 다른 설교자들이 가지고 있는 여러 가지 문제에 대해서도 여러 번에 걸쳐 토의되었다. 또다시 확신의 절대적 필요성이 대두되었고, 그렇다고 해서 이에서 "예외가 되는 경우"를 배제하지 않도록 조심했다. 대화는 믿음의 상실, 환상의 존재, 박해의 문제, 믿음이 의심 및 두려움과 갖는 관계, 그리고 복음의 진실이 얼마나 칼빈주의와 율법무용론과 가까운가 ("머리카락만큼의 차이") 하는 등의 문제에까지 이어졌다.

교회의 행정조직에 관한 문제는 이론적이건 실제적이건 컨퍼런스에서 토론에 부쳐졌다. 교회 치리의 성격에 관한 장시간의 토의는 이 문제에 있어서 웨슬리가 융통성을 갖기 시작했음을 보여주었다. 에드워드 스틸링프리트(Edward Stillingfleet)는 화합-화평(*Irenicum*, 1661년에 쓴 교회의 치리구조에 관한 저서로서 감독제도와 장로회제도 사이에 타협점을 추구한 저서)이라는 책에서 어떤 특정한 형태의 행정조직도 전적으로 옳거나 전적으로 그르지 않고, 문제를 바로 처리하는 것은 조직에 달린 것이 아니라 영적 열매에 달려있다고 주장하고 있는데, 웨슬리는 아마도 이 책을 읽고 영향을 받은 듯하다 (*Church*, 145).

비회원이 신도회 모임에 참석하는 문제도 검토되었다. 웨슬리는 한 사람이 빈번하게 참석하는 것은 물론 "진지한 사람"이라고 모두 참석이 허용되어서는 안 된다고 제의했다. 이와는 반대로 신도회를 떠난 사람들을 어떻게 대할 것인가 하는 문제도 제기되었다. 그 답은 씁쓸한 심정과 분노를 피해서, 대화하도록 노력하며, 그들이 계속 나오지 않으면 "죽은 사람처럼 여기라"는 것이었다. 이 문제는 감리회원들에게 기대하는 엄격한 *일반규칙*이나, 일반적으로 보는 부흥 운동의 유동성, 그리고 전도와 일부 지역의 "양 훔치기"의 문제에 비추어 볼 때 단순한 것은 아니었다.

보좌관들의 부족과 많은 사역의 기회는 웨슬리로 하여금 **신도회를 구성하지 않은 채** 설교를 하는 감리회답지 않은 새로운 시도를 웨일즈와 콘월에서 하게 했다. 웨슬리의 관점에 따르면, 이러한 시도는 그 동안 소홀하게 여겨졌던 구원에 관한 설교를 강조하는 계기가 될 수 있었다. 이때쯤 웨슬리는 설교모음 제1집 출간을 준비하고 있었는데, 여기에 포함될 많은 설교가 야외설교를 재강조하는 것과 때를 맞추어 구원과 확신의 문제를 다루고 있다는 것은 우연이 아닌 듯하다.

이 컨퍼런스 회의록에 보면, 또 하나의 눈에 띄는 의제가 등장하는데, 그것은 평신도 설교자들이 혹 "하나님의 심판은 너무 과하게, 그러면서 하나님의 사랑은 너무 조금" 강조하는 것은 아닌가 하는 문제였다. 여기에 관련된 다른 한 가지 안건은 "일꾼들을 위한 신학교"를 세우는 것이었는데, 하나님께서 "적당한 교수를 준비"해 주실 때까지 미루기로 하였다. "보조자

(helper)에 관한 규칙"에 명백하게 추가된 조항은 그들의 전임제 신분과 그들에게서 요구되는 사명을 다시 한번 확실하게 한 것으로, "당신들이 할 일은 오직 영혼을 구하는 것이다. 그러므로 이 일에 힘과 명을 다하라. 그리고 언제나 가되, 당신들을 원하는 [즉 필요로 하는] 사람에게만이 아니라, 당신들을 가장 필요로 하는 사람들에게 가라"는 것이었다.

사람들이 필요로 하는 것이 영적인 것만이 아니라는 것을 안 웨슬리는 설교자들에게 자신이 최근에 출판한 *처방집*에 따라 조치할 수 있도록 런던, 브리스톨, 그리고 뉴캐슬의 예배당에 "약간의 의약품 재고"를 보유하도록 했다. 웨슬리는 또한 설교자들이 풍부한 지식을 갖추고 있도록 예배당에 기본 서적을 보유하도록 했다. 런던, 뉴캐슬, 그리고 브리스톨(이곳은 특별히 웨슬리를 위하여)에 보유할 서적에는 교리적, 그리고 실제적 신학의 필수 핵심 서적은 물론, 물리학, 자연철학, 천문학, 역사, 시, 라틴어 및 그리스어 산문과 시, 그리고 히브리어 서적들이 포함되었다 (*Minutes*, 29). 웨슬리의 저술을 일괄적으로 칭하는 "우리 소책자"는 이미 출판된 시, 성시, 찬송과, 파운드리 신도회에서 *통상 불리우는 노래의 악보 모음* (1742)이 포함되어 있었음이 틀림없다. 이때쯤 웨슬리 형제는 감리회원들이 사용할 수 있도록 특별히 런던, 브리스톨, 그리고 뉴캐슬의 몇몇 믿을 수 있는 출판사들을 통하여 70여권의 서적들을 출판한 상태였다. 출판은 감리회의 주요한 면모가 되고 있었다.

성장하는 출판사업

1745년에 열린 컨퍼런스에서 웨슬리는 "글을 좀 더 많이 쓰기 위하여 여행을 적게" 할 수 있을는지 물었다. 그 답은 "지금으로서는 그렇게 하는 것이 바람직하지 않다"는 답이었다. 그럼에도 불구하고, 회의록은 웨슬리가 관심을 두어야 할 몇 가지 분야를 기록하고 있고, 웨슬리는 시간을 내어 일 년에 열두 편 이상의 저술을 계속했다. 지난 해, 설교자들은 1743년 웨슬리가 쓴 "추가적 호소문"(farther Appeal)을 요청한 바가 있다. 이 명칭은 이미 출판한 감리회의 정당성을 *변론하는* 글의 후기로 쓴 *이성과 신앙을 가진 사람들에게 주는 추가적 호소문*의 제목으로 쓴 것이었다. 속편으로 쓴 이 글에서 그는 최근에 출판된 감리회를 공격하는 글에 대해 답을 하면서, 이 후에도 이런 글들이 등장하는 대로 답을 할 것을 약속했다.

이로부터 얼마 안 되어 웨슬리는 *웨슬리 목사의 지난번 일지에 대한 영국교회 목사의 평에 대한 답*을 출판하면서, 웨슬리가 모라비안들이 잘못

되었다고 언급한 문제들, 예를 들면, 선행의 가치를 부인하는 것과 같은 문제들을 웨슬리 자신도 범하고 있다는 비난에 대해 자신의 입장을 설명했다. 비록 존은 3, 4년 전 모라비안들과 결별하였고, 모라비안들의 율법무용론이 사회에 영향을 끼치고 있는 상황이기는 했지만, 웨슬리는 그들의 특징인 경건의 깊이는 높이 평가하지 않을 수 없었다.

모라비안들이 끼칠 수도 있는 위험한 영향력에 대처하기 위하여 웨슬리는 *모라*

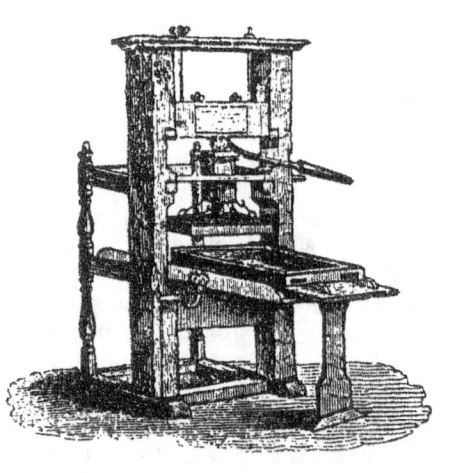

벤자민 프랭클린이 사용하기도 한 이 나무상자와 호스로 된 이 인쇄기는 18세기 영국 인쇄업자들이 일반적으로 사용한 것이었다.

비안 형제들과 존 및 찰스 웨슬리 목사의 차이에 관한 소고와 율법무용론자와 그의 친구의 대화, 그리고 같은 이름으로 된 속편을 출간하는 한편, 모라비안들의 신실한 신앙을 높이 평가한 웨슬리는 진젠도르프의 열여섯 개의 강화(*Discourses*)를 간추려 출판했다. 필요에 따라 "선별적으로 뽑아 쓰는" (extracting) 그의 습관에 따라 웨슬리는 진젠도르프의 저술에서 "세 개의 중대한 착오", 즉 만인 구원론, 율법무용론, 그리고 정적주의를 제거해 냈다. 그는 그가 옳지 않다고 판단한 주장을 대부분 제거해 내기는 했지만, 그의 일지에 특별히 언급하여 비판한 문단은 그의 검열에도 불구하고 새어나갔다 (*J&D*, 19:222-23).

웨슬리는 그의 설교자들과 교인들에게 유용한 읽을거리를 지속적으로 제공할 목적으로 바쁜 일정에도 불구하고 몇 권의 상당한 분량의 **소책자들**을 간략하게 줄여 출판하였는데, 이들은 조나단 에드워드, 윌리암 로 (Law), 헨리 스카우걸 (Scougal), 다니엘 브레빈트 (Brevint), 플로리 승정 (Abbe Fleury), 그리고 리처드 백스터의 저술이었다. 그는 또한 그가 출간하기 시작한 소책자 시리즈에 *안식일을 범하는 사람에게 주는 한 마디*와 *욕쟁이에게 주는 한 마디*를 추가하였는데, 이렇게 특정 대상을 제목에 밝힌 소책자들은 그 뒤 수년간 *주정꾼에게 주는 한 마디, 매춘부에게 주는 한 마디, 죄수에게 주는 한 마디, 밀수꾼에게 주는 한 마디* 하는 식으로 이어져 나갔다. 짧고 저렴한 이 소책자들은 회개와 경건으로 이끄는

웨슬리와 메소디스트라고 불리운 사람들

직접적이고도 강력한 초청장이었다. 사형수에게 주는 아래와 같은 권면의 말은 웨슬리가 감옥에서 행한 전형적 설교이었을 것이다:

> 얼마나 딱한 처지입니까! 언도는 내려졌고 여러분은 사형을 기다리고 있습니다. 그리고 사형은 곧바로 집행될 것입니다! 이것은 피할 길이 없습니다. 여러분이 차고 있는 족쇄, 이 벽돌, 이 철문과 담들, 그리고 간수들은 모든 희망을 포기하게 합니다. 여러분은 이제 죽을 수밖에 없습니다. 그러나 여러분은 죽는다는 것이 무엇인지 생각해 보지도 않고 짐승처럼 죽어야만 합니까?… 아, 여러분은 어떻게 하나님 앞에 서시렵니까? 위대하시고, 거룩하시고, 공의로우시며, 두려운 하나님 앞에. 하나님께서는 "거룩하지 않은 사람은 주님을 볼 수 없다"고 말씀하지 않으셨습니까?… 그렇다면 여러분은 어떻게 "벌레도 죽지 않고 꺼지지도 않는 타는 유황불의 못"인 지옥의 심판을 피하시겠습니까? 여러분은 절대로 스스로의 영혼을 구원할 수는 없습니다. 이제 여러분은 지난 죄를 속할 수 없습니다… 필요한 것 한 가지는 "주 예수 그리스도를 믿으라. 그리하면 네가 구원을 받으리라!" 하는 것뿐입니다…그만을 믿으십시오. 그만을 사랑하십시오. 그만을 두려워하십시오. 그가 옛날 강도에게 말하신 것처럼 "오늘날 네가 나와 함께 낙원에 있으리라"고 당신에게 말씀하실 때까지 그에게만 매달리십시오.

웨슬리 형제는 이 시점에서 다니엘 브레빈트(Brevint)가 쓴 성만찬에 관한 소고를 곁들이어 주님의 만찬 찬송을 포함하는 몇 권의 소찬송가를 펴냈다. 이들은 또한 가족을 위한 기도 모음, 자녀들을 위한 *교훈*(4권 중 첫 권)과 같은 경건서적과 교리문답서를 출판했다. 1745년 회의에서는 존에게 자신의 설교 모음을 출판하는 일에 더하여 추가적 호소문을 끝내고 *메소디스트라고 불리우는 사람들에게 주는 권고*를 쓰도록 요청했다. 다음 컨퍼런스가 열리기 전 토마스 처치(Church)는 또 하나의 비판의 글을 써, 웨슬리가 영국 국교회로부터 분리적 성향을 띠는 잘못을 범하고 있기에 사제직에서 사임해야 한다고 주장하였다. 웨슬리는 *감리회원의 원칙을 더 설명한다*는 글을 통해 그가 기본적으로 이해하는 바로는 국교회로부터 분리해 나간다는 것이 무엇인가를 다음과 같이 요약, 설명했다: "내가 국교회로부터 출교를 당하든가 아니면 국교회의 일원임을 나 스스로 거부하기 전에는 아무 것도 내가 국교회의 회원임을 부인할 수 없다" (*Societies*, 195). 이러한 원칙은 감리회가 국교회로부터 분리할 의사도 없고, 분리되지도 않았음을 일관되게 주장하는 근거가 되었다. 이 문서는 또한 기독교의 기본이며 모든 것을 포함하는 회개, 믿음, 그리고 성결과 같은 웨슬리가 정리한 감리회의 주요 교리를 담고 있었다. "말하자면 이 중 첫 번째는 신앙에 이르는 현관이며, 다음은 문, 그리고 세 번째는 신앙 그 자체이다" (*Societies*, 227).

1746년 웨슬리 형제는 *존과 찰스 웨슬리 목사 출판 소책자 모음*을 광고하였다. 이것은 각각 출판된 63편의 소책자를 분야별(전기, 신앙 논쟁과 경건 문서, 찬송, 일지 등)로 모은 15권으로, 권 별로 별도의 표지를 곁들여 제본한 것이었다. 이것은 사실상 웨슬리 형제의 첫 번째 "**저작물**" (Works)이나 다름없다. 이러한 웨슬리의 출판물들은 감리회 운동을 공격으로부터 방어하는 기회를 제공할 뿐만 아니라 감리회의 선교와 사역의 실제적 연장이 되기도 한다. 이 다양한 분야를 망라하는 소책자들은 도서실의 많은 책들과 더불어 이들이 얼마나 폭넓게 마음과 몸과 영혼에 관심을 가졌었는지를 잘 보여준다. 그러나 이것은 웨슬리와 함께 일하는 사람들에게 영적 성장, 육체적 도움, 지도자 훈련, 그리고 그밖에 필요한 지원을 제공하는 새로 떠오르는 연결조직의 한 단면에 지나지 않는다.

계속되는 논란

메소디스트라고 불리우는 사람들의 연대조직은 해가 가면서 필요에 따라 그 면모를 개선해 나갔다. 1745-46년에 보여준 발전의 폭은 그 세기를 통해 계속된 회합, 순회, 통신, 그리고 출판의 과정이 어떻게 전개되어 나갔는지 한 예를 제공해 준다. 가장 현저한 논쟁은 활자화되었고, 가장 명백한 발전은 연회의 회의록에 기록되어 있다. 그러나 이 과정의 중요한 부분들은 웨슬리 형제가 그들의 설교자, 회원, 비판자, 그리고 기성 교회와 일상적으로 가진 접촉에서 비롯되었다. 가장 많은 영향을 끼칠 수 있는 대화의 일부는 공적 기록에 포함되지 않았는데, 그 예로는, 1745-48년 사이 존 웨슬리와 "**존 스미스**"(John Smith)라는 가명을 쓴 교역자 사이에 주고받은 서신과 같은 것이다.

스미스는 "흔들리지 않는 신앙, 내적 신앙, 생명이 있는 신앙"을 전 세계에 전파하는데 있어서는 웨슬리와 목적을 같이 한다고 주장하였다. 그러나 그는 웨슬리가 호소문(*Appeals*)에서 주장한 것, 즉 감리회가 성서적이며 영국 국교회와 보조를 같이한다는 점에 대해서는 이의를 제기하였다. 두 사람 사이에 주고받은 편지가 늘어나면서 논쟁의 주요 쟁점들이 웨슬리가 이해한 믿음과 "성령의 증거," 특별히 확신에 대한 이해가 되었다. 이들 대부분은 교리에 관한 문제였지만, 문맥과 정의의 차이가 문제가 되는 경우도 종종 있었다. 스미스는 다음과 같은 웨슬리의 생각, 즉 믿음은 "하늘에서 초자연적으로 불어넣어 주는 것으로, 하나님의 직접적인 선물"이라든가, 죄사함은 "감지할 수 있는 증거"로 알 수 있다는 점, 또는 구원을 받은 사람은 "정도의 차이는 있지만, 죄를 짓지 않는 완전함"으로 완전하게 된다는 점을 이해할 수 없었다. 스미스는 자신의 믿음에 확신을 가졌지만, 그의 경험과 웨슬리식의 구원론을 연결시켜주는 상관성을 찾을 수 없었다.

열두 번씩이나 오고간 긴 편지를 통해 스미스는 "순간적 믿음의 고취"

(momentaneous illapse), "감지할 수 있는 영감" (perceptible inspiration), 그리고 "무죄한 완전"(sinless perfection)과 같은 웨슬리의 교리를 집중적으로 추궁하였다. 그는 또한 웨슬리의 교리 중 서로 맞지 않는 부분을 지적하였다. 예를 들면, 1738년 이후 웨슬리는 "믿음으로 얻는 구원"만이 그의 설교의 유일한 주제였다고 주장하였지만, 또 다른 시점에서는 그가 다른 어떤 주제보다도 열 배나 중요시하는 것은 "하나님과 인간의 사랑"이라고 말하기도 했다.

이즈음 교리적 논쟁에 대한 웨슬리의 전형적 답변은 학구적으로 접근하는 사람들에게는 만족스러운 것이 되지 못했다. 웨슬리가 말하듯, 어떤 것이 특정한 시점에 시작되어 단계적으로 증가한다고 하여 "즉각적" (instantaneous)이라고 표현하는 것은, 스미스에 의하면, 용어를 잘못 사용하는 것이었다. 그리고 확신을 구원의 전제조건으로 요구하는 것에 대해 스미스는 몇 가지 의문을 가지고 있었는데, 웨슬리 형제가 옥스퍼드 시절 죽었더라면 지옥에 갔겠느냐 하는 문제라든가, 그들의 부친 사무엘도 마찬가지의 난관에 봉착했겠느냐 하는 것이었다.

존은 대부분 이미 출판된 출판물, 종전의 논지를 되풀이하는 것, "자가당착으로 보이는 문제"의 합리화, 그리고 지적 유희(intellectual tap-dancing)에 의거해 답을 했다. 그는 스미스에 대항해 선을 분명히 했는데, 감지할 수 있는 영감을 한 예를 들면, "이 점에 있어서 나는 감리회 설교자라고 불리우는 모든 사람들과 한 가지로 진지하게 주장한다"고 하였다. 그리고 확신의 경험이 없이는 "아무도 진정한 그리스도인이 아니라"는 주장을 되풀이한 다음, 웨슬리는 만일 그들이 옥스퍼드 시절 죽음을 맞았더라면 분명히 성령께서 "영광에 들어가기 위해 필수적인 그 거룩한 사랑을 우리의 마음에 이루어 주셨을 것"이라고 설명했다. 그리고 후에 웨슬리는 스미스에게 그의 아버지의 경우가 바로 이러했다고 설명하면서, 그가 마지막 병환 중 "하나님께서 그를 받아주셨다는 분명한 느낌"을 가지고 웨슬리에게 한 번 이상 "아들아, 내적 증거야, 내적 증거. 이거야 말로 가장 강한 기독교인 됨의 증거란다"라고 말한 것을 예로 들었다 (*Letters*, 26:289).

웨슬리가 알고 있었던 믿음의 정의는 히브리서와 그가 종종 되풀이한 설교가 합쳐진 것으로, 그 설교는 "구원을 이루는 믿음은 '하나님이 그리스도 안에 계셔서 세상을 그와 화해하게 하신다'는 하나님이 주신 증거, 또는 확신만이 아니라, 그리스도가 나의 죄를 위해 죽으시고, 나를 사랑하셨고, 나를 위해 자신을 내어 주셨다"는 분명한 믿음과 확신이라는 것이었다 (*Sermons*, 1:194). 스미스는 확신과 믿음의 퇴행에 관한 웨슬리의 설명을 더더욱 이해하지 못했다. 어떻게 구원의 확신을 체험한 사람이 그 후에 의심과 두려움을 가질 수 있는가? 만일 그 확신이 단순한 상상에 불과했었다면 그럴 수도 있겠지만, 그 확신이 사실이었다면 "어제의 사실은 영원히 사실이어야 한다"는 것이 그의 생각이었다 (*Letters*, 26:210).

논리와 신학에서 웨슬리는 제대로 경쟁자를 만났지만, 그는 스미스의 입장을 수용하지 않았다. 그러나 스미스가 웨슬리에게 끼친 영향은 이 기간 열렸던 컨퍼런스 회의록에 보면 분명히 나타난다. 몇 가지 같은 주제가 약간 수정이 되어 실려 있기 때문이다. 1746년, 회의록은 "믿음 그 자체의 본질, 즉 용서의 자각"(또는 확신)에 관한 웨슬리의 글을 기록하고 있다. 1747년, 존은 그의 동생 찰스에게 "의롭다함을 받는 믿음이란 용서받은 것을 아는 것인가?" 하고 물었다. 이에 대한 분명한 답은 "아니오"였다. 참 그리스도인이라면 누구나 누리는 분명히 드러나는 확신이 있기는 하지만, "나는 의롭다 함을 받는 믿음이 곧 이 확신이라는 것이나, 이 둘이 필수적으로 연결되어 있다는 것은 용인할 수 없다"고 웨슬리는 말했다. 그럼에도 그 해의 회의록은 "의롭다 함을 받는 믿음은 필연적으로 확신을 뜻하는 것은 아닌가?" 하는 질문에 대해 혼동이 되는 또 다른 답을 내어놓고 있다. 특정한 사람들을 염두에 둔 웨슬리는 1745년 컨퍼런스에서 한 것처럼 "예외가 되는 경우"를 인정하려는 유혹을 받지만, 끝내는 "그러나 우리는 아노니, 그들 안에 그리스도가 나타나 보이지 않으면 그들은 아직 그리스도인이 아니다"라고 결론을 지었다.

스미스가 지적한 문제들은 우유부단한 이 회의록에도 보이지만 존 웨슬리 자신의 생각에서도 좀 더 분명하게 나타나기 시작했다. 컨퍼런스가 있은 한 달 뒤 웨슬리는 동생에게 편지를 써 "이것은 한 마디로 말이 안 된다. 용서를 받았다는 자아의식이 어떻게 용서를 받기 위한 전제조건이 될 수 있다는 말인가?"라고 했다. 이 문제가 제기한 어려움에 봉착한 존은 찰스에게 편지를 써, 의롭다함을 받는 믿음에 관한 문제의 기원을 둘이서 함께 연구할 것을 제안했다 (*Letters*, 26:254-55). 당시 부흥 운동과 복음적 메시지의 중심으로 되어 있던 이 점에 관하여 웨슬리 형제는 옥스퍼드식의 학구적 접근 방법론으로 돌아가서 이 의롭다함을 입는 질문에 관한 학구적인 주제를 준비했다. 존의 이러한 학문적 사고는, 그와 함께 일하는 사람들에게 자신들을 "방법을 추구하는" "대학에 재학하는 젊은 학생들"로 간주하도록 권한 것에서도 드러난다. 하루의 일과, 엄격한 자기 훈련, 그리고 폭넓은 독서는 존 자신이 옥스퍼드 시절 취했던 방법이기도 하다 (*Minutes*, 32). 올더스게이트 체험으로부터 수년이 지난 이 시점에서 그는 "성실"의 가치를 일부 인정하기도 했는데, 이는 전력을 다하라("Do all you can")는 그의 옥스퍼드 시절의 좌우명을 상기하게 한다. 성실은 구원받기 전에는 "회개에 합당한 행동"을, 또한 구원받은 뒤에는 "선행"을 가져오기에 중요하다. 그러나 웨슬리는 성실이 하나님을 받아들이기 위한 "조건"은 될 수 있어도, 그 자체가 구원의 직접적 요구조건인 믿음을 대신할 수는 없다는 것을 분명히 했다 (*Minutes*, 12-13).

이 무렵 웨슬리는 자신의 생각을 정리하는 단계에 있으면서도 다른 설교자들에게 구체적 주제에 따른 분명한 지침을 주어야 한다는 것이 어려운 점이었다. 그러나 의롭다 함을 얻는 것에 관한 특정한 주제만큼은 점점 분명해 졌다. 믿음만이 구원의 유일한 필수조건이기는 하지만, 의롭다 함을 받기 이전에 "회개에 합당한 행동"도 있어야 했고, "확신"은 의롭다 함을 받은 후에 기대할 수 있는 것이었다. 그러나 두 경우 모두 예외가 있을 수는 있었다.

공적인 활동 면에서 웨슬리는 1744년 런던의 에드먼드 깁슨 감독이 신문(*Observations*)에 무명으로 공격해 왔을 때 했듯이 감리회의 신학과 방법론에 대한 비난에 응대하였다. 깁슨이 출판한 비난하는 글에 대해 웨슬리는 1747년 런던 감독에게 드리는 편지(*Letter to the Right Reverend the Lord Bishop of London*)를 공개적으로 써, 감독의 말에 따르면 "믿음의 실천에 크게 해를 끼치는 여섯 가지의 교리"에 항목별로 응답하였다. 깁슨(Gibson)이 "열성이 지나친 교사들이 내뿜는 격하고 소화 안 된 냄새"라는 말을 써 가며 개인적인 공격을 가해 온 것에 똑같이 반격하고 싶은 유혹을 참으며 웨슬리는 솔직하면서도 예의를 갖춘 어투로 글을 썼다. 이 글은 웨슬리가 쓴 쟁론 중 가장 뛰어난 것이다 (*Appeals*, 330).

어떤 면에서 이 기간 동안 정치적인 문제들이 신학적 문제 못지않게 웨슬리에게 대두되었다. 북쪽 지방의 어려운 상황은 감리회를 계속 곤경에 처하게 했다. 왕권을 노린 찰스 왕자가 1745년 9월 스코틀랜드를 침공하자 웨슬리는 혼란의 중심지였던 뉴캐슬(Newcastle)로 가 다른 감리회원들과 함께 있었다. 그는 즉시 시장에게 연락을 보내, "내 말을 듣는 사람들은 모두 나와 같이 하기를 권하며, 어디에 있든지 왕의 시민의 본분을 다하고, 하나님을 경외하는 것처럼 왕을 섬겨야 할 것"이라는 분명한 말로 왕가에 대한 그의 충성을 서약했다 (*Letters*, 26:152). 웨슬리가 어떤 이유에서든지 마음을 잡지 못하는 시민들을 선동하여 반란을 부추긴다는 의혹을 어느 누구라도 가졌다면, 이와 같은 강력한 충성의 서약은 그 의혹을 불식하게 될 것이었다. 웨슬리는 기존 권력이 군중을 동원해 감리회를 탄압한다고 해도 그것이 왕권을 외면하게 하는 이유는 되지 못한다고 생각했다.

감리회 운동의 정립

예상되던 영국 침공은 몇 차례의 헛소문이 있은 뒤 1745년 11월 실제로 일어났지만, 서쪽으로 밀려나며 뉴캐슬을 비켜갔다. 웨슬리는 찰스 왕자와 스코틀랜드계의 연합군이 남쪽 더비(Derby)까지 밀려났다가 12월에 결국 패퇴당하는 과정을 다른 국민들과 마찬가지로 근심스럽게 지켜보았다. 이 위협은 찰스 왕자가 1746년 4월 스코틀랜드 인버네스(Inverness)에 가까운 컬로든(Culloden)에서 패하여 다섯 달 뒤 영국을 탈출함으로 끝이 났다. 이 일을 축하하기 위하여 가을에 열린 감사 집회를 위해 찰스 웨슬리는 몇 곡의 찬송시를 썼다.

찰스 에드워드 스투어트
"보니 찰스 왕자"

부흥이 퍼지다

신학과 정치가 이렇게 진전되어 나가고 있을 때, 감리회의 선교도 발맞추어 나가고 있었다. 야외설교의 중요성은 1746년 컨퍼런스에서 의결되었고, 그 다음 해 "우리는 야외설교를 너무 자제하는 것은 아닌가?… 우리는 하나님을 떠난 사람들이 우리를 찾아 올 것이라고는 기대할 수 없다"는 말로 강조되었는데, 이에 따라 찰스는 야외설교를 하기에 바빴다 (*Minutes*, 37). 존 웨슬리는 존 스미스에게 "나는 나의 아버지의 강단에서 3년간 설교한 것보다 나의 아버지의 무덤에서 사흘간 설교한 것이 엡워스 교구의 교인들에게 훨씬 더 유익했다고 믿는다"고 토로했다 (*Letters*, 26:237).

확장해 가는 야외설교를 조절하기 위해 웨슬리는 일곱 개의 **순회구역**을 만들었데, 순회구역이란 한 지역에서 부흥 운동을 하던 사람들이 독립적으로 세운 신도회를 한 바퀴 돌아다니며 설교하는 것이었다. 감리회의 순회구역은 1746년의 회의록에 런던, 브리스톨, 콘월, 이브샘, 요크셔, 뉴캐슬, 그리고 웨일스로 기록되어 있다. 설교자들은 대체로 둘, 또는 셋이 한 조가 되어 이 일곱 지역 중 한 곳에 파송되어 한 달간 순회하고 다음 달 다음 순회구역으로 이동하였다.

찰스도 널리 번지는 이 설교 운동에 동참하였다. 한 번은 레드루스 (Redruth)에서 교회에 참석했다가 "교인들을 이끌고 들로 나가"기도 했다 (*CWJ*, 1:421). 1746년 여름 플리머스를 방문했을 때 "길거리나 들에서만 설교하려고 생각했었다." 이러한 설교 방법은 나름대로 위험하기도 했었다. 신사들이 "때로는 가난한 사람들 못지않게 잘 듣기"도 했고, 가난한 사람들은 복음을 "눈물과 기쁨"으로 받아들이기도 했지만, 야외설교는 찰스의 표현을 따르면, "야생의 짐승"들을 등장시키기도 했다. 쇼어햄에서 처럼 교회에서 설교를 할 때에도 "이 야생의 짐승들이 고함을 치고, 발을 구르고, 상말을 하며, 종을 치고, 교회를 아수라장으로 만들기 시작"한 적도 있다. 이 경우 "가장 가깝게 있는 사람만 들을 수 있기는 했지만", 찰스는 30분간 설교를 계속했다 (*CWJ*, 1:428).

의혹의 눈길과 박해도 부흥의 성장이나 열기를 막지 못했다. 실제로 찰스 웨슬리는 그 반대의 경우를 목도했다. "그들이 배격한 설교자 한 사람 당 스무 사람의 새 설교자가 나왔다. 설득이나 협박도, 회유나 폭력도, 감옥이나 무슨 종류의 고난도, 이들을 정복할 수는 없었다. 많은 물로도 주님께서 시작한 이 작은 불꽃을 끌 수 없었고, 박해가 홍수처럼 밀려와도 물에 잠기게 하지 못했다" (*CWJ*, 1:423; 아가서 8:7 참조). 이 시기에 찰스가 즐겨 사용한 본문은 "내가 그 삼분의 일을 불 가운데 던져 은 같이 연단하며 금 같이 시험할 것이라"(스가랴 13:9)는 구절이었다.

이 기간 중 신도회를 조직하는 것보다 널리 설교하는 일에 더 힘을 쓴 것이 1747년 아일랜드에 감리회를 전파하게 된 이유가 된다. 1746년의 회의록은 "하나님의 섭리의 충분한 부르심"이 더블린이나 에딘버그 같은 새로운 장소에 있다고 다음과 같이 정의했다: "1. 하나님을 두려워하고, 우리를 받아들일 수 있는 집을 가진, 진지한 사람의 초청. 2. 있는 곳에 계속 머무는 것보다 더 멀리 감으로써 더 많은 선을 행할 수 있는 가능성" 등이다.

더블린에서의 사역은 1747년 여름 이전에 시작된 것이 분명하다. 이때 오랜 경력이 있는 두 사람의 설교자인 죠나단 리브스와 존 트렘배스는 아일랜드에서 순회사역을 하도록 파송되어 있었다. 이곳에서의 감리회 사역의 시작은 웨슬리와 연결을 갖지 않았던 지도자들에 의해 이루어지고 있었다. 침례교인이었다가 모라비안으로 개종한 벤자민 라트로브는 "감리회의 방식"에 따라 그 전 해 신도회를 설립했었다. 말보로 스트리트에서 모임을 가졌던 이 신도회는 초기 감리회 설교자였던 존 체닉을 청하였다. 이 사람은 감리회원으로 알려져 있기는 했지만 윗필드의 친구로 10년 전 웨슬리와 결별하고 지금은 모라비안에 호감을 가지고 있었다. 예수에

> **1747년 설교 규칙**
>
> 1. 반드시 정해진 시간을 지켜 시작하고 끝낸다.
> 2. 자신이 작곡한 찬송은 부르지 않는다.
> 3. 회중 앞에서의 모든 태도는 신중하고 무겁고 엄숙하도록 노력한다.
> 4. 할 수 있는 한 가장 쉬운 본문을 택한다.
> 5. 본문을 떠나 횡설수설하지 않고 본문을 따르며, 처음 의도한 바를 달성한다.
> 6. 주제는 언제나 회중에게 맞게 한다.
> 7. 과도하게 우화화(allegorize)하거나 영화(spiritualize)하지 않도록 조심한다.
> 8. 몸짓이나 발음이 부적합하거나 꾸밈이 없도록 조심한다.
> 9. 만일 이러한 것들을 보게 되면 서로 말해준다.
>
> (*Minutes* [1747], 38)

대한 그의 설교 제목이었던 "강보에 쌓인 아기"는 아일랜드의 감리회원들에게 "강보로 싸는 이들"이라는 별명을 가져다주었다.

1747년 여름, 더블린에서는 토마스 윌리엄스에 의해 새로운 감리회 신도회가 시작된 것으로 보인다. 이 사람은 3년 전 웨슬리에 의해 런던 신도회에서 내쫓겼지만, 곧 웨슬리와 문제의 해결을 보았던 것 같다. 웨슬리 형제에게 도움을 요청한 것은 바로 윌리엄스였다. 섭리의 소명은 전해져, 웨슬리 형제는 이 부르심에 응답을 했다.

6월에 컨퍼런스를 가진 몇 주 뒤, 존 웨슬리는 트렘배스와 함께 **아일랜드**를 향해 떠났다. 8월, 그들이 더블린에 도착했을 때 그곳에는 회원수 300을 헤아리는 신도회가 있었는데, 이 회원들 대부분은 배움에 마음을 열어놓고 있었고, 그들 중 몇은 "하나님과 화해를 이룬" 상태였다. 반면에 그곳의 현지 기존 교역자들은 평신도 설교와 야외설교에 대한 전형적 편견을 가지고 있었고, 대주교는 "그의 교구 안에서 이와 같은 변칙을 허용하지 않기로 작정"을 하고 있었다. 항상 그래 왔던 것처럼 웨슬리는 이러한 도전에 정면으로 응대하여, 대주교와 서너 시간 만나 이야기하면서 "수많은 반대 의견에 답"을 했다 (*J&D*, 20:188-90). 더블린에서 두 주를 지낸 다음 존은 웨일스를 통과해 집으로 돌아오는 길에 아일랜드를 향해 가고 있던 찰스와 마주치기도 했다.

찰스는 더블린과 그 부근에서 넉 달 가량을 머물며 속회들을 돌아보고, 토지 매입을 위해 상담을 하며, 새 건물 건축을 위한 헌금을 모금했고 (그러나 체닉의 예배당을 계약하도록 들어온 비밀 제의는 거절했다), 몇 차례 폭도들의 위협을 겪었다. 아일랜드에서의 첫 번째 부흥 운동 기간 동안에도 찰스는 너무 빠르게 신도회들을 새로 세우거나 키우는 일에는 마음이 내키지 않았다. 한 번은 새로 회원을 허입하는 한편, "우리의 보조자들에 의해 성급하게 허입이 되었던" 다른 사람들을 제명하기도 했다 (CWJ, 1:463). 그는 그 지역 교역자들에게 감리회가 "분열파도 새로운 종교도 아니라 옛 성도들이 믿던 바로 그 믿음"이라는 것을 설득하는 일에 부분적으로 성공적이었다 (CWJ, 1:465).

감리회가 이렇게 아일랜드에 전파된 것은 전형적인 부흥 운동의 방식을 혹은 감리회 운동의 전형적인 패턴을 따라서 생겼다. 그리고 이 모임들은 연대조직에 편입되어, 감리회 설교자들이 파송되었고, 감리회의 순회조직과 통신망에 포함됨으로 "정상화"되었다.

이러한 과정은 때로는 연대조직을 유지하기 위하여 웨슬리 형제들로 하여금 국내 여러 곳에서 설교자들을 구해 오지 않으면 안 되게 하였다. 1748년 설교자들 중 일부가 더블린 서쪽에 있는 신도회 몇 곳을 떠나 160마일 남쪽 "가장 넓은 문"으로 알려져 있던 코크(Cork)로 가버린 사건이 이에 해당한다. 이를 알게 된 찰스는 며칠 내로 코크로 가 감리회의 활동을 정상화하려고 시도했다. 신도회를 조직하기 위하여 200명이 신청을 했지만, 이렇게 많은 사람들이 몰려들어 혼란이 야기되자 찰스는 "정상적 신도회"(regular society)를 시작하는 것은 실제로 불가능하다는 결론을 내렸다. 그럼에도 불구하고 이틀 뒤 찰스는 입회하기를 원하는 사람들을 심사하기 시작하였고, 그 다음 주에는 이 "신생 신도회"가 모임을 갖기 시작하였다. 한 주 뒤 찰스는 몇 마일 남서쪽 밴든(Bandon)에 "하루빨리 신도회를 설립하고 천국을 침노하여 차지하려하는" 수백 명의 사람들을 보게 되었다 (CWJ, 2:18-29).

양육과 선교

1747년 컨퍼런스에서 정리된 설교에 관한 웨슬리의 규칙 중 한 가지는 "주제는 언제나 회중에게 맞게 한다"는 것이었다. "아직 깨어나지 않은 다양한 많은 사람들"을 대상으로 한 옥외설교는 회개, 믿음, 의롭다 함을 받는 것, 그리고 확신을 중요한 주제로 다룰 수밖에 없었다. 스미스와 오고간 서신과 컨퍼런스 회의록에 보는 바와 같이, 웨슬리가 칭의에 관한 전반적인 교리 내용을 정리하는 과정에서 겪은 문제들은 1748년 컨퍼런스에서 신도회의 설립이 주요 의제가 된 이유이었는지도 모른다. 아무튼 변화가 필요한 것은 분명했다. 그들은 두 해 이상을 서쪽 지방에서 시작하여 북쪽 지방으로 가며 설교를 하면서도 신도회를 설립하지는 않았었는데, 그 결과는 큰 실패였다. 이를 두고 웨슬리는 "거의 모든 씨앗이 길 가에 떨어졌다. 여기에서 거둔 열매는 거의 없다"고 회의록에 기록했다. 설교자들은 지시를 받을 기회가 없었고, 새로 깨어난 영혼은 "사랑으로 서로를 돌볼" 수가 없었으며, 신도들은 "서로를 세우고 짐을 서로 져 줄" 수가 없었다. 이러한 시도는 연결조직을 느슨하게 만들었다.

몸과 마음과 영혼의 돌봄

신도회의 설립과 양육에 대한 새로운 관심은 신도회들이 "좀 더 확실하고 가깝게 뭉치는" 새로운 방안을 컨퍼런스에서 강구하게 하였다. 이를 위하여 1747년 성탄절 날 웨슬리는 **언약의 갱신**(covenant renewal)이라는 이름으로 사람들이 함께 좀 더 열심 있는 신앙생활을 하도록 하기 시작했는데, 이것은 옥스퍼드 시절 시골 목사의 조언(The Country Parson's Advice)이라는 책을 통해 알게 된 방법이었다.

그리고 지역 신도회들의 장래를 계속 보장하기 위해서 감리회는 어린이들을 "**어린이 신도회**"로 조직해 가르치기 시작했다. 웨슬리는 어린이들을 위한 교훈 제3 기분을 막 출판했는데, 여기에는 "가장 쉽고도 유익한 성경 이야기(구약)"가 설명을 곁들여 교과 과정으로 담겨 있었다. 그러나 신도회들을 연결시키는 일에는 아직도 문제를 안고 있었다.

1747년, 한 순회구역에 파송되어 일하는 기간은 두 달로 늘어났지만, 감리회 신도회들을 일관성 있게 묶기 위해서는 이보다는 좀 더 중요한 무엇이 필요했다. 따라서 감리회원들 중 일부는 1748년 10월, **분기별 순회구역 모임**을 갖기 시작했는데, 여기에서는 같은 구역 내 각 지역 신도회들의 집사들(stewards)이나 다른 지도자들이 모여, 재정과 활동과 영적 지도에 관한 업무를 협의했다 (Polity, 239).

감리회 운동이 성장하면서 각 신도회의 활동과 사업을 연결, 조절하는 문제는 점점 복잡해졌다. 재정운영의 개선을 시도했던 웨슬리는 1744년, "우리가 모든 것을 함께 가질 수 있을 때까지" 회원 각자는 매주 **공동기금**(common stock)에 넣도록 하고, 몇몇 신도회가 성심껏 헌금할 수 있도록 시도했다 (Minutes, 23; 또한 Walsh, 40-50). 1746년에 그는 재정적 지원을 위한 또 다른 방법을 시도했는데, 그것은 런던에서 특정한 **대출기금**(lending stock) 마련을 위하여 모금하는 방법이었다. 이러한 방법으로 그의 친구들에게서 모아진 50파운드는 신도회의 집사 두 명에게 위탁되었고, 이들은 매주 화요일 아침 파운드리 신도회를 통해 "일상 업무를 영위하기 위하여 당장 돈이 필요한 사람들"에게 20쉴링 (1파운드) 내에서 대출을 해 주었다. 돈을 빌린 사람들은 소속 신도회를 보증인과 함께 장부에 기재하고 석 달 안으로 빚을 갚기로 약속하였다. 이러한 단기 소규모 사업 대출 프로그램은 첫 해에만 250명에게 혜택을 주었다 (*WHS*, 2:197).

같은 기간 동안, 웨슬리는 감리회원들을 상대로 의료 지원 사업을 펼쳐 나갔다. 옥스퍼드 시절부터 질병과 그 치료에 대하여 지대한 관심을 가졌던 웨슬리는 "수많은 사례들을 통하여 일반 의사들이 거의 도움이 되지 못한다"는 결론을 내렸다 (*Letters*, 26:235). 그는 이미 한 해 이상 주요 예배당 세 곳에 의약품을 비치해 놓고 약간의 처방전을 출판한 상태였다. 이제 그는 의사와 약사의 도움을 받아 "절실한 임시 방편"으로 의약품을 처방하기 시작하였다.

웨슬리가 풍속적인 처방을 모아 출판한 기초 의학 (1747) 표지

1746년 12월, 웨슬리는 금요일 파운드리 신도회에서 "가난한 사람들에게 약품을 나누어" 주고자 하는 그의 의도를 런던 신도회에 광고를 해, 이곳이 **의무 조제실**이 되었다. 바로 그 다음날 30명이 오고, 그 뒤로 매월 100명 가량이 꾸준하게 방문하였는데, 들어간 비용은 한 달에 10파운드가 채 못 되었다 (*J&D*, 20:177). "자신의 한계를 넘어서지 않으려" 했던 웨슬리는 자신의 의도는 극심한 질병보다는 만성병에 도움을 주려는 것이라고 했고, 어렵고 복잡한 경우는 모두 의사에게 넘겼다.

한 번은 이런 일로 그의 방법이 시험을 받기도 했다. 71살 먹은 윌리엄 커크먼은 방직공장 종업원으로, 11살 때부터 "매우 목이 따가운 기침"에 시달려왔다. 이 사람의 치료에 실패할 경우 다른 사람들이 오지 않을지도 모른다는 우려는 잠깐으로 끝났다. 웨슬리가 처방해 준 탕약은 그 기침을 2, 3일 만에 치료했는데, 웨슬리는 모든 영광을 하나님께 돌리고 자신에게 칭찬이 돌아오지 않도록 조심을 했다 (*Societies*, 276).

웨슬리는 이 사업을 파운드리 신도회원들에게만 국한시키지 않았다. 처음 5, 6개월간 그의 도움을 받은 사람들 중 "몇몇"은 모르는 사람들이었다. 웨슬리는 이 의료 사역을 브리스톨과 뉴캐슬의 예배처까지 넓혔다. 뉴캐슬에서의 사역은 처음에는 성공적이었지만, 브리스톨에서는 원하는 약품의 부족과 브리스톨 약국에서 무상으로 약품을 분배하는 바람에 이 사역을 중단하게 되었다. 그럼에도 불구하고 감리회의 의료 사역이 미치지 못하는 사람들을 위해 웨슬리는 자신이 모은 의료 처방의 확대판을 기초의학(*Primitive Physick*, 1747)이라는 새로운 표제를 달아 출판했다.

또 하나의 기독교 자선사업인 "**빈민원**"(The Poorhouse)은 파운드리 신도회 가까이 있는 두 채의 집을 빌려 선교를 했다. 이곳에서 웨슬리는 "힘이 없고 나이 든 과부들"을 위해 따뜻하고 깨끗한 숙소를 제공했다. 웨슬리와 다른 설교자들이 가끔 들러 함께 먹기도 한 10여명의 입주자들 중에는 시각장애 여인과 두 명의 가난한 어린이도 있었다 (*Societies*, 277).

웨슬리는 또한 부모들이 가난해서 학교에 보낼 수 없어 "야생 망아지"처럼 길거리를 방황하는 많은 어린이들을 파운드리에서 돌보기 시작했다. 그는 두 명의 교사를 고용해 읽기, 쓰기, 그리고 셈하기를 가르쳤다. 여기에 드는 비용을 위해서는 후원금을 받기도 했다. 모든 것은 신도회의 집사 두 사람에 의해 운영되었다. 매주 수요일에는 학부모와의 면담이 있었는데, 이 날은 학생들이 학칙을 준수하고 있는가를 심사한 다음날이기도 하다. 1748년 말 이 학교에는 60명이 적을 두고 있었다 (*Societies*, 277-79).

이때쯤, 웨슬리는 브리스톨 근교에 학칙을 개정한 **킹스우드 학교**(Kingswood School)를 세웠다. 1748년 6월 28일 학교를 다시 열기 3주 전, 컨퍼런스에서는 어린이들에게 기초 철자로부터 "사역"을 맡길 수 있는 자격을 갖추기까지 "모든 유용한 부문에서의 교육"을 제공하기 위해 학교의 학칙과 교과 과정을 정립하는데 많은 시간을 할애했다. 읽기, 쓰기, 산수, 불어, 라틴어, 희랍어, 히브리어, 수사학, 지리, 역사, 논리, 윤리, 연대학 (Chronology), 물리, 기하, 대수, 음악 등을 포함하는 교과 목록은 괄목할만하다. 영어 과목과 다른 다섯 가지의 외국어 교육을 위해 웨슬리는 문법책을 저술, 출판하였다. 첫 학년은 나이가 여섯에서 열 살로, 교과 과정은 어린이들을 위한 가르침, 그리고 어린이들이 읽어야 할 기본 서적(*Praelectiones Pueriles*)들을 영어에서 외국어로, 그리고 외국어에서 영어로 번역하는 등의 언어 과목이 포함되어 있었다. 셋째 학년이 되면 어거스틴의 *참회록*을, 넷째 학년은 시저(Caesar)를 읽었다. 최고학년은 일곱째 학년이었는데, 학생들은 호머의 일리아드를 외우고, 희랍어로 작문을 하고, 히브리어 성경을 읽어야 했다. 웨슬리는 킹스우드의 전 과정을 마친 학생이라면 누구든지 옥스퍼드나 케임브리지 졸업생의 90%보다도 나은 학자가 될 것이라고 확신했다.

웨슬리와 메소디스트라고 불리운 사람들

브리스톨 부근에 있는 킹스우드 학교. 원래는 윗필드와 웨슬리에 의해 설립되었는데, 1748년 새 학칙과 교과과정으로 재조직되었다.

하루의 일과는 엄격한 학문적 훈련과 맞먹었다. 처음의 계획에 따르면, 하루의 일과는 새벽 4시 개인기도와 찬송으로 시작하여 과목별 학습과 경건회, 식사, 그리고 저녁 8시 취침으로 이어졌다. 오전과 오후는 각각 "걷거나 일하는" 짧은 휴식으로 마감되었다. 노는 시간이 없는 것은 "어려서 노는 사람은 커서도 논다"는 말로 간단히 설명되었다 (*Documents*, 4:104-6). 학교의 급식 식단은 "건강한" 사람들 모두는 금요일 오후 3시까지 금식해야 한다는 것과 더불어 웨슬리에 의해 1748년 컨퍼런스 회의록에 꼼꼼하게 기록되었다.

몇 달이 지난 후 웨슬리는 이와 같은 훈련의 결과로 "가장 말썽꾸러기 몇 명의 학생들은 깊은 감명을 받게 되었고, 모두는 선한 의도를 품게 되었으며, 두세 사람은 하나님의 사랑을 체험하기 시작했다"고 기술했다. 그러나 갈수록 느슨해진 규율과 몇몇 소년들의 사악함으로 인해 학생들이 점차 떠나가게 되었고, 기숙사를 "정화"하지 않을 수 없게 되었다. 학생들의 수는 얼마 후 열여덟 명으로 줄었고, 결국에는 열한 명으로 줄었다 (*J&D*, 20:393-94).

컨퍼런스가 킹스우드 학교를 관리하게 된 것은 이 중요한 시기에 연대조직의 질서를 잡아가는 한 과정에서였다. 그 동안 감리회 운동은 많은 면에서 대체로 격식에 얽매이지 않은 편이었지만, 이제는 여러 가지 규율과

감리회 운동의 정립

기준을 정하고 재산 관리에 따른 법적 의미를 정리해야 할 필요를 느꼈다. 신도회의 발전에 새롭게 관심을 가지면서 예배당을 임대하거나 건축해야 할 필요도 대두되었다. 감리회가 1739년 처음 건물을 짓기 시작했을 때, 웨슬리는 윗필드의 조언을 받아들여 재단이사회 설립을 피하고 건물의 자금을 직접 조달하였다. 그러나 감리회 운동이 퍼져나가며 여러 곳에 건물들이 늘어가자, 웨슬리 혼자 재정을 부담하고 관리하는 것은 어려워졌다. 그래서 1746년 5월, 그는 신중하게 선정된 일곱 명의 집사들에게 브리스톨, 킹스우드, 그리고 뉴캐슬의 예배당을 넘기는 법적 계약서에 서명하고, 다음 해부터는 이들에 의해 재산이 관리되었다 (*Polity*, 229). 계약문서에 따르면, 재단이사들은 존 웨슬리와 "그가 때에 따라 이와 같은 목적으로 지명하는 사람이나 사람들"에게 "건물을 사용하고 … 그 안에서 하나님의 거룩한 말씀을 선포하도록" 허용해야 했다. 존이 죽으면 찰스가 그 권한을 인계 받도록 되어 있었다 (*Documents*, 4:148-49). 이러한 조항들은 간단한 것 같았지만 웨슬리 형제에게 확실한 권한을 부여했다. 그리고 설교 지침은 비록 일반적인 용어로 되어있기는 했지만 개신교 종교개혁의 내부용어(예를 들면, "말씀의 선포")를 연상하게 했다.

브리스톨의 새 방(New Room)은 1748년 7월 찰스가 설교할 때만 해도 "껍데기"밖에 없었지만, 곧 내부 수리를 해 9월, 존이 설교하기 전에는 공사를 마쳤다. 감리회는 비국교도가 아니어서 자유령(Act of Toleration)을 이용할 수도 해당이 될 수도 없다는 추가 호소문(*Farther*

1748년 개수, 증기된 브리스톨 새 방(New Room)의 내부. 3단 강단, 8각형 천정의 채광창, 그리고 왼쪽 발코니에 걸린 시계가 보인다.

Appeal, 1745)에 포함된 강력한 선언에도 불구하고, 새 방의 내부 수리를 계기로 재단이사 중 한 사람이 이 건물을 자유령이 보호하는 비국교도들의 집회소로 등록했다. 등록증의 뒷면에는 후에 누군가가 "필요도 없고, 쓸모도 없고, 괜한 짓"(Perkins, 15)이라고 끼적거려 놓았는데, 이것은 존 웨슬리가 가졌던 느낌이었음이 분명하다. 감리회원들에게 가해졌던 위험은 계속되는 박해가 증명하듯 신학적인 것만은 아니었다. 더햄의 감독 에드워드 챈들러(Edward Chandler)는 그 전 해 "나이도 어리고 순전히 평신도인 전도자들에 의해 되어지는 선교"인 감리회는 "위험한 결과를 초래할 수"도 있다고 언급한 바 있다. 처음에 그는 감리회원들을 통일령(Act of Uniformity)에 의해 치안판사들이 벌해야 한다고 주장했다가, 후에는 그들이 폭동 진압법(Riot Act)에 의해 해산되어야 한다고 주장했다 (*WHS*, 28:47).

아일랜드에서의 반대는 1748년 존이 그곳을 두 번째 방문하고 있는 동안 확산되었다. 더블린에서 그는 "소리를 지르고 욕을 하는" 사람들과 마주쳤다. 버(Birr)에서는 그가 길거리에서 "무관심하고 무례하고 몰상식한 군중"에게 설교하고 있는 동안 카르멜회의 한 수사가 "거짓말이야! 거짓말이야!" 하고 소리 지르는 작은 소동이 벌어졌다. 그리고는 과격한 개신교도들 중 몇 명이 그를 때려눕히고 끌고 갔다 (*J&D*, 20:223).

일치와 획일에 관한 질문들

메소디스트라고 불리운 사람들의 연합신도회는 계속되는 많은 공격에도 불구하고 1748년까지 70곳이 넘는 장소에 신도회들을 설립하고, 이들을 다시 아홉 개의 "분할 지역"(Divisions) 또는 순회구역으로 조직했다. (두 해 전에는 스태포드셔(Staffordshire)와 체셔(Cheshire)가 추가되었다.) "영적인 일과 일상적인 일" 모두에서 신도회의 사역들을 연합하려 했던 의도는, 분기별 순회구역 회의를 열게 했을 뿐만 아니라, 더 넓은 의미도 내포하고 있었다. 웨슬리는 여러 갈래의 부흥 운동을 **연합**

하웰 해리스

감리회 운동의 정립

(union)하려는 꿈을 계속 지니고 있었다. 1747년 웨슬리는 하웰 해리스(Harris)가 인도하는 웨일스 협의회 컨퍼런스에 참석했다. 해리스는 "연합을 위한 몇 가지 규칙"을 지지했고, 나아가 그 뒤 3년간 감리회 컨퍼런스에도 참석했다. 웨슬리 형제는 헌팅던 백작 부인 셀리나(Selina)가 1748년 그녀의 궁정 목사로 임명한 조지 윗필드와도 가깝게 일하고 싶어 했다.

웨슬리 형제와 해리스, 그리고 윗필드는 1748년, "우리는 서로 어디까지 연합할 수 있는가?" 하는 주제를 주로 다루기 위하여 특별 회의를 개최했다. 그들의 의도는 훌륭했지만 연합을 위한 실제적인 진전은 미미했다. 최소한 그들은 서로를 비방하지 않기로 동의했다. 그리고 칭의, 예정, 그리고 완전과 같은 주제에 대해 어느 정도 서로를 이해하게 되어, 절대적 선택, 불가항력적 은혜, 궁극적 구원, 또는 완전에 대해 찬성하거나 반대하는 어느 쪽으로도 "쟁론적으로 설교"하지 않기로 합의했다. 가능한 한 성서적 용어를 사용하고, "죄 없는" 것과 같은 용어는 피하며, 심지어는 서로의 표현까지도 어느 정도 활용하기로 했다. 그들은 서로의 심정을 솔직하게 털어놓았는데, 예를 들면, 해리스는 연합이 이루어질 경우 웨슬리가 전체의 "우두머리"가 될 것을 두려워했고, 윗필드는 웨슬리가 "감리회라는 이름을 독차지하는 것"에 반대했다 (Beynon, 230). 결국 팽팽한 긴장은 연합하고자 하는 정신마저도 어렵게 만들어, 찰스 웨슬리는 회의가 달성한 것은 "아무 것도 없다"고 느꼈고, 존이 작성한 회의록 사본에 "무용한 협약"(Vain agreement)이라고 썼다. 그렇지만 윗필드에게는 감리회 신도회들을 마음대로 돌아볼 수 있는 권한이 주어졌고, 두 달 뒤 찰스는 자신과 그의 형, 그리고 윗필드를 "더 이상 끊어지지 않을 세 겹줄"이라고 부르게 되었다.

1749년 봄, 존 웨슬리는 다시 아일랜드를 향해 떠나 찰스와 함께 웨일스 지방을 거쳐 가스(Garth)에 이르렀다. 4월 8일, 그곳에서 존은 찰스와 사라 그윈의 결혼을 주례했는데, 존은 찰스가 행복을 더 이상 하나님에게서 우선적으로 찾지 않게 될까봐 이 둘의 만남을 달가워하지 않았었다. 신부의 어머니 또한 그의 딸이 뚜렷한 수입이 없는 떠돌이 설교자와 결혼하는 것을 좀 못마땅해 했지만, 이들 형제가 출판사업에 가진 자본이 당시 시가 2,500파운드의 두 배가 되어 결혼 연금으로 일 년에 100파운드를 충분히 보장한다는 웨슬리 형제의 오랜 친구인 빈스 페로네(Perronet) 목사의 설득을 받아들였다 (*CWJ*, 2:50-55). 결혼 이틀 뒤 존은 아일랜드를 향해 떠났고, 찰스는 두 주 후 자신의 순회여정을 다시 시작했다.

더블린에 도착한 존은 모라비안들이 일으키는 문제에도 불구하고 신도회가 전년에 비해 10% 이상 성장하는 등 잘 되어가고 있다는 것을 발견했다. 존은 그 지역 들판과 교회에서 설교를 하며, 속회를 돌아보고, 신도회를 새로 설립하기도 하였다. 아일랜드에서는 "신앙심을 몽땅 수염을 길게 기르는데 건 사람들"이라고 알려진 감리회원들이 정부에 의해 뿌리가 뽑히고 (J&D, 20:279), 영국에서는 소멸되어가고 있으며, 그 근본은 예수회 수사라는 소문에도 불구하고, 마운트멜릭(Mountmellick)과 코크(Cork)에서는 상당한 규모의 신도회들이 모임을 갖고 있었다. 이러한 혼란은 특이한 것이 아니었다. 그 전 해 코크를 방문했을 때 찰스는 사람들이 자기를 "모든 종교를 다 믿는 사람"이라고 생각한다는 것을 발견했다. "장로교인들은 나를 장로교인이라고 했고, 교회에 나가는 사람들은 나를 자기들의 목사라고 했으며, 카톨릭 교인들은 내가 마음속으로는 좋은 카톨릭 교인이라고 믿었다" (CWJ, 2:31).

이 시기에 출판된 일지에는 누가 존과 동행했는지 아무런 단서도 밝히지 않고 있지만, 아일랜드 항해를 포함한 이 반 년간 내내 존은 **그레이스 머리**(Murray)와 함께 지냈다. 이 여인은 전에 뉴캐슬의 고아원에서 가정부로 일한 적이 있는 과부로, 이 두 사람은 더블린에서 약혼을 했다. 존은 이 여인을 비교할 수 없을 만큼 많은 "은혜와 은사와 열매"를 보여준 "복음의 동역자"로 여겼다. 그리고 이 여인이 다른 여인들과 자신을 잘 돌본 것에 호감을 가진 웨슬리는 그 전까지 결혼에 반대하던 자신의 입장을 바꾸었다. 그러나 그의 동생 찰스를 포함한 다른 동역자들 중 몇몇은 하인으로 일하던 여인과 결혼하는 것은 입방아에 오르내리게 될 뿐만 아니라 그의 권위도 상실시켜 신도회를 붕괴시키게 될 것이라고 생각했다 (Letters, 26:381-87). 그 해가 가기 전에 찰스는 이 여인과 이 여인을 사모하던 존 베넷을 부추겨, 존이 없는 동안 결혼시킴으로써 이 관계에 종지부를 찍었다 (JWJ, 3:435-39).

1749년 존은 더블린에서 오그림 전투 (Battle of Aughrim, 1691) 기념축제 기간 중 군중으로부터 말썽이 있으리라고 생각은 했지만, 웨슬리는 실제로 몸을 다치지는 않았다. 한두 달 전의 상황은 달라, 코크(Cork)에서는 "쓸모없는 민요 가수" 니콜라스 버틀러(Butler)가 매일 폭도들을 모아 감리회원들을 "이단들"이라고 부르며 예배당과 사업장, 집, 그리고 길에서 몽둥이, 칼, 돌, 그리고 진흙덩어리로 공격을 해왔다 (J&D, 20:285-87). 웨슬리는 존 베일리 (Baily) 목사와 같은 적대적인 교역자의 반대에도 불구하고 찰스가 열심히 일을 해온 코크에 갈 생각이었다. 그러나 그가 한 번도 가 본 적이 없는 코크에 가까이 갔을 때, 그의 설교자 중 한 사람이 그에게 폭도들이 길거리를 메우고 있고, 그의 목숨에 "즉각적인 위협"을 감수하지 않고는 설교는커녕, 그곳에 가볼 수도 없을 것이라고 경고했다 (*Letters*, 26:365). 위협에 직면해 물러서지 않는 성격인 웨슬리는 밴든(Bandon)으로 해서 코크를 가로질러 갔는데, 폭도들은 웨슬리가 시 경계를 빠져나갈 때까지도 패거리를 모을 시간조차 갖지 못했다. 7월 더블린으로 돌아온 웨슬리는 "최근 발생한 사건에 즈음하여 아일랜드의 주민들에게 주는 짧은 서한"을 출판하여, 감리회의 성격과 목적을 설명하였고, "하나님, 인류, 그리고 나라"를 사랑하는 모든 사람들은 덕, 경건, 사랑, 절제, 그리고 애국심을 고취하는 사람들, 즉 감리회원들에게 좀 더 관용을 베풀도록 호소했다. 이후 수개월 안에 웨슬리는 공개서한 "로마 카톨릭 교인에게 주는 편지" (*Letter to a Roman Catholic*)와 그의 설교 "**보편적 영성**"(Catholic Spirit)을 출판하였다. 여기에서 그는 그의 설교 "하늘나라에 이르는 길"에서 피력한 것처럼, 기독교 복음의 "본질"을 강조해야 할 필요성과, "의견"에 관한 문제에 있어서는 좀 더 관용을 보이는 태도를 가질 것을 주장했다. 진정한 믿음이란 예배 형식이라든가 세례를 베푸는 방법에 관한 "정통 의견"(orthodox opinions)에 달려있지 않다는 것이 웨슬리의 주장이었다. 진정한 믿음, 즉 "바로 된 가슴"이란 오히려 하나님을 믿는 사람에게서 발견되고, 이런 사람은 "그리스도와 그 자신이 십자가에 못 박힌 것"을 알고, 믿음이 "사랑의 에너지", 즉 경건과 자비의 사역으로 증명되는 하나님 사랑과 이웃 사랑으로 "충만한" 사람이었다. 이것이 교파를 넘어서는 믿음이며 보편적 사랑으로, 찰스 웨슬리는 이를 아래와 같은 시로 표현했다:

> 이 세상의 모든 싸움, 피곤합니다.
> 이 모든 관념과 형식과 방법과 명칭들.
> 길이요 진리요 생명이신 당신,
> 당신의 사랑이 나의 단순한 가슴을 불타게 합니다.
> 하늘로부터 가르치시니, 나 드디어 날아오릅니다.
> 살거나 죽거나 당신과 함께, 당신의 것으로.

영국과 웨일스에 있는 부흥 운동 그룹들 간에 폭넓게 협력하며 일할 수 있도록 했던 계획은 1748년 실패로 끝이 났지만, 웨슬리는 자신의 신도회들을 하나로 묶어보려고 결심했다. 1749년 11월, 런던에서 열렸던 설교자들의 컨퍼런스에서 주된 관심사는 "사랑과 하늘나라를 사모하는 한 마음으로 굳게 단결한 영국 전역에 걸친 신도회들의 전반적 연합"이었다. 웨슬리는 런던 신도회를 연대조직의 "모교회"로 받아들일 것을 제의했는데 (*Minutes*, 44), 이런 교회구조에 관한 술어는 그가 전에는 잘 쓰지 않던 것이었다. 이렇게 되면 모든 것은 런던 신도회를 통해 조절될 것이었다. 그리고 그 전 해 여러 곳의 분기별 순회구역 모임에서 모아지기 시작한 정보는 이제 런던으로 보내질 것이었다. 이 정보에는 매년 부활절을 기해서 작성된 회원명단(각성신자, 구도자, 구원받은 자, 성화자, 네 가지로 분류) 과 "모든 특이할 만한 구원의 체험"과 "믿음의 승리 안에서 죽은 모든 사람들"의 이야기가 포함되어 있었다. 이러한 자료들은 "**보조자**"(Assistant) 에 의해 수집되었는데, 이 호칭은 원래는 웨슬리의 설교자들에게 적용되었 던 것이지만, 이제는 순회구역 내의 신도회들과 설교자들을 관장하는 순회 구역장에게 공식적으로 부여되었다. "보조자들을 위한 규칙"은 후에 수정 이 되어, "분기별 회의(Quarterly Meeting)를 소집하고, 이를 통하여 각 신도회의 영적, 그리고 일상적 상태를 빠짐없이 점검할 것"이라는 책무 가 포함되었다.

이렇게 조직이 중앙으로 집중되자 런던 신도회 집사들의 역할이 중요해 졌는데, 이들에게는 연대조직 전체를 통해 일상 업무를 조정하고 체계화할 책임이 주어졌다. 분기별로 모이는 순회구역에서는 그 지역에서 지고 있는 부채를 자체적으로 책임지고, 재정 상태를 런던의 집사들에게 보고하며, 이와 함께 공동체 전체의 부채를 갚을 수 있도록 가능하면 기부금을 보낼 것이 기대되었다. 바라기는 지역의 부채를 갚은 후에도 얼마간의 연대체 제 **기금**(connectional Fund)이 남아, "박해를 받는 신도회나 심한 어려움 에 처한 신도회에 신속하게 도움을 줄 수 있게 되는 것"이었다 (*Minutes*, 708).

1746년 설교자 심사 기준

1. 그들은 그들이 누구를 믿는가를 아는가?
   그들은 그들의 가슴에 하나님의 사랑을 가지고 있는가?
   그들은 오직 하나님만을 바라고 찾는가?
   그리고 그들은 모든 대화에 있어서 경건한가?
2. 그들은 사역을 위한 은사(그리고 은혜)를 가지고 있는가?
   그들은 (허용되는 차이 내에서) 분명하고 확고한 이해를 가지고 있는가?
   그들은 하나님의 일에 있어서 바른 판단을 가지고 있는가?
   그들은 믿음으로 얻는 구원에 대한 바른 개념을 가지고 있는가?
   그리고 하나님은 그들에게 구변(utterance)을 허락하셨는가?
   그들은 올바르게, 거리낌 없이, 분명하게 말하는가?
3. 그들은 사역에 열매가 있는가?
   그들은 상대방을 설득하고 영향력을 끼치도록 말할 뿐만 아니라
   그들의 설교를 듣고 죄 사함 받은 사람이 있는가?
   하나님의 사랑에 대한 분명하고 지속적인 인식이 있는가?
   우리는 위와 같은 세 가지 항목에 분명하게 해당되는 사람은 누구나 설교하도록 하나님으로부터 부르심을 받았다고 인정한다. 우리는 위의 것들을 이 사람이 성령으로 감동되었다는 충분히 납득할 만한 증거로 받아들인다. (*Minutes* [1746], 30-31)

감리회 운동의 정립

1749년의 컨퍼런스는 그 전 회의의 내용을 기록한 인쇄된 **회의록**이 처음으로 준비되었던 회의였다. 그 해 초 더블린에서 웨슬리 목사가 다른 사람들과 가졌던 최근 대화 기록이라는 기본적으로 동일한 제목으로 출판된 두 권의 소책자는 1744-47년 교리에 관한 기록과 1744-48년 장정에 관한 기록을 포함하고 있었다. 이 두 권은 모두 62쪽으로, 함께 묶어져 있었다. 이러한 기본적 지침서가 출간되면서 새로운 설교자("**보조자**," helper)들을 연대조직으로 받아들이는데 있어서 좀 더 "격식과 정중함"을 발전시킬 수 있었고, 이에 대한 필요성은 1746년 대두되었었지만 하나님의 뜻 가운데 되어 나가도록 그냥 놓아 둔 상태였다. 이 협의회에서는 다음과 같은 다섯 단계 과정이 정립되었다. (1) 후보는 보좌관에 의해 추천되며, (2) 이전의 회의록에 기록된 교리와 장정을 읽고 동의해야 한다. (3) **준회원**(probationer)으로 받아들여진 후 보조자에게는 "당신은 죄인들을 불러 회개하도록 하는 것이 당신의 의무라고 생각합니다. 하나님이 당신을 여기까지 부르셨다는 것을 온전히 증명하십시오. 그러면 우리는 당신과 함께 할 것입니다"라고 쓰여진 회의록을 1부 수여한다. (4) 준회원으로 일 년을 지낸 후 보조자는 "당신이 아래와 같은 규칙에 자발적으로 동의하고 진지하게 지키기 위해 힘쓰는 한, 우리는 당신과 함께 기쁜 마음으로 손을 잡고 나아갈 것입니다"라고 쓰고 존 웨슬리가 서명한 새 회의록 1부를 받는다. (5) 정회원 자격은 매년 갱신한다. 이 협의회의 회의록을 보면 웨슬리 형제 외에도 연결 조직 내의 아홉 개 순회구역에 21명의 설교자 (8명의 보좌관과 13명의 보조자), 그리고 15명의 예비(준)회원이 기록되어 있다.

보조자 심사와 **연례 심사**(annual review)는 감리회의 연대조직에 새로운 절차는 아니었다. 설교자의 심사는 "자신이 설교하도록 부르심을 받았다고 믿는 사람들을 시험"해 보기 위하여 1746년 시작되었다. 후보자는 일련의 질문을 통하여 그들의 신앙생활과 경험은 물론, "사역을 위한 은사 (그리고 은혜)"와 더불어 "칭의에 대한 바른 개념," "분명하고 건전한 이해," 그리고 "하나님의 일을 하는데 있어서 바른 판단"을 가지고 있는지의 여부가 점검되었다. 그 해 컨퍼런스에서는 죠나단 리브스가 심사를 받았는데, 그가 죄, 믿음, 그리고 확신을 자신의 경험에 비추어 보아 어떻게 이해하고 있는지 묻는 질문이 주어졌다. 웨슬리 형제는 보좌관 한 사람과 더불어 보조자들의 설교를 들었고, 그 후 후보자들은 왜 그들이 하나님으로부터 설교하도록 부르심을 받았다고 믿는지 그 이유를 기술해야 했다. 설교자들은 "젊은 대학생"으로 여겨져, 이들에게는 옥스퍼드 시절 웨슬리 형제가 본을 보였던 것처럼 학습과 "매시간별 일지"를 기록하는 철저한 습관이 요구되었다 (*Minutes*, 31-32).

1748년 웨슬리는 이 심사 과정을 속장들에게까지 확대하여 "그들의 은혜, 은사, 그리고 속회를 인도하는 그들의 태도"를 꼼꼼하게 살폈다 (*Minutes*, 40). 모든 회원들의 회원증을 분기별로 갱신하는 것과 모든 설교자들과 지도자들을 매년 심사했던 것에서 보는 것처럼, 매사에 철저함과 모든 단계에 있어서 책임소재를 분명히 하는 것은 감리회 운동의 대명사가 되었다. 설교자들을 심사하는 우선적인 책임은 찰스 웨슬리에게 주어졌고, 그는 이 일에 어느 정도 엄격함으로, 그리고 "은사"에 대한 특별한 관심을 가지고 임했다.

설교자들을 위한 교육

설교자들은 일반적으로 교육을 제대로 받지 못한 사람들이었는데, 이들에게는 훈련을 받을 수 있는 여러 가지 경로가 주어졌다. 초기 컨퍼런스의 회의록을 보면 교리적 지침을 위하여 웨슬리가 출판한 출판물 목록이 구체적으로 기재되어 있었다. 1746년 그는 세 권으로 기획된 **몇 가지 절기에 따른 설교** 중 첫 권을 출간하였다. 이 책의 서문은 웨슬리의 의도를 잘 드러내어 주는데, 그것은 "내가 참 믿음의 진수로 받아들이고 가르치는 교리가 무엇인가"를 독자들에게 보여주려는 것이었다 (*Sermons*, 1:103). 그의 희망은 "인류의 대부분"에게 다가가고, "평범한 사람을 위한 평범한 진리"를 제시하며, 책 한 권의 사람 (a person of one book), 즉 "하늘나라에 이르는 길"을 찾을 수 있는 성서만을 의지하는 사람이 되는 것이었다.

첫 권 서문의 어조와 내용은 야외설교를 좀 더 폭넓게 하려 했던 1746년과 1747년의 움직임과 일치했다. 여기에 실린 설교들은 믿음, 칭의, 그리고 확신에 우선적으로 중점을 두었고, 이러한 주제들은 많은 불신자들을 포함한 "섞인" 군중을 대상으로 한 것이었다. 그러나 이것들이 이런 군중을 대상으로 웨슬리가 설교한 설교문은 아니었다. 처음 네 편은 그와 찰스가 옥스퍼드 대학에서 했던 설교이었는데, 그들의 모교가 "매음굴"이 되었다고 혹평한 이 글을 앞에 실은 것은, 그 형제가 모교와의 어떠한 관계도 끝냈다는 것을 알리는 것이었다 (*Sermons*, 4:393). 나머지 여덟 편 중 세 편만이 웨슬리의 기록에 따르면, 다섯 번 이상 설교한 본문을 사용하고 있다. 그렇기는 하지만 출판된 설교는 그의 모든 설교의 중심이 되는 주제를 그의 설교자들이 읽고, 이해하고, 자신들의 설교를 위한 지침으로 활용할 수 있도록 조심스럽게 기록된 요약이었다. 이 책을 낼 때 웨슬리가 염두에 두었던 것은 교육을 받지 못한 설교자들이 설교할 때 도움이 되도록, 든든한 교리적 근거와 범주를 제공해 주는 설교집이었음이 틀림없다.

1748년 웨슬리는 첫 권과는 분명히 다른 어조로 된 *설교집* 제2권을 출판하였다. 그 해 협의회는 이례적으로 야외설교에 중점을 두었던 것을 폐지하고, 신앙생활을 양육할 수 있는 신도회의 설립을 다시 강조했다. 이런 점에서 제2권에 실린 설교들은 양육을 중시하는 신도회의 분위기에 걸맞게 믿음의 회복과 성화에 초점을 맞추었다. 웨슬리가 이렇게 설교집을 출판한 것은 그의 설교자들을 위한 신학적 지침을 제공해 주는 동시에 몇 가지 문제에 대한 자신의 입장을 정리하기 위한 노력이었다. 이렇게 두 가지 의도를 가졌던 것은, 제2권에 실린 첫 번째 문건을 보면 분명해진다. 그것은 그리스도인의 완전에 관한 존의 첫 번째 설교인 "가슴의 할례"(1733)이었는데, 그는 여기에 믿음과 확신에 관한 좀 더 새로운 견해를 확증하는 문단을 추가했다. 제2권은 대부분 열세 편으로 이어지는 "주님의 산상설교에 관하여"라는 제목의 설교 중 첫 부분을 싣고 있는데, 이것은 복음주의적 윤리를 설명할 때 사용되던 전통적 본문이었다.

웨슬리는 1750년 *설교집* 제3권에 산상설교 시리즈를 마감했는데, 여기에는 "율법"과 "믿음"의 관계에 관한 설교 세 편과, 잘 알려진 그의 설교 "그리스도인의 완전," 그리고 아일랜드에서 겪은 그의 경험을 토대로 한 세 편의 설교 "열심의 본질" (The Nature of Enthusiasm), "편협함에 대한 주의", 그리고 "보편적 영성"이 실려 있었다. 웨슬리는 자신의 삶과 사상을 통하여 떠오른 기본적 영적 주제와 중심 교리를 이 세 권의 설교집에 정리해 두었는데, 이들의 핵심은 영적 여정을 반영하는 "구원의 길"(the way of salvation)로, 선재 은총, 죄의 자각, 회개, 칭의, 확신, 회생, 성화, 그리스도인의 완전, 그리고 최후의 구원을 포함한다. 이 여정의 각 단계는 신앙인이 하나님의 **은혜**의 선물을 믿음으로 받아들여 달성되고, 하나님과 이웃 사랑을 통하여 증거된다.

웨슬리의 설교를 모아 1746년에 출판된 첫 번째 설교집 표지

웨슬리와 메소디스트라고 불리운 사람들

웨슬리는 당시 설교가 중점을 두어 다루어야 할 진수에 대한 자신의 견해를 밝히는 설교들을 통하여 조심스럽게 정리해 놓았다. 그는 이런 것들이 결코 새로운 것이 아니며, 완전히 성서적일뿐더러 영국 국교회의 교리적 기준(39개 신조, 설교집, 공동 기도문)과도 충분히 합치된다고 생각했다. 웨슬리가 특별히 이러한 뜻을 가지고 36개의 설교를 작성했다는 것은, 그가 선택한 성경본문을 보면 확실해진다. 이들 중 절반 이상의 설교가 그가 일기나 일지, 또는 설교 등록부(sermon register)에 설교 본문으로 뽑아 두지 않았던 본문을 채택하고 있다. 실제로 그가 자주 사용하였던 36개의 설교 본문 중 마가복음 1:15 ("하늘나라에 이르는 길,") 하나만이 이 세 권에 올라 있다.

이 세 권의 설교집은 설교자들과 신도들을 교육하기 위한 웨슬리의 노력의 일부에 불과했다. 1749년 3월, 존은 그리스도인 전집(A Christian Library)이라는 이름으로 그의 가장 야심적인 출판사업을 시작했다. 이 전집은 그 이름이 나타내듯 "영어로 출판된 실제적 신학의 정수 중에서 선별, 요약"한 것들을 담고 있었다. 이 사업은 그가 옥스퍼드 시절 요약("수집")해 둔 자료만이 아니라 최근에 선별해 둔 엄청나게 많은 양을 50권으로 묶는 것이었다. 설교자를 위한 이와 같은 문서 모음에 대한 그의 관심은, 그의 아버지가 저술한 "젊은 교역자에게 주는 조언"에서 비롯된 것으로 보이며, 최근에는 이 일을 위해 신학박사 필립 도드리지에게 조언을 구하는 것으로 나타나기도 하였다 (Letters, 26:190).

웨슬리의 의도는 독자들이 저명한 저술가들의 방대한 문서를 살펴보는 데 도움을 주고, "그들이 바른 생각을 갖도록, 또는 그들의 잘못을 정정하도록" 때때로 필요한 것을 추가하려는 것이었다. 그러나 그가 특별히 희망했던 것은 쭉정이에서 알곡을 분리해 내고, 거짓에서 진실을 가려내며, 논쟁적이거나 모호한 유형을 피하고, 과도하게 피상적이거나 신비적인 것들을 제거해 내려는 것이었다. 그는 초대교회에서 시작하여 그 시대에 이르기까지 내용을 연대순으로 정리하여, 독자들이 "예수 그리스도를 믿는 참 신앙"이 하나임을 알 수 있도록, 그리고 만일 웨슬리가 이 일을 끝내지 못하게 될 경우 그의 후계자가 이어 받을 수 있도록 하였다.

웨슬리는 현재는 물론 미래도 하나님의 손에 달려 있다고 믿었다. 그리고 그는 감리회의 발전 과정을 되돌아보면서, 그가 조지아로 가기로 한 결정이라든가, 아일랜드에서 사역을 시작하게 된 것, 그리고 연대조직에 새로운 보조자들을 영입하는 절차를 개발한 것 등, 역사의 어떤 사건이나 그것에 관련된 자신의 역할 모두를 하나님의 섭리로 해석했다. 찰스도 종종 같은 태도를 취해, "나는 곧바로 하나님의 뜻을 보았다"는 말을 했다 (CWJ, 2:17).

감리회 운동의 정립

그 세기의 중반에 접어들면서 존 웨슬리는 그의 친구인 쇼어햄의 사제 빈센트 페로네(Perronet)에게 편지를 써 "통상 메소디스트로 알려진 사람들"의 역사와 "하나님의 섭리"를 기록했다. 그는 감리회의 발전 과정 전체를 통틀어 조명하면서, "그들은 사전에 아무런 의도나 계획을 갖지 않았지만, 모든 일이 시의에 적절하게 되어 나갔다"고 썼다. 그러나 이 모든 것이 운명이나 역사적 우연, 또는 단순히 실용주의의 산물이었다고 생각한 것은 결코 아니다. 그는 서두에 "하나님께서는 누구든지 그를 기쁘시게 하는 사람을 통해 일하실 수 있다"는 것을 분명히 해두었다. 이 편지는 메소디스트로 불리운 사람들의 있는 그대로의 이야기라는 제목의 32쪽 짜리 소책자로 런던에서 (그리고 수개월 내에 다른 세 도시에서) 출판되어 영국, 웨일스, 그리고 아일랜드에서 활발하게 발전되어 온 웨슬리 연대조직의 모습을 널리 알렸다. 여기에는 야외설교, 믿음과 용서에 관한 선포, 신도회의 등장, 핵심조와 속회를 통한 신앙 공동체의 발전, "복음을 삶으로 증거"하려 했던 마음가짐, "하나님과 율법주의를 두려워해야 할" 필요성 등이 포함되어있다. 그리고 그들이 어떻게 신년 전야 모임, 애찬식, 속회 회원증, 여러 형태의 지도자들(보좌관, 집사, 방문자, 학교 교사 등)을 위한 규칙의 형성, 그리고 학교, 빈민원 (Poorhouse), 의료원, 융자협회(lending society)의 설립 등에 임해 왔는지를 기록으로 남겼다. 이 책자는 "진정한 기독교"를 전파하기 위하여 악과 싸우고, 선을 추구하며, 은혜의 도구를 사용해 온 메소디스트라고 불리운 사람들의 이야기였다.

Methodist circuits in 1749-50 in England and Ireland.

웨슬리와 메소디스트라고 불리운 사람들

웨슬리가 보이려고 한 것은 단순히 어떤 구조나, 지도자, 그리고 규칙을 가진 조직의 출현만은 아니었다. 단순히 도움을 필요로 하는 사회의 필요성을 충족시켜주기 위한 갈수록 다양하고 복잡한 자선사업의 실현만도 아니었다. 그것은 또한 성서를 근거로 추출되고, 초대교회에 의해 증거되며, 논쟁을 통해 모습이 갖추어지고, 삶의 현장을 통해 확인된 새로운 신학의 개요만도 아니었다. 다양한 이야기들은 모두가 하나로 얽혀져, 신학, 조직, 그리고 믿는 사람들의 삶 가운데 역사하시는 하나님의 용서와 능력을 새롭게 이해하고 받아들여, 교회를 갱신하고 부흥시키려는 마음으로부터 우러나온 사역을 보여주는 것이었다.

웨슬리 형제들이 일으킨 운동은 분명히 영국 국교회를 부흥시키려 했던 운동이었지만, 이렇게 내부적으로 교회를 부흥시키기 위해 채택된 모든 방법들이 잠재적으로 연합신도회의 날로 뚜렷해진 정체성이 영국 국교회로부터 분리하여 나가려는 하나의 독립된 단체로 부각되었다는 점은 특별히 역설적이다. 1750년이 되면서 회의록(*Minutes*)과 설교집(*Sermons*)에 표현된 것처럼 감리회는 구체화된 교리적 정체성을 갖게 되었고, 따로 세워진 설교자들에 의해서 인도되는 연차 협의회, 신도회들의 순회구역에서 보여지듯 중앙 집권적인 재정과 함께 전국적이며 조직적인 회원증을 사용한 연결망 (network), 자선기관과 활동을 겸비한 선교 사역 등이 특징적으로 나타났다. 영국 국교회에서 분리되어 나가려는 감리회 성향의 문제는 밖으로 드러났건 안으로 내재하고 있건, 감리회에 반대하는 사람들만이 느꼈던 것은 아니었다. 찰스 웨슬리는 이러한 위험성에 대하여 가장 먼저 그의 형 존에게 계속 상기시켰던 사람들 중 하나이었다.

연대조직 내의 규율

1750년이 되자, 웨슬리 형제들에 의해 주도된 감리회의 부흥 운동은 영국 전역에 걸쳐 괄목할 만한 현상이 되었다. 윗필드 마저도 "감리회"가 이제는 웨슬리 형제와 결부된 가장 자주 쓰이는 용어가 되었다고 마지못해 인정할 정도였다. 이 운동은 런던에 본부를 두었는데, 여기에는 2천 명을 웃도는 회원들이 여러 곳의 신도회를 구성하고 있었다. 이제 제법 규모를 갖추기는 했지만 감리회는 아직도 성장하는 대도시 인구의 0.5%도 되지 못했다. 전국적으로 보면, 영국 전역의 1,000만 명 인구 중 10,000명에 불과한 작은 집단이었으며, 특정 지역에만 밀집되어 있었다 (지도 참조). 영국, 웨일스, 그리고 아일랜드에 36명의 설교자들이 아홉 개의 순회구역

감리회 운동의 정립

에 거의 100개의 신도회를 돌보고 있었다. 아일랜드를 향한 해안 지방과 앵글리아 동부(East Anglia), 미들랜즈의 동부, 스콧트랜드, 그리고 웨일스와 요크셔, 아일랜드의 대부분 지역에는 신도회가 한 개도 없었다. 그러나 세 개의 남쪽 대형 순회구역에 감리회원 전체의 절반이 소속되어, 테임즈 지방의 서쪽으로부터 브리스톨 해협의 양변으로, 그리고 성 아이브스(St. Ives)를 연결하며 호(arc)를 그리고 있었으며, 미들랜즈 북부 지방 두 개의 순회구역은 그림스비에서 리즈를 통해 체셔(Cheshire)에까지 감리회원의 지역을 차지하고 있었다. 그리고 북쪽 지방에는 뉴캐슬에서 남쪽으로 내려온 순회구역이 버윜-트위드(Berwick-upon-Tweed)에 있는 신도회를 포함하고 있었다. 여기에 더하여 아일랜드 내 더블린과 코크를 중심으로 두 개의 순회구역이 형성되고 있었다.

감리회는 많은 사람들에게 광신적인 집단으로 여겨졌고, 대부분의 영국 사람들은 감리회를 제대로 이해하지 못하여, 아직까지도 박해에 직면하곤 했다. 감리회 신학은 사적으로나 공적으로 세심한 심사의 대상이 되기는 했지만, 여러 차례 있었던 심각한 도전을 약간 수정하는 정도 내에서 잘 견디어낼 수 있었다. 감리회의 사역은 그들이 지니고 있던 그리스도인의 삶과 책임에 대한 이상에 발맞추어 다양해지고 폭이 넓어져, 하나님의 자녀들의 육체적, 정신적 건강을 관심의 대상으로 삼았다. 감리회는 속회, 신도회, 그리고 순회구역을 갖추고, 연례 컨퍼런스(연회)를 통해 웨슬리로부터 지시를 받는 지도자들에 의해 이끌어져나가는 복잡한 조직이 되었다.

신학, 선교적 사명(mission), 그리고 조직, 이 세 분야에 있어서 웨슬리는 이 운동의 성격과 목적, 그리고 활동을 옹호할 태도를 갖추고 있었지만, 새롭게 등장하는 필요에 따라 지속적으로 가다듬어나갈 마음도 가지고 있었다. 메소디스트라고 불리우는 사람들의 연합신도회의 규칙은 열거된 규정으로 정의된 복잡한 기준을 만들게 되었는데, 이것은 이 운동의 각 단계에서 지도력을 발휘하던 갈수록 늘어나는 평신도 지도자들에게 균일한 행동지침을 제공해 주었다. 그러나 이 운동이 성장하면서 모든 지도자들이 이 규정을 준수하리라고 보는 것은 어려워졌다. 처음부터 웨슬리는 때때로 제 고집을 내세우는 보조자들을 다루어야 하는 문제에 봉착했다. 웨슬리 형제는 이제 그 어느 때보다도 영적으로 살아있고, 교리적으로 건전하며, 선교적으로 활발한 지도력을 제공해야 하는 과제에 직면하였다. 동시에 그들은 신학적 교육이나 훈련을 받지 못한 평신도들에게 더 많이 의지하지 않을 수 없게 되었다.

설교자들을 위한 심사

1751년 3월, 웨슬리는 설교자들을 심사하기 위한 계획을 18개월 전 실천에 옮긴 뒤 처음으로 대규모 컨퍼런스를 소집하였다. 존은 그 전 달 결혼을 했는데, 이를 탐탁하게 여기지 않았던 동생 찰스를 의식하여 설교자들의 심사에 좀 더 민감하게 반응하였다. 이제는 부인이 된 몰리 바제일(Molly Vazeille)이라는 여인을 런던에 남겨두고, 존은 그의 설교자들과 "대화"하기 위해 브리스톨로 갔다. 그는 설교자들에게 "예수 안에 있는 진리"를 고수하도록 권하는 한 편, "초기 교리"(first doctrines)에 대하여 많은 반대에 부딪치리라는 예상을 했다. 그러나 이번 경우에는 모든 것이 잘 되었고, 집으로 돌아와 신부와 한 주간을 같이 보낸 뒤, 연례 방문을 위해 북쪽 지방으로 떠났다. 존은 이 일을 두고 일지에 "나는 감리회 설교자가 결혼했다고 해서 독신일 때보다 설교를 한 번 덜 하거나 여행을 하루 덜 하는 것을 어떻게 하나님 앞에 정당화할 수 있는지 이해할 수 없다"고 기록했다 (*J&D*, 20:380).

그 뒤 6개월에 걸쳐 웨슬리 형제는 **설교자들**을 한 사람씩, 또는 여럿을 함께 모아 심사를 계속했다. 존은 이 일의 우선 책임을 찰스에게 맡겼고, 찰스는 존보다 엄격하게 이 일에 임했다. 존은 찰스에게 "꼭 필요한 경우가 아니면 젊은이들을 심하게 다루지 않도록" 권면했다. 그는 충분한 수의 설교자를 확보하기 위해 마음을 썼고, 찰스에게 자신의 생각에는 "은혜와 은사, 둘 중 은혜가 우선"이라는 것을 분명히 했다. 존은 행동이 잘못된 사람들, 나약한 사람들, 쓸데없는 짓만 일삼는 사람들, 그리고 빈둥거리는 사람들 모두를 쫓아내도록 명했지만, 찰스에게 설교자 40명을 확보하거나 아니면 "몇 신도회를 폐쇄해야 할 것"이라고 주의를 주었다. 그러나 찰스는 아일랜드에서 겪은 경험이 있어서, 은사의 부족에 따르는 문제에 대해서 매우 걱정스럽게 생각했다 (*Letters*, 26:47-73). 그리고 두 말할 나위도 없이 부도덕한 행위는 "기차게 자신을 기만하는 위선자" 제임스 휘틀리(Wheatley)의 경우에서처럼 자동적으로 정지처분 되는 이유가 되었다. 일곱 여인과 취했던 그의 "완고한 사악함"은, 그 자신은 "조금 경솔한 행동"이었다는 말로 변명하려 했지만, 웨슬리 형제는 복음과 감리회의 수치로 생각했다 (*J&D*, 20:394).

존과 찰스는 1751년 설교자들의 "은혜, 은사, 그리고 열매"에 관하여 심사한다는 구체적인 목적을 가지고 리즈에서 두 차례, 그리고 뉴캐슬에서 한 차례 컨퍼런스를 통하여 설교자들을 만났다. 이 기회를 통하여 두 사람이 새로 허입되고 두 사람은 즉석에서 축출되었다. 한 가지 특별한 문제는

감리회 운동의 정립

윌리암 그림쇼(1750년 웨슬리 형제의 후계자로 지목됨)의 추천에 따라 1747년 감리회 조직으로 편입된 토드모든 (Todmorden) 지방의 신도회를 돌보던 윌리암 다니의 경우였다. 9월, 리즈에서 챨스는 다니의 버릇을 고치든지 쫓아내든지 하려고 마음을 먹었다. 그의 고집스러움은 그 전 협의회 심사에서도 문제가 되었었지만 "(너무나) 참을성이 많은 형" 존에 의해 계속 두어둔 채로 있었다. 리즈에서 챨스는 다니로부터 웨슬리 형제가 믿고 설교하는 것에 반하는 설교는 하지 않겠다는 약속을 받아내었다. 여러 시간에 걸친 개인적, 그리고 공적 심사를 거친 후, 다니는 욕지거리를 하거나, 구걸하거나, 웨슬리 형제의 허락을 받지 않고는 말도 안 되는 소리를 출판(예를 들면, 하나님으로부터 영감을 받아서 썼다는 엉터리 시)하지 않는다는 조건으로 6개월간 다시 일 할 수 있도록 기회가 주어졌다. 챨스는 다니가 이러한 조건으로 준회원으로 남아있는 것에는 동의를 했지만, 그가 정회원(full connection)이 아닌 것을 강조하기 위해 그들과 함께 컨퍼런스에 참석하는 것은 허락하지 않았다.

그 해 말, 존과 챨스는 상황을 점검해 보기 위해 쇼어햄에 있는 빈센트 페로네의 집에서 만났다. 그들은 다니를 포함하여 아홉 명의 설교자들을 "내어보내기"로 합의했다. 그들은 또한 "은혜와 은사"를 보인 사람들을 **현지설교자**(local preachers)로 두기로 합의했다. 그러나 이 사람들은 해 오던 생업을 그만 두지 않아야 했다. 챨스는 설교자들을 심사하는 문제에 있어서 존이 주도권을 쥔 것에 대해 신경을 곤두세웠다. 그래서 그는 누구도 웨슬리 형제 중 한 사람만에 의해서는 **순회설교자**로 받아들여져서는 안 되며, "우리 둘이 함께, 우리 둘이 서명한 통지서"로 해야 한다고 주장했다. 둘 사이에 의견의 차이가 있을 때에는 페로네에게 들고 가서 해결을 하기로 했다 (*Documents*, 4:109).

한 번은 존이 승인을 했는데도, 챨스는 로버트 길레스피(Gillespie)가 "복음을 설교하기에 부족한" 사람이라고 판단을 했다. 그래서 그는 길레스피를 먼저 가졌던 직업으로 돌아가도록 조치를 하고, 이 상황을 설명하는 편지를 존 베넷에게 다음과 같이 보냈다: "우리의 친구 한 사람이 (하나님께 묻지도 않고) 재단사를 설교자로 택했습니다. 나는 하나님의 도우심으로 그 사람을 다시 재단사로 돌려보내겠습니다." 챨스는 그가 하나님의 일을 하는 동시에 그가 "가장 중요하게 여기는 일, 즉 일꾼들부터 시작하여 교회를 정화하는 일"도 한다는 말을 퍼뜨리려고 했다 (*CW*, 86).

챨스는 또한 축출된 설교자들 가운데 한 사람인 마이클 펜윅(Fenwick)을 그의 전직이었던 이발사로 돌아가도록 직접 도왔다. 이렇게 하는 그의 의도는 늘 상대를 배려하는 마음만은 아니었다. 존이 "쇠막대기"를 가지고 다스린다는 다른 설교자들의 불평에 찰스도 어느 정도는 동조하고 있었다. 그런 점에서 그가 펜윅의 경우에 취한 행동은 또 다른 이유를 가지고 있었는데, 그것은 그가 레이디 헌팅턴에게 보낸 편지에 쓴 것처럼, 설교자들이 자급자족하며 존에게 "생활비"를 의존하지 않게 된다면 "존의 권력을 깨뜨리고… 그의 권위를 적절한 한계로 축소"할 수 있게 될 것이기 때문이었다. 찰스는 또한 이러한 경제적 독립이 "여러 해 동안 나를 지속적인 두려움과 속박에 묶어 두었던 그의 무분별함과 쉽사리 믿는 것으로부터 보호해 줄 것"이라고 추가했다. 불행하게도 이 편지는 가로채져 존 웨슬리에게 전달되었다. 존은 찰스에게 심한 말로 답신을 보냈는데, 그 내용은 찰스가 이미 수당을 50파운드나 받고 있고, 그의 부인이 전부터 해 오던 생활습관대로 살 수 있도록 출판 기금에서 100파운드나 되는 거액의 연금을 받고 있는데도, 순회구역 설교자들을 위한 경비 예산에서 추가로 돈을 타 쓰는 문제를 제기한 것이었다. 존은 이런 문제에 관한 판단의 차이에 대하여 페로네에게 중재를 부탁하도록 요청했다 (*Letters*, 26:479-80). 존은 1744년 회의록에 기록된 "우리가 복음에 의해 부해진다고 스스로를 속이지 말자"는 원칙에 담겨있는 정신을 염두에 두고 있었음이 틀림없지만, 이 원칙은 보조자 규칙(Rules of a Helper)에서 이미 삭제된 것이었다. 두 형제간의 긴장은 매일 팽팽해져만 갔다. 이즈음, 설교자들의 "정화"에 대한 설명을 겸해, 존은 "그리스도를 전하는 것"이란 무슨 의미인가 하는 오랫동안 토의되어 왔던 문제에 대한 그의 생각을 기록했다 (*Letters*, 26:482-89).

그는 이 문제에 충분한 답을 주지 못한 것이 축출된 설교자들의 절반이 겪은 문제라고 생각했다. 이들은 제임스 윗틀리(Wheatley)에게서 영향을 받았는데, 이 사람의 설교 방식인 "뜻도 없고 연결되지도 않는 단어들의 서사시"는 인기 있는 스타일이 되어 (특별히 아일랜드에서) 감리회 조직에까지 전염될 위험에 놓여 있었다. 웨슬리가 판단하기에는 이러한 소위 "복음 설교"란 감리회의 건전한 교리와 영적 성장을 위한 설교에서 진을 빠지게 하는 뒤틀린 율법무용론을 확산하는 "새로운" 방법에 지나지 않았다. 웨슬리에 의하면, "종전의" (제대로 된) 설교 방식은 율법과 복음, 두 가지를 함께 전하는 것이었으며, "이것이 성서적 방법이고, 감리회의 방법이며, 참된 방법"이었다. 이러한 주제는 그가 일관적으로 견지해 온 것으로, 브리스톨에서 행한 산상 설교에 관한 그의 초기 설교는 바로 이것을 강조했고, 그 전 해 출판한 최근 설교집도 바로 이 점을 재차 강조한 것이었다.

서로에 대한 감정을 떠나서 웨슬리 형제는 이러한 "내부적 분열"이 연대조직의 안과 밖에 얼마나 심각한 결과를 가져올 것인가 하는 것을 잘 알고 있었다. 그 전 해 뉴캐슬에서 대부분의 신도회들이 회원 삼분의 일을 잃었던 경험에 비추어 존은 제대로 된 한 사람의 설교자가 "복음 설교자" 세 사람이 순회 구역에 끼치는 폐해를 방지할 수 없을 것으로 생각했다 (*Letters*, 26:488).

설교자들이 겪는 이러한 문제를 본 웨슬리 형제는 1752년 1월, 신실한 설교자들의 충성을 다짐하는 서약서를 작성하기로 결정했다. 열한 명의 설교자들이 존과 찰스와 함께 이 문서에 서명하고, 서로에 대하여 나쁘게 이야기하거나 서로를 불신하지 않기로 약속했다. 여기에 추가하여 그들은 또한 할 수 있는 대로 월요일마다 오전 회의를 갖기로 동의했다 (*Letters*, 26:490). 그러나 이 점에 있어서도 존과 찰스는 마음이 맞지 않았다. 같은 해 3월, 찰스는 그가 주로 걱정하는 것을 담은 비슷한 언약 (covenant) 관계를 만들었는데, 웨슬리 형제와 다른 네 명이 서명하여 "서로 가장 가깝게 단합하여 지낼 것"만이 아니라, "영국 국교회를 절대로 떠나지 않을 것"(모두가 합의하는 경우는 예외로 하지만)을 약속했다 (*Letters*, 26:491). 찰스는 존이 결정하는 많은 사항들이 국교로부터 떨어져 나가게 하는 위협이 되고 있다는 것을 깊이 감지하고 있었다.

교리와 장정에 관한 문제는 영국 감리회원들에만 국한된 것은 아니었다. 1752년 8월 중순, 존은 아일랜드의 리메릭(Limerick)에서 아홉 명의 설교자들과 이틀 동안 모임을 가졌다. 이 첫 번째 **아일랜드 컨퍼런스**(Irish Conference)의 회의록에 보면, 감리회 조직이 가졌던 전형적 관심사가 잘 나타나 있다: 여섯 개의 순회구역(circuits)이 설립되었고, 분기별 컨퍼런스(quarterly conferences)를 갖기로 하였으며, 설교자들의 파송이 이루어졌고, 새로운 설교자들이 허입되었다. 회의의 기록은 또한 최근 몇 개월 느슨해진 교리와 장정(doctrine and discipline)을 강화하기 위한 대책을 마련하는 데에도 의지를 보이고 있다 (Crookshank, 1:91-93; *Documents*, 4:113-14).

1753년 초 영국으로 돌아온 웨슬리는 감리회 구조 중 중요한 또 하나의 요소를 체계화하기로 마음먹었다. 지금까지 웨슬리 형제는 50권으로 된 기념비적인 기독교 문고(*Christian Library*), 15권으로 된 소책자(*Tracts*), 그리고 존이 "가장 짧고도 값이 쌀" 뿐만 아니라 "현존하는 가장 정확한" 사전(*JWW*, 14:234)이라고 내세운 완전 영어사전(*The Complete English Dictionary*)을 포함하여 100여건의 출판물을 내어놓았다. 이리하여 4월, 존은 정직하고 능력이 있는 사업가인 토마스 버츠(Butts)와 윌리엄 브릭스(Briggs)를 런던 신도회의 **도서 책임자**(book steward)로 임명하는 결정을 발표했는데, 이들의 임무는 많은 감리회 인쇄물들의 출판, 배송, 그리고 판매를 책임지는 것이었다. 이에 관하여 버츠와 브릭스가 서명한 회람을 보면, 지방 신도회의 집사들은 장부를 잘 정리하고, 분기마다 대금을 제때 지불하며, 책 대금을 유용하지 말고, 이 자금은 설교자들에게 직접 주지 않으며, 책 주문은 런던의 도서 책임자에게만 할 것을 고시했다. 갈수록 복잡해지면서 많은 문제의 가능성을 안고 있는 연결조직에 이제 또 하나의 중앙통제가 웨슬리의 엄격한 감독 하에 들어가게 되었다.

1753년 5월, 리즈에서 열린 설교자들의 연회는 몇 가지 문제들을 해결하는 기회가 되었다. 첫 의제는 교리 문제였는데, 특히 "독일인들(즉 모라비안들)의 오염"에 따른 지속되는 긴장과, 예정론과 율법무용론(즉 윗필드 일파)의 "폐해"가 다루어졌다. 한편으로는 모라비안들과 가까이 지내던 벤자민 잉엄의 신도회들이 그가 "감리회의 교리로 되돌아오면" 다시 연합할 가능성이 있다고 웨슬리는 연회에 보고를 했다. 다른 한편으로는 이 두 견해에 대항하기 위해 지난 6개월 내에 존은 성도의 궁극적 구원에 관한 진지한 의견(*Serious Thoughts upon the Perseverance of the Saints*)과 냉철하게 고려해 본 예정론(*Predestination Calmly Considered*)을 막 출판하였다. 한때 존과 찰스는 사람들 중 일부의 무조건적 선택의 가능성과 더불어 모든 사람들의 조건적 선택을 수용했었지만, 이 시점에서는 이 교리가 궁극적 구원을 지지하며 율법무용론으로 이끌어간다는 이유로 포기했다 (*Letters*, 26:499). 존은 신앙의 퇴행(backsliding)이 끊임없는 현실이며, 구원의 확신은 결코 최종적인 것은 아니라는 것을 좀 더 분명히 깨닫게 되었다. 복음 설교자들의 핵심이 빠진 설교 방식에서 비롯된 도전에 관하여 웨슬리는 그가 실천적 종교와 실천적 설교라고 명명한 것을 다시 강조하였다: 즉 감리회원들은 "모든 직무수행에 있어서" 그리스도를 전하고 "믿는 사람과 믿지 않는 사람 모두에게 그의 복음과 함께 그의 율법을 선포해야 한다"는 것이 요구되었다 (*Minutes*, 718).

규율을 세우는 문제에 관하여는, 순회설교자들이 한 사람씩 연회 앞에 호명되어 그들의 삶과 교리가 검토되었다. 영국에서 섬기는 설교자는 30여 명이 되었고, 9-10명이 아일랜드에서 섬기고 있었다. 설교자들을 정화했음에도 존은 연대조직을 제대로 이끌어 나가기 위해 필요하다고 말한 거의 40명의 설교자들을 확보하고 있었다.

지도력과 단절

그러나 그 해가 가기 전에 감리회 연대조직의 존재를 위협하는 것이 하나 생겼다. 1753년 11월 존 웨슬리의 건강이 매우 악화되어, 그는 그의 "결핵"을 치료하기 위해 수주일 동안 고향으로 내려가 있었다. 이 기간 동안 그는 자신의 묘비명을 다음과 같이 작성했다: "한 번 이상 불에서 건져져 구원받은 존 웨슬리가 여기에 잠들다. (빚을 갚고 나면) 불과 10파운드도 남기지 못하고, 나같이 무익한 종에게도 하나님께서 자비를 베푸시기를 기도하며, 51세에 결핵으로 죽다" (*CWJ*, 2:26). 이 글은 당시 새로 개종한 사람들을 가리키는 명칭으로 종종 사용된 "구원받은 자"(brand)라는 용어를 여러 가지 뜻으로 사용한 것도 눈에 띠지만, 거의 10년 전 존이 진지한 호소(*An Earnest Appeal*)에, 자신이 죽을 때 10파운드 이상을 가지고 있으면 자신을 도둑이나 강도로 여겨도 좋다(*Appeals*, 83-88; 133쪽)고 쓴 것을 되풀이 한 것이 이채롭다. 새해를 맞은 뒤 그는 브리스톨 부근의 온천(Hot Well)에 가서 미네랄 물을 마시며 요양을 했다.

여행이나 설교는 불가능했지만 읽고 쓸 수는 있었던 존은 오랫동안 마음에 품고 있었던 것, 즉 성서 주해 저술을 시작하였다. 이 방대한 작업을 시작하면서 1754년 1월 4일, *신약 해설* 서문에 존은 이 저술은 학식이 있는 사람들을 대상으로 한 것이 아니라, 주로 "평이한, 공부를 많이 하지 않은" 사람들, 그러나 영어는 읽고 이해할 수 있는 사람들을 위한 것이라고 썼다. 매 페이지 제일 위에 위치한 성경 본문은 기본적으로 흠정역(King James) 성경을 웨슬리 형제가 "원본에 가깝도록" 수정한 것이었다. 2월 말 찰스는 존을 도와 이 일을 했다. 주해는 간단하게 하는 것을 원칙으로 했다. 그리고 비판적인 성찰, 현학적인 용어, 쟁론적인 주장은 피하려 했다. 실제로 주석은 존 헤일린(Heylyn)의 신학 강의, 존 가이스(Guyse)의 실용 해설 (*Practical Expositor*), 필립 도드리지(Doddridge)의 가족 해설, 그리고 요하네스 벵겔(Bengel)의 *신약 지식*에서 인용해 온 자료들로 구성되어 있었다. 그 중 벵겔(Bengel)의 책은 가장 앞선 현대 성서비평 서적 중 하나였으며, 웨슬리는 벵겔의 본문비평의 원칙 중 많은 부분을 채택했다. 주석의 대부분이 이와 같은 자료에서 나오기는 했지만, 웨슬리는 그것들을 적절히 활용하여 전체를 자기 것으로 재구성하였다. 웨슬리는 서문에 이 저자들에게 진 빚을 인정하였지만, 본문에는 "독자들이 핵심에서 떠나지 않도록" 배려하는 뜻에서 일일이 출처를 명기하지는 않았다 (*JWW*, 14:235-39).

웨슬리와 메소디스트라고 불리운 사람들

존의 병세가 심각해지면서 감리회 지도자의 계승 문제는 더 이상 이론적인 것이 아니라 실제적 문제로 대두되었다. 가장 명백한 후계자는 찰스였지만, 그는 곧바로 이런 제안을 무산시켜 버렸다. 그는 12월에 런던 신도회에서 "나는 (만일 하나님이 존을 데려가신다면) 존의 자리를 채울 수도 그럴 의사도 없다. 왜냐하면 나는 그 자리에 합당한 몸도, 마음도, 재능도, 은혜도 없기 때문이다"라고 선언을 했다. 그 다음으로 후계자의 물망에 오를 만한 사람은 헤이워스(Haworth)의 교구 목사인 윌리암 그림쇼(William Grimshaw)였는데, 이 사람은 일부 감리회 재산 등기부에 웨슬리 형제 다음 제3인자로 되어 있었다. 그러나 존은 초봄에 건강을 회복하여, 승계의 문제는 먼 훗날로 미루어졌다.

그럼에도 불구하고 연대조직 내의 단결 문제는 계속 중차대한 과제로 남아 있었다. 상호 신뢰와 교회에 대한 충성을 서명하여 1752년 작성된 서약은 매년 재확인되었다. 이 서약서는 1754년 5월 초, 웨슬리 형제와 24명의 다른 설교자들에 의해 다시 서명되었고, 같은 달 말 협의회에서는 각자 독립적인 행동을 하지 않기로 다시 한 번 확약하였다. 여러 요소들이 합쳐져 이루어진 감리회 운동의 성격상 단결과 규율을 바로 잡기 위해서는 이러한 서약의 중요성이 갈수록 증대되었다. 이러한 정신에 입각하여 협의회는 윌리암 다니(William Darney) 및 그가 이끄는 신도회와의 결별을 확정지었다. 다니는 감리회가 믿고 전하는 것과 다른 교리를 전하지 않겠다고 약속했었지만, 실제로 그는 칼빈주의가 강조하는 궁극적 구원, 즉 믿는 자는 믿음의 파선으로 갈 수가 없고 구원에서 떨어져 나갈 수도 없다는 교리를 고집했다. 그래서 그는 연결조직에서 축출되었다. 또 한 사람의 설교자 존 그린(John Green)도 웨슬리 형제와의 관계를 단절했는데, 그는 존 웨슬리에 반하는 설교를 했다는 이유로 견책을 받은 후 그대로 떠나버렸다 (JWJ, 20:486).

1754년 컨퍼런스에 참석했던 스무 네댓 명의 설교자들 중 열네 명 정도가 4월 말부터 초여름까지 런던 부근에서 설교하도록 파송을 받았다. 순회구역 내의 일곱 곳에서 누가, 어디서, 언제 설교를 하는가 하는 계획은 웨슬리가 직접 작성했다 (첫 순회계획: circuit plan). 이것은 파운드리, 스피탈필즈 (Spitalfields), 스노우필드 (Snowfield), 왜핑 (Wapping), 웰스 (Wells), 웨스트 스트리트 예배소 (West Street Chapel), 그리고 웨스트민스터 (Westminster), 이렇게 일곱 개의 지역 항목에 한 주간 매일 아침과 저녁 설교 책임자의 이름 첫 글자를 적어 넣은 것이었다. 이 표는 결국 웨슬리의 공책 열여덟 페이지 이상을 차지했다. 이러한 방법으로 5월 중순부터 8월 중순까지 현지설교자들의 순회설교 일정이 정상적으로 자리를 잡았다. 이 계획에 포함된 45명의 설교자들 중 네댓 명만이 협의회가 끝난 뒤에도 웨슬리 형제와 함께 런던 구역에 남아 있었다.

신도회는 지도자와 회원 모두에 걸친 엄격한 단속에도 불구하고 비록 절제된 속도이기는 하지만 계속 성장하며 확산되어 나갔다. 감리회가 영국 동부(East Anglia)로 옮겨가면서 찰스 웨슬리는 아일랜드에서와 마찬가지로 성장에 대하여 주의를 기울였다. 7월, 찰스가 노르위치 (Norwich) 그곳 신도회에 가입하기를 원했다. 이에 대한 찰스의 반응은 조심스러웠다: 부근에서 설교를 한 뒤, 몇 사람이 그가 머무는 숙소로 그를 따라와 "나는 (전에 다른 사람들에게 말했던 것처럼) 그들에게 얼마간 우리와 함께 지내보고 마음에 드는지 보라고 했다. 신도회의 성장을 서둘 것이 없다는 생각이었기 때문이었다. 우선 그들이 어떠한 삶을 살고 있는지 두고 보자" (*CWJ* [MS], 7/27/54).

어떤 의미에서 잘 되어서 거꾸로 피해를 입은 경우는 런던에 있는 감리회 의료원이었다. 웨슬리는 1746년 말경 무료 의료 혜택을 베풀기 시작했다. 브리스톨의 새 방에 설치한 의료원은 얼마 가지 못했다. 그러나 런던 파운드리 의료원은 처음부터 한 주에 평균 24명 이상의 환자를 돌보았고, 그 후 수년간 계속 성장했다. 그러나 1754년 그가 일지의 일곱 번째 발췌문을 출판할 때쯤은 확장된 의료 혜택 제공에 따른 비용의 인상이 가난한 사람들을 주로 회원으로 가졌던 신도회의 재정능력을 벗어나게 되었다 (*J&D*, 151). 구빈원도 같은 운명을 겪었다 (*Societies*, 277n).

분열을 향한 압력

퍼져나가던 부흥 운동이 계속 튼튼해졌고, 예배처소가 감리회원들의 신앙활동을 위한 자기 정체성의 중심지가 되자, 감리회 안에서 자체적으로 성찬예식을 행하고자 하는 열망이 설교자와 신도들 사이에 증대되었다. 아일랜드 카톨릭으로부터 회심한 토마스 월쉬(Thomas Walsh)는 이 사안을 웨슬리에게 상정했다. 즉 회원들은 그리스도의 성찬을 받아야만 했는데, 이를 위해 영국 국교회로 갈 마음은 없었다. 사제들이 경건하지 않았기 때문이었다. 그러나 그들은 "그들을 하나님께로 인도한 사람들과는 기쁨으로 교제를 나누려 했다" (*Church*, 132). 이러한 상황은 1753년 헤이워스에서 윗필드가 그림쇼를 보좌하여 성찬을 베풀 때 분명히 드러났다. 참석자의 수는 평소의 네 배에 달했고 "포도주 서른다섯 병을 조금만 남기고 다 마셨다" (*Grimshaw*, 183).

감리회원들 중 일부는 성찬을 받을 기회를 얻기가 어려웠다. 데블린 (Devlin)의 교구목사는 1751년, 감리회원들의 불만을 감독에게 전하며, 그 전 성탄절, 그가 거의 본 적이 없는 사람들이 50명이나 성찬을 받으러 나왔다고 적었다. 이들 중 한 사람은 그에게 "성찬식을 좀 더 자주 받을 기회가 없는 것은 신도회의 큰 문제입니다… 오늘 아침 어떤 사람들은 날씨가 몹시 좋지 않지만 10마일이 넘는 거리를 걸어서 왔습니다"라고 말했다. 그는 또한 그 부근 몇 교구에서는 성찬을 받는 이들 중 90퍼센트가 감리회원들이라고 덧붙였다 (*People*, 5).

그러나 웨슬리는 안수를 받지 않은 감리회 설교자들은 성찬을 집행해서는 안 된다는 것을 분명히 했다. 물론 대안은 설교자들에게 안수를 주는 것이었다. 1745년, 웨슬리는 피터 킹 경(Lord Peter King)의 초대교회의 조직, 규율, 단결, 예배에 관한 탐구를 읽고, 감독(bishop)과 장로 (presbyter)는 처음부터 같은 성직이며, 따라서 감독의 신분은 기능상의 구분일 따름이라는 신념을 가져왔다. 그는 집사(deacon)는 설교는 할 수 있지만 성찬은 집행할 수 없다는 생각을 확고히 가지고 있었지만, 장로는 필요하다면 다른 사람에게 안수를 줄 수 있는 성직이라는 결론에 도달하고 있었다. 그러나 아직은 이렇게 할 준비가 되어 있지는 않았다.

평신도가 설교를 하는 것도 웨슬리 형제 사이에서만이 아니라 영국 국교회 내에서도 지속적인 긴장의 요소가 되고 있었다. 신교 자유령(Act of Toleration)에 따르면, 설교자는 면허를 받아야 했지만, 대부분의 감리 회원들은 받지 않은 상태였다. 존은 이들이 비국교도가 되는 것을 바라지 않았다. 비국교도가 되느냐, 아니면 분리해 나가느냐 하는 문제는 1754년 6월, 런던 감독 토마스 셜록(Sherlock)이 가디너(Gardiner)라는 설교자가 면허도 없이 설교했다는 이유로 출교시키면서 긴박해졌다. 이에 대한 존의 반응은 간결했다: "교회에 관한 이러한 결정은 이제 신속하게 내려지게 되었다. 왜냐하면 우리는 비국교도가 되거나 아니면 입을 다물어야 한다. 왜냐하면 다른 길이 없기 때문이다" (*Letters*, 26:563).

1754년 가을, 두 사람의 설교자 찰스 페로네(Perronet)와 토마스 월쉬(Walsh)가 성찬을 베푼 것에 대해 찰스가 존에게 이의를 제기하자, 존은 그들을 설교자로 세울 때 "우리는 사실상 그들에게 안수를 준 것이나 다름없다"고 대답했다. 설교자들이 직임을 받기 위해 무릎을 꿇으면, 존은 때로는 신약성서를 그들에게 주면서 "그대에게 복음을 설교하는 권위를 부여합니다" (Take thou authority to preach the gospel) 하는 말로 파송하기도 하였다 (*EMP*, 2:7). 영국 국교회의 성직 예전을 어렵게 생각하지 않고 이렇게 뻔뻔스럽게 따라서 하는 것, 특별히 존이 "안수를 하고 설교자들로 하여금 교회를 치리하도록" 하는 경향에 대해 챨스는 분노가 치솟았다 (*Church*, 162-63). 이 시점에서 존이 확신을 가지고 일을 이렇게 이끌어 온 것은 아니었지만, 챨스는 이것이 감리회가 국교회와 가지고 있는 좋은 관계에 직접적인 위해 요소가 된다고 느꼈고, 반대세력을 규합하기 시작했다.

챨스는 그의 교역자 친구들(윌리암 그림쇼, 월터 셸론, 그리고 사무엘 워커 등)을 동원해, 존이 안수를 주거나 국교회에서 떨어져 나가지 않도록 설득하는 편지를 보냈다. 챨스가 "멜기세덱주의자"(히브리서 7:15 참조)라고 부른 감리회 설교자들 중 서품을 받은 사제가 될 야심을 가졌던 몇 명은 존을 부추겨 그쪽 방향으로 나가려 했다. 챨스는 "안수는 곧 분리"라고 확신했고, 이 점에서 웨스트민스터 시절의 친구인 재판장 맨스필드 경의 지지를 받았다. 그림쇼도 만일 존이 설교자들을 사제로 만드는 방향으로 더 나간다면 감리회를 떠나 국교회로 돌아가겠다고 말했다.

설교자들이 서명한 서약서 마지막 조항은, 분리해 나가겠다는 생각을 굳힌 사람들을 배제하고 여기에 동조하는 사람들도 받아들이지 않는다는 것이었는데, 설교자들의 심사관이었던 챨스는 이 조항을 그대로 시행하기를 바랐다. 그러나 이 시점에서 챨스는 그의 형의 측근 세력인 "실행위원회" (cabinet council)에서 배제된 상태였다. 그러나 그의 친구들의 편지는 효과를 발휘한 것 같았다. 12월이 되자 존은 국교회를 떠날 의사가 없음을 재차 강조하였지만, 챨스는 이 결정이 존의 확신이나 법적 해석에 따른 것이기보다는 편의상 내려진 것으로 우려했다.

존 웨슬리는 1755년 5월 열린 리즈 (Leeds) 컨퍼런스에 "우리는 영국 국교회에서 분리해 나가야 하는가?" 하는 논고를 제출했다. 분리를 지지하는 이유는 하나씩 배제되었다: 그들은 영국 국교회의 교리를 거부할 수도, 예배에 참석하지 않을 수도 없었고, 교회의 치리자들이나 교회법에 순종하지 않는다는 것은 생각조차 할 수 없었다. 그렇게 하는 것은 합법도 아니었고 자신들의 처지에 합한 것도 아니었다. 설교자로 "따로 세워진" 감리회원들은 이미 성찬을 집행할 권위를 부여받은 것이라는 주장에 대해 존은 특별히 이의를 제기했다. 하나님으로부터 "회개를 촉구하도록 특별히 부름 받은 설교자"라고 웨슬리 형제가 확신하여 세운 설교자는, 안수는 받지 않았지만 연대조직 내에서 설교하도록 "허락된" 사람일뿐이었다. 성경의 전례를 들어 웨슬리는 유대교 안에도 "예외적인 선지자"는 있었어도 "예외적인 제사장"은 없었다는 것을 지적했다. 초대교회에도 복음 전파자와 집사, 그리고 여자들까지도 "특별한 계시가 있을 때에" 설교를 하기는 했지만, 그들 중 누구도 주님의 성찬을 집행하지는 않았다. 만일 그렇지

웨슬리와 메소디스트라고 불리운 사람들

않다면 기독교 내의 여러 성직은 단지 하나로 줄어들 것이고, 존은 이렇게 되는 것은 "신약과 초대교회 모두에 위배"된다고 보았다 (*Societies*, 569-73). 웨슬리가 이렇게 전통적인 입장을 취한 것은 7년 전과 비교하여 약간의 변화를 보인 것인데, 그 당시 그는 여자들이 "예언"하는 것은 "설교"로 보아서는 안 된다는 성경의 예를 들어 여자들의 설교를 허용했던 퀘이커 교도들의 관행에 반대했었다 (*JWL*, 2:119-20).

언제나 설교자들의 "은사"에 관심을 기울였던 찰스는 컨퍼런스에서 되어나가는 일을 보며, 그들이 모든 것을 포기하는 것은 아닌지 하는 걱정으로 심기가 불편했다. 그는 중간에 자리를 떠나며 "다시는 컨퍼런스에 참석하지 않으련다"고 맹세했다. 일반적으로 설교자들의 "은혜"에 관심을 두었던 존은 설교자들이 리즈를 떠나기 전 (아마도 찰스의 찬송 "생전에 우리가"를 빗대어) 다시 다음과 같이 훈시를 했다:

> 우리 순회설교자들 중 누구도 7년 전처럼 활력이 있지 않다는 것이 확인되었습니다. 많은 사람들이 활기가 없는 것이 아닌가 하는 걱정이 됩니다. 그러나 만일 그렇다면 그들은 삶 자체를 요구하는 이 일에 적합한 사람들이 아닙니다. 그렇지 않으면 당신들의 수고는 당신을 피곤하게 할 뿐이고, 남에게도 도움이 되지 않습니다.

피곤한 이유는 여러분들이 자진해서, 그리고 기쁨으로 그리스도와 사람들을 더 이상 섬기지 않기 때문입니다. 남에게 도움이 되지 않는 이유는 당신들이 전심을 다하여 그들을 부지런히 섬기지 않기 때문입니다. 그리고 그는 그들에게 구체적인 질문을 던졌다: 당신들 중 누가 어디를 가든지 열정을 지니고 갈 만큼 하나님에 대해 살아있는 본이 되고 있습니까? 당신들 중 누가 작은 일에도 자기를 부인하는 본을 보이고 있습니까? 당신들 중 누가 물을 마시고 있습니까? 안 마신다면 왜 안마십니까? 누가 네 시에 일어납니까? 아니면 왜 네 시에 일어나지 않습니까? 누가 금요일에 금식을 합니까? 아니면 왜 금식을 하지 않습니까? 이런 식으로 스물 두 개의 질문을 더 던졌다. 전하고자 했던 뜻은 분명했는데, 그것은 모든 분야에 있어서 기강을 확립하려는 것이었다. 회의록에는 열다섯 명이 "현지 설교자"로, 다른 열두 명은 "**반 순회설교자**"로 되어 있었는데, 1753년 처음 등장한 이러한 구분은 이들이 어떤 이유에서든 반임제로 일하고 있었음을 뜻한다. 예를 들면, 윌리엄 셴트(Shent)라는 사람은 리즈에서 이발사로 일하면서 일 년에 절반만 순회설교를 했고, 매튜 로우스(Lowes)는 수의약을 팔아 설교자로서의 봉급에 추가 수입을 올렸다.

그러나 아직도 감리회 설교자들에게는 전임제로 순회설교 할 것이 기대되고 있었다. "하나님을 갈망하는 사람들을 위로하고, 권면하고, 가르

감리회 운동의 정립

칠" 사람들은 엄청나게 필요했지만 그렇게 할 수 있는 자격을 갖춘 사람은 많이 모자라, 대부분의 설교자들은 순회구역 내 "한 곳에서 다른 곳으로 계속 옮겨 다녀야 할 의무"를 지고 있었다. 그리고 존이 아래에 설명한 것처럼 설교자들이 매년 순회구역을 바꾸어야 하는 이유가 또 있었다:

> 나도 알지만, 내가 만일 한 곳에서 일 년 내내 설교한다면 나도 회중도 모두 졸려할 것이다. 설교자들은 자주 바꾸는 것이 최고다. 설교자마다 가진 재능이 다르다. 내가 알고 있는 어느 누구도 모든 회중 내에서 은혜의 역사를 시작하고, 계속해 나가고, 완성하는데 필요한 모든 재능을 갖춘 사람은 없다 (*JWL*, 3:195).

존 웨슬리는 이미 사무엘 워커에게 편지를 써서, 영국 국교회에서의 분리는 그들이 국교의 교리를 의도적으로 부인하거나 예배 참석을 거부하게 되는 것이라는 그의 의견을 재확인해 둔 바 있다. 그러나 웨슬리가 국교를 포기하기보다는 분리해 나오는 편이 났다고 생각한 네 가지 사항이 있었는데, 그것은 평신도설교, 야외설교, 즉흥설교, 그리고 신도회의 구성 이었다 (*Letters*, 26:595). 이 중 어느 것도 국교회의 관점에서 보면 불법이거나 출교의 사유가 되지 않는다는 것을 우리는 알 수 있다.

그러나 챨스는 계속해서 최악의 경우를 예상하고 있었다. 그는 그때까지도 "내가 그 삼분의 일을 불 가운데 던져 은 같이 연단하며 금 같이 시험할 것이라" 하는 말씀으로 설교를 하곤 했지만, "많은 물로도 불을 끄지 못한다"는 종전의 비유는 이제 다른 뜻을 띠기 시작했다. 그는 존에게 편지를 보내, "내 남은 짧은 인생은 물동이를 들고 (우리가 당신을 따라다녀야 한다고 챨스 페로네가 말한 것처럼) 우리의 아들들을 따라다니며, 그들이 시작했거나 시작하게 될 분쟁과 분열의 불을 끄는 데 바치겠다"고 말했다 (*CWJ*, 2:131). 챨스는 설교자들이 영국 국교회를 악담하고 조소하는 것에 특별히 마음이 상해, "훨씬 더 신중하게 생각하여 설교자들을 허입할 것"을 존에게 제안했다. 즉 설교자들이 감리회의 교리와 장정을 바로 알고, 국교회의 틀 안에 확고히 서도록 하자는 것이었다. 챨스는 "산산조각이 난" 만체스터의 신도회에서 그림쇼에게 편지를 보내, "우리가 죽은 뒤에는 오직 은혜만이 우리 자녀들이 천 가지 분파로 갈라지고 천 가지 오류를 범하는 것으로부터 막을 수 있다"고 경고했다. 리즈의 감리회원들에게는 "옛 배에 계속 머무십시오. 예수는 우리 국교회를 돌보시며, 교회를 통해 놀랍게 찾아오시고, 그분의 일을 부흥시키십니다"라고 썼다 (*CWJ*, 2:135-36). 분리해 나오기 직전에 있던 로더햄 (Rotherham) 신도회에는 "교회 밖에는 구원이 없다"고 선언했다. 그는 그들이 이러한 권면을 예민하게 받아들일 뿐 아니라, 심지어는 "주님의 전에 들어가자"고 한 그의 말에 그들이 기뻐했다는 것을 나중에 알게 되었다 (*CWJ*, 2:116).

웨슬리와 매소디스트라고 불리운 사람들

그의 형의 마음을 돌려보는 이러한 움직임의 일부로 찰스는 존 웨슬리 목사에게 쓴 서신(*An Epistle to the Reverend Mr. John Wesley*)이라는 시를 지었는데, 그 중 한 소절은 다음과 같다.

> 말씀 사역을 위해 처음 보내졌을 때,
> 우리는 우리 자신을 전했나요, 아니면 그리스도 주님을 전했나요?
> 우리가 사도들을 모은 것은
> 집단을 이루기 위한 것이었나요, 아니면 분파를 세우기 위한 것이었나요?

존을 겨냥한 찰스의 압력은 효과를 나타내기 시작했다. 1756년 컨퍼런스가 끝난 뒤, 찰스는 다음과 같이 기록할 수 있었다: "나의 형과 나는 영국 국교회 공동체 안에서 살고 죽으리라는 우리의 결심을 강력하게 선포함으로 컨퍼런스를 끝낼 수 있었다. 우리는 국교회에 남아있는 것은 합법적이고 가능한 것이지만, 떠나는 것은 불법이라는 것에 만장일치로 합의하였다." 설교자들 모두의 동의는, 1752년 언약서를 본 따 1756년 8월 30일자로 작성한 언약서에 모두가 서명함으로써 확인되었다.

안수와 성찬에 관한 난국을 타개하기 위한 방법으로, 찰스는 영국 국교회에서 안수 받을 자격을 갖출 수 있는 "건전한" 설교자들을 구하려 했다. 그는 오랫동안 감리회 안의 "불건전한" 설교자들이 끼치는 많은 해독에 대해 불만스럽게 생각해 왔는데, 예를 들면, 존 투커 같은 사람은 "익살맞은 말로 국교회와 성직자에 반하는 말"을 함으로, 덕보다는 해악을 끼친 것이 많았다. 악명이 높았던 자칭 율법무용론자 로저 볼(Ball)은 한편으로는 값없이 주시는 은혜와 사랑의 복음을 전하면서, 다른 한편으로는 "돈과 사람을 빼내가며" 감리회 신도회 내에서 자신의 목소리를 드높였다. 그리고 양 도둑질도 계속되었는데, 감리회 설교자였다가 독립해 나간 리즈의 존 에드워즈(Edwards) 같은 사람은 감리회의 "자녀들"을 "강탈"해 갔고, 일부 침례교인들은 감리회원들을 훔쳐 갈 기회를 노리다가, "그들을 자신들과 마찬가지로 죽은 자처럼 만들기도 하였다." 찰스는 만체스터 신도회가 가장 타격이 컸던 것으로 보았는데, 그들의 "가려운 귀"는 그들의 수를 반으로 줄여 놓았다. 일부 침례교 모임은 전적으로 감리회에서 빠져나간 사람들로 되어 있었다 (*CWJ*, 2:128-30).

여러 배경을 가진 사람들이 뒤섞여 이룬 감리회 부흥의 성격과, 감리회 신도회에서 설교한 윗필드, 에드워즈 등 설교자들의 열정은 웨슬리 형제에게 수많은 문제를 안겨주었다. 이러한 무단침입자들은 그러나 많은 좋은 결과도 남겼다. 예를 들면, 윗필드는 힘이 있는 설교자였다. 찰스는 "조지 형께서는 죽은 사람도 일으키는 목소리로 설교한다"고 평한 후, 조지 윗필

감리회 운동의 정립

찰스 웨슬리 사진

드가 구원받은 뒤의 경건생활의 필요성에 대해 설교하는 등 신도회에 "많은 덕"을 끼쳤다고 긍정적으로 평가했다 (CWJ, 2:133). 그러나 찰스는 능력과 분별력이 있는 설교자들이 제자리에만 파송된다면 다른 곳으로 빼돌림을 당하지 않을 것으로 여겼고, 실제로 떠난 사람들 중 많은 이들이 다시 돌아오고 싶어 할 것으로 생각했다.

감리회 연대조직을 구성하는 신도회와 지도자들의 성장하는 유기체는 1740년대와 1750년대에 더욱 조직화되고 체계가 잡혀갔다. 웨슬리는 부흥 운동에 임하면서 성령의 섭리와 역사하심에 자신을 열어놓으려 했지만, 그의 "성서적 기독교"의 모델에의 집착과 영국 국교회에 매인 전통적 관계는 일정한 지침과 범위를 제한하기에 이르렀고, 그는 이 틀 안에서 감리회 운동의 다양성이 발전할 수 있고 또 발전해야한다고 느끼고 있었다. 여러 종류의 규칙들(신도회, 핵심조, 여러 가지 지도자들, 킹스우드 학교 등)은 1756년에 한 것처럼 연회에서 심사가 되었고, 보통은 별 변화가 없이 재확인되었다. 여러 신도회들 간에 중대하는 상호 의존적 관계는 1749년 연대조직 기금이 설립되면서 새로운 힘을 얻었다. 이제는 이 연대조직에서 나오는 힘이 각 신도회의 회비나 연례적 헌금을 통해 킹스우드 학교를 지원했다 (J&D, 21:77). 킹스우드의 가장 중요한 일차적인 목적은 설교자들의 아들들을 교육하는 것이었고, 이 운동의 장래를 짊어질 지도자들을 길러내는 기회도 웨슬리 형제는 놓치지 않았다.

웨슬리의 훈련 프로그램은 계속 발행되는 출판물을 통한 지도자들의 연장 교육도 포함하고 있었다. 기독교 문고는 1755년에 완결되었는데, 이를 위해 웨슬리는 자기 돈 수백 파운드를 투자했지만 전액이 회수되지는 않았다. 759쪽에 달하는 주석은 같은 해 말에 드디어 모습을 드러내었는데, 이를 본 한 친구는 존이 해설을 너무 짧게 썼다고 불평을 했다. 1757년 출판물 목록에는 153개의 항목이 포함되어 있다. "복음을 팔아 부자가 된다"는 비난에 민감한 반응을 보인 존은 1756년 9월 일지에 그때까지 18년 동안 "출판과 설교를 통하여 얻은 것이라고는 1,236 파운드의 빚 밖에는 없다"고 기록을 남겼다 (J&D, 21:77).

비록 비용이 들더라도 웨슬리는 감리회원들에게 이러한 자료를 제공하려는 마음을 먹었다. 그러나 때로는 이 자료들이 독자들의 능력을 넘어서기도 했다. 어떤 경우에는 그는 다른 책의 요지를 취해 새로운 형태로 만들어 내기도 했다. 1755년 8월, 그는 스피탈필즈(Spitalfields)에 있는 사람들을 위해 8년 전 권장했던 행사를 확대하여, 리처드 알레인(Alleine)의 경건생활의 옹호실천(기독교 문고에 포함되어 있음)을 **언약갱신 예배**로 바꾸어 내었다. 언약갱신 예배를 드릴 때, 웨슬리가 "나는 더 이상 나 자신의 것이 아니며, 모든 일에서 나 자신을 당신의 뜻에 드립니다"라고 하자 감리회원 1,800명이 "동의하는 뜻으로" 자리에서 일어났다. 웨슬리는 하나님의 은혜의 도구를 새롭게 발견한 것으로 확신했다: "이런 밤은 전에 본 적이 없다. 이 열매는 영원히 남을 것이다" (J&D, 21:23).

Chapter 4—Suggested Additional Reading

Beynon, Tom, *Howell Harris, Reformer and Soldier* (Caenarvon: Calvinistic Methodist Bookroom, 1958).

CW — Baker, Frank, *Charles Wesley as Revealed by his Letters* (London: Epworth Press, 1948).

Church — Baker, Frank, *John Wesley and the Church of England* (Nashville: Abingdon, 1970).

Documents — Vickers, John A., "Documents and Source Material," Part 1 of vol. 4, *A History of Methodist Church in Great Britain*, ed., Rupert Davies, A. Raymond George, and Gordon Rupp, 4 vols. (London: Epworth Press, 1988).

EMP — Jackson, Thomas, ed., *Lives of Early Methodist Preachers*, 6 vols. (London: Wesleyan Conference Office, 1872).

JWL — Wesley, John, *The Works of John Wesley*, ed. Thomas Jackson, 14 vols. (Grand Rapids: Zondervan, 1959-62).

JWW — Wesley, John, *The Works of John Wesley*, ed. Thomas Jackson, 14 vols. (Grand Rapids: Zondervan, 1959-62).

Minutes — *Minutes of the Methodist Conferences, from the first, held in London*, vol. 1 (London: Mason, 1862).

제5장

성숙기의 감리회 (1758-1775)

1750년대의 감리회의 부흥 운동은 여러 차례에 걸쳐 소멸될 위기에 처해 있는 듯 했다. 평신도 설교나 성찬에 관한 논란, 설교자들의 탈퇴, 타교단의 전도로 인한 신도의 감소 등은 설교자들의 정화와 남아있는 설교자들 간에 반복하여 일치와 단결을 서약하는 결과를 가져왔다. 이 시기는 감리회 전반으로서도 격변의 시기였지만, 웨슬리 형제간의 알력은 긴장을 더욱 고조시켰다. 논란의 대부분은 영국 국교회로부터 분리하느냐 마느냐 하는 것에 관련되어 있었다. 국교회 일부로서의 "감리회"를 주장한 찰스는 영국 국교회 및 그 성직자들과 더욱 긴밀한 관계를 맺기를 원하였다. 그는 그의 우선순위를 하나님, 교회, 그리고 감리회로 분명히 하였다. 존의 입장은 그렇게 분명하지는 않았다. 자신의 설교자들에게 안수를 주는 문제와 성찬을 집례하도록 허락하는 것으로부터 한 발짝 물러난 존은, 감리회 내부에서의 단결을 유지하는 것과 국교회와의 단결을 유지하는 일로 크게 고심하고 있었다.

교리와 장정의 기준

1758년 여름 리머릭(Limerick)에서 열렸던 아일랜드 컨퍼런스에서는 최근에 감리회 설교자가 된 마크 데이비스(Davis)가 교리적으로 이단이라는 혐의가 제기되었다. 카톨릭에서 개종한 그의 친구 토마스 월쉬(Walsh)는 "그가 감리회 문서들을 좀 더 숙지하게 되면 그의 어휘 사용법에 기인한 이와 같은 이견들은 사라지게 될 것"이라는 말로 자신의 동료를 변호했다. 그리고 실제로 바로 이와 같은 목적을 가지고 웨슬리 형제는 많은 출판물들을 출간해 내었다.

같은 해, 1758년 여름, 존은 논란중인 종교 개념에 반한 보존책(*A Preservative Against Unsettled Notions in Religion*)이라는 책을 내었는데, 이 책은 감리회 운동 안에 갈등의 소지를 제공하는 여러 가지 문제를 다루는 논문의 모음이었다. 여기에는 이신론자(Deists)들, 로마 카톨릭

교인들, 퀘이커 교도들, 예정론자들, 그리고 모라비안 교도들을 주제로 한 자료들이 포함되어 있었다. 어떤 것들은 윌리암 로 (Law, 신비주의에 관하여), 마이카이야 토우굿 (Towgood, 국교에 반대하는 입장에 관하여), 그리고 제임스 허비(Hervey, 율법무용론에 관하여)와 같은 개인을 겨냥한 것이었으며, 다른 것들은 세례, 예수 그리스도의 신성 (The Godhead), 대부와 대모 등 특정 주제를 다룬 것이었다. 이 논문들 중 대부분은 이전에 출판된 일이 있는 것들이었다. 이 책은 웨슬리가 쓴 "영국 국교회에서 분리하지 않아야 하는 이유"도 포함하고 있는데, 이것은 왜 감리회가 영국 국교회를 떠나는 것이 시기에 적절하지 않은가 하는 열두 가지 이유를 열거한 "우리는 분리해야 하나"(Ought We to Separate)라는 컨퍼런스에 제출한 문건의 후반부로 되어 있었다.

세례에 관한 웨슬리의 견해가 국교회와 같다는 사실이 놀라운 사실은 아니다. 존의 "세례 소고"(Treatise on Baptism)는 실제로 그의 아버지 사무엘이 경건하게 성찬을 받는 사람(*The Pious Communicant*, 1700)의 첨부로 작성한 문서의 요약이었다. 존은 세례에 관하여 아버지가 가졌던 영국 국교회의 정통적 견해를 그대로 이어받는 것에 주저함이 없었다. 그는 심지어 세례를 받는 사람은 "성령으로 씻기고 깨끗하게 되며, 하나님의 분노로부터 구원받아, 죄 사함을 받고 영원한 하늘 복을 누린다"는 서품예문을 그대로 인용하기도 했다. 그는 세례를 받음으로 그리스도의 몸에 들어오고 교회의 일원이 되는 것만이 아니라, 분노의 자녀들이 은혜로 인하여 하나님의 양자가 된다고 지적하였다. 그는 유아 세례에 관한 전통적 견해를 주장했을 뿐만 아니라, 이에 따르는 많은 비난에 대해 답을 하기도 했다. 전통 복음주의자들이 회개와 믿음은 칭의와 거듭남의 조건이라는 말로 유아 세례에 반대하는 것에 대하여, 세례와 할례를 같은 뜻으로 본 존은, 유아들에게 이것을 8일 만에 하도록 하나님께서 명하셨다고 주장했다 (*JWW*, 10:188-201). 대부분의 영국 국민들은 물론 유아 세례를 받았지만, 성인에게 세례를 베푸는 경우도 있었다. 그 한 예로, 1758년 웨슬리가 안티구아 출신으로 최근 개종한 나다니엘 길버트(Gilbert)의 아프리카 하인 두 사람에게 세례를 베풀었고, 이들은 서인도로 돌아가 그곳에 감리회를 심는 선구자가 되었다 (*J&D*, 21:172). 그러나 세례에 관한 이 논고는 같은 책에 포함되어 있는 다른 글과 함께 웨슬리가 영국 국교회의 충성스러운 아들이었음을 분명히 보여주고 있다.

다양성과 논쟁

웨슬리의 이러한 주장은 부흥 운동의 안과 밖에서 그와 의견을 달리하는 사람들을 늘 흡족하게 해주지는 못하였다. 그는 개인의 서신을 통하여 이러한 문제들을 계속 다루었다. 그 한 예로, 10여 년 전 "존 스미스"(Smith)라는 인물과 오랜 서신 왕래를 통해 확신에 관하여 피력한 그의 견해에 반대하는 의견은 쉽사리 다른 사람들에 의해 다시 부추겨졌다. 1750년, 리처드 톰슨(Thompson)과 사무엘 워커(Walker)는 이 문제에 대하여 웨슬리를 공박할 기회를 포착했다.

30여 년간에 걸쳐 출판된 웨슬리의 많은 출판물과 이 기간 동안 수정이 되기도 한 그의 견해는 그의 비판세력들로 하여금 그 자신의 말로 그를 공박할 수 있는 소지를 제공했다. 예를 들면, 톰슨은 웨슬리가 한편으로는 구원의 확신이 없이도 신자가 될 수 있다고 하면서, 다른 한편으로는 자신이 의인화되었다는 사실을 모르고는 (즉 구원의 확신이 없이는) 의인화가 될 수 없다고 한 것을 지적했다 (*Sermons*, 1:154). 웨슬리는 이러한 문제, 즉 확신에 관해서 충분히 자신의 입장을 정리했기에 톰슨에게 간결하게 답할 수 있었다: "나는 내가 용납되었음을 안다. 하지만 이것을 아는 지식은 없어지지는 않아도 의심이나 두려움에 의해 때로는 흔들리기도 한다. 나는 의롭다 칭함을 받은 믿음(justifying faith)이 곧 내가 의인화되었다는 확신일 수는 없다는 당신의 견해에 동의한다" (*Letters*, 26:575).

관심을 논쟁으로부터 문제의 핵심으로 돌려놓는 웨슬리의 성향은 사무엘 워커의 한 말에 잘 나타나 있다: "확신(assurance)이라는 단어는 성서적이지 않기 때문에 나는 사용하지 않는다. 그러나 나는 그리스도가 나를 사랑하고 나를 위해 자신을 내어 주었다는 신적 증거 또는 확신이, 나에게는 의롭다함을 받는 믿음의 본질 그 자체이거나, 만일 아니라면 꼭 필요한 것이라고 믿는다" (*JWL*, 3:222). 그러나 이러한 모든 노력에도 불구하고 논쟁은 계속하여 터져 나왔다.

부흥 운동 내 종파 간의 알력은 퀘이커교도들, 침례교인들, 카톨릭교도들, 그리고 새로 믿기 시작한 사람들이 신도회를 들락거리고 이리저리 옮겨 다니는 등 웨슬리에게 문제를 안겨주기도 했다. 벤자민 잉엄은 1755년 감리회에 다시 들어오려고 했다. 그러나 웨슬리 형제는 그에게 분리 성향이 있다는 이유로 비록 옛 친구였지만 받아들이기를 거부했다. 일 년 뒤, 잉엄 일파는 그가 막 안수를 준 두 사람의 설교가를 포함하여 여섯 사람의 설교가와, 잉엄 자신이 400마일 순회교구에서 섬기는 천 명을 헤아리는 집단이 되었다 (*CWJ*, 2:122; *Church*, 250). 1756년, 찰스는 그 전 해 감리회를 떠났지만 웨슬리 운동에 다시 돌아오고 싶다는 의사를 여러 차례 표명한 리즈(Leads)의 존 에드워즈(Edwards)의 청원을 거절했다. 그러나 웨슬리 형제는 "할 수 있거든 너희로서는 모든 사람으로 더불어 화평하라"는 말씀에 따라 윗필드, 해리스, 그리고 그 밖의 사람들과 우호적인 관계를 유지했다 (로마서 12:18; *CWJ*, 2:121 참조).

웨슬리는 일부의 다른 사람들과는 가까운 관계를 유지하면서 일하기도 하였다. 제임스 위틀리(Wheatley)라는 사람은 한 번 쫓겨났다가 회개한 뒤 윗필드, 그리고 윌리암 커드워스(Cudworth)와 가깝게 지내며, 노르위치(Norwich)에 성막(Tabernacle)이라고 불리운 큰 건물에 상당수의 회중을 모았는데, 한 번은 웨슬리를 청한 적이 있었다. 웨슬리는 처음에는 주저했지만 결국은 초청을 받아들였다. 그 뒤 1759년 봄 노르위치 신도회를 속회로 조직할 때 웨슬리는 웨슬리 쪽에 가까운 파운드리 신도회 소속 회원과 윗필드 쪽에 가까운 장막 신도회 소속 회원 간에 구분을 두지 않았다. 노르위치 신도회의 회원 570명 중 20%는 종전에 아무런 신도회에도 속한 적이 없었는데, 이들이 감리회에 들어오게 되면서 감리회의 기준과 장정을 따르도록 요구되었다. 웨슬리는 이들로 하여금 속회 회원권을 제시하게 하고, 남자와 여자를 따로 앉게 하였으며, 성찬식에는 모두가 빠짐없이 참석하게 하였다. 다섯 달 뒤 웨슬리가 노르위치를 방문하여 그곳의 질서가 엉망인 것을 보게 되었을 때, 그는 "있는 그대로 말하자면 내가 아는 한 그들은 영국 내 세 개의 왕국 중 가장 무지하고, 스스로를 기만하고, 자기들 마음대로 하고, 변덕스럽고, 고집스럽고, 무질서하고, 제멋대로인 신도회다"라고 말했다. 그는 이런 질책 때문에 "많은 사람들이 나아졌으며" 아무도 마음 상해하지 않았다고 *일지*에 적었다. 실제로 많은 완고한 심령들이 부드러워졌다 (*J&D*, 21:181, 227).

반대하는 사람들의 모습은 다양하게 나타났다. 폭도들이 야유를 하거나, 돌을 던지기도 했고, 때로는 교회의 신도들도 그들의 불만을 다른 방법으로 확대해서 표현하기도 했다. 예를 들면, 포크링턴(Pocklington)에서는 웨슬리가 근처 거리에서 설교하는 동안 교회 관리인들이 사람들을 고용해서 계속해서 종을 치도록 했다. 런던의 한 사제 존 다운스(John Downes)가 쓴 *감리회를 폭로한다* 라든가, 거짓 교사로부터 양들을 보호해야 할 교역자의 책무의 예에서 보는 바와 같이 출판물을 통한 공격도 계속 쏟아져 나왔다. 다운스는 감리회원들을 "탐욕스러운 이리"로, 웨슬리 형제를 신실한 무리들 가운데서 패역한 말을 하는 "수염이 없는 성직자들" (beardless divines)로 지칭하면서 심하게 공격을 퍼부었다. 여기에 대해 웨슬리는 조목조목 따져가며 같은 방법으로 답을 했다 (*Societies*,

351-66). 웨슬리는 다트머스의 백작에게 쓴 장문의 변증서에서 감리회원들은 체제의 전복을 꿈꾸거나 기존 헌장을 거부하는 사람들이 아니라고 주장했다: "그렇지 않다. 그들의 기본적인 원칙은 기성교회의 원칙과 완전히 동일하다." 그러나 웨슬리는 그들의 관행이 영국 국교회와 같기는 했지만 "허용되는 범위 내에서는 다르기도 하다"고 인정했다. 물론 그 차이는 웨슬리의 표현에 따르면 "머리칼" 정도밖에는 되지 않았다. 웨슬리는 다시 한번 불과 물의 비유를 변형해서 사용한다: "살아 계신 하나님의 집 교회에서 불이 일어난다. 이 불은 세상사랑, 야심, 탐욕, 질시, 분노, 악의, 잘못된 열심의 불, 한 마디로 하면 악과 불의의 불이다! 아, 누가 와서 이 불을 꺼줄 것인가?" (*JWL*, 4:149-51).

교역자와의 일치를 위한 시도

웨슬리는 감리회 동료들에게 그들의 예배가 국교회와 비교해 보면 "말로 할 수 없는 장점"을 누리고 있다고 종종 말하곤 했다: 감리회의 예배는 "교구담당 사제의 형식적인 말투라든가, 아무런 느낌이나 이해도 없이 질러대는 소년들의 고함, 또는 때에 어울리지 않고 의미도 없는 부적절한 오르간 연주 등의 방해를 받지 않는다는 것"이었다 (*JWL*, 3:227). 그러나 국교회와 좋은 관계를 유지하기를 원했던 웨슬리는 복음주의적 사제들과 관련을 맺고 교제하기를 희망하고 있었다. 1756년 존은 교역자에게 주는 글(*Address to the Clergy*)을 출판하였는데, 여기서 그는 효과적인 목회를 위하여 그가 필요하다고 본 "은사와 은혜"를 구체적으로 열거하였다. 그는 그가 1735년 출판한 그의 아버지의 유고 *젊은 교역자에게 주는 권고*(*Advice to a Young Clergyman*)에서 보는 것처럼, 충분한 소양을 쌓기 위한 학습 과정을 편찬했다. 그럼에도 불구하고 존은 좀 더 중요한 것은 하나님의 은혜이며, 여기에 비하면 "모든 지적 능력은 아무 것도 아니라"는 것을 분명히 했다 (*JWL*, 10:493). 사무엘 휠리(Furley)에게도 그가 말했지만, 복음 사역자의 자격에 있어서 "은혜는 필수적이며, 학문은 요긴한 것"이었다 (*JWL*, 3:175).

이 시점에서 웨슬리 형제는 감리회와 연관을 지니고 있던 사람들, 즉 쇼어햄(Shoreham)의 빈센트 페로네(Perronet), 노스햄튼의 제임스 하비(Harvey), 트루로(Truro)의 사무엘 워커(Samuel Walker), 헤이필드의 존 바딜리(Baddiley), 에버튼(Everton)의 존 버리지(Berridge), 그리고 헤이워스(Haworth)의 윌리암 그림쇼(William Grimshaw) 등을

웨슬리와 메소디스트라고 불리운 사람들

영국 국교회를 풍자한 윌리암 호가트(William Hogarth)의 그림 "잠자는 회중"

포함한 복음주의자들과 유대를 갖고 있었다. 워커에게 보낸 편지에 보면, 웨슬리는 "진실을 전하는 교역자들과 좀 더 일치를 이루기 위하여 무엇을 할 수 있는가"라는 질문을 1757년 컨퍼런스에 제기한 것으로 되어 있다. 워커 자신도 콘월(Cornwall)에서 자신의 동조자들과 함께 "목회자 모임"을 오랫동안 해오고 있었다. 후에 매들리(Madeley)의 담임사제가 된 웨슬리의 보좌관 존 플렛쳐(John Fletcher)는 또한 우스터셔(Worcestershire)에서 "영국 국교회 복음 사제 협회"(Society of Ministers of the Gospel in the Church of England)를 조직하였다 (*Church*, 183). 그러나 웨슬리가 염두에 두고 있던 것은 전국 규모의 복음주의 교역자 연합회였다.

존 웨슬리는 교역자들에게 "세 가지의 주요 성서적 교리, 즉 원죄, 칭의, 그리고 이에 따르는 성화"를 설교하기를 요청했다 (*JWL*, 4:146). 이것들은 그가 전에 정리해 두었던 감리회의 세 가지 주요 교리와도 일치하는 것이었다 (160쪽 참조). 1750년대 말 웨슬리 형제가 유대를 가진 교역자의 수는 갈수록 늘어갔고, 그들 중 일부는 헌팅던 백작부인 세리나(Selina)의 런던 저택에서 모이기도 했다. 이 여인은 "국가의 영적 문제를 안고 씨름하고 싶은 강한 충동"에 사로잡혀, 이 일을 도울 수 있는 교역자들을 모으고 있는 중이었다. 존은 이 여인의 도움을 고맙게 여기기는 했지만, 호감을 가진 많은 교역자들이 단순히 "칭의와 그리스도를 믿는 믿음의 처음 몇 가지 원칙"에만 초점을 둔 것에 대해 실망을 표시했다. 웨슬리는 그보다 더 깊은 목마름, 즉 실생활의 경건함, 그리고 "그리스도의 장성한 분량이 충만한 데까지 이르도록" 하는 하나님을 아는 지식이 있어야 할 것으로 생각했다 (*JWL*, 4:57-58). 이런 과정에 찰스는 그의 부인에게 편지를 써 "나와 형이 이 일을 마칠 때까지는 우리와 뜻을 같이하는 교역자의 수가 배로 늘 것"이라고 자신감을 나타냈다.

설교자들의 문제

웨슬리 형제가 거룩한 삶, 특히 그리스도인의 완전을 강조한 것은 다른 교역자들과 화해하는데 주된 장애가 되었다. 완전은 감리회 설교자들에게 또 다른 어려움을 주었다. 1758년 8월, 브리스톨 컨퍼런스에서는 이 문제에 좀 더 많은 시간을 할애했다. 웨슬리는 "완전에 도달했다고 생각하는 자들"에게 특별히 조심할 것을 요구하면서, 자신들의 경험을 이야기할 때 "하나님 앞에서 가장 겸손하고 자신을 낮추는 자세"로 하도록 권했다. 웨슬리의 지적에 따르면, 아무도 실수를 하지 않는 단계에까지 이르지는 못하며, 완전한 자라 하더라도 계속해서 그리스도의 공로(merits)를 필요로 한다고 했다. 웨슬리는 *회의록* 에 그리스도인의 완전을 "마음을 다하여 하나님을 사랑함으로 모든 악한 성품이 제거되고, 모든 생각과 말과 행동이 하나님과 이웃을 향한 순전한 사랑에서 시작되며 또한 이루게 되는 것"으로 정의했다 (*Minutes*, 713). 한 해 뒤, 컨퍼런스는 대부분의 시간을 "우리 설교자들의 영성과 삶이 그들의 직무에 적합한가를 심사하는 일"에 사용하였다. 특별히 그리스도인의 완전에 관하여는 설교자들이 가진 "다양한 느낌"에서 오는 위험이 존재했고, 이 문제도 다시 검토되었다. 완전에 관하여 의혹을 품고 있는 많은 교역자들을 포함하여 교회 내의 일치를 도모하고 있던 웨슬리로서는 설교자들이 이와 같이 핵심이 되는 교리에 있어서 다양한 견해를 갖는 것을 용납할 수 없었다.

컨퍼런스에서 설교자들을 심사할 때에는 그들의 독서 습관에 관해서도 살펴보았다. 특별히 1758년에 모였던 설교자들은 "우리의 출판물들"(Works, 열다섯 권으로 된 소책자)을 읽고 "의견이 있는 대로 제출할 것"에 동의를 했었다. 몇 사람이 이 과제를 끝냈는가 물어보았을 때 그 답은 "아직 아무도 그렇게 하지 못했다. 그러나 우리는 지체 없이 시작하여 내년 컨퍼런스에는 우리의 의견을 제출할 것"(*Minutes*, 712)이라고 한 것은 시사하는 바가 있다. 여기에 따른 좌절감을 웨슬리는 "우리 중 많은 사람은 진지함이 결여되어 있구나!" 하는 말로 표현했다.

 1759년 말, 존은 또 한 권의 절기를 위한 설교(1760)를 출판하며, 여기에 일곱 편의 설교와 네 편의 논문을 포함시켰다. 이들 중 *그리스도인의 완전에 관한 소고*에서 웨슬리는 컨퍼런스에서 이미 천명한 것처럼 이 교리가 포함하는 것과 그렇지 않은 것을 다시 정리했다. 이것은 그가 출판한 네 번째 설교집이지만, 표지에 그렇게 명기되어 있지는 않으며, 이미 출판된 설교집은 계속해서 세 권을 한 질로 해서 인쇄되었다. 그렇지만 여기에 실린 설교들은 유형이나 중요성에 있어서는 종전의 것들과 마찬가지였다.

 설교 중 두 편에는 구원론의 핵심인 원죄와 거듭남을 정리했다. 거듭남(New Birth)에 관한 설교에서 웨슬리는 세례에 관한 기존 논문에 흥미 있는 관점을 추가했다. 그는 지난 5년간 이 본문(요한복음 3:7-네가 거듭나야 하겠다)으로 50번 가까이 설교를 했다. 문서로 정리된 이 설교에서 그는 교회의 입장, 즉 거듭남이 세례와 연결 지어져 있다는 것을 인지하지만, 거듭남이 항상 성화를 동반하지는 않는다는 것, 즉 사람이 물로 거듭나면서도 성령으로는 거듭나지 않을 수 있다는 것을 지적했다. 웨슬리는 한 걸음 더 나아가 세례를 통한 거듭남에도 불구하고 대부분의 성인들은 죄를 지음으로 세례를 통하여 받은 은혜에서 벗어나 있으며, 따라서 다시 한 번 거듭날 필요가 있다고 지적했다. 선을 행하고, 악을 피하며, 하나님의 계명을 지키는 등의 외형적인 경건만으로는 부족하며, 거듭남으로부터 비롯되는 내적 성화의 필요성은 여전히 존재한다. 웨슬리는 원죄와 거듭남에 관한 두 편의 설교에서, 세례에 관한 교회의 입장을 부인하지는 않으면서 부흥 운동 나름대로의 거듭남에 관한 이론적 근거의 일부를 제시했다.

 존 웨슬리는 1760년 1월 개축이 된 웨스트 스트리트 예배당(West Street Chapel)에서 설교하면서, "18년 전 내가 이 건물을 구할 때 나는 이 세상이 우리를 오늘날까지 용납하리라고는 생각하지 않았다"고 회고했다. 그는 이에 대하여 "하나님의 오른 손은 막강하시다"는 말로 설명했다(*J&D*, 21:239). 그러나 그로부터 몇 달이 가지 않아 성례전과 그리스도인의 완전을 둘러싼 논쟁은 다시 한번 감리회 운동을 산산조각 낼 위협에 직면하게 하였다.

 분쟁의 중심지는 다시 한번 노위치(Norwich)였다. 2월, 웨슬리 형제는 그곳에 있는 세 명의 설교자가 성찬식을 집례하기 시작했다는 것을 알게 되었다. 지역의 상황에 따라서는 적절한 안수를 거치지 않고는 성례전을 집행할 수 없다는 것을 안다는 전제하에 눈감아 주는 경우도 있었다. 왜냐

성숙기의 감리회

웨스트 스트리트 예배당. 1743년에 처음 임대하고 1750년 감리회에 의해 개수됨.

하면 이들은 어차피 "개신교"로 인허(license)를 받았기 때문이었다. 찰스는 허락을 주는 것에 대해 분명하게 반대를 했다. 존 넬슨에게 쓴 편지에 그는 "당신이 비국교도 교역자가 되는 것을 보기보다는 관에 들어가 미소를 띤 당신의 모습을 보고 싶다"고 쓸 정도였다 (*Church*, 134).

교역자들 중 일부는 만일 그들이 성례전을 집전할 수 있게 된다면 지역사회에서 그들의 목회 역할을 증대할 수 있을 것이라고 주장했다. 웨슬리가 정기적으로 성찬에 참여할 것을 강조하기는 했지만, 많은 감리회원들은 이런 저런 이유로 교구교회에 가서 성찬 받기를 꺼렸고, 따라서 가장 기본적인 은혜의 도구 중 하나인 성찬의 혜택을 보지 못하고 있었다. 성막 신도회 출신 비국교도들과 섞여 있던 노위치 신도회의 회원들은 비국교도로 등록된 교역자 윌리암 커드워스(William Cudworth)가 주일 아침 성막 교회에서 했던 것처럼 그들의 교역자들도 성례전을 베풀도록 압력을 넣었음이 분명하다. 이 소식에 접한 찰스는 특히 존이 이 일을 다섯 달 뒤에나 열리게 될 컨퍼런스에서 다루도록 방치해 두고 있다는 것을 알게 되면서 심하게 역정을 내었다.

찰스는 국교회로부터 떨어져 나가지 않도록 다시 한번 지지 세력을 규합했다. 그는 존이 출판했던 분리에 반대하는 이유라는 글에 자신의 글과 "국교회로부터 분리할 의사가 없음"을 명확히 하는 일곱 편의 찬송을 추가하여 재출판했다 (*Societies*, 341-49).

> 영국 국교회로부터 결코 떨어져 가지 않겠네
> 하늘에 올라갈 그때까지.

다시 한번 찰스의 편에 선 윌리암 그림쇼는 이제는 제발 그만두자며 "이스라엘아, 너희의 장막으로 돌아가라! 이제는 나도 정리를 할 때, 즉 감리회원들과의 관계를 청산할 때가 되었다"(*Grimshaw*, 256)고 편지를 썼다. 찰스가 그림쇼의 편지를 런던 신도회에 읽어줄 때 그가 바라던 대로 그들은 "불에 휩싸였다." 그들은 감리회에서 인허를 받은 설교자들을 규탄하면서, 살거나 죽거나 국교회와 함께 하겠다고 말했다.

1760년 브리스톨에서 있었던 컨퍼런스에서 존은 "우리는 분리해야 하나"(1755)라는 글에서 그가 처음 주장했던 것, 즉 성례전의 집전은 설교, 예언, 그리고 전도와는 또 분명히 별개인 사역관활(administering the ordinances)의 다른 한 부분이라는 것을 재천명했다. 일부 설교자들이 그가 안수를 줄 것을 강력하게 요구하자 그는 찰스가 수년간 견지해 온 입장, 즉 그렇게 하는 것은 곧 국교회와 감독들을 부인하는 것과 마찬가지이며 결국은 분리에 이르게 할 것이라고 주장했다. 그러나 일부 교역자는 이에 굴하지 않고, 그들은 사실상 비국교도이며, 이렇게 하는 것이 다른 비국교도들을 돌보는 길이라고 주장했다. 그러나 웨슬리 형제는 찰스의 청에 의해 이 컨퍼런스에 참석하고 있던 하웰 해리스(Howell Harris)의 도움을 받아 안수를 반대하는 그들의 입장과 평신도가 성례전을 집례하는 것은 불법이라는 그들의 의견을 확고히 했다. 완고한 설교자들을 대하는 태도에서 존은 처음에는 별로 말없이 반대의 입장을 보였지만, 마지막에는 강력하게 반대를 했다. 이를 두고 그 다음 날 해리스는 "존은 안수를 주지 않겠다고 하더니, 만일 그가 안수도 받지 않고 성례를 준다면 그것은 살인행위와 마찬가지로 볼 것이라고 했다. 그는 그들이 컨퍼런스 전체에서 가장 어리석고 무지한 자들이며, 15분 내에 그들과의 관계를 단절하겠다고 말함으로 토의에 참가한 사람들을 어안이 벙벙하게 만들었다"고 기록했다(Beynon, 79-83).

이와 같은 강력한 입장의 표명은 감리회 교역자들의 안수에 대한 요구에 표면적으로는 종지부를 찍었다. 설교자들과 예배당 중 일부는 찰스의 반대에도 불구하고 계속해서 신교자유령(Act of Toleration)에 의한 등록을 유지하고 있었지만, 설교자들은 성례전을 집례하지 않았다. 그리고 그림쇼는 감리회를 떠나지 않았다.

여기에 관련된 흥미 있는 일은, 켄트 지방 롤벤든(Rolvenden)의 감리회원 열여섯 명이 토마스 오스본(Osborne)의 농가에서 비밀 집회를 가진 혐의로 고소가 된 사실이다. 농장주와 교역자 존 몰리(Morley)에 각각 부과된 20파운드의 벌금을 포함해서 그들에게는 모두 43파운드의 벌금이 부과되었다. 지방법원에서는 그들의 상고가 기각이 되었지만, 고등법원은 그들의 유죄판결을 파기 처분했다 (*People*, 47). 존 웨슬리는 이 판결이 주는 의미를 이렇게 파악했다: "우리가 우리의 주장을 펴지 않는다면, 설교를 그만두든지 교회를 떠나야 하는 어려운 상황에 처하게 될 것이다. 그러한 상황에까지 오게 되지 않은 것은 하나님께 감사한 일이다. 그런 상황은 어쩌면 영원히 오지 않을지도 모른다" (*JWL*, 4:99).

완전에 관한 논쟁

1759년, 웨슬리는 그들 가운데 "완전에 대한 다양한 생각이 잠입해 들어오는 것" 때문에 걱정을 했었는데, 1-2년 뒤에는 이 걱정을 더욱 크게 하는 요인들이 생겼다. 성례전에 관한 불만은 계속되었다. 1761년, 존은 컨퍼런스로부터 (이때 찰스는 정기적으로 참석하지 않고 있었다.) 그의 동생 찰스에게 "전에도 말했지만 노위치에 관해서는 내 입장을 분명히 했다. 이 직전의 컨퍼런스에서 나는 내가 할 수 있고 하려고 마음먹을 수 있는 만큼은 모든 것을 했다. 내가 너에게 그랬듯이, 너도 나의 양심의 자유를 인정해 다오"라고 편지를 써 보냈다.

그리스도인의 완전을 둘러싼 이슈는 계속해서 분란을 일으켰다. 이것은 연회에서 정례적으로 다루는 의제가 되었다. 피터 제이코(Peter Jaco)라는 설교자는 1761년 9월 런던에서 열린 컨퍼런스를 정리하는 내용을 찰스에게 보냈는데, 여기에는 다음과 같은 결정도 포함되어 있었다: "성경에는 즉각적인 완전을 뒷받침하는 구절이 없다고 결정되었다. 즉 이 세상에서는 죄에서 완전히 자유롭게 하는 상태란 존재하지 않으며, 따라서 계속 조심해야 할 필요가 있다."

이와 같은 지시사항은 1760년경부터 갈수록 많은 감리회원들이 그리스도인의 완전의 은사를 받았다는 주장이 나오기 시작하면서 필요해졌다. 이러한 영적 주장은 웨슬리가 오랫동안 견지해온 가르침, 즉 사람에게 비록 연약함은 남아 있지만 죽기 전에 모든 죄에서 깨끗함을 받고 순전한 사랑을 체험한다는 것을 증거해 주는 것으로 보아 매우 흥미롭게 생각했다 (*J&D*, 21:240-41). "영광스러운 성화의 역사"는 연대조직 전체를 통해 퍼져나갔고, 웨슬리가 증거한 바에 따르면 강한 영향을 끼쳤다: "성화의 역사가 중대하는 곳마다 모든 분야에서 하나님의 역사하심이 중대했다. 많은 사람들이 죄인임을 자복하고, 의롭다함을 받았으며, 은혜에서 멀어진 많은 사람들이 치유함을 받았다." 런던 신도회만 보더라도 2년 사이에 2,300명에서 2,800명으로 늘어났다. 웨슬리의 계산에 의하면, 1762년

웨슬리와 메소디스트라고 불리운 사람들

새해 첫 날 스피탈필즈(Spitalfields)에서 가진 언약 갱신예배에 2천 명 가까운 신도회원들이 참석했다.

그러나 설교자들 중 일부가 지나치게 주장하고 극단적으로 가르치면서 문제가 생겼다. 어떤 설교자들은 완전에 이르기 전에는 하나님의 저주 아래 놓인다고 주장했다 (JWL, 4:10). 웨슬리에 의해 가장 먼저 배출된 평신도 설교자인 토마스 맥스필드(Maxfield)와 국왕의 경호대 출신 군인이었던 조지 벨(Bell)은 좀 더 심각한 문제를 일으켰다. 이 두 사람은 이 교리를 극단적으로 해석해, 완전에 이른 그리스도인은 죄가 없으며, 한 번 이 경지에 이르면 천사와 같은 상태를 지속하게 된다고 주장했다. 그들의 견해는 오류전무설(infallibility)과 뻔뻔스러운 율법무용론을 한 묶음으로 주장하는 위험에 이르게 되었다. 사람들은 그들이 죽지도 않고 시험에 들지도 않을 것이라고까지 상상하기 시작했다. 벨과 같은 사람들은 신유와 방언을 시작했다. 웨슬리는 조지 벨이 "하나님께서 말씀하시지 아니한 것을 하나님께로부터 온 것처럼" 말하는 것을 듣고는 중단할 것을 요구했다. 이 기간에 좋은 일들이 일어나기는 했지만 웨슬리는 이 몇 달 동안, 지난 수년보다 더 많은 "근심과 괴로움"을 겪었다.

1762년 11월 웨슬리는 맥스필드에게 편지를 써, 다음을 분명히 했다:

1. 나는 완전이나 순전한 사랑에 관한 당신의 교리는 마음에 들지만, 인간이 천사처럼 완전하다는 주장은 마음에 들지 않는다.
2. 당신의 영에 관하여는, 하나님에 대한 신뢰와 영혼 구원에 대한 당신의 열정은 마음에 든다. 그러나 자신을 과대평가하고 다른 사람들, 특히 교역자들을 과소평가하는 것 같은 교만은 마음에 들지 않는다.
3. 당신의 외적 행동에 관하여, 하나님께 헌신하는 당신의 일반적 삶의 모습이나 선을 위하여 애쓰는 태도는 마음에 든다. 그러나 최소한 핵심조나 신도회의 규칙을 가볍게 여기거나, 다른 사람들이 규칙을 올바로 준수하는데 장애가 되게 하는 어떤 행동도 마음에 들지 않는다.

그러나 맥스필드와 그의 동료들은 웨슬리의 말에도 불구하고 더욱 광신적이 되어 갔다. 1763년 1월이 되면서 조지 벨은 다음 달인 2월 28일 세상은 종말을 맞게 될 것이라고 떠들었다. 이것이 잘못된 것이라고 웨슬리가 고쳐주려 해도 벨은 "바위처럼 꿈쩍도" 하지 않았다. 거꾸로 맥스필드의 반응은 웨슬리의 마음이 "온전히 자유로워져" 모든 것을 새롭게 (즉 맥스필드와 같은 관점으로) 볼 수 있도록 기도하는 것이었다. 이 문제는 1월 25일 파운드리 신도회원 코벤트리 부인이 웨슬리를 찾아와 그녀와 가족의 속회 회원권을 내동댕이치며 다시는 이 두 가지 교리를 듣지 않겠다고 선언함으로 절정에 달했다. 웨슬리는 맥스필드에게 편지를 써, 완전에 관한 웨슬리의 가르침, 특별히 은혜 안에서 계속 성장해야 할 필요성에 모순되게 가르치는 것을 지적했다. 이로부터 수일 내 맥스필드는 그의 추종자들과 함께 웨슬리를 떠나 별도로 모임을 가졌다. 이 소용돌이 기간은 웨슬리가 은연중 해학적이 되어보았던 때이기도 하다. 1750년대 웨슬리와 함께 다녔던 마이클 펜윅(Fenwick)은 웨슬리가 3, 4년마다 출판하는 일지 발췌문에 그의 이름이 등장하지 않는다고 종종 불평을 했다. 뒷일이지만 펜윅은 1760년 2월 파운드리 신도회에서 축출되었고, 그 다음해 웨슬리는 1755-58년도의 발췌문을 출판하면서 처음으로 펜윅에 대하여 언급했다: "[1757년 7월 25일] 나는 클레이워스(Clayworth)에서 한 설교에 대해 대단히 만족스럽게 생각하며 엡워스를 떠났다. 내 생각에는 감동받지 않은 사람은 오직 마이클 펜윅뿐으로, 그는 근처 건초더미 아래서 쿨쿨 자고 있었다." 젊은 펜윅이 바라던 언급이 이런 것이 아니었음은 분명하다.

일치의 기준을 정하다

1763년 컨퍼런스는 그리스도인의 완전을 둘러싼 소용돌이와 맥스필드가 떨어져 나간 후유증으로 흥미진진하고 중요한 회의가 될 것이 분명했다. 지금까지 전해져 오는 회의록은 존재하지 않지만, 그 컨퍼런스에 참석했던 두세 사람의 증언은 부분적이기는 하지만 회의의 내용을 전해준다. 첫 날, 도전에 굴하는 성격이 아닌 웨슬리는 예상했던 대로 그리스도인의 완전에 관하여 설교를 했다. 교역자들 중 일부는 웨슬리의 철저한 감독에 못마땅하게 생각했었다. 방문 중이던 하웰 해리스는 끓어오르는 불만을 억제하면서, "만일 웨슬리가 그의 권력을 언제라도 남용한다면, 그가 죽어 그의 자녀들도 그를 위해서 울지 않을 때 누가 울어줄 것인가!" 하는 말을 공개적으로 했다. 그 자리에 있던 존 포슨(Pawson)에 의하면, 이 간단한 말은 엄청난 영향을 미쳐 설교자들은 "모두 눈물범벅이 되어 이 일을 전적으로 포기하였다."

한 가지 중요한 일은 설교자들이 연금에 대해 웨슬리가 가지고 있던 부정적 편견을 이기고 그들의 뜻을 이룬 것이었다. 이때쯤, 순회구역과 연대조직 차원에서 운용되던 몇 개의 기금은 킹스우드 학교를 지원하고, 신도회에서 필요할 때 긴급 자금을 조달하며, 건물 비용에 충당하고, 교역자들의 여비를 위해 지출되었다. 1761년에는 매해 "영국 국내의 모든 감리회원들"이 (과부의 두 렙돈을 기억하며) "얼마씩이든 부담하는" 헌금이 시작되었다. 이 **일반기금**(General Fund)은 4천 파운드로 누적된 예배당과 관련된 부채를 갚는데 대부분 쓰여졌다. 2년 뒤 이 컨퍼런스에서는 "탈진한" 교역자들과 과부 및 자녀들의 연금을 위하여 **설교자기금**(Preachers' Fund)이라는 이름으로 새로운 기금이 설립되었다. 포슨은 "앞날의 어려움을 위하여 미리 준비해 두는 것은 그리스도인의 양식이 아니라 세상적 방법이라고 생각했지만, 이 일에 동의했다"고 기록했다.

이 컨퍼런스에 이르기까지 산적했던 많은 문제들에도 불구하고 컨퍼런스는 (하웰 해리스의 평가에 따르면) "사랑과 간결함"으로 진행되었다. 웨슬리 자신도 "우리들 가운데 많은 사람들이 싸울 준비를 하고 있는 것처럼 보이는 가운데도 평화를 유지하고 있는 것은 큰 축복이다"고 언급했다 (J&D, 21:421). 웨슬리는 또한 이때가 출판된 회의록을 다시 수정하기에 적기라고 판단한 듯하다. 1749년, 두 권으로 나누어 최근 *대화의 기록*이라고 제목이 붙여져 출간된 첫 회의록은 이전 컨퍼런스에서 결정된 교리와 규율에 관한 기록이었다. 이것들은 다시 16쪽짜리 책자로 재편집되어 1753년경 *대화의 기록*이라는 이름으로 출간되었고, 최근 수정된 주요 교리와 연대조직의 구조를 포함하고 있었다. 1763년, 웨슬리는 이 문서를 다시 수정, 확대하면서 그 전 10년간 컨퍼런스를 통하여 토의된 내용을 포함시켰다. (연차 컨퍼런스의 회의록은 따로 출판되지 않았었다.) 이 책자는 컨퍼런스의 심사를 통과한 설교자들에게 서명과 함께 교부되었고, 컨퍼런스의 보다 중요한 기록을 담고 있었기 때문에 **"대" 회의록**("Large" Minutes)이라는 이름으로 알려졌다. 이와 같은 출판물이 감리회 운동 발전기의 중요한 시기에 등장했다는 것은 다른 발전과정과 마찬가지로 우연한 것이 아니었다.

핵심적인 교리적 일치를 이루는 일은 부흥 운동 25년의 대부분에 걸쳐 다루어진 과제였다. 웨슬리 형제는 탈선하고 있는 사람들과의 개인적 접촉, 비판자들과의 공개적 논쟁, 컨퍼런스에서의 토의, 설교자의 연례 심사를 통하여 교리적 일치를 이루기 위해 노력했다. 존은 교습 서적과 출판물을 제공하고 때로는 격려를, 때로는 견책을 내렸다. 부흥 운동이란 워낙 여러 가지의 사람들이 각기 다른 생각을 가지고 모여 서로 참고 수용해 가며 함께 해나가는 복잡한 과정이었고, 이 가운데 교리적인 문제도 작지 않았다. 이 상황에서 교역자들을 심사하고 선별하는 것은 자연스러운 일이었다. 몇몇 설교자들은 웨슬리와 다른 교리를 설교하여 감리회에서 추방되었다. 성례전과 그리스도인의 완전에 관한 계속되는 논란은 웨슬리로 하여금 이러한 설교자들이 예배당을 쓰지 못하도록 하는 방법을 찾아내게 하였다.

그 전 10년간, 존은 그가 출판한 *신약주해*(Explanatory Notes Upon the New Testament)가 그의 교역자들에게 교리적인 도움을 주기를 기대했었다. 1755년 출간된 초판은 좀 서둘러 만들어졌다. 그 다음 해 선보인 두 번째 판은 초판의 오자를 고쳐 그대로 다시 찍은 것이나 다름없었다. 그러나 1760년 그와 찰스는 본격적으로 수정작업에 들어가, 본문을 다듬고 주석을 더 확대했다. 그들은 이 수정판을 1762년에 출간하였는데, 이것은 존이 1760년까지 네 권을 출판한 *절기를 위한 설교*와 더불어 교역자들을 위한 기본적인 교리 지침서가 되었다.

1763년 늦여름까지 웨슬리는 이 두 출판물을 정통 감리회 설교를 위한 기준으로 삼았는데, 이는 예배당에 관한 법적 문서인 "**표준 부동산 등기부**"(Model Deed)를 통해서 이루어졌다. 그 해의 "대" *회의록*은 신도회들이 현지 실정에 맞게 날짜, 재단법인 이사 명단 등을 삽입해서 사용해야 할 등기부를 포함하고 있었다. 이 등기부에는 존 웨슬리가 "살아있는 동안은 오직 그와 그가 때에 따라 임명하는 사람들만이 이 건물 안에서 하나님의 거룩한 말씀을 설교하고 선포할 수 있도록 자유로이 사용할 수 있다"는 조항이 들어있었다. 이 조항은 존 웨슬리가 승인한 설교자들만이 강단에 설 수 있도록 제한했다. 또 하나의 특별 단서는 이들이 설교할 수 있는 범주까지도 구체적으로 한정하였는데, "단, 위의 사람이 웨슬리의 신약주해와 네 권으로 된 설교에 포함되어 있는 교리 이외에는 설교하지 않는다는 조건"이 그것이다. 이 조항 때문에 설교와 주해는 감리회 설교자들을 위한 **교리적 기준**(doctrinal standards)이 되었다.

영국 국교회가 교육을 받지 못하고 안수를 받지 않은 보좌사제의 역할을 설교집을 보태거나 빼지 않고 그대로 읽는 것으로 한정한 것처럼, 웨슬리가 그의 (교육받지 못하고 안수 받지 않은) 평신도 설교자들의 설교의 영역에 제한을 두려 한 것은 충분히 이해가 간다. 이러한 방법은 정통을 벗어난 교리로부터 사람들을 보호할 수 있게 하였다. 영국 국교회의 교리적 기준은 "39개조"(the Thirty-nine Articles)로, 교육과 안수를 받은 사제들이 자신들의 설교를 준비하도록 하는 기초를 제공했다. 사제들은 물론 39개조에 반하는 설교를 해서는 안 되었지만, 그들은 (보좌사제와는 달리) 설교집을 자신들의 설교를 위한 본보기로만 다룰 뿐, 한계를 설정한 것으로 보지는 않았다.

웨슬리는 감리회원들은 39개의 종교강령, 설교집, 그리고 공동 기도문에 있는 것 외에는 아무 것도 전하지 않으며, "뜻하지 않게 그로부터 조금 벗어날 때가 있을 뿐"이라고 늘 주장했다. 그러나 이 문서들도 강조나 해석에 있어서는 많은 자유를 허용하고 있었다. 감리회 운동에 있어서 웨슬리는 그의 설교자들을 설교와 주해에 담겨있는 교리에 국한하여 설교하게 함으로써 감리회 본연의 관점과 강조점을 유지해 나갔다.

감리회의 선교와 교회

"대" 회의록에 실린 초창기 질문들 중 하나는 감리회의 선교에 대한 웨슬리의 관점을 나타낸다: "질문: 감리회 설교자들을 하나님께서 세우시는 이유는 무엇이라고 믿습니까? 답: 그것은 이 나라, 특별히 교회를 개혁하고, 이 땅에 성서적 경건함을 널리 퍼뜨리려는 것입니다." 그리고 마지막 질문을 통해 웨슬리는 그가 개혁하려 하는 영국 국교회와 좋은 관계를 유지하기 위한 조언을 정리해 두었다:

(1) 우리 설교자들은 모두 교회에 참석합시다. (2) 우리 신도들도 항상 교회에 참석합시다. (3) 기회가 있을 때마다 성찬을 받읍시다. (4) 심각하고 편만한 악인 까다롭게 듣는 것(niceness in hearing)에 대해 경계합시다. (5) 마찬가지로 교회의 기도를 경시하는 것에 대해 경계합시다. (6) 우리 신도회를 교회라고 부르지 않도록 합시다. (7) 우리 설교자들을 사제라고 부르지 말고, 우리가 모이는 곳을 집회소라고 부르지 맙시다 (그냥 "설교처"— preaching houses—라고 부릅시다). (9) 그런 류의 인허를 내주지 맙시다.

국교회 신부들을 이 운동에 참여시키려는 웨슬리의 노력에도 불구하고 그리스도인의 완전을 둘러싼 논쟁은 마틴 메이단 (Madan), 토마스 호이스 (Haweis), 그리고 존 베리지 (Berridge) 같이 이 운동에 가깝게 참여했던 일부 사람들을 떠나게 만들었고, 윗필드와 웨슬리의 사이를 갈라지게 했다. 성화의 필요성과 그리스도인의 삶의 양육을 소홀히 다루는 윗필드의 경향에 대해 웨슬리는 그의 일지를 통해 공격을 가했다. 예를 들면, 윗필드의 영역이었던 펨브로크셔(Pembrokeshire)의 상태에 관하여 1763년 8월 작성된 문서에서 웨슬리는 "펨브로크셔에서 지난 20년간 얼마나 많은 설교가 행해졌는가! 그럼에도 정규 신도회도, 제자도, 질서도, 연결조직도 없고, 그 결과로 한때 잠에서 깨어났던 열 중 아홉은 전보다도 심하게 다시 깊이 잠이 들었구나"라고 기록했다.

웨슬리는 그가 가진 감리회의 미래상을 붙들고 국교회를 부흥시키는 일을 위해 국교회 신부들과 함께 일했다. 1762년, 그는 리즈(Leeds)에서 열린 연례 컨퍼런스에 교역자 몇 명을 청했는데, 그중 3-4명이 참석을 했다. 1763년 컨퍼런스 마지막 날, 웨슬리는 힘을 합쳐보려는 의도로 모라비안 교역자 몇 명과 두 감독과 만나기로 했다. 모라비안들과의 연결을 추진한 것은 하웰 해리스였다. 이 노력의 성공 여부에 대한 기록은 없다. 1764년 3월, 웨슬리는 "기본적 진리인 원죄, 믿음으로 의롭다함을 받음, 그리고 내적, 외적 경건의 달성"을 전하는 모든 교역자들과 연합하기를 원하여 몇 사람의 "진지한" 교역자들과 만났다. 그는 이미 이 "세 가지

대성서적 진리"를 감리회의 주요 교리로 언급한 바 있었으며, 계속하여 이들을 부흥을 위한 범교파적 노력의 기본 틀로 사용하였다. 1764년 4월, 그는 이 세 가지 "필수 교리"를 근거로 그와 연합할 수 있을 것으로 기대되는 국교회 내 36명 정도의 복음주의적 교역자들에게 회람편지를 보냈다. 여기에 대해 아무도 답을 하지 않았다. 세 사람만이 적개심을 품은 회의적인 반응을 보였을 뿐이었다. 웨슬리는 그 전 달 그가 가졌던 "하나님의 때가 충분히 이르지 않았다"라는 평가가 그때까지도 유효한 것으로 여겼다 (J&D, 21:444). 1760년 조지 3세가 왕위에 오르며 국교회 내의 복음주의적 움직임에 대해 우호적인 변화가 있을 것으로 기대한 사람들도 있었지만, 어떤 중요한 변화도 눈에 띄지 않았다.

이에 끄떡도 하지 않고 웨슬리는 1764년 8월 컨퍼런스에 복음주의적 교역자들을 청하여 "열심히 생명력 있는 믿음을 전하는 모든 우리 형제들과의 이해"를 도모하려 했다 (J&D, 21:485). 열두 명의 교역자들이 참석했다. 활발하게 토의된 안건은 복음주의적 교역자들의 교구로부터 감리회 설교자들을 철수하여야 하나 아닌가 하는 것이었다. 1760년 컨퍼런스에서 합의된 것은 감리회원들은 "복음 사역"이 없는 곳에 신도회를 세우는 일에 힘을 모아야 한다는 것이었다. 복음주의적 교역자 헨리 벤(Venn)이 1761년 교구사제로 허더스필드(Huddersfield)에 부임하였을 때 생긴 일은 이것이 얼마나 힘든 일인가를 단적으로 보여주었다. 당시 웨슬리는 그의 설교자들이 교구 내의 신도회를 방문하는 것을 월 1회로 제한하고 있었고, 1762년에는 결국 그들 모두를 철수시켰다. 1764년, 찰스 웨슬리는 그런 곳에서 감리회 설교자들이 설교하지 않도록 해달라는 국교회 교역자들의 요청을 지지했다. 젊었을 때의 웨슬리를 연상케 하는 존 햄슨(Hampson)은 그도 국교회 교역자들과 같은 권리를 가졌기에 승낙을 구하지 않고 그냥 설교하겠다고 말했다. 존 플렛처(Fletcher)는 그의 교구에서 감리회 설교자들이 활동하는 것에 대해 불편하게 생각하지 않는다고 했다. 존 웨슬리는 그들에게 우호적인 교역자가 올 수도 있는 이런 지역에 이미 설립된 신도회를 포기하고 싶지 않았기에, 이와 같은 입장에 동의했다. 그럼에도 불구하고 그는 예외적으로 허더스필드에는 감리회 설교자의 방문 금지를 1년간 연장했다.

국교회와 부흥에 관하여 복잡하게 만든 일 중 한 가지는 감리회라는 명칭이 많은 부류의 사람들과 조직에 적용되어졌다는 것이다. 감리회에 동정적인 교역자도 때로는 감리회원으로 불리웠고, 윗필드와 그의 추종자들도 감리회원으로 알려졌으며, 비국교도들 중 비슷한 관심을 가진 이들도 감리회로 불리워졌다. 1765년, 웨슬리는 "메소디스트라고 불리운 사람들"

웨슬리와 메소디스트라고 불리운 사람들

헵톤스톨(Heptonestall)의 예배당. 웨슬리는 이런 8각형 건물을 예배당의 전형으로 권했다.

에게 주어진 "다양한 이야기들"을 바로 잡을 목적으로 감리회 역사 소고 (*Short History of Methodism*)라는 책을 출판했다. 아일랜드 사람들 사이에서는 감리회원들이란 "수염을 길게 기르는 것을 믿음의 전부인 양" 여기는 사람들이라고 알려지는 등 심하게 잘못 기술된 것도 있다는 것을 그는 지적했다. 옥스퍼드와 조지아에서 출발한 감리회의 기원을 간결하게 기술한 뒤, 웨슬리는 윗필드가 어떻게 예정론을 놓고 "전적으로 분리하여 나갔는지"를 설명했다. 그런 뒤에는 커드워스(Cudworth)와 제임스 렐리(Relly)가 윗필드를 율법무용론자라고 부르며 분리해 나갔다. 얼마 후 국교회 안에서 "믿음으로 얻는 구원"을 설교하는 교역자들이 나타났다. 그러나 벨, 또는 맥스필드 같은 일부 교역자들은 완전에 관하여 이견을 보이며 웨슬리 형제로부터 떨어져 나갔다. 이러한 역사를 통하여 웨슬리가 말하려 한 것은 분명하다. 즉 모든 사람이 자칭 감리회원이라고 부르고, 또는 감리회원들이라고 불리운다고 해서 웨슬리와 연결을 유지하고 있지는 않다는 것이었다. 이때 그와 함께 남아있었던 사람들은 "영국 국교회의 신조, 설교, 예배 예문, 그리고 규율을 사랑하는 국교회 교도들"이라는 사실을 웨슬리는 지적했다. 그들은 믿음으로 얻는 구원을 전하며 "설교하는 대로, 그리고 그냥 성경대로 살기 위해 힘쓰는 사람들"이었다.

그 세기의 ⅔가 거의 지날 무렵, 감리회는 20년 전 시작했을 때와는 또 다른 모습을 보이고 있었다. 영국, 웨일즈, 아일랜드, 그리고 스코틀랜드에 30개가 넘는 순회구역이 있었다. 100여 명을 육박하는 순회설교자들은 폭도들의 심한 반대에도 불구하고 얻었고, 웨슬리 형제의 연례 심사를 견디어 내었다. 20,000명이 넘는 신도회의 회원 수는 아직도 전 인구의

0.2%밖에 안 되는 상대적으로 적은 수였지만, 매년 1,000명 정도씩 불어나고 있었다. 많은 경우, 새로 가입하는 회원들은 기존 회원들과는 판이하게 달랐다. 이들이 기강이 잡힌 그리스도인으로 살려고 한 노력은 감리회 "설교처"(예배당)의 회중은 좀 더 깨끗하고, 교육받고, 신분의 상승을 이루는 사람들로 구성하는 결과를 초래하게 되었다. 감리회원들이 돈도 벌고 좋은 옷을 입게 되자 웨슬리는 난처함을 느꼈다. 예배당도 1764년 헵톤스톨(Heptonstall)에 건축된 특이한 양식의 8각형 석조건물처럼 풍요한 느낌을 나타내기 시작했다. 웨슬리는 1760년 설교집에 실린 두 편의 설교를 통해 부와 허식에 대해 다루었다.

"돈의 사용에 대하여"라는 설교를 통해 웨슬리는 그리스도인의 경제원칙으로 자기가 어떻게 돈을 쓰고 있는가를 제시했다. 그는 부를 축적하는 것에 반대하는 설교를 오랫동안 해왔다. 그러나 여기에서 그는 돈에 관한 그의 공식 전체를 내놓았다. 그것은 벌 수 있는 만큼 벌고 (gain all you can), 저축할 수 있을 만큼 저축하며 (save all you can), (가장 중요하게는) 줄 수 있는 만큼 주라 (give all you can), 즉 가진 것 모두를 하나님께 드리라는 것이었다. 이 원칙에 따르면, 삶에 "필수적인 것들"은 허용되지만, 그밖에 모든 것은 이웃을 돕는 일에 써야한다는 것이었다.

웨슬리의 소고 "메소디스트라고 불리우는 사람들의 복장에 관한 조언"은 이러한 관심에서 자연스럽게 비롯되었다 (*JWW*, 11:466-77). 그는 이미 조지아에서 "몸을 치장하는 것"에 대해 경고했음을 상기시켰다. 퀘이커교도들처럼 복장을 단정하고, 수수하고, 적당하게 하자는 것이었다. 반면에 가난한 사람들도 가능한 한 깨끗이 입어야 할 것이라고 했는데, "깨끗함은 검소함의 큰 줄기이기 때문"이었다. 결국은, 영혼을 위험에 처하게까지 하면서 비싼 옷을 입기보다는 불에 태우거나 내어버리는 편이 낫다고 말했다. 그러나 신실한 청지기라면 차라리 그 옷을 팔아 필요한 사람들에게 돈을 줄 것이 기대되었다. 다음과 같은 마지막 말은 웨슬리의 됨됨을 잘 나타내 준다:

> 그대 가족의 삶과 경건을 위하여 필요한 것을 채운 뒤에, 그대가 가진 것 전부를 드려, 굶주린 사람들을 먹이고, 헐벗은 사람들에게 옷을 입히며, 병든 사람들, 옥에 갇힌 사람들, 나그네를 구하도록 하시오. 그리하면 하나님께서 사람들과 천사들 앞에서 당신을 영광과 명예로 옷 입히실 것입니다.

우리가 이미 본 것처럼, 이때까지의 감리회의 성장과 발전은 긴장과 문제가 없이 된 것은 아니었다. 웨슬리가 1763년 노위치를 방문했을 때, 그는 국교회의 예배 시간인 주일 아침에는 설교를 중단해야 할 필요를 느꼈다. 웨슬리는 다시 한번 분명한 어조로 말했다: "나는 지난 수년간

웨슬리와 메소디스트라고 불리운 사람들

나다니엘 혼이 그린
존 웨슬리 (1765)

영국 전체의 신도회의 반에서 겪은 것보다 더 많은 어려움을 이 신도회에서 겪었다. 하나님의 도우심으로, 나는 1년을 더 두고 보겠다. 그리고 나는 당신들이 좀 더 많은 열매를 맺기를 희망한다" (J&D, 21:434). 그는 사람들에게 언제나 한 번 더 기회를 줄 준비가 되어 있었다.

웨슬리의 나이 60이 되어 많은 동료들은 죽었지만, 그는 여전히 열성적이었으며 다양한 그리스도인들의 모임을 세우고 인도하며 규율을 잡아갔다. 그는 그들에게 희망의 소식과, 양육하는 공동체, 그리고 영적 훈련의 전형을 마련해 주었다. 그의 뜻을 이루어나가기 위해 그는 실제적인 규율, 기준, 그리고 조직을 개발했다. 많은 감리회원들이 그의 열심에 동참하기는 했지만, "나라를, 특별히 국교회를 개혁"하려는 그의 소명의 본질이나 한계를 언제나 제대로 인식한 것은 아니었다.

존 자신도 찰스를 비롯한 많은 다른 사람들이 명백히 보는 것을 보지 못하였거나 거부하였다. 즉 그가 가졌던 개혁 방법을 실천으로 옮기기 위하여 채택한 감리회의 특징은 곧바로 메소디스트라고 불리운 사람들의 특징 있는 정체성이 되었으며, 국교회로부터 분리해 나가게 만드는 압박요인이 되었다는 사실이다. 이러한 많은 특징들이 발전해 나간 이 기간 동안, 웨슬리 형제는 분리에 관하여 엄청난 압력에 봉착했다. 많은 위기들이 하나씩 극복되기는 했지만, 앞으로도 비슷한 변화들이 일어나리라는 것을 그들은 알고 있었다.

거짓을 입증하는 신학

60대 중반의 나이에 웨슬리는 그의 삶의 우선순위를 다음과 같이 보았다. "나는 나이가 든 사람들, 특히 그때까지도 하나님을 바로 알고 하나님과 함께 하는 사람들에게는 무언가 존경할 것이 있다고 늘 생각해 왔다" (*J&D*, 22:157). 옥스퍼드 시기를 멀리 뒤로 한 그때까지도 웨슬리는 학구에 관한 그의 열정을 완전히 포기할 수 없었다. 그는 배움에 대한 사랑과 동시에 경건의 중요성에 대하여도 계속하여 마음을 쏟아왔다. 이렇게 두 가지를 동시에 강조한 웨슬리의 태도는 찰스 웨슬리가 얼마 전 출판한 어린이 찬송("킹스우드 학교의 개교에 부쳐")의 다음 가사에 잘 표현되어 있다: "오래 떨어져 있던 짝을 다시 하나로 맞추어라. 지식과 꼭 필요한 경건" (*Collections*, 644). 존의 말과 찰스의 시로 표현된 이 두 가지의 연결은 이 운동 전체를 통하여 교리와 장정을 묶는 "큰 묶음"인 셈이었다. 아무리 감리회원들이 단순하다거나, 감리회 설교자들의 교육 수준이 낮다 하여도, 웨슬리 형제는 교리적 가르침과 조직 및 규율을 연결지어 가는 길을 계속 개척해 나갔다.

1765년 컨퍼런스에서 존 웨슬리는 그 해 그가 출판한 감리회사 소고를 간추려 읽어 회의록에 기재하도록 했다. 이것은 1729년, 존과 찰스가 성서를 읽는 것으로 시작한다. 그들은 "거기에 담긴 내적, 외적 경건을 발견하고, 그대로 실천에 옮겼으며, 다른 사람들도 그렇게 하도록 했다." 그러나 이 운동이 처음 번져나가면서, 여러 가지 의무, 그 중에도 특별히 어린이들을 교육해야 할 의무를 태만하게 만들었던 칼빈주의, 율법무용론, 그리고 세속주의의 도전을 계속 받았다. 그는 계속하여 "이것은 설교자들에 의해 나아지지 않는다. 그들에게는 빛이 없거나 충분한 무게가 없다. 그러나 이러한 결함은 어디에서나 설교문, 특별히 증상에 따른 처방을 담은 제4권을 사람들 앞에서 읽음으로 보충이 된다"고 말했다 (*Minutes*, 51-52). 이렇게 설교의 교리적 기능을 보강한 것은, 표준 부동산 등기부 (Model Deed)의 일부로 자리를 잡은 것이나, 제4권에서 예외적으로 교육 논고를 강조한 것에서도 볼 수 있다.

동시에 웨슬리는 그의 추종자들이나 그에게 대항하는 자들이 제기한 문제를 다루는 설교를 새로 작성했다. 웨슬리의 대표적 설교 중 하나는 1765년 출판된 "**성서로 구원에 이르는 길**"(The Scripture Way of Salvation)인데, 여기에서 그의 신학은 여러 해에 걸친 논쟁과 논란을 통하여 이루어진 완숙함을 보인다. 이 설교는 아마도 그의 구원론을 가장 잘 정리한 것일는지도 모른다 (*Sermons*, 2:153-69). 그는 이 설교의 본문인 에베소서 2:8을 가지고 이미 40번 이상 설교를 했고, "믿음으로 얻는 구원"(Salvation by Faith)이라는 제목의 설교를 출판하기도 했다. 그러나 그 전 10년간은 칭의(justification)와 성화(sanctification)에 대한 웨슬리의 시각에 도전을 해온 맥스필드, 벨, 그리고 다른 칼빈주의자들과 율법무용론자들로 인해 야기된 예외적으로 혼란스러운 논쟁을 겪은 기간이었다. 믿음과 "구원에 이르는 길"을 살피면서 웨슬리는 간결한 말로 선행(prevenient)의 은혜, 확신(convincing)의 은혜, 칭의의 은혜, 성화의 은혜를 재삼 강조하며, 동시에 은혜와 선행의 필요성 간의 상관관계를 강력하게 강조했다.

출판된 이 설교문의 요점은, 구원이란 "하늘나라에 가는 것"이나 영원한 축복에 있지 않고, "영혼이 은혜에 대해서 눈뜰 때부터 영광 가운데 완성에 이를 때까지" 한 개인의 삶 속에서 하나님이 하시는 모든 역사라는 웨슬리 설교의 주요 논지를 보여주는 것이었다. 선행의 은혜는 자신이 죄인임을 고백하게 하여, 회개와 회개에 합당한 열매를 맺게 한다. 하나님의 용서, 또는 칭의에 직접 필요한 꼭 한 가지 조건은 믿음이며, 용서와 칭의는 한 개인 안에 상대적 변화를 가져오게 하는 그리스도의 역사로서, 이 사람은 "의롭다고 여겨지게" 된다. 이와 동시에 중생(거듭남)이 이루어진다. 이것은 한 사람 안에 진정한 변화를 가져오게 하는 성령의 역사인 성화의 시작이며, 이 사람은 이리하여 실제로 의로워지거나 거룩해지는 과정을 시작하게 된다. 성도의 삶이 "은혜에서 은혜로" 이어지면서, 전적인 성화—"우리의 모든 죄로부터의 온전한 구원"—가 그 목적이 된다. 이와 같은 그리스도인의 완전, 또는 완전한 사랑은 "영혼의 모든 영역을 차지하며" 따라서 모든 죄를 몰아내게 된다: "사랑이 마음 전체를 차지하고 있다면, 그 안에 죄가 깃들 수 있는 어떤 틈이 있겠는가?" 사랑 안에서 완전해짐을 목표로 하는 것은 35년 전 옥스퍼드 감리회원들의 묵상적 경건으로 표현된 것과 완전히 일치되는 것이었다.

그가 이해하는 영적 순례(via salutis)를 설명하는 과정에서 존은 그 동안 정리해 둔 결론들을 재천명함으로써 그 전 30여 년간 논란이 되었던 쟁점들을 다시 건드리게 된다. 그는 많은 국교도들이 가졌던 "믿음의 고수"(faith of adherence)라는 단순한 견해를 제쳐놓고, 믿음이 뜻하는 것은 "그리스도가 나를 사랑했고, 나를 위하여 자신을 내어 주셨다"는 확신, 또는 증거라고 주장했다. 성령은 신앙인의 영과 함께 그가 하나님의 자녀임을 증거한다. 웨슬리는 "회개에 합당한 열매를 맺는 것이 어떤 의미에서는 의롭다함(칭의)을 받는 데 필수요건"이라는 점을 들어, 회개하는 믿음만으로 의롭다함을 얻는다는 견해를 공박했다. 만약 믿는 이에게 시간과 기회가 주어진다면 선행은 믿음과 꼭 같은 의미나 꼭 같은 정도는 아니더라도 필수적이다. 믿음만이 즉각적이고 직접적인 필수요건이며, 이에 비해 선행은 조건적이며 거리가 먼 필수요건이다. 웨슬리는 칼빈주의를 더욱 파고들어, 의롭다함을 받은 사람은 자비와 긍휼의 "선행을 행하고자 하는 열심"이 있어야 할 뿐만 아니라, 의롭다함을 받기 전과 마찬가지로 후에도 회개가 필요하다고 역설했다. 이에 따르면, "한 번 구원은 영원한 구원"(once saved, always saved)이라는 공식은 존재하지 않는다! 믿는 사람의 마음, 그리고 말과 행동에 달라붙어 남아있는 "다시 후퇴하고자 하는" 죄에 대한 확신은 하나님의 은혜에 항상, 그리고 매일, 매달리게 만든다. 그리고 죄로부터 놓여나는 것은 하나님의 뜻에 따라 점진적일 수도 있고 순간적일 수도 있다. 이러한 생각은 구원에 대한 이 기념비적 설교의 정점으로 자연스럽게 이끌어, 독자에게 "매일, 매시간, 매순간 구하십시오. 바로 지금 이 순간 구하십시오. 이것이 믿음으로 된다는 것을 믿는다면 당신은 과연 지금 구할 수 있지 않습니까?" 하는 강력한 권면을 하게 한다.

"주님은 우리의 의"(The Lord Our Righteousness)라는 또 하나의 중요한 웨슬리의 설교는 칭의(의롭다함을 얻음)와 성화에 대한 웨슬리의 견해를 전가된 의(imputed righteousness)와 부여된 의(imparted righteousness)를 들어 설명한다. 웨슬리가 칼빈주의자들과 가졌던 이 논쟁은 1739년 조지 윗필드와의 알력으로 거슬러 올라간다. 이 설교를 하게 된 동기는 전에 옥스퍼드 감리회원이었다가 칼빈주의자가 된 제임스 허비(Hervey)와의 오랜 논쟁이 계기가 되었다. 허비는 1750년대 웨슬리의 비판에 답하는 편지를 (실제로 보내지지는 않았지만) 썼는데, 이 편지는 1758년 허비가 죽은 뒤 윌리암 커드워스(Cudworth)에 의해 출판되었다. 이에 맞서 웨슬리는 칭의에 관한 논고(*A Treatise on Justification*, 1765)에 실린 존 굿윈(Goodwin)의 글을 길게 발췌하여 출판했다. 그리고는 1765년 11월 런던의 웨스트 스트리트(West Street) 예배당에서 이 설교를 했다.

그리스도의 의의 **전가**와 **부여**(imputation and impartation of Christ's righteousness)라는 문제는 신학적 전문성의 문제인 것처럼 보인다: 그리스도의 속죄의 죽음은 칭의의 "형식적" 원인(formal cause)인가, 아니면 "공로적" 원인 (meritorious cause)인가? 웨슬리가 강조한 경건, 즉 그리스도의 의가 믿는 사람의 가슴에 녹아들어 간다고 주장한 것은 많은 사람들로 하여금 그가 전통적으로 인정된 교리인 전가된 의를 믿지 않는다고 주장하게 하는 이유가 되었다. 그러나 웨슬리는 좀 더 세밀하게 살펴, 부분적인 것처럼 보이는 이 논점을 문제의 핵심으로 보았다.

그리하여 그는 그리스도의 수동적 순종과 능동적 순종을 분리하려는 사람들, 즉 수난과 죽음을 통한 그리스도의 수동적 순종, 곧 의를 칭의의 형식적 원인으로 보려는 사람들에게 이의를 제기했다. 칼빈주의자들이나 그밖에 이러한 견해를 가진 다른 사람들은 그러므로 예정론 및 항거할 수 없는 은혜를 구원의 형식적 원인으로 받아들일 수밖에 없었다. 그러나 웨슬리에게는 그리스도의 수동적 및 능동적 순종, 또는 의("선을 행하며 다닌" 한 사람으로서)를 이해하는 것은 칭의의 공로적 원인으로서 더 적합하며, 이는 선행적 은혜, 자유의지, 그리고 만인 속죄를 허락하고 있다고 보았다. 웨슬리는 능동적 의와 수동적 의("그리스도께서 우리를 위해 행하신 것과 고난 받으신 것")를 분리하지 않으려 했고, 예수를 "주님, 우리의 의"라고 부를 때에는 이 둘이 연결 지어진 것이라고 주장했다.

이러한 이해가 받아들여진다면, 그것은 칼빈주의자들의 주장을 무너뜨리는 효과를 갖는 것이었다. 웨슬리는 칼빈주의자들이 그가 "전가된 의"라는 용어를 자기 식대로 다른 뜻으로 쓰고 있다고 주장하리라는 것을 알았기에, 표현 차이의 용납을 요구했다. 웨슬리는 그가 항상 전가된 의의 교리를 (바로 이해하고) 믿어 오기는 했지만, 그보다 무언가가 더 있다고 생각했다: "하나님은 그가 의를 전가한 모든 사람들에게 의를 심어 (implant) 주신다." 이 둘을 설명하면서 웨슬리는 전가된 의가 필요한 것이기는 하지만 부여된 의에 비해 부차적이라는 것과, 진정한 믿음의 핵심으로 가슴과 마음의 성결이 우선한다는 것을 강조했다. 진정한 신앙인이라면 그리스도로부터 전가된 의를 자신들의 불의를 덮는 것에 써서는 안 될 것이었다. (이것은 또한 전가된 의를 "잘못" 이해하는 것이 될 수도 있다.) 웨슬리는 또한 전가된 의에 대하여는 바로 알고 있지 못하더라도 "하나님께 대하여 바른" 가슴을 가져, "실제로 '우리의 의가 되시는 주님'을 알 수도 있다"는 것을 지적하였다. 이러한 입장은 잘못된 견해가 바른 믿음을 파괴할 수도 있지만, 바른 견해가 바른 믿음을 보장하는 것도 아니라는 웨슬리의 기본적 전제의 변형이기도 하다.

이 설교는 중요한 신학적 요지에 관한 웨슬리의 입장을 설명해 주기도 하지만, 동시에 신학적 논쟁을 다루는 웨슬리의 새로운 기법을 보여주기도 한다. 이 경우 웨슬리의 기본적 전제는, 신학적 논쟁은 종종 간단한 견해의 차이에 관한 것이거나, 또는 의견을 표현하는 방법의 차이에서 비롯된다는 것이다. 그는 서로 다투는 양방이 진정으로 서로를 이해한다면 아무런 논쟁도 없을 것이라는 견해를 피력했다: "같은 말이라 해도 사람에 따라 다르게 표현하기도 한다." 그리스도의 의의 부여—전가와 같은 문제에 있어서 진실로 중요한 것은 서로 반대하는 양방이 실제로 말하고자 하는 것이 무엇인가라고 웨슬리는 설명했다. 겉으로는 이와 같은 방식이 타협점을 찾는 것처럼 보이지만, 그의 반대자들은 이 방식이 속임수이든가 아니면 "보편적 영성"(catholic spirit)이라는 눈가림 하에 자기에게 유리하게 이끌어 가는 방법으로 보았다.

이 두 편의 설교는 웨슬리의 신학이 성숙 단계에 도달했음을 보여준다. 이 설교들이 갖는 의미를 간파한 그는 사람들에게 나누어주도록 보좌관들에게 지시했다 (*Minutes*, 58). 그는 그의 신학적 세부견해에 있어서도 자신감이 있었고, 그를 반대할지

당시 감리회를 비방하는 만화. 조지 윗필드가 악마에 의해 영감을 받는 것으로 그렸다.

도 모르는 교역자들의 반응에 덜 신경을 쓰며, 당당하게 자신의 입장을 펼쳐 보일 수도 있게 되었다. 1764년의 통합 노력이 실패로 돌아간 뒤, 그는 한동안 복음주의적 교역자들과의 연대를 포기한 것처럼 보였고, 일부 핵심 감리회 신학의 차이점을 부각시키기에 주저하지 않았다. 그러나 그는 아직도 그의 견해가 영국 국교회와 일치한다고 믿고 있었다.

웨슬리가 통합의 꿈을 완전히 접은 것은 아니었지만, 국교회의 교역자 —사제들이 "불가능한 것을 꾀하는 것"과 같다고 깨달은 그는 성결을 강조하는 것이 힘을 합하는 요인이 된다고 생각하는 감리회 부흥 운동가들과 집중적으로 관계를 맺는데 이르게 되었다. 1766년 2월, 웨슬리는 존 플렛처에게 편지를 써, "감리회원들에게서 내가 바라는 것 두 가지는 단결과 성결이다"라고 했다 (*JWL*, 5:4). 8월, 찰스는 그가 1748년에 썼던 비유("우리가 믿기는 삼 겹줄은 결코 끊어지지 않는다")를 다시 써, 웨슬리 두 형제와 윗필드가 계속 함께 일할 수 있게 되기를 바랐다 (*JWL*, 5:182n).

밖으로 나타난 존 웨슬리의 신학적 표현은 확신에 차 있는 것처럼 보였지만, 그의 영적 여정은 침체되고 있었다. 1766년 6월 그의 동생에게 쓴 편지에서는 영적 동지(冬至, winter solstice)라는 표현을 쓰고 있다. 편지의 일부는 다른 사람들이 알아보지 못하도록 속기로 쓴 부분도 포함하고 있었는데, 여기서 그는 그가 겪는 혼란을 드러내 보여주고 있다 (희랍 용어는 괄호 안에 의역되어 있다):

웨슬리와 메소디스트라고 불리운 사람들

최근 편지에 나는 나에게 하나님의 분노가 임해 있다고 느끼지 않는다고 했고, 그렇게 믿을 수도 없었다. 그러나 나는 (왜 그런지 알 수 없지만) 아직도 하나님을 사랑하지 않는다. 사랑한 적이 없다. 그러므로 기독교 용어를 따르면, 나는 한 번도 믿은 적이 없다. 그러므로 나는 그저 정직한 이교도이며, 개종한 이방인으로 [하나님을 경외하는 자]일 뿐이다. 그럼에도 하나님께서 나를 들어 쓰신다! 이렇게 양다리를 걸친 나는 앞으로도 뒤로도 가지 못하고 있다! 이 세상이 생긴 이후 이런 일은 결코 없었다! 내가 바로 그 믿음을 가진 적이 있었다면 이렇게 이상하지는 않았을 것이다. 그러나 나는 어떤 영원한 세상이나 보이지 않는 세상에 대한 [증거]를 내가 지금 갖고 있는 것과 다른 것을 가져본 적이 없다. 있었다면 희미하게 비치는 이론적 불빛 정도일 뿐, 전혀 없었다. 나는 (하나님의 자녀라고 말하지 않지만) 보이지 않거나 영원한 어떤 것에 대한 직접적 증거도 없다.

이것은 웨슬리가 벌거벗은 자신의 영의 모습을 자기 동생에게 털어놓은 의외적인 일이다. 일반 대중의 눈에는 그가 자유분방한 열정가로, 권위주의적 지도자로, 영적 대가로, 오직 믿음(sola fide)을 전하는 신념에 찬 설교가로 보였다. 그러나 우리는 솔직하게 자신을 성찰하며, 믿음이 없는 자신에 대해 실망해 있고, 어려움으로 인하여 외로워하고 있으며, 논리에 기대어 가까스로 위로를 받고 있는 그의 모습을 본다. 때때로 다른 사람들도 웨슬리의 이런 면모를 볼 수 있었다. 1739년, 모라비안교에 심취해 있었던 찰스 델라못은 웨슬리에게 "당신은 아직도 반석이신 그리스도를 믿지도, 그 위에 믿음을 세우지도 않고 있습니다. 당신의 평화는 참 평화가 아닙니다. 만일 죽음이 다가온다면 당신의 모든 두려움이 다시 엄습할 것입니다"라고 말했다 (*J&D*, 19:363). 그리고 1750년, 윌리엄 브릭스(Briggs)는 그에게 "나는 당신이 모든 체험에 대한 지식은 있으나, 당신의 모든 지식을 체험하지는 않은 것으로 생각합니다"라고 했다 (*Letters*, 26:415). 웨슬리는 자신의 믿음을 능가하여 설교하는 능력을 가진 듯하다. 1766년 그의 동생에게 쓴 가슴을 저미게 하는 이 편지는 신비주의자들이 말하는 "영혼의 캄캄한 밤"을 그 나름대로 경험한 것일는지도 모른다. 그러나 이것은 영적 절망의 순간이기보다는 좀 더 높은 차원의 영적 체험으로 가는 길목이었다. 아래 문단이 이를 증명해 준다:

> 그럼에도 나는 믿음, 사랑, 구원, 또는 완전에 관하여 다르게 설교할 마음이 전혀 없다. 그럼에도 나는 모든 하나님의 일에 있어서 열정이 감소하기보다는 증대하는 것을 느낀다. 나는 왜 그런지는 모르지만 누군가에 의해 움직여지고 있어, 가만히 서 있을 수가 없다. 나는 모든 세상이 [내가 알지 못하는 이것]에 도달하기를 바란다 (*JWL*, 5:16).

이러한 느낌에 비추어 보면, 이 편지를 전후해서 그의 일정이나 열정에 느슨해진 점을 발견할 수 없다는 것은 이상한 일이 아니다. 첫 번 야외설교 이래로, 존 웨슬리 자신이 느꼈던 확신은 그의 복음을 들은 사람들이 성령의 역사에 대하여 보인 응답에 힘입어 상승되어 왔다. 그는 다른 사람들 가운데서 찾아 볼 수 있는 하나님의 역사하심의 증거는 하나님의 섭리를 깨닫고, 그분의 뜻을 분별하는 중요한 수단이라고 생각했다. 그리고 그는 그의 삶에 있어서 하나님의 임재는 꼭 그가 인지하고 있는 것에 달려있는 것은 아니라는 것을 좀 더 확실히 알게 되었다.

웨슬리가 계속해서 관심을 기울이고, 그에게 힘의 원천이 되어 주었던 것은 컨퍼런스를 통해 많은 설교자들과 가졌던 대화와 관계였다. 1765년 8월 만체스터에서 열렸던 컨퍼런스는 처음으로 **연례 회의록**을 출판해 내어놓았다. 실제 명칭은 웨슬리 목사 형제와 다른 이들 간의 최근 대화의 기록(Minutes of Some Late Conversations between the Rev. Mr. Wesleys and Others)이었지만, 때로는 사본들이 한 권에 1전씩 팔려, "1전 짜리 회의록"(penny Minutes)이라고 불리어지기도 했다. 질문과 답으로 되어있는 이 회의록의 형식은 20여 년 전 컨퍼런스 회의록과 같았는데, 1753년과 1763년 "대" *회의록*의 근거가 된 이 회의록은 그 전 연례 컨퍼런스에서 선정된 교리와 장정 및 규칙을 모아놓은 것이었다.

그러나 연례 *회의록*의 내용은 당시에 좀 더 많은 적절한 업무 내용을 담도록 확대되었다. 첫 번째 질문은 설교자에 관한 것으로, 허입, 견습, 보좌, 그리고 순회 등 항목 별로 나열한 뒤, (39순회구역의 92교역자들을) 임지에 따라 기록한 것이었다. 이들의 파송은 통상 1년 (최장 2년) 단위로 되어 있기에, 매년 명단을 갱신할 필요가 있었다. 이어 기록된 것은 재정에 관한 건으로, 킹스우드 모금, 교역자 기금, 연회비 등의 잔고와 규칙, 그리고 연대조직 내 건물 계획으로 인하여 발생한 고액 부채에 관한 건들이 따랐다. 그 다음은 그 전의 컨퍼런스와 비슷한 주제를 다루는 질문들로서 건물, 규율, 예배, 출판, 그리고 절제와 같은 건들이었다. 아일랜드 컨퍼런스의 발췌문도 실렸는데, 여기에는 설교자들이 지키지 않는 규칙은 무엇인지, 그리고 코담배를 피우거나 술을 마시는 교역자들을 지도자들이 어떻게 다루면 좋을는지 하는 것이 포함되어 있었다.

이 *회의록*에 실린 답들은 초기 감리회의 흥미있는 모습을 보여준다. 예를 들면, 설교처(어떤 경우에도 "교회"라고 부르면 안 된다)에 관하여: "1) 모든 창문은 창틀을 설치하고 밑으로 닫도록 한다. 2) 나무로 둥글게 만든 강대상을 쓰면 안 된다; 그리고 3) 의자는 등받이를 두면 안 된다" 하는 것들이 있다. 남자와 여자는 갈라 앉아야 했다. 저녁 설교는 7시 이후에 시작하면 안 되었다. 애찬식 후에는 모두가 9시까지 집에 돌아가야 했다. 그리고 교역자는 말을 자비롭게 다루고 쓰다듬어주고, 먹여주고, 재워주고, 결코 무리하게 타지 말아야 했다 (*Minutes*, 48-53).

웨슬리와 메소디스트라고 불리운 사람들

말을 탄 찰스 웨슬리. 그는 늘 시적 생각에 젖어, 말에서 내려 집에 들어갈 때면 시구를 적기 위해 펜을 요구했다고 한다.

아무리 작은 일이라도 소홀히 다루어지지 않았다. 회중 찬송을 좀 더 잘할 수 있도록 네 개의 규칙이 정해졌다. 논란의 여지가 있는 조그마한 안건도 모두 다루어졌다. 그 예로, 여자들은 회중을 가르치는 교사의 역할을 맡을 수는 없었지만 핵심조 회의에서 발언하는 것은 장려되었다. 사적인 문제들도 언급이 되었다. 독서는 조금밖에 하지 않으면서 말이 많은 사람들은 버릇을 고치기 위해 공적, 사적으로 징계를 받아야 했다. 그리고 어떤 사안도 웨슬리의 통제를 벗어나지 못했다. 웨슬리의 허락 없이는 설교자들이 출판할 수 없었다. 이를 어기면 연대조직에서 축출되었다.

일부 설교자들은 웨슬리의 엄격한 지도 스타일과 컨퍼런스의 통제에 대하여 좋지 않게 생각했다. 여기에 대해 웨슬리는 전형적으로 역사적 차원에서 준비된 답을 했다: 1765년 컨퍼런스에서, 그는 감리회 운동의 역사를 그와 그의 동생이 옥스퍼드에 있을 때까지 소급, 연결시켜 설명했다. 그 다음 컨퍼런스에서 "당신이 영국과 아일랜드의 모든 감리회원들에게 행사하는 권한은 무엇입니까?" 하는 질문에 대해 그는 정치적/역사적 상황을 설명하면서, 그 출발을 1738년 11월로 잡아 찰스를 배제시켰다. 그는 그가 권력을 추구하지 않는다는 것을 아주 분명히 했다: 사람들이 그에게서 지도력을 기대했던 것이다. "내가 처음 이 권한을 받아들인 것은 하나님의 섭리에 순종하며 사람들에게 덕을 베풀고자 함이다. 나는 이 권한을 추구하

성숙기의 감리회

기는커녕 수도 없이 피하려 했었다." 컨퍼런스를 시작한 것은 웨슬리였고, 컨퍼런스는 웨슬리에게 조언하기 위하여 조직되었지, 그를 처리하려는 것이 아니었다. 설교자들은 처음부터 "복음의 아들들"로 섬기기로 동의했다. 그는 "그들이 내 지시를 따른다고 해서 내게 좋은 일을 하는 것은 아니다"라고 지적했다. "여기에서 내가 얻는 것이라고는 골칫거리와 염려뿐이며, 이 짐을 어떻게 져야하는지 모를 때가 종종 있다." 그러나 설교자들은 컨퍼런스에서 투표권이 없다고 해도 "내가 살아 있는 동안에는" 사슬에 묶인 것으로 생각할 필요가 없다. 그는 "어느 설교자, 어느 회원이든지 원하면 나를 떠나도 된다"고 했다 (*Minutes*, 60-62).

웨슬리는 이 기회에 감리회의 상황을 짧게 설명하면서, 마지막 인사의 형식으로 감리회의 앞날에 관한 제언을 남겼다. 당시 63세이던 웨슬리는 다시는 컨퍼런스에 오지 못할 상황이 될 수도 있다는 생각에서였다. 그것은 긴장을 풀지 말고 더욱 열심히 주어진 일에 충성을 다할 것을 촉구하는 강력한 권면이었다. 그 후의 *회의록*은 그가 일부 문제들에 있어서 얼마나 깊이 염려를 하고 있었는지를 보여준다. "우리는 왜 좀 더 알지 못하나?"라는 질문에 웨슬리는 우리가 좀 더 열심을 내지 않기 때문이라고 답을 했다. 그는 이 악을 치료하기 위하여 교역자들이 유익한 책을 좀 더—오전 내내, 아니면 하루 최소한 다섯 시간은 읽을 것을 처방했다. 교역자들의 반응(웨슬리의 책 한 권의 사람이라는 원리를 이용해서)과 이에 대한 웨슬리의 응답은 웨슬리가 자기가 하고자 하는 말을 하기 위해 비꼬아 하는 풍자를 쓰는 것도 서슴치 않는다는 것을 보여준다:

"그러나 나는 성경만 읽는다." 그렇다면 당신은 다른 사람들도 성경만 읽도록 가르쳐야 하고, 같은 논리로 성서에만 귀를 기울이도록 가르쳐야 한다. 그러나 그렇다면 당신은 더 이상 설교할 필요가 없다. 이것은 조지 벨이 한 말이다. 그런데 열매는 무엇이었나? 아니, 지금 그는 성경도, 그밖에 아무 책도 읽지 않고 있지 않는가?
이것은 지나친 열정이다. 당신에게 필요한 책이 성경뿐이라면, 당신은 사도 바울보다도 훌륭한 사람이다. 그도 다른 책을 필요로 했다. "또 책은 특별히 가죽 종이에 쓴 것을 가져오라…"
"그러나 사람마다 취향이 다르다." 그러므로 어떤 사람은 다른 사람들보다 적게 읽지만, 누구도 적게 읽는다는 이 사람보다도 더 적게 읽어서는 안 된다.
"그러나 나에게는 책이 없다." 나는 당신들이 책을 읽는 대로 각자에게 5파운드에 상당하는 책을 주겠다.

독서에 임하는 설교자들의 태도에 대해 웨슬리가 얼마나 심각하게 생각했는가는 다음을 보면 알 수 있다. "나는 독서에는 취미가 없다"는 항변에 대하여 웨슬리는 "독서를 함으로 취미를 개발하든가, 아니면 이전의 직업으로 돌아가라"고 답을 했다 (*Minutes*, 68). 웨슬리는 그의 원칙을 자기에게 편한 대로 끌어대고 왜곡하는 사람들에 대해서는 그것이 그리스도인의 완전에 대해서든 오직 성경만에 대해서든 참지를 못했다.

이 동안에도 웨슬리는 그와 뜻을 같이하는 사람들을 위해 더 많은 출판물을 제공했다. 그 전 10년간 웨슬리는 연 평균 여섯 편 정도의 출판물을 내놓았고, 1765년 이후는 그 양을 늘렸다. 이 기간에 나온 중요한 출판물 가운데는 그의 가장 독특한 교리를 요약한 쉽게 설명한 그리스도인의 완전(1766)과 1767년에 내놓은 두 편의 설교, "성령의 증거 II"와 "신앙인의 회개"가 있는데, 이들은 동일한 주제에 대한 그의 이전 설교에 상당한 수정을 가한 것들이었다.

성령의 증거(Witness of the Spirit)는 같은 주제에 대한 이전 설교를 반복한 것만은 아니었다. 웨슬리는 확신(assurance)의 교리에 있어서 개인적 "감정"을 성령의 증거 체험이라는 객관적 근거로 균형을 이룸으로 주관적 "열정"을 피해 보려는 시도를 했었는데, 첫 설교 후 20년간 몇몇 감리회원들은 이러한 웨슬리의 노력을 철저하게 외면했다 (*Sermons*, 1:269-84). 같은 주제를 두 번째 다루면서 그는 성경과 경험을 근거로, 자신이 하나님의 자녀라는 사실을 성령의 열매로 스스로 자각하는 것과는 별도로, 성령의 직접적 증거가 실제로 존재한다는 것을 증명하려 하였다. 그리고 그는 방언이나 치유와 같은 성령의 은사에 관하여 그 후 정기적으로 쓰기 시작한 신학적 원리를 제시했는데, 성령의 은사로 알려진 것은 확신을 포함하여 무엇이든지 사랑, 희락, 화평, 오래 참음, 자비, 양선과 같은 성령의 열매의 여부로 판단되어야 한다는 것이었다. 성령의 열매가 없이는 "증거는 계속될 수 없다." 그러므로 하나님의 영의 직접적인 증거와 우리의 영의 증거, 즉 "우리가 모든 의와 진정한 경건(holiness)의 길을 걷는다는 자각"이 모두 필요하다 (*Sermons*, 285-98).

회개(repentance)에 관한 그의 글은 "신앙인 내면의 죄에 대하여"(On Sin in Believers, 1763)라는 그의 설교의 후속편이다. 여기에서 웨슬리는 죄가 비록 깨뜨려지기는 했지만, 죄의 힘이 의롭다함을 얻은 후 신도로부터 완전히 소멸된 것은 아니라는 것을 우선 지적한 뒤, 의롭다함을 얻은 뒤에도 죄가 "남아있기는 하지만 더 이상 지배하지는 않는다"는 것과, 이에 비추어 회개와 믿음의 성격과 결과를 좀 더 충분히 설명한다. 웨슬리는 종교개혁신학의 관점인 남아있는 죄가 소멸될 수는 없어도 차후에 성도가 회개한 죄는 그리스도의 전가된 의로 덮여져 무흠하게 된다(simul iustus et peccator)는 것과, 의롭다함을 얻는 것은 죄와 범죄로부터 완전한 자유를 가져온다는 모라비안의 견해(맥스필드와 벨 같은 감리회원들도 가졌음)에 도전한다. 웨슬리가 주장하는 것 세 가지는 1) 의롭다함을 받는 순간 완전히 우리의 가슴이 성화되거나 죄로부터 정결케 되는 것은 아니다; 2) 의롭다함을 받은 뒤에도 우리의 공로가 없음을 확신하는 것이 속죄를 완전히 받기 위하여 필요하다; 그리고 3) 우리의 전적인 무력함에 대한 확신은 "믿음으로 진정 그리스도에 의존해서 사는 것"을 가르친다는 것이다 (Sermons, 1:335-52). 이르게는 1738년, "믿음으로 얻는 구원"이라는 설교에 나타난 것처럼, 하나님의 알려진 뜻을 의도적이며 자발적으로 어기는 것이 죄라는 웨슬리의 지속적인 정의는 이러한 주장과 그리스도인의 완전을 이해하는데 있어서 필수적이다 (Sermons, 1:124, 315; 3:79 참조).

1760년대에 웨슬리가 보인 **수정주의적** (revisionist) 접근방식은 그의 가르침이 수년 동안 일관성이 있었다고 그가 종종 주장한 것과는 모순된다. 이러한 주장은 쉽게 설명한 그리스도인의 완전(*A Plain Account of Christian Perfection*)과 같은 그의 저술에서 자주 되풀이되었는데, 여기에서 그는 1725-65년 사이의 쓰여진 자신의 글을 설명도 하고 인용도 하면서, "이것은 종교에 대하여 내가 그 당시 가졌던 견해였다… 이것은 거기에 이렇다 할 만큼 더하거나 빼지도 않고 지금 내가 가지고 있는 견해이다… 이것은 한 가지도 더하지 않고 내가 믿고 또 오늘날 가르치는 바로 그 교리이다"라는 말을 덧붙였다. 그의 글을 꼼꼼히 읽은 사람이라면 누구든지 변한 부분들을 발견할 수 있는데, 케임브리지의 흠정 강좌 담당신학 (Regius professor, 왕이 정한) 교수이며 교역자인 토마스 러더포스 (Rutherforth)가 바로 여기에 해당된다. 이 교수가 웨슬리의 "지속적인 모순"을 지적하는 글을 출판하자, 웨슬리는 1768년, 이에 답을 했다. 웨슬리는 모처럼 솔직하게 1725-68년 후반에 그가 과연 "내가 전에 가졌던 느낌들을 버렸다"고 시인했을 뿐만 아니라, "부지불식간에" 변하기도 했고, 그 당시 사용했던 모든 표현들을 옹호하지도 않겠다고 말했다. 심지어 그는 확신이 칭의의 믿음에 필수적이라는 생각마저도 오래 전 포기했다고 인정했다. 이 학자의 비난에 대한 웨슬리의 필연적 반박은 다음 두 가지이다: 1) 그가 그를 비난하는 많은 사람들에게 "하나는 이쪽으로 중점을 두고, 또 하나는 저쪽으로" 한꺼번에 답을 했기에 모순처럼 보이는 것이 나타나는 것은 당연하다; 그럼에도 2) 마지막 30년간의 출판물에서는 "실질적인 모순은 거의 없다" (*Societies*, 9:375-76). 계속해서 웨슬리는 사람들이 진정으로 그의 의도를 이해한다면 그것들이 일관적이고, 성서적이며, 교회의 가르침과도 일치한다는 것을 알게 될 것이라고 전형적인 그의 방식으로 설명했다.

웨슬리의 견해가 수정된 흥미 있는 예는, 진정한 그리스도인이 되지 못한 **명목상 그리스도인**(nominal Christians)에 대한 그의 관점의 변화이다. 웨슬리는 이 "거의 (almost) 그리스도인"을 종종 다음 세 가지, 1) "하나님을 경외하고 의를 행함으로 구원을 얻으려는 사람들", 2) 믿음이란 "선을 행하고, 죄를 멀리하며, 때에 맞추어 기도를 드리고, 교회에 출석하는 것"(일반규칙의 규정과 매우 흡사하다)이라고 생각하는 사람들, 그리고 3) "경건의 모양은 있지만 그에 따른 능력은 거부하는 사람들"로 구분했다. 1720년대와 1730년대 초, 웨슬리는 "절반 그리스도인"(half Christians)에 대해서 비판적으로 언급을 하지만, 자신을 포함한 진정한 그리스도인은 위의 첫 번째와 두 번째의 표현을 사용하여 정의했는데, 이것들을 내적, 그리고 외적 경건을 이루는 수단으로 보았다. 그러나 1730년대 말과 1740년대 초기에 웨슬리는 모라비안을 따라 "거의" 그리스도인과 "전적인" (altogether) 그리스도인 (그의 1741년 설교의 주제) 간의 차이를 확연히 두는데, 전자는 정직한 이방인보다 별로 나을 것이 없었다. 찰스는 좀 더 강한 어조로 두 번째 그룹을 "하나님 보시기에 가증한" "자기를 기만하는 자들"로 묘사했고, 확신을 받지 못한 사람은 누구라도 "아직 그리스도인이 아니라"고 했다 (*Sermons*, 1:144). 그러나 1744년이 되면서 존은 감리회원이란 "경건의 모양을 갖추고 그 능력을 추구하는 사람들"이라고 설명했다 (*Societies*, 9:69). 1749년에 이르러 그는 속회 회원증을 배부하는 것은 거기에 써 있는 것처럼 "이 회원권을 지닌 사람은 하나님을 경외하고 의를 행하는 사람으로 믿는다"는 의미의 강력한 추천서라고 말했다 (*Societies*, 9:265).

1768년, 그는 루더포스 박사에게 확신이란 "하나님을 경외하고 의를 행하는 그리스도인의 공통 특권"이라고 생각한다고 말했다 (*Societies*, 9:376). 명목상 그리스도인들의 위치를 (비록 2등급이기는 하지만) 웨슬리의 구도에 회복시켜 놓은 것은 감리회 운동의 **전도**에 중요한 의미를 갖는 수정이었다. 스스로는 신학적으로 깊이를 더해 가면서도 웨슬리는 "나라를 개혁하고… 성서적 경건을 이 땅에 펴뜨리려는" 감리회의 목적을 달성하는 것이 전문적인 신학적인 언어나 개념을 사람들이 받아들이고 이해하는 데 달려있지 않다는 것을 깨닫기 시작했다. 1767년 12월, 웨슬리는 부여-전가된 의나 믿음으로 의롭다함을 얻는다는 명확한 개념이 없이도 (혹은 부인하기까지 해도) 구원받을 수 있다고 추론했다. 그래서 그는 감리회 설교자들이 허풍이나 "뚜렷한 의미가 담기지 않은 거창한 언어"를 포기하고 "'하나님을 경외하며 의를 행하는 사람은 하나님이 받으신다'(사도행전 10:35)는 것으로 돌아가" 쉽게 전할 때가 되었다고 결론지었다 (*J&D*, 22:114-115). 야외에서 큰 소리로 설교하는 것보다는 양육과 교제가 이루어지는 신도회야말로 이 말이 신도들에게 스며들어가는 곳이었다.

사람들의 마음과 기억에 감리회의 가르침을 심어놓기 위해 웨슬리 형제는 여러 해에 걸쳐 **찬송 부르기**를 예배에 포함시켰고 수많은 찬송가와 찬송 책자를 출판했다. 1760년대 초 그들은 음을 붙인 찬송 선곡(Select Hymns with Tunes Annext)이라는 중요한 책을 만들어 내었는데, 여기에는 133개 찬송의 가사만이 아니라 많은 곡조를 가진 성곡, 음계표, 성악 기초, 그리고 노래 부르는 법을 포함하고 있었다. 1760년대 중반, 그들은 이 책의 두 번째 판과, 찰스의 성경구절에 따른 소 찬송과 어린이 찬송을 출판했다. 그리고 이어서 1767년에는 가족 찬송과 삼위일체 찬송에 300곡 이상을 실어 내놓았다.

찬양은 신앙인들이 공통으로 겪은 체험을 증거하는 기회를 부여했다: "우리가 느끼고 본 것/확신으로 전하네" (Collections, 62). 웨슬리는 찬양을 할 때 너무 격식을 차리는 것에 대해 주의를 주었는데, 예를 들면, 신실한 마음으로 노래하기가 불가능한 복잡한 곡조라든가, 곡의 뒤에 붙어 있는 "길게, 떨리는 소리로 부르는 할렐루야," 또는 상식을 초월하고 "랭카셔 (Lancashire) 나무 피리처럼 무미건조한" 단어의 반복이 여기에 해당된다 (Minutes, 80). "노래부르는 법"에서 웨슬리는 감리회원들이 찬양을 어떻게 불러야 하는가를 어느 정도 구체적으로 열거해 놓았다:

여기에 인쇄된 그대로, 바꾸거나 수정하지 말고 부르시오.
모두 부르시오. 할 수 있는 대로 자주 회중에 참여하시오.
활발하게, 그리고 힘차게 부르시오. 반은 죽었거나 자는 것처럼 노래하지 않도록 주의하시오. 목소리를 힘있게 높이시오. 전에 사탄의 노래를 부를 때보다 당신의 지금 목소리에 대해 더 두려워하지 마시오.
겸손하게 부르시오. 다른 사람들보다 뚜렷이, 또는 잘 들리게 하기 위해 과장하여 부르지 마시오.
박자에 맞추어 부르시오. 빨리 나오거나 뒤쳐지지 말고, 인도하는 사람의 목소리에 할 수 있는 한 가장 가깝게 부르시오.
무엇보다도 영적으로 부르시오. 노래하는 모든 가사를 통하여 하나님을 바라보시오. 자신이나 다른 어떤 것보다도 하나님을 기쁘시게 하는 것을 목표로 삼으시오.
(Collections, 765)

웨슬리는 옥스퍼드에서 어린 아이들과 함께 일할 때부터 그들의 "훌륭한" (admirable) 맑은 목소리를 특히 좋아했고, 종종 이에 대해 언급을 하곤 했다.

존 웨슬리는 **어린이들**을 돌보는 감리회의 사역에 갈수록 많은 관심을 가졌고, 설교자들에게도 어린이들과 시간을 함께 보내도록 종종 권면했다.

신도회에 어린이가 열 명 있을 때면 언제라도 설교자는 핵심조를 만들어 그들과 일주일에 두 번 만나야 한다고 생각했다. 회의록에는 이에 대하여 주저하는 설교자들의 태도가 나타난다: "그러나 나는 이 일에 은사가 없다." 웨슬리의 반응은 단호했다: "은사가 있든 없든 해야 합니다. 아니면 당신은 감리회 설교자로 부름 받은 것이 아닙니다" (*Minutes*, 69). 웨슬리는 물론 이 과제가 쉽지 않다는 것을 알았고, 1768년 8월 성 아이브스(St. Ives)에서 이에 대한 자신의 경험에 대해 언급했다: "나는 어린이들과 만났다. 이 일은 영국에서 가장 능력있는 설교자의 모든 은사를 필요로 한다" (*J&D*, 22:156).

어린이에 대한 관심은 교역자들을 정회원으로 허입하기 전 묻는 질문에 포함되었다. 이 질문들은 윌리암 엘리스(William Ellis)에게 처음 물어진 것으로 1766년의 회의록에 기록되어 있다.

설교자들을 심사하는 것은 여러 해 동안 찰스의 과제였지만, 이 운동에서 그의 지도자적 역할이 감소되면서, 존이 이 일을 좀 더 떠맡게 되었다. 1760년대에 들어서서 찰스는 연대조직 내의 여행을 거의 전면 중단했고, 연회 참석도 부정기적이 되었으며, 브리스톨에서 런던으로 이사할 것을 고려하기 시작했다 (*CW*, 107). 존이 이 운동을 주도해 나간다는 것은 분명해졌지만, 그 조차도 형제가 연합 전선을 펴야 할 것이라고 생각했다. 그들 둘 사이의 긴장은 국교로부터의 분리 여부에 관한 사안, 즉 교역자들에게 인허(licensing)를 주는 문제, 예배당을 등록하는 문제, 국교회 예배와 같은 시간에 예배를 드리는 문제 등에 집중되어 있었다. 찰스는 특별히 1764년 에라스무스 (Erasmus) "감독"에게 안수를 받은 10여 명의 감리회원들 때문에 심기가 불편했었는데, 이 사람은 존의 보좌관(Assistant)인 존 존스(Jones)에게도 안수를 준 정교회 고위 성직자를 자처하는 사람이었다. 이들 중 여섯은 알아듣지도 못하는 말로 주는 안수를 받기 위해 5기니(guineas)씩을 지불한 지방 교역자들이었다. 존은 이들을 신도회에서 축출하고, 복귀를 위한 그들의 호소를 외면했다. 그러나 찰스는 이와 유사한 많은 이슈에 대해 계속 불편하게 생각했는데, 이는 감리회에 우호적인 몇몇 성직자들의 정치적 압력에 존이 견디어내기 힘들어 한다는 사실을 알고 있었기 때문이었다. 찰스는 어떻게 해서든지 국교회로부터 분리하는 것만큼은 막으려 했고, 존도 생각은 같았지만 이 문제에 대한 걱정은 덜했다. 찰스의 분석에 따르면, "존의 첫 번째 목적은 감리회이고, 국교회는 그 다음이다. 나에게는 국교회가 먼저이고, 그 다음이 감리회이다" (*Church*, 208). 1768년, 찰스도 참석한 컨퍼런스는 사역을 활성화시키고 확장하기 위해 열두 가지의 제안을 받아들였는데, 그 중 마지막은 "국교회에 남아 있는다"는 것이었다: "국교회를 떠나는 사람은 감리회를 떠나는 것과 같다" (*Minutes*, 82).

존과 찰스 사이에는 자신들도 인정하다시피 다른 **차이**가 있었다. 한번은 존이 찰스에게 "연대조직에서는 내가 앞서지만, 요점을 강하게 지적하는 글에서는 네가 앞선다. 하나님이 너를 특별히 부르신 길로 어서 가라. 즉각적인 축복을 추구하라. 그러면 나는 나만의 소명을 위한 시간을 더 갖고 사역을 점진적으로 강화할 것이다"라고 말했다 (*JWL*, 5:16). 그러나 존은 찰스가 "완전을 너무 높게 정해서 사실상 그것을 부인하는 것과 같다"고 생각했다. 찰스 자신도 그 정도의 완전에 도달했다는 증거를 찾아볼 수 없었다. 그리고 찰스가 쓴 찬송시의 표현 중 어떤 것들은 존의 마음에 걸렸는데, 특히 모라비안들의 사랑의 풍성한 감정표현을 모방한 것이나 율법무용론을 옹호하는 것은 더 했다. 지지와 반대 사이를 오락가락 하는 찰스의 태도는 때때로 존을 당혹스럽게 만들었다. 한번은, 그 둘이 지난 번 대화를 나눌 때에는 한 마음인 것 같았는데, "지금 너는 또 다른 곳으로 빠졌다! 자가당착을 재미있는 일로 여기기 때문에 그렇게 말을 했었나보지? 만일 그렇다면 너와 말을 하기보다는 벽에 대고 말을 하겠다"고 존이 찰스에게 불평을 했었다. 그럼에도 그는 또 한 번 찰스에게 다음 달 컨퍼런스에 참석해 줄 것을 요청했고, "컨퍼런스에서 나에게 반대를 할 수는 없을 거야. 왜냐하면 상대를 하지 않을 터이니까"라고 덧붙였다 (*JWL*, 5:18).

교리, 장정, 그리고 컨퍼런스

1760년대에 들어서면서 컨퍼런스는 좀 더 공개적인 모임이 되었다. 한 동안은 초청을 받은 사람만 참석할 수 있었지만, 1767년이 되면서 설교자는 누구나 참석할 수 있었다. 일부는 출석이 의무화되었다. 보좌관 전원과 순회구역장은 꼭 출석을 해야 했고, 가능하면 매 순회구역마다 다른 한 사람의 설교자가 와야 했다 (*Polity*, 244). **순회구역 조직**(circuit organization)은 회원수가 늘어가면서 더욱 복잡해졌는데, 1768년 34개의 순회구역 중 거의 절반은 800명 이상의 회원을 보유하고 있었다. 이 숫자는 매년 보좌관에 의해 컨퍼런스에 보고되어 *회의록*에 기록되었다. 1769년부터는 회원통계표에 회원수가 감소한 순회구역에는 별표가 붙여졌다 (그 해에 셋이 있었다).

매 순회구역에는 재정을 담당하는 **일반 집사**(General Steward)가 임명되어, 분기별 순회구역회 (the Quarterly Circuit Meeting) 신도회 집사로부터 "분기 분담금"을 거두고 설교자들의 비용을 지불했다 (*Polity*, 240). 1767년, 연대조직의 **연회비**(Yearly Subscription)는 804파운드를 넘었는데, 이 중 134파운드는 법률 비용, 148파운드는 교역자 비용, 그리고 30파운드는 "예비비"(contingent)로 쓰였다. 나머지 492파운드는 현지 비용을 조달하기 위해 신청에 따라 70개의 신도회 사이에 나누어졌다 (*Minutes*, 72).

이 시점에서 교역자들은 총 50파운드를 **설교자 기금**(Preachers' Fund)에 기증하였는데, 여기에는 들어갈 때 1기니(guinea)씩, 그리고 그 다음 해부터는 반 기니씩 내는 것이 포함되어 있었다. 2기니를 내어 자격이 생기면 "지치거나" **공적으로 은퇴**(superannuated)한 뒤 매년 10파운드를 받게 되어 있었고, 죽으면 과부나 자녀들에게 돈이 지불되었다. 연대조직을 떠나거나 축출되는 경우, 또는 4년 동안 기증을 하지 않는 경우는 이 기금에서 교역자에게 돈을 돌려주지 않았다 (*Minutes*, 50, 73). 건강과 같은 개인적인 사유로 임시 휴직을 하는 등의 정원 외의 설교자는 이 기금에서 제외되었다.

현지 순회 설교자는 매년 정기적으로 12파운드의 수당과 비용을 받고 전임으로 사역하기를 기대했다. 1767년, 웨슬리는 컨퍼런스를 마치며 "우리는 한 가지 일만 잘 합시다. 우리는 자신의 영혼과 설교를 듣는 사람들의 영혼을 구원하는 일, 이 한 가지만을 위해 삽시다"라고 설파했다. 그 다음 컨퍼런스에서 웨슬리는 다른 직업을 가지고 있던 설교자들에게 (몇 사람들은 "반 순회"로 분류되어 있었다) 1년 안에 직업을 그만 두도록 했다. 이는 "순회 설교자는 누구나 다른 아무 것도 하지 않기로 엄숙히 서약하며, 그렇게 할 수 있도록 소정의 비용을 지원 받기 때문"이라고 설명했다. 특별히 약품을 파는 사람들에게는, 그들의 부인이 이 일을 하는 것은 괜찮지만, 교역자가 "물건을 팔러 다니는 것은 그 소명의 품격에 적합하지 않다"고 지적했다 (*Minutes*, 75, 78-79). 그러나 이 문제가 해소되지는 않았다. 1770년 컨퍼런스에서 웨슬리는 다른 모든 직업을 그만두지 않으면 순회설교직에서 제외된다는 규정을 재천명했으며, 1년 뒤 그들이 직업에서 완전히 손을 떼었는지를 심사할 것이라고 통고했다.

이를 어기는 사람들은 더 이상 정회원이 아닌 **현지설교자**(local preacher)가 될 수 있었고, 실제로 많은 사람들이 이 길을 택했다. 1741년과 1765년 사이에 단지 81명의 설교자들만이 죽을 때까지 정회원의 자격을 유지했는데, 6명은 축출되었고, 약 20명은 사제가 되었으며, 거의 절반은 현지 설교자가 되거나 현지설교자로 남아있었다 (*Polity*, 236).

때로는 각 지방 신도회 모임을 넘어서까지도 설교를 하는 **여자들**이

성숙기의 감리회

있기는 했지만, 순회, 또는 현지 교역자 중 여자는 한 사람도 없었다. 사라 크로스비 (Crosby), 사라 라이언 (Ryan), 그리고 매리 보상케(Mary Bosanquet)가 이끄는 몇 사람의 여자들 모임은 1763년 에섹스(Essex)의 레이톤스톤(Leytonstone)에 학교와 고아원을 세웠다가 5년 뒤에 요크셔(Yorkshire)의 크로스 홀(Cross Hall)로 옮겨갔다. 그들의 집은 여자들이 발언할 수 있는 기도 모임을 포함한 감리회 활동의 본거지가 되었다. 전에 파운드리 속회 인도자였던 사라 크로스비는 자신이 조직한 속회가 200명 이상으로 커지자, 근처에서 교역자를 찾지 못해 직접 설교하기 시작했다. 그녀는 자신이 그렇게 할 수 있는지에 대해 자신이 없어했지만, 예배의 필요성을 느끼고 인도하기 시작했다: "나는 이제 많은 사람들을

1766년 설교자 심사

당신은 그리스도를 믿습니까? 당신은 완전한 사람이 되어 가는 중에 있습니까? 당신은 이 땅에서 사는 동안 사랑으로 완전해지리라고 기대합니까? 당신은 이 일을 위하여 진력하고 있습니까? 당신은 하나님과 그의 사역에 자신을 온전히 드리기로 결심했습니까?

당신은 감리회의 교리를 압니까? 당신은 설교를 읽었습니까? 신약 주석을 읽었습니까?

당신은 감리회의 계획을 알고 있습니까? 당신은 "쉽게 설명한 그리스도인의 완전"을 읽었습니까? "호소문"을 읽었습니까?

당신은 신도회의 규칙을 알고 있습니까? 핵심조의 규칙을 알고 있습니까? 그들을 지키고 있습니까?

당신은 코담배를 피우지 않습니까? 담배는 피우지 않습니까? 술은 마시지 않습니까?

당신은 지속적으로 교회와 성찬에 참여하고 있습니까?

당신은 회의록을 읽었습니까? 그대로 지킬 의사가 있습니까?

당신은 "보조자의 열두 가지 규칙," 특별히 첫 번째, 열 번째, 그리고 열두 번째를 상고해 보았습니까? 양심껏 그들을 지키겠습니까?

당신은 하나님의 일에 당신의 모든 시간을 다 드리기로 결심했습니까?

당신은 매일 아침과 저녁에 설교하겠습니까? 너무 목소리를 높이거나 길게 하지 않으려 노력하겠습니까? 팔꿈을 괴고 기대서지 않겠습니까? 당신은 "행동과 발성 규칙"을 읽었습니까?

당신은 신도회, 핵심조, 선별조, (핵심조와 속의) 지도자들의 모든 모임에 참석하겠습니까?

당신은 부지런히, 그리고 진지하게 어린이들을 가르치고, 집집마다 찾아다니겠습니까?

당신은 말과 본으로 금식을 권하겠습니까?

(Minutes, 1:54; 2000년 장정 327항 참조)

하나하나 찾아 말씀을 전하는 것이 실제로 불가능하다고 생각했다. 그래서 나는 찬송가를 나누어주고, 기도하고, 주님께서 나를 위해 하신 일의 일부를 전하고, 모든 죄에서 피하라고 설득했다" (People, 34). 그녀의 설교는 많은 다른 감리회 설교자들의 설교와 매우 유사한 것으로 생각된다. 이 일에 임하는 크로스비 자매의 확신은 분명했다: "나는 하나님의 영으로 전한다면 여자가 공식 석상에서 말하는 것이 잘못 되었다고 생각하지 않는다" (Chilcote, 128). 그러나 이 점에서 조심스러운 태도를 취했던 웨슬리의 생각은 1769년 그녀에게 준 충고에 나타난다. (이것은 1761년 그레이스 월튼(Walton)에게 준 충고와 비슷하다):

> (1) 될 수 있는 한 많이 개인적으로나 공적으로 기도하시오. (2) 공적인 자리에서라도 당신은 짧은 권면과 기도를 섞어 적절하게 사용할 수 있을 것이오. 그러나 할 수 있는 한 설교라고 불리우는 것으로부터 멀리 거리를 두시오. 그러므로 절대로 본문을 택하지 말고, 4-5분 정도 휴식 없이 계속해서 말을 이어가지 마시오. 사람들에게 "우리는 언제 어디서 기도모임을 가질 것입니다"라고 말하시오. 한나 헤리슨(Hannah Harrison)이 이 몇 가지 지시를 따랐다면 그녀는 지금도 전과 마찬가지로 유용한 사람이 되어 있었을 것이오. (JWL, 5:130; Chilcote, 297-98 참조).

웨슬리는 그의 첫 번째 평신도 보좌관이 설교하는 것을 막으려 했을 때에도 설교와 권면에 대한 이런 차이를 들어 사용했다. 비록 1761년 웨슬리가 사라 크로스비에게 구체적으로 "감리회는 여자 설교자를 허용하지 않는다"고 말은 했지만, 그녀가 공공집회에서 주석, 또는 설교의 일부를 읽거나 자신의 신앙 경험을 이야기할 수 있도록 허락했다 (JWL, 4:133). 자신의 경험을 나누는 것에서 오는 유익함에 대해 웨슬리는 1766년 엘리자베스 베니스(Bennis)에게 다음과 같이 설명했다: "죄에서 구원받은 사람들이 이것을 다른 신도들에게 자유롭게 간증해야 하는 이유 한 가지는 이것이 다른 사람들도 같은 축복을 추구하도록 고무하는 가장 강력한 길이기 때문이다" (JWL, 5:6). 기도, 간증, 그리고 권면은 모두가 여자들에게 허용되는 활동의 범주에 들어 있었다. 그러나 웨슬리는 기성 종교 지도자들은 물론 비국교도들도 여성이 설교를 하는 것은 당시의 사회적, 종교적 관행을 침해하는 것으로 여기고 있다는 것을 잘 알고 있었다 (Chilcote, 8, 102). 퀘이커 교도들이 이런 관행을 수용하고 있다는 사실도 감리회를 국교회의 범주 안에 두려는 웨슬리에게는 별로 도움이 되지 않았다. 비록 웨슬리가 여자의 교육을 지지하고, 감리회 안에서 여자들에게 상당한 지도자의 지위를 부여하고, 심지어 설교까지도 하도록 거의 허용했지만, 아직도 여자들의 역할을 공적으로 인정하지는 않고 있었다. 이런 의미에서 그는 분리라는 관점에서 이 일을 처리하고 있었던 것 같으며, 이는 또한 당시

성숙기의 감리회

교회가 가지고 있던 편견을 인정하고, 평신도 설교에 대한 그의 동생과의 긴장에 민감했던 그의 처지에 영향을 받았던 것으로 보인다.

설교자들을 그의 관할 아래 두려는 웨슬리의 의도는 여름을 이용하여 순회구역을 돌아보는 것과, 연중 많은 양의 서신을 주고받는 것을 통해 이루어졌다. 그는 격려하고, 용기를 주고, 타이르고, 좀 더 철저하게 소명에 임하도록 권면하는 편지를 최소 1년에 한 번씩 교역자 모두에게 보냈다. 1769년 아일랜드를 방문하는 동안 그는 리처드 스틸(Steel)에게 설교, 심방, 건강, 품행, 그리고 사람들을 훈계하는 일에 관한 "비교적 소소한 몇 가지 일들"에 13개의 번호를 매긴 잘 구성된 편지를 썼다. 여기에서 그는 1765년 컨퍼런스에서 회람된 규칙에 따라 건강과 청결에 관심을 보였다. 그는 의사가 처방하지 않는 한 담배와 코담배(snuff)를 금했는데, 전자를 "지저분하고 온전하지 못한 방종"으로, 또한 후자를 "어리석고, 추하고, 더러운 습관"이라고 불렀다. 그는 계속해서 "술은 손대지 마시오. 그것은 액체로 된 불입니다. 그것은 느리기는 하지만 확실한 독입니다"라고 썼다. 청결에 관한 그의 제안은 "당신 자신이나, 복장이나, 집이나, 그밖에 당신에 관한 모든 것에서 모든 추한 것과, 더러운 것과, 단정치 못한 것을 피하시오… 당신에게서 이를 제거해 내시오… 당신과 당신 가족의 가려움 증을 치료하시오" 하는 것처럼 매우 구체적이었다. 그는 외적 건강과 내적 건강이 관련이 있다고 보았다: "옷을 수선하시오. 그렇지 않으면 당신은 삶을 수선할 수 없을 것이오. 감리회원의 누추한 꼴을 사람들이 보게 하지 마시오." (*JWL*, 5:132-34). 웨슬리는 이런 제안들을 요약해 1770년 "대" *회의록*에 "청결은 성결 다음이라고 전하시오"라는 명구를 실었다 (*Minutes*, 538).

웨슬리의 개인적 접촉이나 언급을 통해 보는 것처럼, 설교자와 신도들의 상태에 대한 그의 관심은 감리회 운동 내에서 갈수록 제도화 되어갔다. 설교자 기금을 통해 매년 지불되는 돈은, 후에 나타나게 되는 방대한 **연대적 지원**과 박애 사업의 일부에 지나지 않았다. 1760년대 후반 킹스우드 학교 기금은 한 해 200파운드에 육박했다. 1767년 1월, 웨슬리의 강력한 호소에 힘입어 신용기금은 원금을 배로 불려 120파운드가 되었다. 그러나 가장 큰 관심은 건물로 인해 누적된 부채이며, 1766년에는 거의 12,000파운드에 달했다. 부채는 연회비와 신규 건축을 제한함으로 갚아져 나갔는데, 1770년에는 1년간 신규 건축이 전면 중단되기에 이르렀다. 현지 신도회가 건물의 개수나 부채의 지불을 위해 기금 모금을 계획할 경우, 웨슬리는 그와 같은 현지의 노력이 연대조직의 연회비 납부에 지장을 주어서는 안 된다고 경고했다: "그림자를 잡으려다 본체를 놓치지 마시오."

웨슬리와 메소디스트라고 불리운 사람들

웨슬리의 중앙 집권적 지도력, 늘어나는 나이, 간혹 겪는 병고는 그가 죽은 후 어떻게 될 것인가 하는 문제를 생각해 보게 했다. 많은 사람들은 조직이 여러 갈래로 갈라질 것으로 보았고, 다른 사람들은 권력 투쟁을 염려했다. 1769년 리즈에서 열린 컨퍼런스에서, 웨슬리는 연대조직의 단결이 유지되기를 희망하는 짤막한 글을 읽었는데, 이것은 석 달 전 찰스에게 조언을 구하며 보내졌던 것이었다. 그는 그 자신이 "모든 순회 설교자, 그리고 현지 설교자들이 단결하는 중앙에 위치"한다는 것을 인지하고 있었지만, 그의 죽음 후에도 같은 상황이 지속되기를 바랐다. 그리고 연대조직에 남아 있는 사람들 모두가 자신의 목적을 달성하지는 못할 것이라는 전제하에, 설교자들의 4분의 1은 사제가 되고 ("국교회 안에서의 승격 획득") 다른 일부는 "독립하여 별개의 회중을 이끌 것"이라고 기대했다. 그러나 남기를 원하는 사람들에게는 런던에 모여 연대조직을 이끌어 갈 위원 셋, 다섯, 또는 일곱(돌아가면서 의장직을 맡도록)을 선출하도록 하는 계획을 제시했다. 이 위원회는 "설교자들을 시험, 허입, 또는 축출하도록 추천하고, 한 해 동안 일할 파송지를 결정하며, 다음 컨퍼런스 날짜를 결정"하기 위하여 웨슬리가 사용하던 방법을 따르게 될 것이었다.

이 제안은 1760년 웨슬리가 제시했던 자문위원회 (Council) 개념을 수정한 것이며, 웨슬리의 사망시 연결조직의 통제는 "메소디스트라고 불리우는 사람들의 연회"에 넘겨져야 한다고 명시한 (1763년 이후의) 표준 부동산 등기부(Model Deed's)의 조항보다도 더 구체적이었다. 이 시점에서 웨슬리는 리즈에 모인 설교자들 중 원하는 사람은 "**합의서**"(Articles of Agreement)에 서명하는 것이 중요하리라 생각했다. 그는 다음 세 조항을 포함하는 초안을 준비했다:

> I. 자기를 부인하고, 매일 십자가를 지고 전적으로 하나님께 자신을 드린다. 우리 자신의 영혼과 우리의 설교를 듣는 사람들의 영혼을 구하는 한 가지 일만 지속적으로 지향한다.
> II. 컨퍼런스 회의록에 기록된 대로 전해 내려오는 감리회 교리만을 전한다.
> III. 같은 회의록에 기록된 대로 모든 감리회의 규정을 준수하고 집행한다.

그러나 설교자들은 이에 따른 행동을 모든 교역자들이 "진지하게 고려"할 수 있도록 웨슬리가 컨퍼런스에서 구체적으로 설명해 주기를 바랐다. 이 서약이 교역자들에게 어느 정도 수락이 되었고 구속력을 가졌는지는 분명하지 않다.

교리의 준수 여부를 판단하는 근거로 *회의록*을 지목한 것은, 특별히 표준 부동산 등기부가 웨슬리의 설교와 주석을 근거로 명문화한 것에 비추어 보면 의외로 보일 수도 있다. 많은 사람들이 "설교에 실수하지 않은 것"은 그의 관찰의 결과만은 아니었다 (J&D, 22:189). 아무튼 "전통적 감리회 교리"를 지켜 나가는 것은 이 시점에서 웨슬리에게 달려 있었다. 왜냐하면 웨슬리는 어떤 특정 문서를 참조하지 않고도 설교자의 교리가 적절한가를 판단할 수 있었기 때문이다. 그리고 회의록은 적절한 설교를 위한 방편을 제공해 주었다. 비록 연례 회의록이 매우 실제적인 (교리보다는 규칙을 다루는) 형식을 취해 갔지만, "대" 회의록은 아직도 그 전 협의회에서 다루어진 교리적 토의의 많은 부분을 싣고 있어, "전통적 감리회 교리"의 기본 형태를 반영하고 있었다.

실제로 1770년, 웨슬리는 "대" *회의록*의 개정판을 내놓았다. 79개항의 질문과 답변 중 거의 36개항은 그 사이에 열렸던 컨퍼런스에서 나온 새로운 것이었거나, 1763년 판으로부터 수정된 것이었다. 새 항목에는 감리회의 간추린 역사, 은퇴 설교자를 위한 은급, 말 관리에 관한 지침 (1765), 코담배와 술 끊기 (1765), 심방 (1766), 어린이 돌보기 (1766), 설교자들의 직업 중단 (1768), 옛 빚 갚기와 단결의 서약 (1769), 그리고 개인적 파산과 건축의 제한 (1770) 등이 포함되어 있었다.

신간 "대" *회의록*에는 교리와 장정의 지침을 1770년 컨퍼런스의 결정까지를 포함하는 최근의 것을 실었고, 매년 제시되는 열세 개의 질문을 통해 구체화되는 컨퍼런스의 **기본 의사일정**(agenda)을 포함하고 있었다. 전 해의 판으로부터 일부 항목, 예를 들면, 핵심조의 매일 아침 모임이나, 박해를 받을 때 취할 방법에 대한 제안 등은 핵심조와 박해의 의미가 감소하면서 제외되었다. 표준 부동산 등기부(Model Deed)의 내용도 웨슬리 후의 지도자 승계에서 윌리암 그림쇼의 이름을 제외하도록 수정되었는데, 그는 바로 그 전 판이 출판되기 전에 죽었다.

1770년의 1전 짜리 회의록에 실렸던 것 중 "대" *회의록*에 포함되지 않았던 것은 교리에 관한 마지막 부분이었는데, 여기에 나타난 문자적 표현은 웨슬리를 따르는 이들 중 칼빈주의적 성향을 가졌던 사람들과의 주된 **논란**의 원천이 되었다. 이 논란은 세인트 에드먼드 홀(St. Edmund's Hall)에서 칼빈주의 성향의 감리회원들을 축출하여 감리회원 간의 의견을 아르미니안과 칼빈주의 진영으로 극명하게 갈라놓은 문서전쟁 사건 이래 최소 2년간 달아올랐던 것이었다. 리처드 힐(Hill: Pietas Oxoniensis의 저자)과 어거스투스 탑레이디(Augustus Toplady: Church of England Vindicated의 저자)가 칼빈주의자 필진을 이끌었다. 옥스퍼드 대학교에서 감리회의 평판이 나빠지면서, 웨슬리는 킹스우드의 "학구적 과목"들을 강화했다. 동시에 1768년, 레이디 헌팅던은 트레베카 (Trevecca) 대학을 세워 칼빈 성향을 가진 감리회 교역자들을 양성했고, 웨슬리와 가까운

웨슬리와 메소디스트라고 불리운 사람들

1752년 웨일즈의 트레베카(Trevecca)에 세워진 하웰 해리스의 공동체. 레이디 헌팅던 1769년 가까운 곳에 자신과 연관되어 있던 교역자를 훈련하기 위한 대학을 세웠다.

두 사람을 뽑아 학교를 이끌어가게 했는데, 이들은 학장을 맡은 존 플렛쳐(John Fletcher)와 전에 킹스우드에 있다가 교장을 맡게 된 요셉 벤슨(Joseph Benson)이었다. 벤슨과 플렛쳐는 얼마 안 가 트레베카에 실망을 느꼈다. 웨슬리는 벤슨에게 "이단 중의 이단"인 그리스도인의 완전에 관해 공작부인의 면전에서는 한 마디도 하지 말라고 풍자적으로 경고하며 그들의 불만을 부추기고 편을 들었다 (*JWL*, 5:166). 웨슬리는 탑레이디(Toplady)와 같은 칼빈주의적 복음주의자로 인하여 심기가 불편하였는데, 탑레이디의 1770년 4월 설교 "건전하지 못한 교리에 대한 경고"는 직접 웨슬리를 겨냥한 것이었다.

1770년 컨퍼런스에서 웨슬리는 논란에 휘말려 들게 되었다. "하나님의 일이 소멸되어 가는 곳에서 그 일을 부흥시키기 위해서는 어떻게 해야 합니까?"라는 마지막 질문에 "당신의 교리에 유의하십시오"라고 답할 때의 일이었다. 웨슬리는 이것을 설명하면서, 26년 전 첫 번 컨퍼런스에서 "우리는 우리도 모르는 사이에 칼빈주의와 율법무용론으로 너무 기운 것은 아닙니까?"라고 물었을 때를 기억했다. 그 다음 해인 1745년, 그는 "복음의 진리"(truth of the Gospel)는 칼빈주의와 율법무용론 사이의 "머리칼만큼의 틈새"에 있다고 지적했다 (*Minutes*, 3, 9).

이제 그는 1760년대 설교에서 강조했던 그의 생각을 이용하여 털끝만한 틈새를 현미경으로 확대하듯, 다음과 같이 요약한다. 그는 먼저 하나님은 "악을 중단하고 선을 행하기를 배우는" 사람들에게 은혜를 베푸신다고 말한다. 그리고 그는 회개의 필요성과 "회개에 합당한 행실"을 연결지어 놓는다. 그 다음 그는 하나님께서는 "하나님을 두려워하고 의를 행하는 사람"을 받아주신다고 말한다. 그리고 그는 선행은 구원에 필요한 "조건"이라고 주장한다. 마지막으로 그는 "그렇다면 우리는 지난 30년간 무엇을 토의해 왔는가?"라고 묻는다. 이에 대한 그의 답은 "단어에 관하여 토의해 왔다고 생각할 수밖에 없다"는 것이었다.

웨슬리가 다시 한번 씨름하고 있던 문제는 행함으로 구원받는다는 생각에만 근접해도 혐오를 느끼는 칼빈주의자들의 성향이었다. 그는 칼빈주의자들이 구원의 순간 역사하시는 하나님의 예정을 강조하는 것(이에 당연히 따르는 성도의 견인, 즉 "한 번 구원은 영원한 구원"과 더불어)은 일반적으로 영적 기만과 도덕적 해이, 즉 율법무용론을 가져온다고 확신했다. 웨슬리는 "우리는 우리의 행위, 즉 우리의 모든 내적 성품과 외적 행동에 따라 매시 매순간 하나님을 기쁘게 하거나 노엽게 한다"는 결론적 구절을 1770년의 *회의록*에 넣어 이와 같은 태도에 대처하려고 시도하였다 (*Minutes*, 96). 여기에 담긴 뜻은 그가 그 전 컨퍼런스에서 언급한 것과도 일치하는데, 그것은 그가 일생 지녀온 관점, 즉 "게으름과 은혜 안의 성장은 공존할 수 없다. 아니, 구원의 때에 엄격함이 없이는 칭의로 얻은 생명을 유지하는 것조차도 불가능하다"는 것이었다 (*Minutes*, 95).

웨슬리가 1770년 컨퍼런스에서 한 연설의 골자는 그가 30년 가깝게 일관적으로 강조해온 설교의 요지를 반영하고 있으며, 지난 10년간 구체화를 추구해 온 것이었다. 그러나 바로 이 회의록의 형태, 논조, 그리고 내용은 칼빈주의자들로부터 분노가 어린 반응을 끌어내기에 충분했다. 그러나 수주 내에 그의 비판자들을 달랠 수 있는 기회가 예기치 않게 웨슬리에게 주어졌다. 그의 오랜 친구이며 맞수였던 칼빈주의자 조지 윗필드가 미국에서 죽었을 때, 웨슬리는 그의 장례식 설교를 부탁받았다. 웨슬리는 시골에 들어가 그의 외교적 역량을 동원하여 설교를 작성하고, 11월 18일 무어필즈(Moorfields)에 있는 윗필드의 성막 예배당에 넘치도록 모인 많은 회중에게 그가 의도한 대로 화해의 손길을 내밀었다.

그 설교에서 웨슬리는 윗필드의 삶, 인격 (character), 그리고 교리를 요약했다. 비록 윗필드가 보여준 "보편적 영성"(catholic spirit)을 본받으라는 강력한 권고로 설교의 끝을 맺기는 했지만, 웨슬리가 잘못 계산한 것은 교리 부분이었다. 그는 윗필드를 옥스퍼드에서 감리회원으로 시작할 때로부터 웨슬리 자신과 본질적으로 같은 "위대한 교리"를 선포한 사람으로 묘사했다. 여기서 위대한 교리란 "믿음으로 얻는 거듭남과 칭의"로 요약되었다. 그러나 인간은 구원을 얻기 위해 하나님의 은혜에 의지한다는 점을 좀 더 깊이 설명하는 과정에서, 웨슬리는 죽음을 통해 나타난 그리스도의 의만이 구원을 얻을 수 있는 유일한 공로의 원인이라고 반복하여 말했다 (Sermons, 2:342). 바로 이 점이 그 전 10년간의 논쟁의 핵심이었으며, 1739년 둘 사이의 논쟁을 처음 촉발시킨 문제의 일부였다.

장례식 설교를 웨슬리에게 부탁했다는 사실은 그 전 10년간 웨슬리가 눈에 거슬릴 정도로 주장한 아르미니안 주의에 신경을 곤두세우고 있던 윌리엄 로메인과 같은 칼빈주의자들에게는 참을 수 없는 모욕이었다. 그리고 많은 윗필드의 친구들은 이 조사, 특별히 윗필드의 언약 신학과 이것이 강조한 절대적 예정에 관하여 언급하지 않은 것에 대해 불쾌하게 생각했다.

그러나 웨슬리는 성서적 경건을 퍼뜨리려는 그의 목적을 위해서는 칭의와 성화에 관한 그의 입장이 필수적이라고 확신했다. 여러 해가 지나가면서 그의 설교와 조직은 윗필드와 다른 형태를 취하기 시작했는데, 이것은 경건이 목표로 되어 있을 때에는 전도도 다른 형태를 취할 수밖에 없다는 이유 때문이었다. 이 결과로 감리회 운동의 내부와 외부에서 발생한 긴장으로 인하여 웨슬리는 1768년 컨퍼런스에서 "마지막으로 한 번 더 묻습니다. 우리는 이 완전을 지켜야 합니까? 아니면 포기해야 합니까?"라고 묻지 않을 수 없었다. 교역자들은 그것을 지키기로 했다. 은혜를 통하여 사랑 안에서 이루어지는 완전의 가능성은 웨슬리 부흥 운동의 독특하고도 명백한 핵심이었으며, 잘 훈련된 소그룹의 연대망(network)으로 정의되는 운동의 조직은 그 자체가 감리회원들의 삶 안에서 이 완전을 이루려는 희망을 보존하고 성장시키기 위하여 고안된 것이었다. 국교회의 안과 밖에서 칼빈주의자들과 복음주의자들이 이 교리에 동의할 수 없다는 사실도 그 땅을 개혁하려는 웨슬리의 한결같은 목표에 장애가 되지 못했다.

확장, 논란, 그리고 통제에 관한 질문

68세의 생일을 맞아 "나는 내가 보아도 놀랍다. 내 목소리와 기운은 스물아홉 살 때와 마찬가지이다"라고 한 웨슬리의 자기평가는 역시 그답다 (J&D, 22:282). 그 전 해, 그는 "나는 지금 40년 전보다 더 건강하다"고 스스로 감탄하기도 했다. 그 전 해의 일기를 잠깐 살펴보면 두 번의 "다리를 절기", "각혈," 그리고 "눈병"을 포함한 몇 가지 건강상의 문제를 발견할

성숙기의 감리회

초기 뉴욕의 감리회원들은 존 스트리트에 예배당을 짓기 전에 이 작은 다락방에서 모였다

수 있다. 그렇지만 후일의 건강에 대한 이러한 평가는 실제적인 건강상태를 상대적으로 보여주려는 뜻은 아니었다. 그가 하려했던 한 가지는 힘든 미국 여행을 견딜 수 있는지 확인해 보려는 것이었다. 그는 초청을 받고, 밭이 추수할 때가 되었다고 여겼다.

윗필드는 일찍이 1767년, 여유가 있으면 설교자를 미국에 보내어 그를 돕게 해달라고 요청했었다. 웨슬리는 분명한 어조로 영국에 필요한 설교자를 구하는 것도 힘들다고 답을 했다. 그러나 웨슬리는 현지설교자(local preachers)도 순회설교자(itinerants)와 "은혜와 은사"에서 마찬가지라고 덧붙였고, 이들은 "활동이 좀 더 큰 밭"으로 옮겨갈 수도 있을 것이라고 시사했다 (*JWL*, 5:45).

그로부터 1년 후 (1768년 4월 4일), 뉴욕의 감리회원인 **토마스 테일러**(Taylor)는 편지를 보내, 신세계에서 펼치는 윗필드의 사역을 다음과 같이 소개했다: "'그의 말은 정말 망치와 불같아' 교회들을 살려냅니다. 그러나 사람들은 '가슴이나 삶의 경건'을 추구하지 않고 있습니다." 이러한 상황 가운데 아일랜드에서 속장과 현지설교자로 있다가 뉴욕으로 이민 온 **필립 엠버리**(Embury), 그리고 그의 사촌 **바바라 헥**(Barbara Heck)이 등장했다. 그들은 웨슬리의 의도를 따라 작은 신도회를 조직했다 (W-A, 42-43). 그리고 그들은 다락방을 하나 구해 모였는데, 테일러는 웨슬리에게 편지를 보내 **존 스트리트**(John Street)에 건물을 짓기 위한 법적 자문과 재정적 도움을 청했다. 후에 이 건물은 조지아에 세워진 윗필드의 고아원을 제외하면, 미국 전역에서 감리회의 본래 의도대로 세워진 첫 번째 예배당이 된다. 테일러도 또한 웨슬리에게 "지혜있고, 건전한 신앙을 가졌으며, 훈련

Francis Asbury

을 잘 시키는" 경력이 있는 설교자를 보내 달라고 요청하면서, 뉴욕에 있는 감리회원들이 어떻게든 그의 여행 경비를 마련하겠다고 덧붙였다 (*W-A*, 79-80).

웨슬리는 이 일과 더불어 1760년경 독자적으로 미국에 온 아일랜드 감리회원 **로버트 스트로브리지** (Strawbridge)의 설교를 듣고 깨달음을 얻게 된 메릴랜드 신도들로부터의 긴급 요청을 1768년 컨퍼런스에 부쳤다. 그러나 아무 것도 할 수 없었다. 웨슬리가 그의 일지에 "좀 더 많은 일꾼들을 구하기 위해 우리는 무엇을 할 수 있나?" 하고 적은 것처럼 계속 설교자가 부족했기 때문이었다 (*J&D*, 22:153). 그 동안에 웨슬리는 테일러(Taylor)의 편지를 인쇄해서 그의 보좌관들에게 돌렸다. 심지어 그는 크리스토퍼 하퍼라든가 요셉 카운리 (Cownley) 같은 순회설교자들 중 몇몇에게 만일 그들이 "뉴욕에 건너갈" 마음이 있다면 "안 된다고 말하지 않겠다"고 언질을 주었다. 그들은 가지 않았다. 그는 또한 다른 이들이 가도록 허락을 했고, 로버트 윌리암스(Williams)나 존 킹(King)은 독자적으로 미국에 갔다 (*W-A*, 81).

그 다음 컨퍼런스에서 웨슬리는 "누가 가려는가?" 하고 도전했다. 이틀이 지나 (그리고 어쩌면 웨슬리의 강권에 의해) 리처드 보드맨(Boardman)과 요셉 필모어(Pilmore)가 자의반 타의반으로 뉴욕과 필라델피아로 각각 가기로 했다. 컨퍼런스에서는 존 스트리트 예배당의 빚을 갚도록 400파운드, 그리고 설교자들의 여행 경비로 약 20파운드를 거두었다 (*Minutes*, 86). 회의록은 바로 다음 질문에 답하며 연결조직에 남아있는 부채는 5-6,000파운드가 된다고 기록했다.

그 해가 가기 전, 웨슬리는 그가 직접 미국에 건너갈 가능성에 대해 진지하게 고려했다 (*JWL*, 5:167). 1770년 초, 그는 몇몇 사람들에게 이러한 가능성을 언급하면서, 필라델피아와 뉴욕의 동료들이 그에게 강력하게 요청하였다는 것과, 그의 "나이는 아무런 문제가 되지 않는다. 나의 건강은 내가 스물다섯 때보다 월등하게 좋기 때문이다"라는 말을 덧붙였다 (*JWL*, 5:183). 그 해를 마감할 때까지도 그는 가능성을 계속 말했지만, 1771년에는 실제로 가게 될 가능성은 멀어졌다.

성숙기의 감리회

1770년 초, 웨슬리는 윗필드가 미국에서 웨슬리의 역할을 대신해 그가 미국에 보내는 젊은 설교자들을 격려해 줄 것을 희망했다. 그러나 반년이 못 되어 윗필드는 죽었고, 아직 경험이 충분하지 않은 설교자들이 지도자가 없이 남게 되었다. 그럼에도 필모어는 1년 안에 200명이나 되는 신도회를 조직했고, 설교자만 좀 더 있으면 "얼마 가지 않아 미국의 감리회가 유럽의 감리회와 같은 수가되거나 능가하게 될 것"이라고 호언했다 (Pilmore, 40). 그는 웨슬리에게 한 곳에 교역자 두 사람

Captain Thomas Webb

을 필요로 할 만큼 일이 충분히 있다고 강하게 하소연하는 편지를 보냈다. 그리고 동시에 영국에 있는 가까운 친구에게 가장 큰 어려움은 안수를 주지 못하는 것이라고 털어놓았고, "우리가 안수를 주는 방법을 어떻게든 찾아내야 할 것"이라고 덧붙였다 ($W-A$, 90).

물론 윌리암스나 킹처럼 독자적으로 미국에 건너온 교역자들도 있었다. 그리고 한 쪽 눈을 잃고 육군에서 일찍 제대한 **토마스 웹** (Webb) 대령은 열정적인 설교로 뉴욕 신도회를 급성장시켰다 (설교할 때는 군 정복을 차려 입고 칼을 강단에 놓고 했다). 그러나 웨슬리는 필모어의 도움 요청에 정규 순회설교자들을 모집하는 것으로 응답을 했다. 자진해서 가려는 사람을 찾지 못한 웨슬리는 한 동안 자신이 직접 대서양을 건너가 볼까 하는 생각을 가졌었지만, 이 일을 실천으로 옮기지 못한 것을 그는 하나님의 인도하심으로 믿었다. 그러나 1771년 컨퍼런스에서는 다섯 사람이 자원을 했고, 그는 그 중 둘을 선택했다. 이들은 20대 중반으로 1년의 경력을 가진 리챠드 라이트(Wright)와 4년 경력의 프란시스 애스베리(Francis Asbury)였다. *회의록*에는 4명의 교역자가 미국으로 보내졌고 (1769년에 보내진 둘 포함) 회원수는 500명에 이른 것으로 기록하고 있다.

그러나 당시 웨슬리가 미국만 생각하고 있었던 것은 아니었다. 칼빈주의자들은 계속해서 웨슬리를 압박했다. 특별히 그들의 후견인인 레이디 헌팅던은 악명이 높았던 1770년 *회의록*이 웨슬리의 다른 모든 저술과 모순이 된다는 이유를 들어 웨슬리를 그녀의 강단에 서지 못하게 했다. 웨슬리는 응당 이 점에 반론을 폈지만, 그녀에게 문제가 되는 "열 줄"(ten lines)은 "하나님의 은혜를 획득하기 위한 조건이 아니라 은혜 안에 지속적으로 남아있기 위한 조건"을 가리킨 것이라고 설명하여 그 자신의 신뢰도를 손상시켰다 (JWL, 5:259). 웨슬리는 또한 논란의 주요 쟁점을 되풀이한 월터 셜리(Shirley)의 해설(Narrative, 1771)에 의해 공격을 받았다.

복음주의적 사제였던 셜리는 한때는 웨슬리의 동지였다. 그러나 1770년 초 웨슬리는 셜리에게 감리회 강단에서 설교를 할 때에 웨슬리의 교리에 반하여 설교하지 않도록 경고를 했다. 그 해 8월 컨퍼런스 이후 셜리는 웨슬리를 반대하는 사람들 명단에 올랐다. 1년 뒤 다가오는 컨퍼런스를 앞두고 웨슬리는 그 유명한 회의록을 한 줄 한 줄 옹호하는 글을 써 널리 돌려보게 했다. 월터 셜리도 같은 방법으로 회람 편지를 써, 웨슬리의 협의회와 같은 때 브리스톨에서 모이도록 많은 칼빈주의자 동료들에게 돌렸다. 피할 수 없는 이 대결은 구원을 위한 선행의 필요성에서 감리회가 양보하는 듯한 설명문서에 웨슬리와 53명의 교역자들이 서명하는 결과를 낳았다. 셜리와 9, 10명의 동료들은 이 화해의 움직임을 만족스러운 것으로 받아들였다. 그리고 그는 그가 *회의록*을 잘못 해석했었다고 공적으로 인정하는 것으로 화답했다.

"우리는 행위로 구원을 얻는다는 교리는 가장 위험하고 혐오스러운 교리로 배척한다"고 한 웨슬리와 그의 설교자들이 서명한 문서는 사실상 웨슬리가 오랫동안 지녀왔던 견해와 일치하며, 조금도 새로운 양보를 한 것은 아니었다. 그렇지만 말을 골라가며 조심스럽게 작성된 마지막 부인 성명은 한 동안은 비판자들을 만족시켰다.

> 시간과 기회가 주어질 때 선을 행하지 않는 사람은 아무도 진정한 그리스도 신자가 아니지만 (따라서 구원받을 수 없지만), 우리의 행위는 우리로 구원을 얻게 하는 공로나 구원의 획득에 처음부터 끝까지, 그리고 부분적이나 전체적이나, 아무런 도움도 되지 못한다 (JWL, 5:427).

더비셔(Derbyshire)에 있는 웨슬리의 보좌관 토마스 올리버스(Olivers)도 오거스투스 탑레이디(Augustus Toplady)에 반박하여 웨슬리를 변호하는 글을 써 (1771) 이 싸움에 합세했다. 그러나 웨슬리의 주 방어선은 그 해 초 트레베카 (Trevecca) 소재 레이디 헌팅던의 대학 학장직을 사임한 존 플렛쳐(Fletcher)였는데, 1771년 컨퍼런스 직후 웨슬리에 의해 출판된 그의 글 웨슬리 목사의 마지막 회의록 해명 (*Vindication of the Rev. Mr. Wesley's Last Minutes*)은 칼빈주의자들을 향한 많은 공격의 제1탄이었다. 웨슬리의 추종자들이 보기에 칼빈주의자들의 주된 위협은 율법무용론, 또는 도덕률(moral law)을 무시하는 것이었다. 플렛쳐의 글은 여기에 초점을 맞추어 월터 셜리(Shirley)에게 보낸 다섯 편의 편지로 시작했는데, 이것은 후에 그의 첫 번째 율법무용론의 견제로 알려졌다 (*Documents*, 4:166).

플렛쳐는 웨슬리의 입장을 옹호하면서 몇 가지 점에서는 웨슬리보다 좀 더 앞섰는데, 예를 들면, 최종적 구원을 위해서는 행위에 의한 "두 번째 칭의"가 필요하다든가, 칭의를 네 단계로 정의한 것, 완전을 "두 번째 축복" (웨슬리도 이 기간에 같은 용어를 몇 차례 쓰기는 하지만; *JWL*, 6:116)으

Mary Bosanquet

로 지칭한 것 등이다. 플렛쳐의 글을 읽은 칼빈주의자들은 웨슬리의 구원론이 로마 카톨릭과 펠라기우스를 연합해 놓은 관점으로 위험하게 물들었다고 확신했다. 올리버스가 웨슬리를 방어하려 했던 시도는 실제로는 공로에 관한 웨슬리의 견해를 중세 말 유명론자(nominalist)들의 일치된 공로와 동일시하게 하여, 칼빈주의자들이 가졌던 인상을 더욱 공고하게 하는 결과를 가져왔다 (*Rack*, 458). 이에 따른 반대는 *천주교 예수회 드러나다 (The Jesuit Detected)* 라든가 *개신교의 가면을 쓴 로마교회 드러나다* (1773) 같은 익명의 출판물로 표출되었다.

이와 같은 논란은 두 가지 다른 중요한 발전의 배경이 되었다. 첫 번째는 매리 보상케(Bosanquet)의 도전에 자극을 받아 **여성 설교자**에 대한 웨슬리의 견해가 결정적으로 바뀐 것이다. 요크셔로 이사 온 뒤 그녀와 사라 크로스비는 존 올리버, 그리고 다른 감리회 설교자들과 함께 일하며 지속적으로 기도회를 갖고, 그 지역 모임에서 연사로 활동을 했다. 그러나 때로는 그들이 이끄는 모임이 예배당에서 열렸고, 그들의 강연은 설교와 비슷한 형태가 되었다. 1771년 봄, 설교자 중 한 사람은 이에 이의를 제기하며 교회에서 여자가 말하는 것은 성서적이 아니라고 했다. 곧이어 다른 사람들도 사도 바울이 여자가 말하고 가르치는 것을 금한 것을 들어 이에 동조했다.

메리는 웨슬리에게 편지를 써, 여러 가지 반대 사유와 그에 대한 그녀의 답을 제시했다. 이 편지는 성경의 해석과 영적 위임을 훌륭하게 연결지어 놓은 역작이었다. 그녀의 기본적 접근 방식은 여성들의 능력과 이해에

대한 편견에 도전하지 않고, 여성들에게도 동일한 규칙과 규제 하에 그들의 소명을 따를 수 있는 기회를 부여해 달라는 것이었다. 그녀는 그녀의 소명이 예외적인 것이라고 여겼다: "나는 모든 남자가 감리회 설교자로 소명을 받은 것은 아니듯, 모든 여자가 공적으로 말하도록 소명을 받았다고 생각하지는 않는다. 그러나 어떤 이들은 **예외적인 소명**(extraordinary call)을 받았고, 그들이 이 소명에 따르지 않으면 화가 있을 것이다" (*Documents*, 4:171). 웨슬리는 감리회의 평신도 설교만이 아니라 "감리회 이름으로 행하여지는 하나님의 모든 사역"이 하나님의 섭리의 "예외적 시행" (extraordinary dispensation)이라는 생각으로 "예외적 소명"이라는 그녀의 주장을 받아들였다. 그리하여 웨슬리는 바울과 마찬가지로 장정의 일반 규정에 예외를 허용할 마음이 있었다 (*JWL*, 5:257). 특정 여성들의 설교를 허용한 웨슬리의 결정은 사적인 수용에 불과했고, 회의록에 담겨있는 연결조직의 통상적 규정을 변경한 것은 아니었다. 그가 이 일을 조심스럽게 다룬 것은 이 일에 관하여 널리 퍼져있는 일반대중의 편견을 무마하여, 이 여자들의 사역에 나타난 은혜와 은사에서 얻어지는 이익을 극대화하려는 의도였다 (Chilcote, 171).

이 논쟁의 시기에 이루어진 또 한 가지의 중요한 발전은 웨슬리가 여러 해 동안 고려해 온 방대한 출판사업, 즉 그의 저술 (*Works*) 모음의 출판이 실현된 것이다. 1771년 3월자로 된 서문에서 그는 그의 글을 잘 구별해 볼 수 있도록 "적당한 제목분류 하"에 "조직적으로" 배열하려는 의도를 피력하였다. 그리고 그는 오자만이 아니라 (불행하게도 인쇄인 윌리암 파인[Pine]이 더욱 악화시킨 문제였음) 논리와 말의 실수까지도 수정하려 했다. 그는 또한 "뜻"도 수정을 하여, "진지하고 솔직한" 대중에게 "바라기는 성경, 이성, 그리고 기독교 전통에 합치하는 나의 최종, 그리고 가장 성숙한 생각"을 제시하려 했다.

처음 네 권의 책은 1760년대 그가 설교한 아홉 편의 설교를 그 전 네 권의 43편에 포함시킨 새 판으로 되어 있었다. 문서들을 체계적으로 제시하려 했던 그의 생각에 걸맞게 그는 옛 설교와 새 설교를 나란히 실어 많은 결정적인 핵심들, 특별히 칼빈주의자들과 쟁점이 된 내용들을 수정, 해명한 것을 잘 알아볼 수 있게 했다. 이런 점에서 마지막 결론을 내리기라도 하듯, 새 판의 마지막 설교는 "조지 윗필드의 죽음에 부쳐"라는 장례식 설교였다.

이 네 권은 모두 1771년 말 전에 출판되었다. 나머지 28권은 그 뒤 3년에 걸쳐 출판되었는데, 그 마지막은 그의 *일지*(착오로 빠뜨린 것을 제외하면 1770년 9월까지)의 최근 발췌본(Extract of his *Journal*)이었다. 이 32권을 특별히 흥미롭게 만든 한 가지 새로운 시도, 즉 웨슬리에 의하면 "통상적 방법에서 나온" (the common way) 것은 그가 "독자들이 좀 더 유의해서 보아야 할 것으로 판단한" 문단에 별표를 첨가한 것이었다. 거룩한 삶의 내역과 괄목할 만한 하나님의 섭리의 실례들은 가장 많이 읽혀진 문단이었다. 그의 잘 알려진 올더스게이트 사건에 별표를 붙이지 않은 것은 주목할 만하다.

다른 설교자들 중 일부는 자신들의 회심의 경험을 내보이는데 주저함이 없었고, 때로는 웨슬리의 말을 그대로 흉내내기도 했다. 존 월쉬(Walsh)는 1759년, 에버톤(Everton)에서 경험한 회심을 적으면서, 어떻게 "하나님께서 나 같은 그슬린 나무를 불에서 꺼내셨는지"를 말하곤 했다. 계속해서 그는 "나는 내가 하는 어떤 말도 내 자신의 회심의 경험을 되풀이하는 것만큼 나에게나 다른 사람들에게 인상을 남기지 못한다는 것을 종종 깨닫는다"고 덧붙였다 (*J&D*, 21:220).

전반적인 감리회의 부흥은 1772년, 웨어데일(Weardale)에서와 같은 현지 지방의 **부흥회**가 계속 이어지는 것에 달려 있었다. 이와 같은 뜨거운 영적 폭발에는 갈수록 중요한 요소가 있었는데, 그것은 순회설교자가 순회 임무를 수행하는 동안 현지에서 매일 부흥 운동이 지속되도록 이끌어 가는 현지 지도자들의 역할이었다. 웨슬리는 웨어데일에서 일어난 일에 감명을 받아, 그의 *일지*에 10여 년 전 에버톤(Everton)에서 있었던 일에 견주어 기록을 남겼다. 그는 유사성(예기치 못했던 폭발, 빠른 진전, 많은 사람들의 회심, 이에 따른 격한 감정, 그리고 평범한 지도자)과 차이점에 주목을 했다. 이는 운동의 시작이 아니라 진정한 부흥이었고, 사람들이 훨씬 짧은 시간 내에 깨어나고 구원받았으며, 훨씬 많은 사람들이 회심을 했고, "악마에 의한 결정적인 속임수"로서의 이상과 계시가 훨씬 적었고, 이 일을 이끈 사람들은 "사랑으로 새로워진" 세 사람의 순회설교자들과 "하나님의 사역을 깊이 경험한" 몇 사람의 현지 지도자들을 포함했다. 웨슬리는 이 부흥 운동에 휩쓸린 30명의 어린이들의 실례(1768년 요셉 벤슨[Benson]이 킹스우드의 교장이었을 때의 부흥의 폭발을 회상케 한다)를 그냥 기록만 한 것만이 아니라, 웨어데일의 어린이들은 그곳 부흥이 얼마나 깊이가 있는가를 잘 나타내 준다고 지적했다: 그들은 "에버톤 (Everton)의 나이 많은 남자나 여자보다도 하나님과 더 지속적으로 교제를 가졌다" (*J&D*, 22:335-37).

많은 부흥 운동의 핵심인 감리회의 기도 모임을 모든 사람들이 다 좋게 생각했던 것은 아니었다. 제임스 래킹턴(Lackington)은 이 기도 모임을 일단은 보아야 믿을 수 있게 된다는 뜻으로 한 마디 한 뒤, "한 사람은 신적 존재를 부르며 감언이설로 꾀이고 유혹하고; 다른 이는 호색적이고 육감적이며; 또 다른 이는 버릇없고 명령조이어서, 그들이 요구하는 것을 다 들어주지 않으면 신에게 거짓말쟁이라고 말한다"고 기술했다. 그는 또, 신도들이 이렇게 서로를 영적 도취의 상태로 상상력을 "끌어모은" 뒤, 서로의 죄가 사해졌고, 거듭났으며, 또는 거룩해졌다고 선언한다고 추가했다 (Memoirs, 65).

일부 사람들은 감리회 운동이 잘 되기를 바라는 긍정적인 생각에서 비판을 했다. 런던의 한 감리회원 사업가의 아내인 엘리자베스 매리엇 (Marriott)은 웨슬리에게 모든 설교자들이 다 "하나님 안에 살아있고" "일에 열성을 다하는 것"은 아니라고 말했다. 그녀는 웨슬리가 설교자들과 1년 내내 핵심조처럼 셋, 또는 넷씩 작은 모임으로 만나, 이 면에서 진전을 이룰 것을 희망했다. 설교자들을 엄하게 꾸짖고 명확한 조언을 줌으로써 웨슬리는 그의 영향력을 행사할 수 있었을 것이었다. 즉 설교자들과 함께 보낸 한 시간은 한 주간의 저술이나 설교보다도 더 큰 선을 가져올 것이라는 생각이었다. 그녀는 이 면에서 웨슬리의 책임을 촉구했다: "당신은 과연 우리들의 아버지입니다; 그러나 설교자들은 더더욱 당신에게는 복음의 자녀들입니다. 그래서 그들은 가장 먼저 당신에게 관심의 대상이 되어야 합니다." 교역자 한 사람을 바꾸어 놓음으로써 수백 명의 회심을 일으키는 원동력이 될 수 있을 것이다 (Documents, 4:174-75).

실제로 웨슬리는 연합신도회 회원수에 관심을 가졌다. 1772년과 1773년 회원 보고서는 미국을 제외하고 각각 462명과 790명의 증가를 기록하여 회의록에 기록된 가장 낮은 증가율을 보였다. 많은 순회구역은 회원수가 감소하여 회의록에 별표를 받았고, 그들 중 다섯은 두 해 계속 감소를 보였다 (더블린은 114명이 감소하여 회원의 4분의 1을 잃었다). 그는 1771년 더블린의 문제를 가리켜 신도회 전반에 걸친 "일반적 연약함"이라고 표현했다. 그는 이것이 지도자의 책임이라고 여겼고, 그들과 여러 차례 만났다. 한번은 그들의 여러 가지 책임과 권한을 분명히 밝히며 그 테두리가 되는 신도회의 전체적 상하관계를 다음과 같이 설명했다.

> 감리회 규칙에 따르면, 보좌관, 설교자, 집사, 인도자, 그리고 성도들이 수레바퀴처럼 원을 이룬다. 그러나 여기에서는 바닥에서 두 번째인 인도자들이 제 자리를 벗어났다. 그들이 집사, 설교자, 그리고 심지어 보좌관보다도 높이 꼭대기에 올라선 것이다. 더블린에서 하나님의 일이 점차로 소멸된 이유가 나는 여기에 있다고 본다 (J&D, 22:268-69).

논란은 그에 상응하는 피해를 끼쳤다. 그러나 아르미니안적 교리에 대한 웨슬리의 열정은 수그러들지 않았다. 그는 1774년 말, 그의 친구

성숙기의 감리회

찰스 페로네(Perronet)에게 "만일 우리가 모든 순회 및 현지설교자들로 하여금 한 목소리로 꾸준하게 '그리스도가 우리를 위해 죽는다'는 것과 '그리스도가 우리 안에 다스리신다'는 것, 이 두 가지를 선포하게 할 수 있다면, 우리는 지옥의 문을 흔들 수 있을 것이다"라고 말했다 (JWL, 6:134). 칭의와 성화, 이 두 가지 교리는 아직도 감리회가 전하는 복음의 양대 중점이었고, 웨슬리는 대부분의 교역자들이 플렛쳐(Fletcher)가 쓴 견제(Checks: 당시 네 권이 출판되었음)를 읽고 이 점을 분명히 알아 가는 것을 보고 힘을 얻었다.

이러한 제 문제들을 해결하면서 감리회 사역은 제 속도를 찾아 앞으로 나아갔다. 5년 전 대출기금을 위해 자본을 충분히 모을 수 있었던 것에 힘입어 웨슬리는 1772년, 대출을 1인당 1파운드에서 5파운드로 늘렸다. 이 인상은 통화가치 하락에 대처하려는 것만은 아니었고, 소규모 사업을 하는 감리회원들을 한시적으로 도우려는 좀 더 높은 차원의 사업적 의지를 반영하는 것이었다. 이 대출로 덕을 본 사람 중 하나는 제임스 래킹턴으로, 1774년 스물여섯의 나이에 자신의 소유 3-40여 권의 책으로 서점을 시작했는데, 이 책들은 대부분 신학서적으로 5파운드 정도의 가치가 있었다. 파운드리 가까이 사는 감리회원(그는 견습 구두 수선공으로 일하다가 복음에 "영향"을 받았다)인 그는 "그들 사회에서 좋은 성품을 가진 사람으로 일시적 도움을 필요로 하는" 감리회

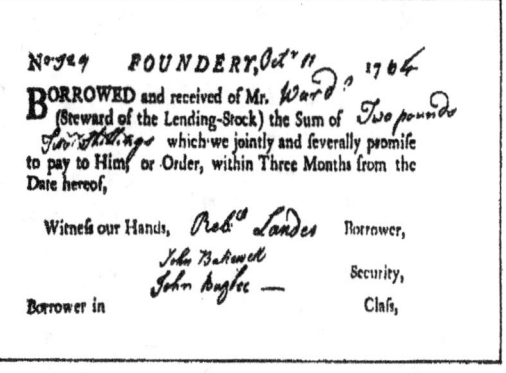

감리회원들의 사업을 돕기 위해 발행된 파운드리 대출 무이자 채무증서

원에게 주는 대출을 5파운드 받았다. 사업에 관한 한 래킹턴은 성공의 사례가 되어, 반년 만에 자본을 다섯 배로 늘렸지만 (그리고 얼마 안가 큰 부자가 되었다.) 대출을 받은 지 2년 만에 감리회를 떠났다 (Memoirs, 129-30, 151).

래킹턴(Lackington)의 생각에 의하면, 웨슬리는 "자비를 너무 극단적으로 베풀어" 적합하지 않은 경우에도 돈을 주었다. 그의 기억에 따르면, 웨슬리는 가난한 사람의 도움 요청을 거절한 적이 없었고, 어떤 경우에는 돈이 모자라는 사업가에게 한 번에 10-20파운드를 주기도 하였다

(*Memoirs*, 176). 웨슬리가 가장 많이 돌본 가난한 사람들은 감리회 신도회 회원들이었다. 래킹턴이 놀랍게 생각한 것은 웨슬리가 그의 서재에서 불과 몇 발자국 떨어진 강단에까지 가면서도 언제나 "그의 신도회의 가난하고 늙은 사람들"에게 동전을 나누어 준 것이었다 (*Memoirs*, 176). 이 사역에 참여한 많은 신도회원들은 가난한 사람들이었는데, 찰스는 이것을 시로 써 "작지만 기쁨으로 주네 / 가난한 그대, 가난한 사람을 돕네"라고 표현했다 (*Poetical Works*, 9:177). 그리고 존은 그의 추종자들 중 부자들에게도 가난한 사람들과 직접 교류할 것을 권했다. 감리회의 사랑 나눔은 대체로 개인차원의 사랑 실천이었다. 마치 양(Miss March)에게는 "가난하고 병든 자들을 그들의 오두막으로 찾아가 보시오. 여자여, 그대의 십자가를 지시오. 믿음을 기억하시오. 예수께서 그대를 앞서 가시며, 그대와 함께 가실 것이오"라고 했다 (*JWL*, 6:153). 반년 뒤, 그는 그때까지도 그녀에게 그리스도를 본받을 것을 권고했다: "더러움과 역겨움을 자아내는 상황에도 불구하고 이들 속으로 파고드시오. 그래서 상류부인을 벗어버리시오." 그는 이것이 하기 힘든 일이었고, 그 자신도 포함해 대다수가 하고 싶어 하지 않는 일임을 알고 있었다: "기품이 있고 우아한 사람들하고만 말하지 마시오. 나도 그대만큼이나 그렇게 하기를 좋아하지만, 우리 주님이나 사도들의 삶에 그런 전례를 찾아볼 수 없소" (*JWL*, 6:207). 마치 양에게 뒤이어 보낸 편지에서 웨슬리는 이것이 "가난하고, 무식하고, 교육받지 못한 사람들"과 친분을 맺거나 사귀기를 요청하는 것은 아니며, 그보다는 다음과 같이 할 것을 청하는 것이라고 설명했다.

> 어려움 속에 처한 가난한 사람들, 과부, 병자, 고아들을 방문하고, 오직 그들이 그리스도의 피로 구속함을 받았다고 전하시오. 이것은 솔직히 육체적으로 내키는 일은 아니오. 이런 일을 하다보면 우리의 본성, 아니 그보다는 우리의 교육에 충격이 되는 경우가 대부분이오. 그러나 이런 사랑의 수고에 따르는 축복은 십자가의 고통을 메꾸고도 남을 것이오 (*JWL*, 6:208-9).

그 전 해, 웨슬리는 그 동네의 한쪽 끝에서 시작해서 신도회의 모든 회원들을 집집마다 방문하려는 계획을 세웠었다. 그는 그의 일지에 "나는 목회자가 해야 할 일 중에 이보다 더 중요한 것을 알지 못한다"고 기록했다. 그러나 그는 또한 이 일이 "육체에 매우 부담이 가는 일"이기에 설교자는 물론, 다른 사람들에게 이 일을 떠맡도록 강요할 수는 없다는 것을 인정했다 (*J&D*, 22:396).

웨슬리는 가난한 사람들의 빈곤이 그들 자신의 잘못이라고 여기지 않았다. 웨슬리는 "생활필수품의 부족에 대한 고찰"(Thoughts on the

Present Scarcity of Provisions, 1773)이라는 글에서, 식량과 주택의 부족이 "가난한 자"의 게으름 때문이 아니라 "부자"의 탐욕에서 기인한다고 생각했다. 그는 좀 더 구체적으로 이 문제의 원인은 "양조, 세금, 그리고 사치"에 있으며, 수천 명을 기아에서 구하기 위해서는 그 대책으로 개인적, 그리고 법적 규제의 시행이 필요하다고 보았다 (*JWW*, 11:57-59).

감리회원들은 이 문제를 해결하기 위하여 해야 할 일을 했다. 신도회에서 모금된 돈의 일부는 현지 자선사업에 썼다. 런던 신도회의 집사들은 한 주에 7-8,000파운드를 가난한 사람들에게 나누어주었다. 그리고 가난한 신도회 회원들은 감리회 내의 세금에 해당하는 각종 회비가 면제되었다. 1771년, 웨슬리는 지속되는 부채를 줄여나가기 위해 "새로운 방법"으로 연대회비제(connectional subscription)를 실시했는데, 이에 따르면 감리회원은 누구나 1년 동안 한 주에 1페니씩 (마음이 있으면 더 내도 됨) 내야 했다. 그러나 그는 또한 "각 신도회에서 가난하지 않은 회원은 가난한 회원의 회비를 대신 내도록 하자"고 명기했다 (*Minutes*, 100). 결과는 예상했던 6,500파운드에는 좀 못 미쳤지만 3,000파운드를 넘어, 채무 면제를 위해 그 전 해 거둔 금액의 배가 되었다. 그 다음 해, 그는 1페니씩 내는 것 대신 1년에 한 번 가을에 모금하는 방식을 새롭게 시도하며, 채무가 있는 예배처에 최소한 그곳에서 거두어진 금액은 되돌려 주겠다고 약속했다 (*Minutes*, 105). 효과가 전만 못한 이 방식은 한동안 시행되지 않은 채 조용히 방치되었다.

같은 기간 동안, 설교자들의 관심은 다시 한번 연대조직의 장래 문제에 모아지기 시작했다. 1772년 웨슬리의 일지에는 생일을 맞아 괄목할 만한 그의 건강에 대해 언급하는 기록이 없다. 그 대신 독창적인 고환류에 관한 소고(*Treatise on the Hydrocele*)를 읽고 있다는 기록이 있다. 이 주제에 대하여 웨슬리는 단순한 관심을 가진 것만은 아니었는데, 그는 당시 그가 "거북한 병"(음낭 수종)이라고 부른 병을 가지고 있었다. 이 문제는 그 전 해, 말이 갑자기 뛰는 바람에 안장 앞머리에 부딪친 사고에서 시작되었다. 이 일로 계속 불편을 느껴온 그는, 의욕적인 일정에도 불구하고 이제 나이가 들었다는 것을 깨닫지 않을 수 없었다. 이 일이 있은 뒤, 그의 동료 몇 사람은 그가 말을 타는 것을 말리면서 대신 마차를 타도록 모금을 했다 (*JWL*, 5:310). 웨슬리와 그의 설교자들은 그의 수명이 얼마 남지 않았다는 것을 잘 알고 있었고, 그의 후계자 문제는 더욱 부각되었다.

웨슬리는 그가 죽은 뒤 평신도 설교자들을 어떻게 조직할 것인가 하는 공적인 계획과는 별도로 한 사람, 또는 두 사람의 교역자가 운동의 정점에 있어야 할 것이라고 생각했다 (*Church*, 208). 이 시점에서 그가 선택한

웨슬리와 메소디스트라고 불리운 사람들

사람은 감리회 운동의 새로운 선구자인 존 플렛쳐(John Fletcher)였는데, 지식과 생동력 있는 경건함을 함께 갖춘 이 사람은 웨슬리가 마음에 지니고 있던 이상에 합치되었다. 웨슬리는 1773년 1월 플렛쳐에게 "40년이 채 못 되는 기간에 이 나라 안에서 하나님이 하신 일은 얼마나 놀라운가?" 하고 감탄하는 편지를 보냈다. 그러나 물론 정말 하려는 말은 "웨슬리가 사라질 때" 어떻게 되겠는가 하는 것이었다. 누가 이 일을 충분히 이끌어 갈 것인가? 웨슬리는 완전한 지도자의 모습을 장황하게 열거한 다음, 이런 자격을 갖춘 사람을 하나님이 마련해 두셨는가 하고 질문했다. "누가 이 사람입니까? 당신이 바로 그 사람이오" (사무엘하 12:7 참조; *JWL*, 6:10-11).

웨슬리는 플렛쳐가 곧바로 이 일을 떠맡기 시작할 것을 바랐고, 찰스도 그렇게 되기를 희망했다. 심지어 찰스는 사제 서품을 위해 연대조직을 떠난 전 순회설교자 마크 데이비스(Mark Davis)에게 1772년 여름 다시 돌아올 것을 권했는데, 이것은 그가 앞으로 중요한 역할을 맡게 되기를 희망했기 때문이었다. 그러나 플렛쳐는 매들리 (Madeley) 교구를 떠나려 하지 않았다. 그리고 평신도 설교자와 교역자 사이의 긴장이 고조되기 시작했다. 데이비스와 같은 사제들은 설교자들에 비해 월등히 많은 사례를 받았는데, 이것은 상당한 불만의 소지가 되었다. 그리고 어떤 설교자들은 더 이상 구역을 돌지 않고 새로 부상하는 런던의 교구에 남아 일을 했는데, 이 역시 탐탁치 못한 일이었다. 한 예가 토마스 올리버스(Olivers)로, *회의록*에는 "웨슬리와 함께 순회"하는 것으로 되어 있었다.

1773년 컨퍼런스에서 웨슬리는 설교자들을 (최소한 참석자 중 49명) 설득하여, 1769년 처음 작성된 합의서(*Articles of Agreement*)에 서명하게 해, 연대조직과 전해 내려오는 감리회 교리와 장정을 고수하도록 했다. 그 다음 해, 72명의 설교자들이 서명을 했고, 그 다음 해에는 81명이 서명을 했다. 웨슬리의 권위주의적인 방식은 여러 사람을 불편하게 만들었다. 1774년 컨퍼런스가 끝난 뒤 설교자 중 한 사람은 "웨슬리는 모든 일을 혼자 처리하려 한다"고 일침을 놓았다 (*JWL*, 6:35n). 웨슬리가 민주주의를 탐탁하지 않게 여긴다는 것은 잘 알려진 사실이었다. "권력의 기원에 대한 고찰"(Thoughts concerning the Origin of Power)이라는 글에서 웨슬리는 "사람들"이 권력의 원천이라는 널리 알려진 신화를 전면 부정하였다. 그는 또 "자유에 대한 고찰"(Thoughts upon Liberty, 1772) 에서 국왕과 의회의 바른 질서가 제 기능을 발휘할 때, 존 윌키스 (John Wilkes)를 따르는 "애국 폭도"들의 난동(강하게 정착된 국가의 권위에 대항한)이나 깃털주막(Feather's Tavern)에서 유래한 (법적 규제의 완

매둘리의 교구
사제 존 플렛쳐

화를 위한) 청원보다도 진정한 **자유**(liberty)를 훨씬 더 보호할 수 있다고 설명했다. 그는 자유주의자들이나 대부분의 개혁자들을 경원했고, 자유에 대한 요구에 의혹의 눈길을 보냈다. 더 많은 종교의 자유를 주장하는 사람은 누구든지 "부끄러움을 전혀 모르고, 무지하다는 것 외에는 델 평계도 없는 사람"이라는 것이 웨슬리의 생각이었다 (*JWW*, 11:34-53).

이 동안에도 웨슬리의 건강은 계속 좋지 않았다. 1774년 초, 그는 고환(hydrocele)에 고인 물을 빼내기 위한 수술을 받았지만, 몇 달이 지난 뒤에도 "통증"은 그를 괴롭혀, 9-10주에 한 번 정기적으로 치료를 받지 않으면 안 되었다 (근본적인 치료 대신에, *J&D*, 22:395; *JWL*, 6:81). 1775년 6월, 연 2회의 정기 아일랜드 방문 중 웨슬리는 열이 나서 누웠고, 의사로부터 휴식을 취하라는 지시를 받았다. 비록 방금 동생 찰스에게 "힘자라는 만큼, 그러나 할 수 있는 만큼만 설교하라"고 편지를 썼지만, 존은 의사에게 그가 말을 할 수 있는 동안은 설교를 해야 한다고 말했다 (*JWL*, 6:152). 그 후 며칠간 "원시적 처방"으로 치료를 해가면서 정해진 일정을 밀고나갔지만, 결국은 몸져누워 2-3일간 (그 자신의 견해에 따르면) "살아있다기보다는 죽은 것 같이" 되었다. 이 기간 동안 감리회 설교자 토마스 페인(Thomas Payne)이 그들의 지도자를 위해 기도 모임을 인도하며, 히스기야의 경우처럼 하나님께서 그의 생명을 15년간 연장해 주기를 기도하였다. 영국의 한 신문은 웨슬리가 죽었다고 보도하기도 했지만, 동료 설교자 요셉 브래드포드(Joseph Bradford)가 처방한 약으로 효험을 보아, 한주 내에 다시 여행길에 올랐다. 이 결과로 머리가 빠진 것이라든가 손이 떨리는 것은 일시적인 불편함에 지나지 않았다 (*JWL*, 6:66-71).

요셉 벤슨(Joseph Benson)은 웨슬리의 건강상태나 국교회로부터 분리하는 문제에 대해 웨슬리가 가졌던 생각을 염두에 두는 한편, 많은 설교자들이 충분한 자질을 갖추지 못한 것과 연대조직의 장래에 대해 염려했다. 그래서 그는 교회의 위계질서에 입각해서 감리회 운동을 정상화 하는 방법을 제안했다. 1775년 여름 만들어진 이 계획은 모든 설교자들을 심사해서, 사역에 적합한 사람들과 은사와 은혜가 못 미치는 사람들을 선별해 내려는 것이었다. 어느 한 쪽으로 가려내기는 어렵지만, 가능성이 있는 사람들은 킹스우드 학교에 보내 좀 더 훈련을 시킬 수 있을 것이었다.

"선별해 내어 안수를 주자는" 벤슨의 안에 대해 존 플렛처는 ("우리 조직을 공고히 하고… 우리의 소명에 더욱 확실히 서게 하며… 밖으로는 복음을 전하고 성례를 집행하게 하는 소임을 준다"는) 긍정적인 측면과 ("그렇게 하면 우리가 변화시키려고 하는 영국과 스코틀랜드의 국교로부터 우리는 상당히 떨어져 나가게 될 것이다")라는 부정적인 측면을 지적했다. 그는 킹스우드를 통해서 설교자들이 "개선"되리라는 점에 대해 어느 정도 의혹을 표시하면서, 국교를 떠나지 않겠다는 반복된 선언에 비추어 그들이 직접 "감독의 행세를 하기" 전에 웨슬리가 감독에게 도움을 청할 것을 제안했다. 그러나 "하나님이 최근 웨슬리를 무덤 가까이로 데려가신다"고 그가 말 한 것처럼, 시간은 얼마 남지 않았다 (*JWL*, 8:328-30).

플렛처로부터 연락을 받은 웨슬리는 두 주 후로 다가온 컨퍼런스에서 그 제안을 들어보기로 동의했다. 그 동안 플렛처는 벤슨의 생각을 그의 안의 일부로 받아들이는 한편, 한 걸음 더 나아가 "거룩한 우리 어머니의 **딸 같은 교회**"로 조직하는 제안을 마련했다. 하나님의 섭리를 펼쳐나가는 사역이 곧 감리회라는 웨슬리의 견해를 감안하여, 그는 웨슬리가 "하나님의 특별한 사자"의 역할을 하고 있다고 치켜세웠다. 존은 당시 간추린 영국 역사(*Concise History of England*)를 저술하는 중이었는데, "내가 역사를 기록하는 관점은 (철학의 저술과 마찬가지로) 하나님을 그 안으로 불러들이는 것"이기 때문에 올리버 골드스미스(Oliver Goldsmith)나 나다니엘 후크(Hooke)의 저술보다 개선된 것을 내놓을 수 있을 것이라고 그의 동생에게 말했다 (*JWL*, 6:67). 플렛처도 그렇게 할 수 있었다. 1775년 컨퍼런스의 개막에 맞추어 보내진 플렛처의 계획은, 깃털주막 청원 방식과는 다르게 국교회를 "뒤집어 놓지 않고" 개혁하려는 것이었다. 플렛처가 제안한 것은 감리회 "총신도회" (general society), 즉 "영국 감리교회"(the Methodist church of England)는 "교리와 장정에 관한

성숙기의 감리회

명백한 오류나 복음적이지 못한 위계질서"의 경우에만 국교로부터 "빠져 나오지만," 국교회의 안수는 인정하고 성찬에 참여하며 모든 적절한 기회에 그 예배에 참여한다는 것이었다. 이러한 개혁은 39개 종교강령을 "복음의 순수성에 따라 개정"하여 출판하는 것뿐만 아니라, "공동기도문의 예배문 및 설교는 필요에 따른 수정"을 수반하게 될 것이었다. 기도서의 가장 영적 부분인 수정된 신조와 회의록은 감리회 설교자들의 (성경 다음의) 교범으로 제공되며, 킹스우드 학교는 설교자들의 교육, 갱신, 그리고 은퇴의 중심이 될 것이었다.

이렇게 하는 것은 분열로 받아들여지기보다는 "복음의 순수성, 초기 영적 훈련의 엄격함, 그리고 영국 국교회의 처음 의도"로 돌아가는 것이 될 것이었다. 감독들에게는 "웨슬리와 그밖에 다른 사제"들이 인허(certified)를 준 설교자들에게 안수를 줄 것이 요청되며, 이것이 받아들여 지지 않을 경우, 웨슬리 형제는 이 설교자들에게 안수를 주는 "(비복음적이 아닌) 비정규적 방법"을 취할 수밖에 없을 것이고, 이들은 순회구역에서 보좌관으로 섬기게 되며 (자격이 있는 보조자들은 집사로, deacon 안수를 받게 될 것이었다) 최종 확인은 웨슬리나 그의 사후 그의 뒤를 이을 셋에서 다섯 명의 대회장(moderators)에 의해 이루어질 것이었다.

연대표 7
감리회의 성숙

1760	1765	1770	1775
죠지 2세		조지 3세	
7년 전쟁	인지 조례	윗필드 죽음	미국 혁명 시작
볼테르의 캔다이드	"대"회의록	왓트의 증기 엔진	존 웨슬리 저술
설교집	연례 회의록	애즈베리 미국행	씨티 로드 예배당
모자르트 4권 출생	표준 부동산 등기부	"성서적 구원의 길"	칼빈주의 논쟁	평온한 연설
음표부 찬송선곡	완전에 대한 논쟁		영국
여성 설교자	교역자 기급 합의서	교역자들 미국행	미국 첫 협의회	교역자들 미국을 떠남
원죄	교역자 기금	합의서	벤슨/플렛쳐 계획
"돈의 사용에 관하여"	렙튼스볼 8각 건물 건축	감리회 주일학교	

261

이 모든 방안은 "소시니안파(Socinians)에 대항해서 은혜의 교리를, 칼빈주의자들에 대항해서 정의의 교리를, 그리고 온 세상에 대해서 성결의 교리를 전하라"는 설교자들의 "대계획"(grand plan)을 가능케 하려는 것이었다 (JWL, 8:331-34). 플렛쳐의 편지는 리즈 (Leeds) 컨퍼런스 기간 동안 웨슬리에게 전달되지 않은 것이 분명하다. 벤슨은 그의 계획을 컨퍼런스에 제출했고, 설교자 위원회가 형성되어 전부를 검토하고 일부는 유보해 두었다 (벤슨은 "나는 응당 해야 할 모두를 두려워하지 않는다"라고 불평하였다). 두 주 후, 웨슬리는 플렛쳐에게 "우리는 당신의 권고에 따라 설교자들의 은혜와 은사를 전례 없이 엄격하게 심사했다"고 편지를 써 보냈다 (JWL, 6:174). 그러나 회의록에도 다른 편지에도 플렛쳐의 제안에 대해서는 언급이 없으며, 그것은 당분간 웨슬리의 주머니 속에 들어가 있었다. 이 회의는 81명의 설교자들이 합의서에 서명하는 것으로 끝이 났다.

그 동안 웨슬리가 관심을 가졌던 조직상의 문제는 미국에서의 상황이었다. 1773년 4월, 웨슬리는 **토마스 랭킨**(Rankin)을 그의 보좌 총무 (General Assistant)로 미국에 보내, 보드맨과 필모어가 "교리와 장정 두 면에서 모두 진정한 감리회원"으로 남아있지 못해 야기된 문제를 해결하도록 했다 (JWL, 6:57). 도착한 직후 랭킨은 미국에 있는 감리회 설교자들의 첫 번째 컨퍼런스를 소집했다. 그가 다루려 했던 문제는 분명했다. 두 쪽짜리 회의록에는 설교자들에게 주는 세 개의 질문, 여섯 개의 규정, 설교자 명단, 그리고 신도회 회원수가 실려 있다. 처음 몇 개의 질문은 설교자들을 웨슬리의 권한에 연결지으며, 그들의 교리와 장정은 회의록에 있는 것과 같다고 못 박았다. 여기에 기록된 여섯 개의 규정은 (특별히 메릴랜드와 버지니아에서) 성례식 집례를 금지하는 훈령과, (로버트 윌리암스가 했듯이) 웨슬리의 허가가 없이는 그의 책을 다시 찍어내는 것을 금하는 것을 포함해서, 구체적인 문제나 사람이나 장소를 염두에 둔 것이었다. 이 컨퍼런스는 30년 전 컨퍼런스를 연상케 하는 작은 모임이었다. 이제 미국에서 그들은 다섯 개의 신도회에 1,160명의 회원들을 섬기는 10명의 설교자들의 조직을 만들고 있었다.

미국에서는 그 전 10년 프랑스에 항거하는 군사행동의 후유증으로 정치적 소요가 1765년의 인지조례(Stamp Act)에서 1773년의 보스톤 차 사건으로 확산되어 가고 있었다. 1775년 3월, 웨슬리는 미국에 있는 교역자들에게 "화평케 하는 자가 되고, 모두를 사랑하고 모두에게 온유하며, 아무런 정당에도 휘말리지 말라"고 권고했다 (JWL, 6:142). 그는 이 상황에 대한 그의 생각은 변하지 않았다고 그의 동생 찰스에게 말했다:

"무슨 일이 일어나면 나는 미국을 잃은 것으로 여길 것이고, 영국도 그렇게 할 것이다" (JWL, 6:152). 그러나 며칠이 지나지 않아 폭동이 전쟁으로 바뀌었다는 소식이 영국에 도달했다: 콩코드와 렉싱턴에서의 총격은 대서양을 넘어서도 들렸고, 벙커 힐 (Bunker Hill) 식민지 주민의 결의는 의회에도 전해졌다.

6월 중순, 아일랜드에서 아프기 전, 웨슬리는 **다트머스 백작**(Earl of Dartmouth: 식민지 국무장관)에게 편지를 보내고 이어 사본을 **노스 경** (Lord North: 수상 및 재무장관)에게 보냈다. 그가 가졌던 생각은 분명했다.

나는 미국인들의 잘 잘못을 물을 의도는 없습니다. 나에게는 미국인들에게 반하는 편견이 있을 뿐입니다. 왜냐하면 나는 국교회 성직자이고, 국교회 성직자의 아들이며, 어린 시절 수동적 순종과 비저항의 가장 높은 단계의 개념으로 양육 받았기 때문입니다. 그러나 나는 나의 뿌리 깊은 편견에도 불구하고 이 억압받는 사람들이 그들의 법적 권리를 자연이 허용하는 가장 겸손하고 거스르지 않는 태도로 요구한 것 이상은 없다고 생각하지 않을 수 없습니다 (JWL, 6:161).

웨슬리는 에드먼드 버크(Edmund Burke)와 윌리엄 피트(Pitt)의 반감을 조심스럽게 되짚은 뒤, 화해를 주장하는 한편, 미국 식민지에서의 군사력 사용은 필연적으로 실패할 수밖에 없다고 반대했다. 그는 또한 진정한 적은 영국 국내에 있으며 사람들을 선동해, 할 것도 없고 먹을 것도 전혀 없는 군중을 포함한 많은 수의 국민들은 "왕을 향한 사랑도 존경도 사실상 상실"한 상태에서 혁명을 일으킬 지도자를 기다리고 있는 형편이라고 지적했다 (JWL, 6:161-63).

미국에 있는 감리회원들은 곤란한 지경에 처하게 되었다. 투철한 충성심을 가진 토리당(Tory)에 의해 이끌어지는 영국의 운동의 일부로 그들은 화평케 하는 자가 되기를 요구받았고, 많은 식민지 주민들은 이를 (평화주의와 함께) 충성파에 해당하는 것이며 미국측의 이해에 반하는 것으로 보았다. 노스(North)와 다트머스(Dartmouth)에게 전해진 웨슬리의 실제 입장은 식민지에는 알려지지 않았으며, 대서양을 건넌 통신은 느렸다. 웨슬리는 1775년 봄이 되어서야 프란시스 애스베리(Asbury)를 영국으로 되돌려 보내도록 랭킨에게 권하기 시작했다. 8월 컨퍼런스에서 그는 애스베리가 미국에 1년 더 머물게 되리라는 것을 알게 되었다. 웨슬리는 랭킨에게 개의치 않는다고 편지를 써, "그때가 되면 하나님께서 북아메리카에서 무엇을 하시려는지 알게 될 것이고, 그렇게 되면 당신은 우리 설교자들이 그곳에 더 머물러 있어야 하는지 아닌지를 쉽사리 판단할 수 있게 될거요."라고 했다 (JWL, 6:173).

Chapter 5—Suggested Additional Reading

Chilcote, Paul, *John Wesley and the Women Preachers of Early Methodism* (Metuchen, NJ: Scarecrow Press, 1991).

Church, Leslie, *The Early Methodist People* (London: Epworth Press, 1948).

HAM — Bucke, Emory Stevens, ed., *The History of American Methodism*, 3 vols. (Nashville: Abingdon Press, 1964).

Lyles, Albert M. *Methodism Mocked; The Satiric Reaction to Methodism in the Eighteenth Century* (London: Epworth Press, 1960).

Maser, Frederick E., *Robert Strawbridge, First American Circuit Rider* (Rutland, VT: Academy Books, 1983).

Memoirs — Lackington, James, *Memoirs of James Lackington, in Forty-seven Letters to a Friend* (London, 1794).

Poetical Works — John Wesley and Charles Wesley, *The Poetical Works of John and Charles Wesley*, ed. George Osborn, 13 vols. (London: Wesleyan Methodist Conference Office, 1868-71).

Pilmore, Joseph, *The Journal of Joseph Pilmore*, ed. Frederick E. Maser and Howard T. Maag (Philadelphia: Historical Society, 1969).

W-A — Baker, Frank, *From Wesley to Asbury: Studies in Early American Methodism* (Durham, NC: Duke University Press, 1976).

제6장

긴장과 변천 (1775-1791)

존 웨슬리는 일생 동안 일관성을 유지해 온 것에 자부심을 가졌다. 나이가 들면서 그의 글에는 "내가 30년, 또는 40년 전에 했던 것과 꼭 마찬가지로"라는 언급이 종종 나타났다. 그러나 그 세기가 저물어 가면서 그는 시대의 변천을 느낄 수밖에 없었다. 사회, 산업, 그리고 정치적 변화는 그 속도가 더해갔다. 혁명적 아이디아는 국내외에서 좀 더 빠른 속도로 주요 이슈들을 재고해 보도록 만들었다. 웨슬리가 쉽사리 변화를 수긍한 것은 아니지만, 새로운 진리에 언제나 열린 마음을 가졌고, 때로는 상황이 바뀌면서, 그리고 그의 사고가 더욱 성숙해 가면서, 중요한 문제에 대하여 그는 자신의 입장을 재고하게 되었다. 그의 입장의 수정은 때로는 몇 해에 걸쳐 느리고 미묘하게 나타났고, 때로는 빠르고 강력하게 나타났다.

신학적 논쟁과 정치적 논쟁

웨슬리의 신학은 그의 영적 순례의 과정에 발맞추어 성숙해져 갔다. 오랫동안 씨름해 온 믿음과 확신의 문제는 모라비안의 영향을 받은 그의 이전의 입장을 수정하는 결과를 가져왔다. 그가 비록 개인적 체험 차원에서 이 문제들과 오랜 기간 씨름을 해왔지만, 이와 같은 견해를 출판된 *일지*의 발췌본에 드러내놓고 토의하려고 하지 않았다. *일지*는 자신의 사고를 드러내 보이는 자서전이기보다는 사건을 시간별로 나열한 것에 가까웠다. 그럼에도 불구하고 해가 가면서 *일지*는 많은 독자를 갖게 되었고, 웨슬리는 초기 발췌문을 계속 출간해내었다.

1775년이 되며 발췌본 두 편의 다섯 번째 판을 내면서, 그는 그의 올더스게이트 체험의 기술이 시간이 흐른 뒤에 보니 그렇게 정확하지 못했다는 것을 언급하려는 마음이 들었다. 그러나 이 시점에서도 웨슬리는 그 전 판을 수정해야 할 것으로는 생각하지 않았다. 그 대신 그는 1740년 출판된 그의 견해에 아주 중요한 부인 성명(disclaimer)을 정정하는 형식으로 다음과 같이 추가하기로 결정했다: "나는 다른 사람들을 회심시키기 위해 미국에 갔지만, 나 스스로는 전혀 하나님께 회심을 하지 않은 상태였다" (1775-"나는 이에 대해 확실치 않다"); "나는 그리스도를 믿는 믿음이 부족하다" (1775-"나는 그때에도 아들로서보다는 종(servant)으로서의 믿음을 가지고 있었다"); "나는 '분노의 자식'(a child of wrath)이다" (1775-"나는 믿지 않는다"); "나는 이미 그때 (1728-29) 구원받은 상태라고 생각했다" (1775-"그리고 나는 구원받았다고 믿었다"); "나는 이 동안 내내 모래 위에 집을 짓고 있었다" (1775-"아니다: 지금 이 자리까지 내가 옳았다").

비록 1738년 웨슬리는 허튼 부인(Mrs. Hutton)에게 올더스게이트 체험 이전에는 그가 그리스도인이 아니었다고 말했었지만, 거의 40년이 지난 이제 그는 확신을 갖지 못한 많은 신자들은 물론 "종의 믿음"을 가진 사람들도 하나님이 받아주시는 (사도행전 10:35) 그리스도인으로 인정해야 할 것이라고 생각했다. 이러한 수정은 그의 관점의 변화의 정점을 이루며, 비록 이런 변화를 공적으로 시인하는 것이 웨슬리에게 익숙한 것은 아니지만, 자신의 영적 상태를 스스로 점검하고 살펴보는 일생에 걸친 웨슬리의 습관과는 온전히 일치한다.

1774-85년 사용된 웨슬리의 이름 첫 자가 들어있는 이 문장은 그가 일생동안 사용한 40개 중의 하나에 불과하다.

다른 한편 웨슬리는 미국의 정치적 상황에 관한 그의 생각을 하루 밤 사이에 바꾸어 버렸다. 1775년 9월 말, 사무엘 존슨이 쓴 폭군에게 내지 않는 과세(*Taxation no Tyranny*)를 읽은 웨슬리는 "대표가 없이는 과세도 없다"는 등의 식민지 주민들의 주장은 아무런 도덕적 근거도, 법적 가치도 없으며, 영국의 윌키스(Wilkes)라든가 또 다른 사람들이나 마찬가지로 무책임한 일이라고 생각했다. 그는 곧바로 *우리 미국 식민지에 주는 냉정한 연설*이라는 제목을 달아 존슨의 글의 일부와 의역을 출판했다. 이 "선동적인" 소책자는 3주 만에 40,000부가 팔렸다 (*JWL*, 6:182).

존슨 박사는 자신의 글이 승인도 없이 인용된 것에 대해 괜찮게 생각했지만, 어떤 다른 사람들은 웨슬리가 자신의 입장을 번복하는 한편, 남의 글을 뻔뻔스럽게 도용했다고 비난을 가했다. 칼빈주의자 어거스투스 탑레이디(Toplady)는 그의 아르미니안 적수인 웨슬리를 공격할 수 있는 좋은 기회라고 생각했다. 미국의 강력한 지지자였던 탑레이디는 *늙은 여우 망신 주기*(*An Old Fox Tarr'd and Feather'd*, 1775)라는 책을 내었는데,

이 책의 내용은 웨슬리의 동기와 술책을 "고상하고 강한 정치 고래를 저속하고 보잘것없는 신학 올챙이가 겁 없이 잡으려 한 것"으로 상상력을 동원해 풍자한 것이었다 (*EMW*, 117). 이 공격은 또 칼렙 에반스(Evans)가 웨슬리에게 쓴 편지로 이어졌다. 그러나 다시 한번 웨슬리의 편에 선 존 플렛쳐는, 이번에는 미국 문제에 관하여 웨슬리 목사의 "우리 미국 식민지에게 주는 냉정한 연설"의 옹호(1776)라는 글을 써 에반스를 향하여 반격을 가했다. 플렛쳐는 진정한 위협은 자유주의자들의 반역적인 언사를 통해 퍼뜨려지는 국내의 "왕과 모든 권위에 도전하는 악의와 분노의 불길"이라는 웨슬리의 견해에 동의했다. 플렛쳐의 공격으로 야기된 탑레이디의 반응은 그 어조나 내용에서 놀랠만한 것이 못된다: "스위스의 산은 존 웨슬리의 절박한 필요에 의해 드디어 거기에서 얻은 쥐 한 마리를 낳았다. 그리고 보잘것없는 이 새끼를 솔직하게 평가하자면, 그들은 머리카락까지 꼭 그들의 어미를 닮았다" (*Documents*, 4:186).

웨슬리는 이 일에 바로 펜을 들지는 않았지만, 자유에 대한 관찰(*Some Observations on Liberty*, 1776)이라는 짤막한 글을 통해 응수를 했다. 여기에서 그는 미국인들은 항상 그들의 자유를 누렸고, 그들이 요구하는 것은 독립이지만, 그 근거는 실제로는 민주적이 아닌 (권력에서 여자, 청소년, 빈민 등을 제외한) 인기에 영합한 민주주의로서 무정부 상태와 혼란을 가져오게 될 것이라고 주장하였다. 웨슬리는 "하나님으로부터 오지 않는 권력은 없다"는 원칙을 되풀이했다 (*JWW*, 11:98-105).

전에 쓴 글의 속편으로 웨슬리는 *영국 주민에게 주는 냉정한 연설* (1777)을 출판하였다. 여기에서 그는 보스톤 주민들이 "영국의 멍에"로부터 독립을 외치는 것을 그의 동생 찰스가 들은 때로부터 "그물에 걸린 야생 황소처럼 부르짖는" 미국인들과의 무력 충돌이 빚어지는 현 시점까지의 미국의 상태를 돌이켜 보았다. 그가 말하고자 하는 것은 간단했다. 즉 이와 같은 입장으로 진정한 자유를 얻기는 불가능하다는 것이었다: "이렇게 자유를 외치는 사람들이 다스리는 곳마다 가장 참담한 노예제도가 존재한다는 것을 여러분은 보지 못합니까?" 그는 또한 "속되게 메소디스트라고 불리우는 사람들"(웨슬리는 이 사람들이 그와의 연결을 유지할 의사를 가지고 있는 동안은 하나님께나 왕에게 불경을 저지르지 않는다고 동료들이나 반대자들에게 지적했다)에게 그들이 영국 신민으로 누리는 견줄 수 없는 사회적, 종교적 자유를 음미해 보라고 구체적으로 권고했다. 그는 다트머스 경에게 쓴 편지에서 지적한 것과 마찬가지로 무역과 고용에 있어서 정부의 안일함에 대해 경고를 했다. 그는 그 땅을 종횡으로 여행하면서 수천 명의 실직자들이 살인과 반역, 그리고 진정으로 왕을 경멸하는

감리회 신도회 회원수

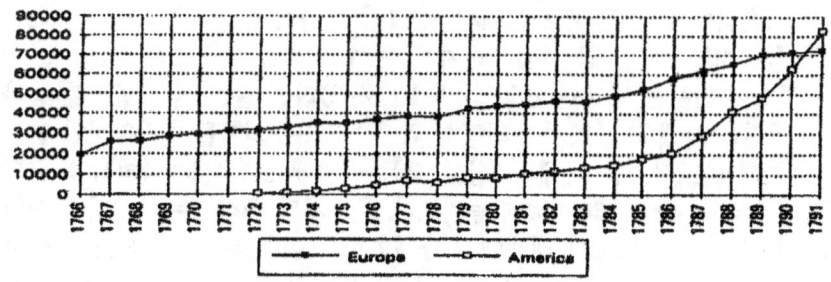

감리회는 영국 섬에서 여러 해에 걸쳐 상대적으로 느리지만 꾸준한 증가를 보인 반면 미국에서는 늦게 시작했지만 훨씬 빠르게 증가했다.

마음을 갖고 죽어 가는 것과, "걸어 다니는 그림자처럼 이리저리 기어 다니는 것"을 보았다고 말했다. 여기에 더하여 웨슬리는 그가 왕을 방어해야 할 의무를 느끼는 소수(20명 중 하나나 둘)에 속한다고 주장했다 (*JWL*, 6:176). 이런 점에서 웨슬리는 영국 사회 중 반역 성향을 띤 일부 계층이 지닌 감정을 진화하는 일에 적극적이었다.

이러한 정치적 논란 가운데 웨슬리는 베스날 그린(Bethnal Green)의 세인트 매튜 교회(St. Matthew's Church)에서 전쟁 과부와 아동을 돕기 위한 **자선설교**(charity sermon)를 요청받았다. 여기에서 그는 한 걸음 더 나아가 영국은 모든 사람들의 죄의 결과로 전쟁의 참화를 겪고 있다고 말했다. 그의 처방은 분명했다: 회개하고, 하나님을 두려워하고, 왕의 명예를 높이라는 것이었다. 이 말에 대해 "많은 사람들이 불만을 가질 것"을 예상한 웨슬리는 미리 마음을 써 그의 설교의 수위를 낮추었다 (No. 111, "나라의 죄와 비탄," *Sermons*, 3:564-76).

그러나 사람들의 부정적 반응도 목표를 향해 나아가는 그를 막지 못했다. 웨슬리는 곧 다음과 같은 18세기 전형적 제목을 붙인 소책자를 통해 자신의 주장을 되풀이했다. *우리와 미국에 있는 우리의 형제간의 불행한 대결에 관하여, 대영국 주민들 중 좀 더 진지한 사람들에게 주는 때에 맞는 연설: 얼굴색이 다른 사람들에게 간간이 주는 말 넣음. 평화를 사랑하는 사람 씀* (1776). 요지는 간단했다: 사람들의 "편만한 불경건" (universal impiety)이 "일반적으로는 우리의 비참함과 사악함, 구체적으로는 지금 우리가 겪는 어려움의 처음이며 주된 요인"이기에 아무도 책임을 면할 수 없다는 것이었다 (*JWW*, 11:127-28).

긴장과 변천

웨슬리의 노골적인 반미적 입장은 미국에 있는 감리회원들의 힘든 정치적 입지를 더욱 어렵게 만들었다. 감리회원이라는 이유만으로도 많은 사람들은 영국 편이라는 의혹을 받았다. 웨슬리가 미국 식민지에 파송한 감리회 설교자들은 미국인들의 입장에 동조한 프란시스 애스베리를 제외하고는 1777년까지는 모두 영국으로 돌아왔다. 그러나 애스베리가 가졌던 확신은 (웨슬리의 논고 원죄에, 분명히 드러난 의견에 따라) 평화주의였고, 이로 인해 좀 더 과격한 "애국지사"들에 의해 미국의 독립운동에 비협조적이거나 심지어 반역적인 것으로 오해를 받았다. 웨슬리와 애스베리의 견해는 모두가 북미 순회구역의 감리회 신도회에 어려움을 끼쳐, 1775-77년 사이에 회원이 거의 반으로 감소했다. 그러나 지도자들의 이런 견해에도 불구하고 1776년, 남부 감리회원들 사이에 부흥이 일어나 회원수가 2,000명 이상 증가했다.

영국에서는 감리회 신도회가 고르지는 않지만 꾸준히 증가해, 1년에 1,600명가량이 늘었다. 순회구역의 ¼가량은 회원수가 줄어 회의록에 별표를 받았지만, 다른 구역들은 상당한 증가를 보였다. 1775년, 리즈는 런던에 이어 회원수 2,000명을 넘는 두 번째 구역이 되었다. 런던의 회원은 20년 전과 같은 2,500명에 머물러 있었지만 리즈는 그 전 10년간 회원이 배로 늘었다. 신도회 내에서 회원이 30명을 초과하는 속은 나누어져야 했다 (*Minutes*, 120).

70대가 된 웨슬리는 아직도 힘 있고 활동적인 지도자였다. 1776년 생일을 맞아 그는 그가 23세였을 때보다도 설교를 더 잘 할 수 있다고 자평하고, 항상 여행을 하기에 운동을 하고, 신선한 공기를 마시고, 잠을 규칙적으로 잘 자며, 감정의 기복이 없다는 것을 그 이유로 들었다. 그는 "나는 감정이 있고 슬퍼하기도 하지만, 하나님의 은혜로 말미암아 아무 것에도 속이 타지 않는다"고 했다 (*JWJ*, 6:113-14). 그는 그때까지도 의약과 건강에 대하여 활발한 관심을 가지고 있었다. 그의 가정요법을 담은 *기초의학*은 1776년까지 무려 17판이 인쇄되면서 매번 증보되었고, 미국에서도 일부 출판되었다 (*EMW*, 1:134-44 참조). 이 책은 당시 질식에 대한 치료요법을 성공적으로 개발하여 유명세를 얻어가던 런던의 젊은 의사 윌리암 허스(Hawes)의 공격을 받았다. 허스는 웨슬리를 가리켜 효험이 없는 돌팔이 의사 정도가 아니라 사회에 현저한 위협이 된다고 호되게 비난했다. 허스가 옳은 면도 있었다. 계속되는 인쇄의 실수로 인해 웨슬리는 자기도 모르는 사이에 독을 토해내는 처방으로 "1 또는 2드램(drams)의 증류 녹청"을 제시했는데, 이것은 40명을 죽일 수 있는 분량으로, "1 또는 2알"을 잘못 인쇄한 것이었다. 웨슬리는 이 오류를 1776년

판에 곧바로 정정했다 (*EMW*, 2:136-37 참조). 허스 자신의 특별한 관심사이기도 했던 웨슬리가 선호한 전기충격 요법은 비난을 면했다. 허스는 또한 물에 빠져 가사상태에 들어간 사람들을 되살려내기 위해 웨슬리가 제시한 인공호흡법도 무시해 버렸다. 그런데 두 해 전 허스는 "물에 빠져 죽은 것같이 된 사람 살려내기 협회"(후에 왕립 인도협회)를 세워, 성공적인 회생 방법을 제시하는 사람에게 현상금을 건 적이 있었다.

그러나 웨슬리 자신은 물에 빠진 육신을 구원하는 일보다는 영혼을 살려내는 일에 더 관심이 있었다. 부흥 운동의 여러 가지 장애물 중 특별히 그가 염려한 것은 자격미달 설교자의 존재였다. 1776년 컨퍼런스에서, "어떤 이들은 사역에 전적으로 부적격하고, 다른 이들은 하루 한 번 또는 두 번 설교하는 것 외에는 아무런 다른 할 일이 없는 양 게으름으로 이 일에 임한다"는 항의에 직면하면서 설교자의 심사는 좀 더 까다로워졌다. 이러한 불만을 해소하기 위하여 웨슬리는 의심이 가는 사람들을 특별히 관심을 두고 심사를 했다. 그 결과는 *회의록*에 다음과 같이 기록되었다: "한 사람은 자격 미달로, 두 사람은 바르지 못한 품행으로 탈락되었다. 그리고 다른 모든 사람들은 그들에게 주어진 사역을 위해 은혜와 은사가 있는 것으로 우리는 완전히 인정했다. 그러므로 나는 이와 같은 항의를 더 이상 받지 않게 되기를 바란다."

그 다음 해, 설교자에 대한 우려는 또 한 차례의 일반적인 이의를 야기했다. 즉 "그들 중 대부분은 하나님께서 설교하도록 부르신 것이 아니거나" 아니면 최소한 "그 소명을 상실했다"는 것이었다. 존은 부흥을 성공적으로 이끌기 위해서는 설교자가 필수적이라는 사실을 알고 있었다. 컨퍼런스가 열리고 있던 브리스톨에서 그는 그의 보좌관 알렉산더 매더(Alexander Mather)에게 편지를 보내, "죄 외에는 아무 것도 두려워하지 않고, 하나님 외에는 아무 것도 바라지 않는 설교자를 100명 보내주시오. 그러면 나는 그들이 설교자이건 평신도이건 조금도 개의치 않겠소. 이런 사람들만이 지옥의 문을 흔들고 하늘나라를 이 땅에 세울 것이오"라고 자신의 입장을 밝혔다 (*JWL*, 6:272; 6:124 참조).

미국에서의 상황은 해외 사역에 대하여 웨슬리에게 편견을 갖게 했는지도 모른다. 왜냐하면 최근 아일랜드에서 온 그의 새 보좌관 토마스 코크(Coke)가 아프리카에 감리회 선교단을 보낼 것을 제안했을 때, 웨슬리는 "이러한 소명을 받았는가는 의심스럽다"는 마음을 먹었다. 이 결정을 일기에 기록한 토마스 테일러(Taylor)는 비록 컨퍼런스에서는 이 제안을 한 시간 반에 걸쳐 다루었지만, 그것은 "5분 만에 해결을 볼 수도 있었다"고 보았다. 그는 "우리는 매우 질질 끌고, 별 목적도 없이 긴 연설만 늘어놓았다" 고 덧붙였다 (*JWJ*, 6:206n).

긴장과 변천

같은 1777년 컨퍼런스에서 웨슬리는 처음으로 그 전 해 사역 중 죽은 설교자들을 추모했다. 이들의 명단은 다음에 보는 것처럼 **부고**에 해당하는 간단한 언급(때로는 호의적이지 못하기도 했음)과 함께 *회의록*에 기록되었다: "존 슬로컴 (Slocom), 클로운스에서 죽다: 일하다가 쇠잔한 나이든 일꾼. 존 해리슨, 리스번 부근에서 죽다: 진지하고, 겸손하며, 하나님께 충성스러웠던, 장래가 촉망되던 젊은이. 윌리암 럼리 (Lumley), 헥섬에서 죽다: 하나님의 자녀가 누리는 자유의 행복한 증인으로 복 받은 젊은이. 그리고 윌리암 마인토프 (Minethorp), 던바 부근에서 죽다: 거짓이라고는 없는 진정한 이스라엘 백성" (*Minutes*, 127).

웨슬리는 자격을 갖추지 못한 설교자뿐만 아니라 지속적으로 존재하는 칼빈주의를 사역의 장애물로 보았다. 1776년 컨퍼런스에서 이 위협에 대해서 언급하며, 웨슬리는 많은 사람들이 칼빈주의자들의 말, 특별히 궁극적 구원의 교리가 "육체에 너무 달콤하기에" 쉽게 삼켜버린다고 지적했다. 이것이 퍼지는 것을 막기 위해 웨슬리는 설교자들이 플렛쳐의 저술을 꼼꼼히 읽을 것, 보편적 구원에 대해 명백하게 설교할 것, 그리고 사람들을 부지런히 찾아다닐 것을 제안하는 한편, 칼빈주의자들을 닮아 "소리지르거나, 은유화하거나, 자신이 안수 받았다"고 하거나 그밖에 다른 여러 가지 유혹에 빠지지 말라고 제안했다. 그의 마지막 제안은 칼빈주의라는 "이 질병을 하나님께서 막아 주시도록" 기도하라는 것이었다. 그는 곧 기도야말로 "감리회의 직접적 해독제"라고 인정하게 되었다 (*Minutes*, 126-27, 667).

칼빈주의자들은 *영성 잡지*와 *복음 잡지*를 매체로 계속 독을 뿜어내며 진영을 정비하여 웨슬리를 공격했다. 1777년 하반기에 익명으로 출판된 "뱀과 여우"는 가벼운 비난으로 가장한 독설을 잘 보여준다. 저자는 악마 닉(Nick)과 사제 존(John)의 대화를 빌려, 이 둘이 그들에게 공동의 위협이 되는 칼빈주의자들을 제거하려는 음모를 꾸미는 것으로 묘사했다 (*EMW*, 2:122-25). 출판물을 통한 공격은 여러 가지 다른 형태를 띠기도 했다. 웨슬리의 냉정한 연설에 대한 반응을 계기로 삼아 포문을 연 한 익명의 저자는, 감리회원이라는 열성적 광신 집단과 그들의 지도자를 조롱하는 긴 풍자시를 담은 여섯 개의 소책자를 연이어 내놓았다. 여기에 등장하는 웨슬리와 그의 추종자들의 모습은 때로는 그 내용을 표현한 그림에 못지않게 조악하리만큼 외설스럽다 (*EMW*, 2:103-15). 감리회원들은 회원증을 가진 사람들에게만 회의에 참석을 허락하는 (위험인물이 아니면) 비밀스러운 인상을 보여, 사람들의 비난을 자초했는지도 모른다 (*JWL*, 6:265). 그러나 일반 대중이 아무리 어수룩해도 광신적 개종(*Fanatical*

Conversion)에 감리회원들의 애찬식을 "성스럽게 가장한 꿈으로 처녀들을 더럽히는" 떠들썩한 술잔치로 묘사한 것을 진지하게 받아들일 수는 없었다. 감리회원들을 풍자한 묘사는 일반적으로 그들의 신조와 신앙생활을 잘못 해석한 것에 기초를 두고 있다:

> 레이나드의 성전을 드디어 빌려,
> 신도들을 독설로 감염시킨다;
> 그들은 노소 할 것 없이 강한 향으로 몽롱해져,
> 저항도 않는 처녀를 땅 위에 누인다;
> 주로 송구영신의 밤이나, 사랑의 연례 향연 때,
> 희생자는 음란한 멀시아(Murcia)의 사제에게 바쳐져,
> 하늘의 수정을 받는다.
> 그리고 그 선물을 믿는 모두와 나눈다. (*EMW*, 2:108-9)

저자는 더 많은 시를 내놓을 계획이었지만 처음 대여섯 편만으로도 사람들을 물리게 해, 감리회원들은 그의 능욕을 더 당하지 않게 되었다.

1777년 11월, 웨슬리는 월간지를 직접 만들어 칼빈주의자들의 도전에 응수하기로 결심했다. *아르미니안 잡지*의 독자를 위해 그가 쓴 서문은 경쟁 상대인 두 개의 칼빈주의 잡지를 직접 겨냥한 것이었다. 그는 이 두 잡지에 글을 쓰는 사람들이 "그리스도께서 모든 사람을 위해 죽으신 것이 아니라, 열 중 하나, 즉 선택받은 자들만을 위해 죽으셨다"는 교리를 옹호했을 뿐만 아니라, "그들의 교리를 베드람(Bedlam, 악명이 높은 정신병원)이나 빌링스게이트(Billingsgate, 형편없는 생선 시장)에나 어울리는 말"로 변호하고 있다고 지적했다. 웨슬리의 월간지는 1) 보편적 구원(속죄)을 옹호하는 글; 2) 성인들의 전기; 3) 경건하게 사는 사람들의 체험담이나 편지; 그리고 4) 필수적 교리를 설명하거나 확인하는 시, 이렇게 4부로 구성될 계획이었다. 책 전체는 경건한 삶과 죽음을 위한 입문서인 동시에 영적 순례의 교본으로 의도되었다. 첫 호는 보편적 구원론을 끝까지 지켜온 아르미니안적인 삶으로 시작하여, 잡지의 기조를 세우고 이름의 의미를 알 수 있게 했다. 웨슬리는 잡지의 이름이 일부 사람들의 마음에는 들지 않겠지만, 영국의 100사람 중 99사람은 절대적 예정을 거부하기에 그가 이 이름을 택한 것에 대해 반대하지 않을 것으로 믿었다 (*JWW*, 14:278-81).

웨슬리의 출판물에 대한 수요가 중대하자 전담 편집인이 필요하게 되었다. 토마스 올리버스(Olivers)는 1776년에 이미 연대조직을 위한 "출판 편집인"이 되었고, 런던에서 웨슬리 옆에서 일했다. 태동하기 시작하

긴장과 변천

웨슬리는 씨티 로드의 새 예배당을 "아주 깨끗하지만, 좋지는 않다"고 설명했다. 1778년 11월에 문을 연 이 예배당은 윗필드의 성막과 같은 수의 예배자들을 수용할 수 있었고, 좀 더 작았던 파운드리를 대신해 웨슬리의 런던 본부가 되었다.

는 감리회 조직의 한 부분을 차지한 사람은 그만이 아니었다. 요셉 브래드포드(Bradford)는 웨슬리와 함께 여행하는 직임을 맡았고, 존 애트리(Atlay)는 웨슬리의 재정을 돌보다가 얼마 후 "부기 집사"(book steward)가 되었다. 그 동안, 감리회 운동의 런던 본부이며, 설교로부터 인쇄에까지 (1774년 이후로는 성례전까지도) 중심역할을 하던 파운드리는 헐릴 운명에 처하게 되었다. 새 건물의 건축계획은 1776년 3월 시작되었고, 같은 해 얼마 뒤 웨슬리는 런던 신도회에 도우도록 전체 연대조직에 호소했다. 1777년 4월, 그는 비국교도의 묘지인 번힐 휠즈의 건너편 **씨티 로드**(City Road)에 새 감리회 예배당의 기초를 놓았다.

그는 이 기회에 설교를 통해 감리회의 역사를 (편의에 따라 수정하면서) "하나님의 특별한 역사"의 "시작과 발전"이라고 소개했다. 그의 주제는 감리회란 새로운 종교가 아니라 다만 "전부터 있던" 성서적, 초대교회적, 영국 국교적 믿음이라는 것이었다 (Sermons, 3:577-92). 그는 특별히 감리회원들은 국교회로부터 떨어져 나갈 의사가 없다는 것을 강조했다. 그러나 새 예배당 건물은 이와는 상반된 의도를 내포하고 있었다. 1776년

회의록에 보면, 예배당은 얌(Yarm)에 있는 건물과 마찬가지로 8각형으로 짓거나 스카보로의 예를 따라 정방형으로 짓도록 되어 있었지만, 웨슬리는 씨티 로드의 예배당을 성례적이기도 하면서 좀 더 전통적인 교회 건물을 대표하는 전통적 공회당(basilica)식으로 세웠다. 웨슬리의 새 집을 옆에 둔 이 건물은 설교, 교제, 사회봉사, 성례를 곁들인 예배의 중심이 되어, 심지어는 현장에 묘지까지도 필요한 것은 다 갖춘 교구교회의 기능을 수행했다. 그러나 이 건물은 국교회에 의해서 봉헌되지 않았고, 전적으로 국교회 감독의 관할 밖에 있었다 (*Church*, 213-14). 부동산을 관리하는 재단이사회는 열둘이 넘는 다른 교구에서 온 방직공 5명, 비단 거래상인 1명, 상인 3명, 신사 1명, 은행원 1명, 이렇게 25명으로, 흥미로운 구성을 보였다 (*People*, 83).

그러나 씨티 로드의 강단은 감리회원 중 안수를 받은 사제에 사실상 국한되어 있었다. 이러한 제약도 문제를 가지고 있었는데, 왜냐하면 이와 같은 자격 요건을 갖춘 사람들이 매우 적었기 때문이었다. 찰스 웨슬리는 곧 강단을 독점하다시피 했는데, 존 포슨(Pawson)이나 토마스 랭킨(Rankin) 같은 서열이 높은 순회설교자들은 찰스의 "건조하고 맥 빠지는" 설교와 그가 순회설교자들을 싫어하는 것 때문에 이를 마음에 들어 하지 않았다. 존 화이트헤드 (Whitehead) 같은 다른 설교자들은 씨티 로드에서 주일 아침 정규 예배시간에 성찬을 베풀도록 밀어붙이기 시작했는데, 존 웨슬리는 그때까지도 이를 거부하고 있었다.

감리회 내에서 설교자와 평신도 설교자 간의 알력은 국교회 안에 남아있고자 하는 웨슬리의 결심을 시험에 붙였다. 감리회적 신앙 행태 때문에 교구에서 해고된 아일랜드 사람 에드워드 스미스(Smyth)는 1778년 아일랜드 컨퍼런스에서 "부패된" 국교회로부터 떨어져 나가기를 바라는 그의 의도를 공공연하게 발표했다. 이때는 웨슬리가 힘을 써 국교회에 남아있기를 원하는 다른 설교자들의 결심을 더욱 공고히 했다. 스미스가 자신의 가족을 배스(Bath)로 옮겼을 때, 웨슬리는 스미스에게 그곳의 감리회 예배당에서 설교하도록 요청을 했는데, 순회구역을 감독하도록 임명된 보좌관 알렉산더 맥냅(McNab)과 같은 그곳의 평신도 순회설교자들은 이를 몹시 싫어했다. 이리하여 웨슬리가 개인적으로 설교자들을 파송할 권리가 있는지, 아니면 그와 같은 권리는 맥냅이 주장하는 것처럼 컨퍼런스가 가져야 하는 것인지에 대한 질문이 생겼다.

1779년 11월, 웨슬리는 이 문제를 브리스톨/배스 지역에서 해결하려고 하였다. 배스의 신도회를 방문한 자리에서 그는 거의 20년 전 (어쩌면 1760년에 노위치 신도회를 위하여) 준비된 문서를 읽었다. 그리고 "우리 설교자들의 규칙은 어떤 컨퍼런스도 존재하기 이전에 나에 의해 제정되었다"고 지적하며, 특별히 "그대는 내가 파송하는 때와 장소에서 설교할 것"이라는 스무 번째 규칙에 주의를 환기시켰다. 웨슬리는 이어 맥냅의 설교 권한을 "그가 마음을 바꿀 때까지" 유보시켰다 (JWJ, 6:262-63).

찰스는 맥냅 사건을 "자만심과 이기심"으로 전염된 평신도 설교자들 간의 커다란 음모의 일부라고 보았다. 존 웨슬리를 몰아냄으로써 그들은 국교회로부터의 분리를 촉진시키고 자신들이 안수 받을 수 있는 가능성을 높이려 한다는 생각이었다. 존 포슨은 이러한 찰스의 생각에 도전하여, 이 사건은 배스에서 일어난 지역적인 말썽일 뿐이라고 주장했다. 석 달이 안 가 존은 맥냅의 복직이 안수와 분리를 촉진시킬 것이라는 경고를 무시하고 복직을 결정하자 찰스의 우려는 더욱 커졌다. 찰스는 "그냥 서서 우리의 뜻이 무너지는 것을 보려" 하지 않고, 평신도 설교자들을 겨냥한 강한 어조로 된 시를 썼다. 그 일부는 다음과 같다.

> 그들은 교만한 마음에 젖어
>   떠오르는 파벌 형성에 마음을 쏟네,
> 좀 더 이득을 볼 일 있지:
>   녹을 먹는 사제들처럼, 돈을 보고 일을 하네,
> 야망으로 눈이 멀어,
>   십자가는 마다하고 다스리려 하네. (Documents, 4:190)

설교자들 사이에, 그리고 동시에 웨슬리 형제간에 긴장이 고조되면서 양방은 각각 그들의 입지를 강화하는 방편으로 역사적 고찰을 시도했다. 존 웨슬리는 1777년 씨티 로드의 설교에서 설명한 것처럼, 감리회의 출발이 자신이 옥스퍼드에서 전적으로 경건을 추구했던 것에서 비롯된 것으로 주장했다. 이 기회에 그가 (자신을 3인칭으로 묘사해 가며) 말했던 것처럼, "1725년 후 수년간, 그는 자신을 인도하거나 도와줄 사람도 없이 혼자서 여행을 해야 했다. 그러나 1729년, 그는 같은 뜻을 가진 사람을 만났다" (Sermons, 3:581). 1779년, 토마스 테일러(Taylor)에게 쓴 편지에서 그는 "내가 첫 번째로 나의 동생을, 그리고 다른 여러 사람을 깨어나게 한 것은 하나님을 기쁘시게 했다; 이들 각자는 모든 일에 내가 그들을 이끌어 주기를 희망했다"고 부연했다. 존의 나머지 주장은 다른 몇 "복음의 아들들"이 그에게 지도를 구하는 것이나, 그의 노력의 결과로 생겨난 감리회의 여러 기구 등을 포함하면서 비슷한 양상으로 전개된다. 결론은 뻔했다: "그러므로 누구든지 제 규정, 그 중에도 특별히 사역에 있어서 나의 지시를 받는다는 것을 어기는 사람은 그 사실만으로도 나에게서 떨어져 나가는 것이다" (*JWL*, 6:375). 웨슬리의 생각에는 역사적 맥락에서의 우위 (primacy)가 곧 현재의 우위를 뜻했다.

그러나 찰스는 같은 일들을 놓고 다르게 해석을 했다. 그가 기억하는 감리회의 출발은 존이 기억하는 것과는 특별히 현재 논란중인 관점에서 매우 달랐다. 찰스는 미국인 설교자 토마스 챈들러 (Chandler) 박사에게 보낸 편지에서, 자기야말로 옥스퍼드의 감리회 운동을 시작한 사람이라고 말해, 1770년대 그에게 권한이 있었다는 사실을 은연중 나타내었다. 찰스는 감리회 운동이 제법 자리를 잡은 뒤 존이 옥스퍼드에 되돌아온 것으로 사건의 순서를 조심스럽게 재구성했다 (*Documents*, 4:204). 찰스가 제시한 감리회 운동의 시발에는 날짜가 없는데, 그 이유는 그의 주장이 처음 사건들의 실제 기록과 일치하지 않기 때문이기도 하다. 여기에 더하여 감리회 안에서 그의 정치적 입김은 존과는 비교도 되지 않았다.

이런 긴장에도 불구하고, 존은 설교자들에 대한 관심을 여러 형태로 보였는데, 그 중 한 가지가 그들의 **건강**에 대하여 조언을 준 것이다. 1778년 컨퍼런스에서 존은 "왜 많은 설교자들이 신경 질환에 시달리는가?" 하는 질문을 제기했다. 그 답은, "왜냐하면 그들은 게으름과 무절제함을 피하라는 캐도건 의사의 법칙을 충분히 지키지 않기 때문이라"는 것이었다. 운동과 절제를 통하여 건강을 증진하기 위해, 웨슬리는 그 자신이 실천하고 있음이 분명한 여섯 가지의 권고를 내어놓았다:

1. 술, 차, 담배, 그리고 코담배(snuff)를 피하라.
2. 저녁을 먹으려거든 가볍게 먹어라.
3. 아침은 쐐기풀이나 오렌지 껍질 차로 하라.
4. 열 시 전에 자고, 여섯 시 전에 일어나라.
5. 매일 상황이 허락하는 만큼 운동하라; 그렇지 않으면
6. 당신은 조금씩 죽게 된다.

이러한 여러 가지 사안에 관하여 웨슬리는 최근 의학이나 과학 출판물을 읽어, 가능한 한 최신 지식을 유지하려 노력했다. 1779년 4월, 스루스베리에서 설교한 뒤 웨슬리는 세 번 (Severn) 강에 놓이고 있는 새 다리 공사현장을 보기 위해 콜브룩데일에까지 걸어갔다. 세계 최초의 무쇠철교인 이 다리는 아치 (arch) 100피트, 높이 50피트, 넓이 34피트에 378톤의 무게로 설계되었다. 감동을 받은 그는 그의 소감을 "로드즈(Rhodes) 항구의 아폴로 신상도 이보다 무겁지 않겠다"는 말로 피력했다 (*JWJ*, 6:226).

그의 직접적인 관심은 물론 감리회원들과 함께 하는 그의 사역에 있었다. 그의 글 "음악의 힘에 관한 소고"(1779)는 이론만이 아니라 실제적으로 적용이 가능한 것이었다. 사람의 마음에 열정을 일으키는 분명한 곡조를

선호한 그의 생각은 "대위법(counterpoint)이 열정과 무슨 관계가 있단 말인가?" 하는 부정형으로 된 질문에서도 잘 나타난다. 자연의 곡조가 간단하듯 사람도 그러해야 한다는 것이 그의 생각이었다 (Collection, 767).

이 책은 1780년 찬송 모음(Collection of Hymns)을 출판하기 위한 전 단계였는데, 이것은 가장 방대한 웨슬리 찬송 출판물이었다. 525편의 찬송은 전통적 방법대로 국교회의 교회력에 따라 순서가 정해진 것이 아니라, "진정한 그리스도인의 경험에 따른 제목 하에 조심스럽게 배열되었다." 이 책은 실제로 (웨슬리의 말을 빌리면) 구원의 길을 보여주는 "실험적이고 실용적인 신학의 작은 모음"이었다. 또한 이 책에는 "조잡한 시나 엉터리"가 없고, "…과장되거나 허풍을 떨지 않지만, 반면에 저속하거나 남에게 기어오르지 않는다." "위선적 표현" 대신 "순수함, 힘, 그리고 영어의 우아함"을 찾아볼 수 있다. 실제로 존은 바로 이러한 이유에서 찰스의 찬송 (예를 들면, "예수, 내 영혼의 연인—Jesu, Lover of my Soul") 여러 편을 이 책에서 배제했다. 웨슬리는 그와 찰스가 시의 참 정신을 호흡하는 출중한 모음을 출판하면 서도, "경건생활을 돕는 목적"으로 잘 자리를 잡도록 배려했다고 생각했다 (Collection, 56, 74-76).

찬송 모음은 악보가 첨부되지 않았지만, 웨슬리는 거룩한 화음(Sacred Harmony)을 거의 동시에 출판했다. 이 악보는 기본적으로 거룩한 선율(Sacred Melody, 1761)을 다시 출판한 것이었지만, "음성(목소리)과 하프시코드 (피아노의 전신), 그리고 오르간을 위한 2부, 또는 3부"가 함께 있는 것이었다 (Collection, 25). 그러나 많은 경우 하프시코드나 오르간을 위한 악보가 없었고, 찬송은 인도자가 한 줄씩 선창하도록 되어 있었다. 웨슬리는 회중으로 하여금 바른 음정을 가지게 하기 위하여 간혹 오보 (oboe) 연주자가 선율을 연주하도록 하기도 했다.

이 시점에서 웨슬리는 1778년 제정된 카톨릭 구제령(Catholic Relief Act)에 반대하여 새로운 정치적 논란에 휘말리게 되었다. 그가 1779년 직접 쓴 *냉정하게 살펴본 천주교*는 전통적으로 내려오는 영국 개신교 측의 관점을 반영하였다. 그는 1780년 1월 공공광고(The Public Advertiser)의 편집인에게 보낸 편지에서 이와 같은 관점을 강한 어조로 되풀이하였는데, 여기에서 그는 **조지 골돈 경**(Gordon)이 이끄는 새로운 조직인 개신교 협회(Protestant Association)에서 하는 일을 지지하였다. 신앙적 원칙을 이유로 다른 사람들을 핍박할 의사는 없었지만, 웨슬리는 "[카톨릭이 아닌] 어떤 정부도 로마 카톨릭에 동조하는 사람들을 포용해서는 안 된다"고 서슴없이 주장했다. 그 이유는 간단했다: 비 로마 카톨릭 신도는 "이단과는 믿음을 같이할 수 없다"는 좌우명을 충실하게 지키기에, 그리고 교황은 어떤 약속이나 서약, 그리고 맹세도 마음대로 처리할 수 있는 권력을 가졌기 때문에, 이들의 국가에 대한 충성이나 평화적 행동은 보장할 수 없다는 것이었다 (*JWL*, 6:370-73).

그의 편지는 많은 사람들의 심기를 "매우 불편하게" 만들었지만, *복음잡지*에서 일하는 칼빈주의의 주창자들은 쌍수를 들어 환영하며 널리 유포하였다. 1780년 6월, 의회에 카톨릭 구제령 폐지 청원을 제출하기 위하여 고든 경이 20,000명의 지지자들을 이끌고 행진을 했을 때 웨슬리는 런던에 없었다. 하원이 이 청원을 심사하지 않고 휴회를 하자 폭동이 일어났다. 나흘에 걸쳐 런던은 약탈과 방화에 시달렸다. 고든 경은 타워 (Tower) 감옥에 수감되었는데, 웨슬리는 12월 그를 찾아가 천주교에 대해 의견을 나눈 뒤, 그가 그렇게 갇혀 있는 것이 "그에게 영구불변의 축복이 될 것"이라고 적었다 (*JWJ*, 6:301).

미국에 있는 감리회원들 중에는 다른 종류의 논란이 일고 있었다. 무력 충돌은 웨슬리가 파송한 설교자들을 영국으로 돌아가게 만드는 원인이 되기도 했지만, 미국 내 영국 국교회 사제들의 수도 감소하게 하는 결과를 빚기도 했다. 이렇게 되자 국교회 신도만이 아니라 감리회 신도들도 성찬을 받을 수 없게 되었다. 1777년, 감리회에서 성찬을 베푸는 문제가 제기되었지만 뒤로 미루어졌다. 1779년, 1년을 더 기다린 뒤 감리회 설교자들은 버지니아의 **플루바나** (Fluvanna) **컨퍼런스**에서 네 명의 장로목사를 뽑아 우선 서로에게, 그리고는 모두에게, 안수를 주어 성찬을 집례할 수 있도록 하는 안을 19대 10으로 가결했다. 이 결정은 웨슬리의 두 가지 원칙, 즉 지속적인 성찬의 필요성과 성찬 집례를 하기 위하여 안수가 전제가 되어야 한다는 것에서 비롯된 것이었다. 웨슬리 자신은 이와 같은 결정이 국교회 구조면에서 노골적인 위법이며, 분리를 위한 명백한 단계가 된다는 점에서 반대를 했을 것이다. 델라웨어에서 정치적으로 고립되어 남부 컨퍼런스에 참석할 수 없었던 프란시스 애스베리는 이 결정에 강력하게 반대했다. 그는 그렇게 하는 것이 "영국 국교회로부터 절름발이로 떨어져 나가 기껏해야 1년을 견딜 수 있을 것"이라고 보았다 (*Asbury*, 1:304).

그 다음 해, 북부지방의 설교자들은 애스베리의 인도 하에 "본래의 계획대로 감리회원으로서 컨퍼런스에 남는다"고 결정했다. 애스베리는 남부지방 컨퍼런스에 참석해, 웨슬리와 상의할 동안 1년만 성례에 관한 행동을 유보해 줄 것을 요청하려 하였다. 이를 뒷받침하기 위해 애스베리는 분리에 관한 웨슬리의 고찰과 보좌 총무인 그에게 (북부지방 설교자들은 그를 총리사, General Superintendent라고 불렀다) 주는 지시를 담은 사신을 모인 사람들에게 읽어 주었다. 처음에는 얼마간의 저항이 있었지만, 컨퍼런스는 그 제안을 받아들이고, 단결을 공고히 하기 위하여 애스베리에게 순회구역들을 방문하도록 요청했다. 이런 행동을 통하여 미국의 설교자들은 웨슬리의 권위가 연대조직보다 우위에 있음을 인정하는 동시에 미국 내 애스베리의 지도력을 강화했다.

그 뒤 여섯 달간 애스베리가 웨슬리에게 쓴 편지는 신도들이 성찬을 받을 수 없어 크게 손해를 보고 있다는 것을 강조했다. 그는 이런 상황 하에서 "기회의 결핍은 주님의 성찬을 받아야 할 의무를 유보한다"고 생각했다 (Asbury, 3:25). 이 경우에 애스베리는 지속적으로 성찬을 받는 것보다 법에 준하여 주어진 안수가 더 중요한 원칙이라고 보았다. 그러나 동시에 그는 웨슬리에게 안수에 관하여 무슨 조치를 취해 줄 것을 요구했다.

사실 웨슬리는 적절한 과정을 통하여 그의 설교자들에게 안수를 주려는 노력을 한층 강화하고 있었다. 체스터의 감독은 브라이언 베리 콜린스 (Brian Bury Collins)에게 안수 주기를 거부했는데, "이리저리 떠돌아다니며 설교하는 삶에 대한 우려를 나에게 조금도 표한 적이 없다"는 것을 이유로 들었다 (Church, 261). 그리고 런던의 감독 로버트 로우스 (Lowth)는 미국으로 가려고 했던 또 다른 감리회 설교자인 존 호스킨스 (Hoskins)에게 교육을 충분히 받지 못했다는 이유로 안수 주기를 거부했다. 웨슬리는 로우스 감독에게 미국에서 설교자를 얼마나 필요로 하는지 역설하는 편지를 썼다. 그는 감독이 가지고 있는 우선순위에 몹시 언짢아했다: "각하는 희랍어나 라틴어는 알아도 고래 잡는 것만큼도 영혼 구원에 대해서 모르는 사람에게 안수를 주어 미국에 보내는 것을 좋게 여겼습니다" (JWL, 7:31; JWJ, 21:248 참조).

이런 편지들이 오가는 사이 브리스톨에서는 1780년 컨퍼런스가 열리고 있었다. 이 컨퍼런스에서는 "대" 회의록을 재정비하고 수정하는 일에 모든 노력을 기울여, 통상 회의 기간을 한 주간이나 연장하기까지 하였다. 8년 만에 개정, 확장된 이 문서에는 그 전 네다섯 번의 컨퍼런스에서 심의된 몇 가지 질문들이 추가되었고, 전에 수록되어 있던 항목들도 몇은 수정이 되거나 추가가 되었다. 새로 추가된 항목들은 금식에 관한 구체적 제안 (Q. 35), 국교회로부터 분리가 불가한 이유 (Q. 47), 그리고 예배처에서 예배 전, 후에 조용히 하도록 하는 권유(Q. 68)를 포함하고 있었다. 수정된 항목 중에는 될 수 있는 대로 새벽 5시에 하는 설교를 빼먹지 않도록 하는 강한 결의, 신도가 20명만 되어도 설교를 하고, 그렇지 않으면 찬송과 기도를 하도록 하는 권유도 포함되어 있었다 (Q. 25). 웨슬리는 예배처가 "품행이 좋지 못한 여자"(Q. 69)에 의해 망쳐지지 않도록 설교자

부인들이 어떻게 "청결의 본"이 되는 동시에 "근면의 본"이 되어야 하는지에 대한 구체적인 제안도 추가했다. 당시 25퍼센트에 달했던 기혼 설교자들은 1779년 부인을 만나기 위해 설교 후 서둘러 집에 돌아가지 않도록 하라는 권유의 말을 들었다. 그들은 먼저 신도회 모임에 참석해야 했다 (*Minutes*, 141). 웨슬리에게는 이것이 문제가 되지 않았다. 왜냐하면 당시 그는 그의 부인인 몰리와 헤어진 것이 몇 해 되었기 때문이다. 그럼에도 불구하고 40명이 넘는 부인들의 생계를 돌보는 것은 문제가 되어 "독신 설교자에게 결점이 있는 경우 외"에는 기혼 설교자들의 허입을 허용하지 않는 규정이 마련되게 되었다 (*Minutes*, 151).

웨슬리는 또한 모든 사람이 컨퍼런스에 참석할 수 있도록 "허가"한 것을 취소하기로 결정했다. 찰스는 이 컨퍼런스에 참석했는데, 이러한 사실은 "국교회를 떠나는 사람은 누구든지 우리와 함께 하지 않는 사람"이라는 원칙을 강하게 재천명한 결과이기도 하다 (*JWL*, 7:29). 구조적 갱신도 더러 이루어졌는데, 예를 들면, 콜른(Colne)에서 웨슬리의 보좌관으로 일하던 크리스토퍼 하퍼(Hopper)가 컨퍼런스의 일부를 주재하도록 선출된 것이라든지, 웨슬리를 보좌하도록 코크와 플렛쳐를 포함하여 여섯 명으로 위원회를 구성한 것 등이다 (*Church*, 220). 컨퍼런스가 끝난 바로 뒤, 웨슬리는 누가 아직도 주도권을 장악하고 있는가를 분명히 보여주었다. 그때까지도 맥냅 사건으로 마음이 상해있던 그는 설교자 중 한 사람인 재커라이아 유돌(Zachariah Yewdall)에게 편지를 써, "두 번째 규정에 따르면 설교자들을 파송하는 것은 컨퍼런스가 아니라 바로 나요. 그러나 나는 내 형제들의 조언을 들을 수 있도록 컨퍼런스 기간 동안에 이 일을 처리하는 것이요"라고 했다 (*JWL*, 7:40). 다른 대부분의 사안처럼, 웨슬리는 컨퍼런스에 오기 전에 파송 명단을 미리 작성해 가지고 왔지만, 물론 그 자리에서 변경할 수도 있었다 (*Polity*, 251n). 그러나 연대조직 내에서 정식으로 공인되지 않은 설교를 용납할 의사는 없었으며, 여자가 설교하는 경우는 특별히 더 했다. 1780년 3월, 그는 그림스비의 보좌관 존 피콕(Peacock)에게 그의 순회구역 내에서 "여자가 설교하는 것을 전면 중단"하도록 지시를 내려 보냈다. 웨슬리는 "그냥 두면 더욱 문제가 커져 어디까지 갈는지 알 수가 없다"고 덧붙였다 (*JWL*, 7:8-9).

조직 내에 계속되는 긴장과 문제에도 불구하고 감리회 신도회는 더욱 성장했다. 1781년 보고된 회원수는 전 해에 비해 631명이 증가한 44,461명이었다. 설교자의 수는 178명이었는데, 회원 250명에 한 명 꼴이었으며, 1767년 이래 비슷한 비율을 지켜왔다. 순회구역 수는 배로 증가해 63개가 되었지만, 그 중 열둘만이 1,000명 이상의 회원을 가지고 있었다. *회의록*에

긴장과 변천

전에는 회원수가 감소한 구역에 별표를 붙였었지만, 이제는 성장한 구역 33개에 붙여졌는데, 어려운 상황 속에서 긍정적인 측면을 강조하기 위한 것으로 보인다. 최악이었던 전 해보다도 배에 달하는 구역이 회원의 감소를 기록했다. 여섯 개의 구역은 100명 이상의 회원 증가를 보였지만, 또 다른 여섯 개의 구역은 100명 이상의 회원 감소를 기록했다.

신도회가 커지면서 새로운 장소나 더 큰 모임 장소가 필요하게 되었다. 수년간 감리회는 신도들을 수용하기 위해서 극장, 대장간, 창고 등 여러 가지 다른 형태의 건물들을 구입했다. 1764년 벨패스트(Belfast)에서 감리회 모임의 장소로 사용된 도살장 건물은 한 10대 청소년이 하나님의 사랑을 체험한 "거룩한 곳"이었다. 그의 친구들이 그곳은 단지 도살장에 지나지 않는다고 지적하며 놀리자, 그는 "그럴지도 모르지만, 나에게는 하나님의 집이었어" 하고 대답했다 (*People*, 42). 1780년경, 존 섯클리프는 10여 년 전 웨슬리의 설교를 듣고 이우드(Ewood)의 속회에 가입했는데, 그가 조직한 기도 모임이 필링에 있는 그의 집에서 모이기에는 너무 커져 더 큰 장소를 필요로 하게 되었다. 그는 루덴든(Luddenden)에 길이 12야드, 넓이 7야드 크기의 사용하지는 않지만 튼튼한 창고 건물을 구입해, 비록 10마일이나 떨어져 있었지만 이사를 가고 새로 방을 만들어 감리회 모임 장소로 사용하기 시작했다 (*People*, 36-37).

성장한 순회구역 중에 하나는 엡워스였는데, 이곳은 특히 어린이들을 중심으로 하여 부흥했다. 그 지역이 산업화되면서 네 개의 방직공장에서 많은 수의 소년과 소녀를 고용하게 되었다. 이들 중 몇은 "기도모임에 우연히 참석했다가 마음에 감동을 받았다." 동료들 사이에서 이루어진 그들의 노력은 세 개 공장의 근로 조건을 바꾸어 놓았다. 웨슬리는 이를 보고 "더 이상 음란과 저속함은 없었다. 하나님께서 그들의 입에 새로운 노래를 담아주셔서 상스러운 말이 찬양으로 바뀌었기 때문이다"라고 적었다 (*JWJ*, 6:352-53). 웨슬리가 이곳이나 다른 곳에서 후에 알게 되었듯, "불이 붙어 가슴에서 가슴으로 전해지고", 이렇게 시작된 "불꽃은 나이든 사람들에게까지 퍼져 나갔다" (*JWJ*, 6:514-15). 그러나 때에 따라서 그는 그의 말로 "들불"이 참된 것임을 보게 되었다. 각 지역에서의 부흥은 그 지역 나름대로 독특한 성격을 띠고 있었다.

회원수가 일시적으로 감소한 구역 중 한 곳은 **버스톨**(Birstall)이었는데, 이 마을에 위치한 예배처는 웨슬리의 의도와는 반대로 재단이사들이 설교자들을 "세우거나 내보낼 수 있도록" 동기가 "거북하게 되어" 있었다. 그 동안 보여온 성장을 지속할 수 있도록 신도회가 큰 건물을 세우기로 결정하자, 웨슬리는 "대" *회의록*에 수록되어 있는 표준 등기부를 사용하게 하려고 힘을 썼다. 이렇게 되면 이 건물은 감리회 연대조직에 묶여, 그 강단은 존 웨슬리가 파송하는 설교자들에게만 허용될 것이었다. 그러나 버스톨 사람들은 등기부의 내용을 변경할 수 없다고 주장했다. 그 결과로 1782년 컨퍼런스에서 웨슬리는 모든 예배처가 "변호사를 개입시키지 말고" 표준 등기부를 사용할 것을 강력히 주장했다. 그리고 버스톨 재단이 사들이 "감리회 계획대로" 따르기를 거부한다면 그가 영국 전역에서 모금을 해 "현 위치에서 가장 가까운 땅을 사 새 예배처를 지을 것"이라고 명문화했다 (*Minutes*, 157).

웨슬리는 순회제도를 지켜 나가기 위해서는 이와 같은 확고한 행동이 필요하다고 보았다. 재단이사들이 설교자들을 임명할 수 있는 힘을 갖는다면, "순회설교는 끝장이 날 것이었다." 설교자들의 순환은 끝이 나고, 그들이 파송지에 머무는 동안 그들의 입에는 재갈이 물려지는 것이다. 이를 나이 먹어 가는 대부에 의한 권력 투쟁이라고 본 비판자들에게, 웨슬리는 이러한 요구조건은 다음 세대 순회설교자들의 자유를 지키기 위해, 그리고 설교가 마음에 들지 않는다고 재단이사들이 마음대로 설교자들을 강단에서 쫓아내는 것을 막기 위해 필요한 조치라고 답하였다. 이러한 권한은 국교회의 귀족들조차 갖지 못한 것이었다 (*Societies*, 507-9).

물론 웨슬리가 감리회 강단으로부터 행해지는 모든 유형의 설교를 지원할 마음을 가졌던 것은 아니었다. 표준 등기부는 그의 설교와 주석이 바른 감리회 설교를 측정하는 교리적 기준이 된다고 규정하고 있었다. 그리고 1782년 초, 골든 폭동이 지난 뒤 그는 "기독교 목사가 어디까지 정치적 설교를 해야 하나?"라는 제목으로 짧은 글을 썼다. 웨슬리는 "십자가에 달려 죽은 예수 그리스도를 전하는 것"이 그들의 주된 임무이기는 하지만, 비록 많은 사람들에게 "아니, 저이는 정치에 관해 설교하고 있잖아!" 하는 지적을 받더라도 설교자들은 응당 왕과 그의 자문관들을 사람들의 정당하지 않은 비난으로부터 방어해야 한다고 생각했다 (*JWW*, 11:155).

정치에 관해서 모든 감리회원들이 웨슬리와 뜻을 같이 한 것은 아니었다. 1775년 폴리머스 부두(Plymouth Dock)에서 웨슬리는 "왕과 그의 모든 신하들에게 뿌리 깊은 편견을 가진" 사람들에게 하고 싶은 말을 마음껏 했다. 그의 말을 듣고 보인 그들의 반응을 웨슬리는 "하나님이 내 말을 그들의 가슴에 먹히게 하셨다"는 것과 "이제 관점이 바뀌지 않은 사람들은 아무도 없다"는 말로 평가했다 (*JWJ*, 6:78). 1779년, 그는 몇몇 순회구역의 회원이 감소한 이유를 "부분적으로는 왕에 대한 편견과 고위층에 대한 악평" 때문으로 설명하면서, 그 해결책으로 "우리와 함께 설교를 하려면 권위를 가진 사람들에게 대하여 악평하는 자나, 나라의 장래를 나쁘게 말하는 자를 용납해서는 안 된다"는 방안을 제시했다 (Minutes, 140).

설교자들을 관장하는 것은 연대조직의 단결을 위한 핵심이었다. 컨퍼런스는 오랫동안 여러 가지의 규칙을 선포하고 시행해 나가는 방편이었다. 이 기간 동안 웨슬리는 자기가 직접 저술한 문건을 출판하는 설교자나, 자기가 작곡한 찬송을 부르는 설교자, 또는 머리에 분을 바르거나 가발을 쓰는 설교자를 컨퍼런스를 통하여 추방하는 조항을 엄격하게 지켜 왔다 (Minutes, 151, 157-59). 동시에 더 이상 그들을 순회설교자로 여기지는 않았지만, 대기 설교자로 명단에 올려놓아 둘 수는 있었다. 보조원들은 분기별로 "순회계획"을 작성하여 제출할 것이 요구되었는데, 여기에는 몇 개의 신도회를 적고, 새 회원, 믿음 퇴행자, 핵심조원 등의 표시와 함께 회심, 사망, 결혼, "제명"을 구분하여 표시한 회원 이름과, 각 줄마다의 합계를 기록하게 되어 있었다 (JWL, 6:374; Minutes, 140). 이 표는 웨슬리가 1754년 작성한 표를 본으로 한 분기별 설교 계획과는 달랐는데, 이것은 이때쯤부터 좀 더 폭넓게 쓰이기 시작하여 "순회계획"(circuit plans)으로 알려지게 되었다.

일부 규정들은 감리회 신도들에게 직접 적용되었다. 예배를 드릴 때 남자와 여자는 따로 앉아야 했다. 주일날 미장원에 가면 안 되었다. 주일날에는 군사 훈련에 참여하는 것은 물론, 구경해서도 안 되었다 (Minutes, 157-59). 1782년, 웨슬리는 국교회 출석에 관한 이전의 규정을 완화하기 시작했다. 웨슬리는 토마스 브리스코(Brisco)가 감리회 예배 시간을 변경한 것을 칭찬하는 한편, "모든 사람들이 할 수 있는 한 교회에 가도록 권"하겠다고 했다 (JWL, 7:115). 이런 표현은 국교회의 출석에 관하여 이전에 웨슬리가 내렸던 지시의 강도에 많이 못 미치는 것이었다. 그 자신의 교회 출석도 이렇게 완화된 태도를 반영하기 시작하자, 이 사안은 현지 사정에 따라 결정할 수 있도록 되었다. 이제 그는 특별히 런던과 브리스톨에서 국교회의 통상 예배시간으로까지 연장되는 감리회 예배에 좀 더 참석하게 되었다 (Church, 291-92).

이때쯤, 웨슬리는 "메소디스트라 불리우는 사람들의 간략한 역사" (1781)라는 제목으로, 감리회 운동에 대하여 가장 길게 쓴 **역사**책을 출판했다. 이것은 실제로는 그가 편집한 간추린 교회사(A Concise Ecclesiastical History)의 부록이었으며, 네 권으로 줄인 모샤임(J. L. von Mosheim)의 저술 마지막 부분을 이루고 있었다. 그는 그의 글을 "감리회 세 개의 기원," 즉 옥스퍼드, 조지아, 런던의 간략한 기술로 시작한다 (*Societies*, 430). 이야기의 나머지는 132개의 번호가 매겨진 문단으로, 대부분 그의 일지에서 인용한 것이다. 수많은 감리회 신도들의 이야기는 모두가 한 가지 목표, 즉 세 왕국(영국, 스코틀랜드, 아일랜드: 역자 주)에 진정한 신앙을 전하는 것을 지향하고 있다는 주제를 강조한다. 성서에 근거한 이 "진실로 이성적인 종교"를 웨슬리는 "마음을 겸비함과 온유함, 만족함으로 채우는 하나님 사랑과 이웃 사랑"이라고 기록한다 (*Societies*, 502). 이때까지 열일곱 번의 "발췌본"(1775년분까지)으로 나누어 선을 보였던 일지와 꼭 마찬가지로 이 "간략한 역사"는 웨슬리 운동을 효과적으로 널리 알리는 간략한 해명서(*apologia*)였다.

이때쯤 감리회 신도회 신도들은 점점 잘 사는 모습을 보이기 시작했다. 이런 현상이 기뻐해야 할 이유가 될 수도 있었겠지만, 동시에 웨슬리 운동이 계획한 것으로는 신학적 문제가 되었다. 실제로 몇 신도회에서 회원수가 감소한 것에 대한 웨슬리의 분석에는 그 주된 이유로 "세상적 생각의 증대와 세상을 따라가는 것"도 포함하고 있었다 (*Minutes*, 140). 웨슬리는 감리회원이 부(wealth)를 필요 이상으로 축적해 나가는 어떤 모양도 옳지 않다고 곧바로 지적했다.

수년간, 그는 감리회원들에게 "필요한 것과 편리한 것"을 빼고는 모두 주어 버리라고 계속 역설해 왔다. 그는 이 문제를 중요하게 여겨 1781년 1월 아르미니안 잡지에 그 자신의 설교를 두 달에 걸쳐 싣는 새로운 조치를 시작했다. 첫 번째로 실린 설교는 디모데전서 6장 9절, "부하려 하는 자들은 시험과 올무와 여러 가지 어리석고 해로운 욕심에 떨어지나니 곧 사람으로 침륜과 멸망에 빠지게 하는 것이라"를 본문으로 한 것이었다 (*Sermons*, 3:228-46). 그는 "부자"를 먹을 음식, 입을 옷, 살 집 이상을 가진 모든 사람들을 포함하는 것으로 다시 정의를 내렸다. 뒤에 "부의 위험"(The Danger of Riches)으로 제목을 바꾼 이 설교는 이전에 "돈의 사용"(The Use of Money: 1760)이라는 설교에서 주장한 세 가지 원칙, 즉 벌 수 있는 만큼 벌어라, 저축할 수 있는 만큼 저축하라, (그러나 특별히) 줄 수 있는 만큼 주라는 원칙을 다시 한번 제시하는 기회가 되었다. 그는 무엇보다도 감리회 신도들이 주님의 이 말씀을 듣기를 간청했다. 그리고 종종 그랬듯이 한 번 선언 된 원칙은 경구가 되어 *회의록*에 수록되었다: "소유의 증가와 같은 비율로 자선이 증가하지 않는 사람은 누구나 탐욕하는 것이다" (*Minutes*, 158).

그때까지도 웨슬리는 대부분의 사안을 자신이 직접 감독할 수 있었지만, 갈수록 빨라져 가는 사회의 변화 및 감리회의 규모와 확산은 이 운동의 인사관리를 한 사람이 맡기에는 점점 힘들어져 가게 되었다.

긴장과 변천

"감리교의 사도"
토마스 코크

컨퍼런스와 사역

웨일즈 태생으로 안수를 받은 영국 국교회 사제 **토마스 코크**(Thomas Coke)는 1777년 런던에 와서 웨슬리를 돕게 되었는데, 당시는 씨티 로드 (City Road)의 새 예배당이 건축 중이었다. 그는 건강이 악화되고 있었던 존 플렛쳐의 자리를 곧바로 메워 웨슬리의 오른팔이 되었다. 플렛쳐와는 다르게 코크는 교구에 관계하고 있지 않았는데, 그 이유는 그가 사실상 감리회 순회구역으로 바꾸어 놓은 사우스 페서톤(South Petherton)의 사제직에서 해임되었기 때문이었다. 코크는 몇 가지 중요한 사업에서 지도력을 발휘했다. 그는 1782년 웨슬리가 문서를 인쇄하여 무상으로 배포하기 위해서 세운 문서협회(Tract Society)를 이끌었다. 이 사업의 후원자들은 웨슬리가 출판한 1페니 또는 1페니 이하짜리 소책자들을 구입하여 가난한 사람들에게 나누어주었다. 부자에게 1페니란 시계 태엽감개를 사는 돈에 불과했지만, 가난한 사람들에게는 설탕 한 봉지나 빵 한 덩어리에 해당하는 금액이었다. 두 해가 못되어 표지에 "비매품, 무상배포"라고 명기한 30종의 웨슬리 소책자가 특별히 출판, 배포되었다.

1777년, 코크는 아프리카 선교를 제안하였다가 받아들여지지 않았던 경험이 있었는데, 이제 그는 감리회 안에서 가장 먼저 해외 선교를 시도하는 힘이 되었다. 6년 뒤, 그는 교단에 소속되지 않은 이방인 선교협회의 설립을 제안했고, 감리회에서 동인도에 선교사를 파송하도록 힘을 썼다. 이 시점에서 웨슬리는 "아직 그쪽으로 아무런 소명이 없고, 초청도 없으며, 어떤 종류의 섭리적 기회도 없다"는 이유를 들어 이 제안을 묵살했다 (*JWJ*, 6:476). 웨슬리는 "복음의 일반적 전파"(1783, *Sermons*, 2:493)라는 설교에서 피력한 것처럼 지구의 모든 곳에 이르는 **선교**(missions)의 일반적 개념에는 호의를 가지고 있었지만, 이 특정한 시점에서 그는 국내 문제에 더 관심이 있었다.

이 중 작지 않은 문제 한 가지는 그의 생전에 연대조직의 질서와 연속성을 확보하는 것이었다. 버스톨(Birstall)에서 있었던 일은 그가 죽을 경우 일어날 수도 있는 분열과 혼란을 미리 보여준 셈이었다. 브리스톨(Bristol)의 새 방 재단이사회도 역시 표준 등기부 (Model Deed) 사용을 거부했다. 옥스퍼드 대학교 민법 박사 학위를 가지고 있던 코크(Coke)는 이 두 건의 민감한 사건만이 아니라 다른 경우에도 웨슬리의 대리인으로 일을 했다. 이제 감리회 예배처는 거의 400여 곳에 달했고, 1년에 24개 이상의 새로운 예배처 설립 신청이 들어왔다 (*Church*, 293). 1783년 컨퍼런스에서 웨슬리는 "필요도 없이 예배처만 늘어나는 것"은 크나 큰 악이라고 말하면서, 예배처 전부를 "제도적으로 컨퍼런스의 계획 안에" 두기 위하여 코크가 영국 전역을 돌아볼 것을 제안했다 (*Minutes*, 165).

선언문

코크는 웨슬리가 죽은 뒤 부동산이나 조직 문제를 해결할 수 있는 법적 구심점이 없다는 것을 이미 알고 있었다. 코크는 젊은 감리회원이며 변호사였던 윌리암 클러로우(Clulow)와 함께 링컨 인(Lincoln's Inn)의 법정 변호사였던 존 매독스(Maddocks)의 법적 조언을 구했는데, 매독스는 컨퍼런스의 현 구조로는 웨슬리가 부동산에 대하여 가지고 있는 권한을 법적으로 대체할 수 없다는 의견을 그들에게 개진한 적이 있었다. 그러므로 웨슬리의 사후에는 메소디스트라고 불리우는 사람들을 하나로 묶어 놓는 아무런 규정이 없었다. 매독스는 웨슬리가 조직의 세부사항을 필요한 만큼 충분히 설명하는 등, 이러한 제 문제들을 법적으로 명백하게 설명하는 선언문을 준비해, 문서 보관 법원에 등기해 둘 것을 제의했다. 1783년 컨퍼런스는 이 제의를 인준했다.

1784년 초 웨슬리는 코크의 도움을 받아 존 웨슬리 목사의 선언 및 메소디스트라고 불리우는 사람들의 컨퍼런스 파송(The Rev. John Wesley's Declaration and Appointment of the Conference of the

People called Methodists)이라고 제목을 붙인 **선언문**(Deed of Declaration)을 작성했다. 전형적인 난해한 법률 문체로 쓰여진 이 여덟 쪽짜리 문서의 핵심은 다음과 같다.

> 존 웨슬리는 이에 선언하노니, 런던, 브리스톨, 또는 리즈의 메소디스트라고 불리우는 사람들의 컨퍼런스는 상기 장소 중 한 곳에서 연차 컨퍼런스로 모이기 시작한 이래, 항상 설교자와 하나님의 거룩한 말씀을 강해하는 이들로 구성된 바, 통상 감리회 설교자로 불리워졌고, 상기 존 웨슬리의 관할과 상호 연결 하에, 그가 매해 런던, 브리스톨, 또는 리즈 중 편의에 따라 결정하는 곳에서 그와 만나도록 소집하여, 그리스도의 복음을 전파하기 위하여 자문하며, 소집 된 이들 및 상기 연차 컨퍼런스에 소집되지 않은 다른 설교자들과 하나님의 거룩한 말씀을 강해하는 이들을, 역시 상기 존 웨슬리의 관할과 상호 연결 하에, 할당된 상기 예배당 및 건물을 사용하도록 파송하며, 그리고 무자격자를 제명하고 새로운 이들을 그의 관할과 그의 연결조직으로 허입하여왔다 (*JWJ*, 8:335-36).

이 문서의 실용적인 역할은 "이후 명기된 바와 같이 선정될 모든 후계자들과 더불어 메소디스트라고 불리우는 **사람들이 컨퍼런스**이고, 컨퍼런스 안으로 받아지고 영구히 인정될" "**백 명의 설교자들**" (Legal Hundred) 명단을 싣는 것이었다 (*JWJ*, 8:338). 1784년 2월 28일 고등법원 공문서 보관소에 등기된 등기부의 법적 기능은 컨퍼런스를 운영해 나가기 위한 열다섯 조항의 규칙을 열거한 것이었다. 여기에는 40명을 정족수로 하는 연차회의, 임원으로 의장과 비서, 3년을 기한으로 하는 임기, 그리고 설교자의 허입과 제명에 관한 절차 등이 명기되어 있었다. 의사 결정의 공식 기록은 의사 진행록(*Journal*)이었으며, 이를 토대로 회의록(*Minutes*)이 출판되었다. 그러나 마지막 조항은 이 선언문의 어떤 부분도 "상기 존 웨슬리와 찰스 웨슬리가 현재 지니고 있는" 모든 예배처의 "어떠한 물권, 권리, 또는 권한의 종신물권을 연장, 소멸, 감소, 또는 축소하지 못한다"고 명기하고 있다 (*JWJ*, 8:341). 다시 말해서, 이 문서의 효력은 웨슬리 형제가 둘 다 죽기 전에는 본래의 효력을 발휘하지 못하게 되어 있었던 것이었다.

그러나 이 선언문은 연대조직의 장래에 영향을 미치게 될 명백한 의미를 내포하고 있었다. 3년의 임기는 웨슬리가 통상 운용해오던 1년, 또는 2년 임기를 연장한 것으로, 많은 사람들이 만족하게 생각했다. 웨슬리는 그 때까지도 컨퍼런스에 참석하도록 사람들을 개인적으로 청했지만, 법적 컨퍼런스는 이제 웨슬리가 임의로, 그리고 연례적으로 청한 사람들보다는 지명이 된 설교자들만 모이는 제한적인 모임이 되었다. 코크는 컨퍼런스의 참석을 "법적 100명"에 국한하는 것에 반대했고, 1780년 이전 10여 년간 해 온 것처럼, 연대조직의 정회원 모든 설교자들이 회원으로 참석할 수 있어야 할 것으로 생각했다. 코크는 선언문의 사본을 세이럼(Sarum)에 있는 보조자 존 문(Moon)에게 보내면서, "나는 나의 형제 중 누구는 임명하고 누구는 빼놓는 일에 아무런 관여도 하지 않았다"고 자신의 역할에 분명히 선을 긋는 글을 첨부했다. 당시 연대조직에는 200명에 달하는 평신도 순회설교자들이 있었으므로, 열네 명의 나이 든 보조자들을 포함해서 거의 절반이 명단에서 빠져 있었다. 웨슬리가 어떤 기준으로 100명을 선별했는지 확실히 알기는 어렵지만, 선임 순위가 미친 영향은 별무한 것이 분명하다. 다른 사람들이 선임되었으면 좋았을 뻔 했겠다는 지적에, 그는 "그들이 자신을 좋게 평가하는 것만큼 내가 그들을 좋게 평가했더라면 그 말이 맞다"고 답했다 (*JWW*, 13:249). 문제가 되는 설교자 몇 명을 배제했다는 사실은 그들의 불만을 누그러뜨리는데 아무런 도움이 되지 않았다.

이 선언문은 "대" *회의록*의 표준 등기부에 수록되어 있는 교리적 기준에 대해서는 아무런 언급을 하지 않고 있다. 그리고 웨슬리는 감리회 건물을 "예배처"라고 계속 부르고 있기는 하지만, 선언문은 "예배당"(chapel)이라는 용어를 써, 독자적 교회의 인상을 풍기고 있다. 영국 국교회와의 관계에 대해서는 아무런 언급이 없다. 그러나 웨슬리는 어떤 태도의 변화도 없다는 것을 곧 분명히 했다. 그 다음 달, 그는 맨체스터(Manchester)의 보조자 존 멀린(Murlin)에게 전갈을 보내, 평신도 설교자 중 누구든지 사적이나 공적인 자리에서 국교회나 사제에 반하는 말을 하거나, 국교회의 기도문에 따라 기도를 하거나, 어린이들에게 세례를 베풀면, 그들은 이를 저지하기로 약속할 것을 요구했다: "만일 그들이 이렇게 약속하지 않는다면, 설교를 중단시키시오. 그리고 그들이 이 약속을 지키지 않으면, 신도회에서 제명하시오." 리버풀(Liverpool)의 재커라이아 유돌(Yewdall)에게 보낸 전갈은 더욱 간결했다: "그런 현지 설교자는 막든지 끝을 내든지 하시오" (*JWL*, 7:213, 215).

불평분자들 가운데 유난히 다루기 힘든 설교자 존 햄슨(John Hampson)은 "배제된 아흔 하나"를 대신해 웨슬리 형제에게 보내는 "호소문"을 작성하여 출판했다. 그는 이 설교자들을 컨퍼런스에 오게 해 선언문을 백지화하고 이전의 구도를 회복하려 했다. 죽음을 앞둔 플렛처를 포함한 대다수의 설교자들은 웨슬리의 편을 들어 새로운 계획을 지지했다. 햄슨과 필모어 등 몇 사람은 사임했다. 이들의 우려를 덜기 위해 웨슬리는 모든 설교자들의 동등한 권한을 보장하는 문서를 작성할 것을 약속했다. (그는 이 문서를 조셉 벤슨에게 맡겨, 그가 죽은 뒤 첫 번째 열리는 컨퍼런스에서 읽도록 했다.) 이 일을 기록한 웨슬리 *일지*의 마지막 문장은 한 가지 이상의 해석이 가능하다: "우리 컨퍼런스는 모두에게 실망스럽게, 충만한 사랑 가운데 막을 내렸다" (*JWJ*, 7:7).

이 선언문은 영국 감리회 운동의 장래를 보장하기 위해 웨슬리가 취한 중요한 조치였다. 그러나 이 문서가 매년 긴장을 야기하는 행정적 쟁점 모두를 해소한 것은 아니었다. 그리고 이 조치가 미국 감리회 신도들로부터 비롯된 점증하는 압력에 대처하기 위해서 한 것은 아무 것도 없지만 (플루바나 컨퍼런스 이후 회원수는 배로 증가하여 15,000에 이르렀다), 웨슬리는 이제 해외 문제에 좀 더 관심을 쏟을 수 있게 되었다.

신세계를 위한 새 교회

1780년 초가 되면서, 웨슬리가 파송한 설교자 중 미국에 남아있는 유일한 사람은 프란시스 애스베리 뿐이었다. 전쟁이 끝난 뒤, 웨슬리는 버지니아의 에드워드 드롬굴(Dromgoole)에게 편지를 써, 젊은 애스베리에게 갖는 그의 신뢰감을 표현했다: "나는 애스베리 형제가 당신들 가운데 질서를 유지하고, 만일 하나님이 나를 미국에 보내셨더라면 나 자신이 직접 했을 바로 그 일을 하도록 양육 받았음을 확신합니다." 1783년 9월, 독립전쟁의 정치적 마무리인 파리 평화협정의 서명이 끝난 뒤, 웨슬리는 애스베리를 미국 총 보좌관으로 임명했다. 임명장을 겸한 편지는 또한 "당신들 모두는 네 권으로 출판된 *설교*와 *신약주석*, 그리고 컨퍼런스 대*회의록*에 수록된 감리회 교리와 장정을 준수하도록 하시오"라는 권면을 포함하고 있다 (*W-A*, 128). 미국 감리회 설교자들은 1784년 4월 열린 컨퍼런스에서 이러한 의무를 충실하게 지킬 것을 약속하며, "파송받은 순회구역을 지키고, 런던과 미국의 *회의록*에 수록된 지시를 따르며, 웨슬리와 컨퍼런스가 총 보좌관으로 인준한 프란시스 애스베리의 감독을 받을 것"을 추가했다.

대서양 건너편에까지 자신의 영향력을 확대하려 했던 웨슬리의 이러한 시도는 **안수** 문제에 걸렸던 미국 감리회원들의 기대에는 미치지 못했다. 애스베리는 웨슬리에게 수천 명의 미국 어린이들이 세례를 받지 못한 채 있고, 감리회 신도회의 회원들 중 몇 명은 "수년간 주님의 성찬을 받지 못했다"고 보고했다 (Coke and Moore, 468). 미국에 있는 영국 국교회 동료들도 그들의 지도자인 사무엘 시베리(Seabury)로부터 1783년에

웨슬리와 메소디스트라고 불리운 사람들

런던 클러큰웰(Clerkenwell)에 있는 스파 필즈(Spa Fields) 예배당. 전에 극장이었던 이 건물은 레이디 헌팅던 자신의 조직을 위해 1777년 구입했다.

아무런 감독 지시를 받지 못해 실망하고 있었다. 영국으로부터 "여기 누구도 국교회를 위해 위험을 지려는 사람은 없다"고 한 시베리의 불평이 담긴 지적은 미국 감리회 신도들의 감상을 대변해 준다 (*Church*, 274).

레이디 헌팅던의 조직은 1783년 3월 평신도 설교자들에게 안수를 줌으로 비국교로 떨어져 나갈 단계에 이르렀다. 스파 필즈(Spa Fields)에 있는 그들의 예배당은 그 전 해 이미 비국교 예배당으로 등록을 마쳤다. 인콰이어리(*Enquiry*)라는 잡지에 실린 피터 킹(Peter King)의 주장은 그와 같은 행동의 이론적 근거를 제공해 주었다. 킹과 에드워드 스틸링플리트(Stillingfleet)의 주장에 따라 웨슬리도 한동안은 자기에게도 안수를 줄 권리가 있다고 생각했었지만, 아직은 국교회의 전통적 체계에서 떨어져 나가는 것이 적합하다고 생각하지 않았다. 예외적인 선지자는 있어도 예외적인 사제는 없다는 것이 웨슬리의 생각이었다. 그러나 1783년이 되면서 상황은 바뀌었다. 안수의 필요성이 절실해진 것이다. 그리고 전통적으로 안수를 줄 수 있는 권한을 가진 사람은 누구도 성찬을 집례할 사람이 없어 심한 어려움을 겪고 있는 감리회를 위해 그 권한을 행사하려 하지 않았다. 미국에서의 상황은 단순히 편의의 문제가 아니라 "필요한 경우"가 되었다 (*JWL*, 7:262).

1783/84년 가을과 겨울, 웨슬리는 미국 내의 감리회 사역을 이끌어 가도록 웨슬리가 감독을 세워 안수를 주는 가능성을 포함한 미국의 문제에 대해 코크(Coke)와 상의를 했다. 이 시점에서 웨슬리에게는 미국에서의 상황을 살펴본 뒤 웨슬리에게 보고하려 했던 코크보다 빠른 속도로 움직여 나갈 마음이 있었던 것으로 보인다. 코크는 결국 그 자신이 미국에 가기 전 안수를 받는 것을 포함하는 웨슬리의 계획에 승복했다. 1784년 8월

리즈에서 열린 컨퍼런스에서 웨슬리는 코크와 함께 미국에 가기를 희망하는 지원자가 있는지 물었고, 지원자 중 토마스 베이시(Vasey)와 리처드 왓코트(Whatcoat) 두 사람을 선정했다. 안수를 주는 문제에 대해서 웨슬리는 가까운 측근, 즉 실행위원회(cabinet)와만 상의를 했다. 그 중 한 사람인 존 포슨에 의하면, 위원회는 안수를 주자는 제안에 반대를 했지만, 웨슬리가 이미 결심을 굳힌 것을 알 수 있었다. 웨슬리는 플렛쳐, 리즈의 교역자 그룹, 그리고 아일랜드 출신 교역자로 새로 보좌관이 된 제임스 크레이튼(Creighton) 등과 차례로 상의를 했지만 모두 이 의견에 반대했다. 그러나 찰스 웨슬리와는 전혀 상의를 하지 않았다.

모두가 반대하는 것과 이로 인해 비판이 생길 것을 알면서도 웨슬리는 이 계획을 추진해 나갔다. 코크는 이미 영국 국교회에서 장로목사로 안수를 받았지만, 컨퍼런스가 끝난 뒤 "다른 사람들에게 안수를 줄 권한"을 갖게 되는 감독에 해당하는 안수를 웨슬리의 손을 통해 받는 것이 좋겠다고 동의를 했다. 코크는 이렇게 하는 것이 성경과 초대교회의 정신에 부합하는 것이라고 생각했다. 좀 더 실제적인 면에서, 코크는 애스베리가 미국 사역의 감독 권한을 나누어 줄 의사가 없다고 들었기 때문에, 웨슬리로부터 "공식적으로 받은 권한"이 예기치 못한 반대를 이기게 하는데 도움이 될 것이라고 보았다 (*Documents*, 4:198-99). 이 두 사람은 웨슬리가 왓코트와 베이시에게 안수를 주는 것에 동의했다.

이리하여 웨슬리는 9월 1일 브리스톨에서 코크와 (별로 마음내켜하지 않는) 크레이튼의 보좌를 받아 두 사람에게 집사목사(deacon)로 안수를 주었다. 목요일, 이 두 사람은 장로목사(presbyter)로 안수를 받았고, 코크는 "감리사"(Superintendent)로 따로 세워졌는데 (웨슬리의 일기에는 "안수를 받음"이라고 되어 있음), 이 말은 희랍어로 감독(episcopos)을 라틴어 식으로 번역한 용어이다. 따지자면 코크는 웨슬리와 마찬가지로 이미 장로목사로 안수를 받아, 그도 역시 필요하면 다른 사람에게 성서적 감독의 안수를 줄 수 있는 근거가 있었기 때문에 이 안수를 받을 필요는 없었다고 할 수 있다. 그러나 코크가 이번 일로 웨슬리로부터 안수 그 이상을 받았다는 것은 분명하다. 이 안수는 코크가 미국에서 지도자로 일하기 위해 필요한 권한을 웨슬리로부터 공식적으로 부여받는 효과가 있었다.

이 모든 일들이 벌어지는 동안 찰스는 도외시되어 있었다. 9월 초 그는 브리스톨에 있었지만 안수에 관하여 알지 못하고 있었다. 이 과감한 조치에 대한 그의 반응은 그 형식이나 어조에서 예상할 수 있었다. 그는 "경구"(Epigram)라는 제목의 시를 출판해 그의 형과 코크를 공공연하게 비방했는데, 이 시는 존에 관한 매우 인용할 만한 풍자를 포함하고 있다:

웨슬리와 메소디스트라고 불리운 사람들

> 사람의 기분에 따라
> 그렇게 쉽게도 감독이 만들어지나?
> C(코크)에게 W(웨슬리)가 손을 얹었네
> 그러나 그에게 손을 얹은 것은 누구인가?

찰스는 또한 코크가 애스베리에게 안수를 준 것을 비난했다:

> 전해오기는 로마 황제가
> 사랑하는 말을 원로로 임명했다지
> 그러나 코크는 새로운 일을 행하네
> 당나귀를 가지고 감독을 만드네
>   (Rep. Verse, 367-68)

    찰스가 어떻게 나오든 관계없이 이제 주사위는 던져졌다. 이 세 사람의 교역자들을 보내면서 웨슬리는 영국 국교회에서 갈라져 나온 감리회를 세울 계획으로 함께 미국으로 보냈다. 새로운 조직은 교단 "교회"가 갖추어야 할 모든 필수 요소들, 즉 성찬을 집례할 안수받은 교역자, 예배문을 수록한 공식 예배서, 신조와 같은 양식으로 된 교리적 표준 등을 가진 것이었다. 웨슬리가 보낸 계획의 "초안"은 1770년대 벤슨과 플렛쳐가 국교회에서 분리하려 했던 "영국 감리교회" 계획과 매우 흡사했는데, 이 계획에는 (필요하면) 웨슬리가 안수를 주는 교역자, "필요에 따라 수정"한 기도서, 그리고 "복음의 순수성에 따라 교정된" 신조가 포함되어 있었다 (*JWJ*, 8:332-33).

    새로 출간된 **기도서** (prayer book), 즉 북아메리카 감리회 신도들을 위한 주일예배는 공동기도서를 웨슬리가 간추려 줄인 것이었다. 그는 옥스퍼드 시절, 토마스 디콘(Deacon) 및 만체스터의 선서거부자들과 사귀면서 초대교회를 따르는 예배문과 예배를 만들어 보려고 노력할 때부터 기도서를 개선해 보려는 꿈을 가지고 있었다. 웨슬리의 일기를 보면 조지아에 있을 때에도 예배 순서를 변경해 드리기도 했다고 나온다. 그리고 시편을 인용할 때에도 그는 거의 항상 흠정역(King James)보다는 초기 카버데일 (Coverdale) 본문을 토대로 한 기도서 성시의 용어를 사용했다. 그가 주일예배에 공동기도서의 어조와 본문을 대폭 그대로 수록한 것을 보면 전통적 공동기도서에 대한 그의 경외심을 알 수 있다.

    이 책들을 수정하면서 웨슬리는 그가 통상 해온 대로 불필요한 부분을 삭제하여 줄였고, 이어 코크는 여기 저기 "작은 수정"을 가해 모양을 갖추었다. 미국 감리회 신도들을 위한 이 수정본의 서문에서 웨슬리는 (의미가 없는) 많은 성일(holy days)들을 생략하고, 주일예배를 짧게 만들었으며 (아침기도회로 불리운 이 예배는 "길다는 불평이 종종 있었다"), 시편의 일부를 빼거나 줄이고 ("크리스챤 회중의 입에 올리기에는 매우 어울리지 않았다"), 다른 문장을 여기저기 생략했다 (*Documents*, 4:201). 실제로 그는 예배력, 교리문답 (catechism), 견신 예배 (confirmation service), 아타나시우스 신앙 고백, 병자 방문, 그리고 공동기도서의 다른 여러 부분들을 빼버렸다. 그는 또한 "사제"나 "장로목사" (presbyter) 대신에 "장로목사"(elder)라는 용어를, 그리고 안수 예배에서는 "감독" 대신에 "감리사"라는 용어를 취했다.

세례를 베풀 때에는 침례 대신 물을 뿌리는 것이 허용되었는데, 이렇게 세례를 베푼 것은 처음 있는 일이었다. 페이지를 새로 매기는 단계에서 나온 마지막 순간의 수정은 공동기도서의 지침에 나온 대로 세례를 베푸는 교역자가 영아의 이마에 십자가의 표식을 긋는 것을 되살려 놓았다. 미묘하면서도 중요한 다른 변화의 예를 보면, "그가 다시 태어나"(that he being born again)를 "그가 다시 태어나도록"(that he may be born again)으로 바꾼 것을 들 수 있다.

이 시점까지 미국의 감리회는 영국 조직의 일부로, 공동기도서, 설교집, 39개 종교강령 외 다른 교리적 기준을 갖지 말아야 할 것을 웨슬리는 계속 고집했다. 신조는 국교회 교리의 기준으로, 신앙의 다양한 표현들이 정통인가를 가늠하는 공식적 가르침이었다. 영국 국교회 내의 한 부분이었던 감리회 설교자들은 이보다 더 좁은 테두리 안에서 평가가 되었다. 그들은 웨슬리의 설교와 주석에 담겨있는 교리 외에는 설교할 수 없었다. 이러한 제약은 또한 국교회에서 하는 대로 안수 받지 않고 교육받지 않은 (석사학위가 없는) 보좌신부는 설교집의 설교를 그대로 읽을 수밖에 없도록 했다.

이제 미국의 감리회가 안수 받은 성직자를 갖춘 별개의 교단이 되자, 웨슬리는 좀 더 전통적인 교회 양식에 따른 교리적 기준을 제공하기로 마음먹었다. 이리하여 주일예배에는 39개 종교강령을 "고치고" 줄여 스물네 항으로 웨슬리가 수정한 것을 포함하게 되었다. 생략된 열다섯 종교강령 중 여섯(세 개의 신조, 칭의에 앞선 행위, 유일하게 무죄한 그리스도, 예정과 선택, 총회의 권위, 회중내의 사역)은 1744년 협의회에서 성경과 맞지 않을 수도 있다는 의문이 제기된 것들이었다. 웨슬리는 다른 몇 개 조항을 수정하거나 줄이고, 제목 둘을 바꾸었다. 이렇게 해서 전체의 길이는 본래의 반으로 줄었다.

전통적으로 공동기도서는 스턴홀드와 합킨스 성시(Sternhold and Hopkins Psalter)와 같은 시편과 함께 제본되어 왔다. 이에 비추어 보면 웨슬리가 *주일을 위한 시편과 찬송 모음*을 미국 감리회에 제공한 것은 놀랄 만한 일이 아니다. 이 책은 특히 인기가 높았던 1743년 판 같은 이전에 출판되었던 책에서 선정되었다. 100페이지가 조금 넘는 이 책은 웨슬리가 바로 얼마 전 출판한 1780년 판 *찬송 모음*(Collection of Hymns)의 ⅕에 해당하는 것이었다.

　이로써 웨슬리는 미국에 있는 감리회가 교회로서의 모습을 갖추기 위해 필요한 기본 문서들을 마련해 주었다. 9월 18일, 코크, 베이시, 그리고 왓코트가 브리스톨을 떠나 미국으로 향할 때, 이들은 이 문서들을 휴대했다. 이들은 또한 "코크 박사, 애스베리, 그리고 북 아메리카의 우리 형제들에게" 라고 제목이 붙여진, 1784년 9월 10일자 웨슬리의 편지를 휴대했다. 이 날짜는 안수를 준 다음 한 주 후이며, 주일예배의 서문을 쓴 다음 하루 후이다. 여섯 개의 번호가 매겨진 항목으로 된 이 편지에서, 웨슬리는 그가 왜 이런 조치를 취했는지를 설명했다. "하나님의 각별한 섭리의 일원" 으로 비롯된 미국의 새로운 정치적 상황은 미국 감리회 신도들을 "미국과 영국 모두의 지도 구조에서 전적으로 떨어져 나가게 했다." 이러한 상황에서 웨슬리는 "광야의 불쌍한 양 무리를 먹이고 인도하기 위해" 성서적이며 이성적인 방법으로 몇 가지 조치를 취했다고 설명했다. 그리고 그들의 자유를 선언했다: "그들은 이제 완전한 자유를 가지고 성서와 초대교회를 따르게 되었다." 여기에 그는 "그들은 이제 하나님께서 이상한 방법으로 주신 이 자유에 굳게 서야한다"는 선언으로 그의 축복을 더해 주었다 (갈라디아서 5:1 참조. *JWL*, 7:238-39)).

　웨슬리가 말한 "완전한 자유"(full liberty)는 두 지도자의 권한은 물론, 웨슬리의 지속적인 영향력의 범주 내에서의 자유였다. 10월 말, 웨슬리는 애스베리(Asbury)에게 구체적인 지시를 담은 그의 전형적 편지를 썼다. 그는 또한 설교자들이 "따로 떨어져 나가거나 사람들을 모아 자기 교회를 만드는 것; 또는 정규적인 방법으로 안수를 받고 자신의 교구를 부여받는 것" 등의 앞으로 일어날 수도 있는 위험에 대해 경고를 했다. 설교자들이 이런 곁길을 추구하면 감리회의 순회계획은 끝장이 날 것이라고 그는 지적했다. 그는 코크와 애스베리가 "정규 연대망"을 형성함으로써 이런 위험을 피해 가리라 믿었다 (*HAM*, 1:211).

　코크는 1784년 11월 14일, 델라웨어의 **배럿 예배당**(Barratt's Chapel)에서 애스베리를 만나, 미국에서 새 교회를 세우기 위한 웨슬리의 계획에 대해 의견을 나누었다. 애스베리의 반응은 코크나 웨슬리가 예상하지 못했던 것이었다. 이 만남을 앞두고 미리 상의한 설교자들 모임에서 나온 조언과 1779년 남부 설교자들이 독자적 교회를 세우기로 했던 결심을 근거로, 애스베리는 미국 전역의 모든 설교자들이 모인 컨퍼런스에서 웨슬리의 계획이 인준되어야 할 것이라고 말했다. 그는 설교자들이 동의한다면

긴장과 변천

볼티모어의 러브리 레인 예배당(Lovely Lane Chapel)에서 모인 "크리스마스 컨퍼런스"에서는 코크와 애스베리가 감리사(감독)로 선출되고, 애스베리는 연속 사흘에 걸쳐 집사목사(deacon), 장로목사(presbyter), 그리고 감리사로 안수를 받았다.

안수를 받고, 그와 코크는 미국 컨퍼런스에서 선출될 경우에 한해서 감리사의 직분을 맡아 섬길 것이었다. 마침내 코크는 볼티모어의 러브리 레인 예배당(Lovely Lane Chapel)에서 성탄 전야에 회의를 시작하도록 컨퍼런스를 소집할 것에 동의를 했다. 그 동안 애스베리는 코크가 미국 감리회를 둘러보아 그의 새 순회구역을 익히도록, 말을 타고 900마일에 달하는 여정을 오르게 했다 (*HAM*, 1:208). 컨퍼런스로 모일 때까지 베이시(Vasey)와 왓코트도 메릴랜드에서 설교 여행길에 올랐다.

"**크리스마스 컨퍼런스**"는 예정대로 성탄 전야에 시작되어 거의 두 주에 걸쳐 웨슬리의 계획을 심의하고, 최근 판 "대" *회의록*(1780)을 미국의 실정에 맞도록 적용하는 문제를 상의했다. 이 일을 두고 가졌던 애스베리의 느낌은 "종속이 아닌 단결; 승복이 아닌 연결"이란 말로 표현되었다 (*Asbury*, 3:63). 그는 미국에 한동안 머물다가 이제 영국으로 돌아간 조지 섀드포드(Shadford)에게 다음과 같이 편지를 썼다: "웨슬리는 가이사(Caesar) 황제에, 나는 폼페이(Pompey)에 비할 수 있다: 그는 다른 사람이 그와 동등한 위치에 서는 것을 참지 못하고, 나는 나의 윗사람을 용납하지 않는다"(*Asbury*, 3:75). 그렇지만 컨퍼런스에서 영국의 *회의록*을 수정해 미국 초유의 "장정"(Discipline)을 만들면서, 그들은 **"구속력이 있는 회의록"**(binding Minute: Q. 2)을 통해 웨슬리가 살아있는 동안, 그들은 "그의 복음의 아들들(Sons in the Gospel)로서 교회 처리에 관한 문제에 관하여 그의 명령에 복종할 것"이라고 천명했다.

웨슬리는 이렇게 노골적인 조항이 필요하리라고는 예상하지 못했을 것이다. 미국 컨퍼런스가 이 정도의 자치권을 갖게 되리라는 것은 그의 계획에는 없던 일이었다. 사실, 미국 감리회는 분명하면서도 보이지 않는 여러 가지 방법으로 웨슬리의 지도력을 인정했다. 컨퍼런스 기간 중, 코크와 애스베리는 당시 새로 형성이 되고 있던 개신교 감독교회(Protestant Episcopal Church)의 대표 두 사람과 만났는데, 이들은 감리회가 그들과 같은 예배문, 종교강령(Articles), 그리고 장정(discipline)을 가지고 있으며, 두 교단이 통합하여 함께 일할 수 있는 어떤 방법을 찾을 수 있을 것으로 생각했다. 감독교회의 존 앤드루스(Andrews)는 결국 그들의 협상이 실패로 돌아간 것을 인정했는데, 그 이유는 감리회는 "그들의 교회가 매달려 있는 첫 사슬이 웨슬리"라고 되어 있었기 때문이었다 (Vickers, 90-91). 그 동안, 사무엘 시베리(Seabury)는 11월, 스코틀랜드 감독교회의 감독으로 서품을 받았는데, 그는 그 다음 해 여름까지 미국에 돌아오지 않았기 때문에 미국 감리회의 발전에는 별 영향을 미치지 못했다.

크리스마스 컨퍼런스가 취한 조치는 **감리회 감독교회**(Methodist Episcopal Church)라는 새로운 별도의 교단을 세운 것이었다. 비록 이 교단은 교회의 모습과 활동을 포함하여 교회로서 갖추어야 할 것들을 모두 갖추고 있기는 했지만, 아직도 자신을 신도회로 생각하고 있었기에 그 핵심은 아직도 웨슬리주의였다. 이 교단은 영국 웨슬리주의의 전례에 많이 의존하면서 웨슬리를 공경하는 자세를 지켰다. 그럼에도 불구하고 미국 감리회는 이미 그 기초에 지울 수 없는 미국적 자유의 흔적을 지녔는데, 그 중 어떤 것은 웨슬리로서는 도저히 이해할 수 없는 것도 있었다.

마지막 단계

1784년 10월, 애스베리(Asbury)에게 지시할 사항을 적어 보낸 편지 말미에, 웨슬리는 영국에서 일어난 소식을 다음과 같이 추가했다: "감리회에 내분이 일어나기를 바랬던 사람들은 몹시 실망했다" (*HAM*, 1:212). 이것은 선언서와 안수문제를 둘러싸고 지속되는 문제를 도외시한 과장된 낙관적 표현이었다. 웨슬리를 겨냥한 비난은 헛바람이 들었다는 공격으로부터 사실상 국교회로부터 분리해 나갔다는 것에 이르기까지 다양하게 나타났다. 비록 영국 섬에서 감리회원의 수는 좀 더 빠른 속도로 증가하고 있었지만, 전부터 내려오던 설교자들 간의 긴장은 수위가 높아졌고, 연대조직은 와해될 위험에 다시 한번 직면했다.

1784년 초, 존은 영국 감리회원들 간에 일고 있던 **부흥 운동**에 다음과 같이 희망을 걸었다: "영국, 아일랜드, 그리고 미국에서 이들처럼 하나님이 소유했던 사람들이 또 있었는가?… 진실로 이들은 우리 사역의 증표이며, 하나님께서 우리를 보내셨다는 증거이다. 60,000명이 하늘을 향하여 얼굴을 들고, 많은 사람들이 그들의 구원자 하나님을 기뻐한다" (*JWL*, 7:206). 그는 감리회원들 간에 일고 있는 이 부흥을 통한 성령의 역사를 죠나단 에드워즈(Jonathan Edwards)의 인도로 뉴잉글랜드 지방에서 일어난 부흥 운동과, 존 길리스(Gillies)에 의해 기록된 버지니아의 부흥 운동에 비교했다. 그러나 찰스 웨슬리를 포함한 많은 사람들은 감리회가 폭풍과 어려움의 암흑기에 접어드는 것으로 보았다.

1785년 4월, 찰스는 곧 미국으로 갈 계획을 가지고 있던 교역자 토마스 챈들러(Chandler)에게 그의 의중을 드러내는 편지를 보냈는데, 여기에 그는 그와 그의 형 존을 간단히 소개하면서 존을 "언제나 내 위에 있는 사람"이라고 표현했다. 찰스는 특히 영국 국교회에서 분리된 것을 포함해 감리회의 여러 발전 단계를 설명하면서, "지난 50년간 우리는 양들을 가두어 두었다"고 적었다. 그 후 존이 안수를 준 것은 국교회에서 떨어져 나간 것이나 마찬가지라고 찰스는 생각했다. 그 결과는 개인적으로 겪는 엄청난 고통이었다: "친구로서는 아니지만, 동역자로서의 우리의 관계는 소멸되었다" (*Documents*, 4:204-5).

존의 관점에서는 중요한 것이 실제로 바뀐 것이 아무 것도 없었다. 찰스가 화를 낸 것을 제외한다면, 미국을 위해 안수를 준 것이 영국 국교회와 감리회의 분리 문제에 관하여는 별다른 영향을 미친 것이 없다는 존의 주장이 맞을지도 모른다. 그는 1785년 컨퍼런스에 법적으로 선정된 100명에 들어가지 못한 몇 명을 포함해서 70명의 설교자들을 청했다. 그가 토마스 라이드에게 쓴 편지에는 눈에 띠는 대목이 있다: "내가 살아있는 동안 컨퍼런스란 곧 '나와 협의하기 위해 내가 청하는 설교자들'이다… 앞으로 어떤 컨퍼런스에도 문제를 일으키는 사람은 올 필요가 없다. 그들은 어디에 가든지 트집을 잡을 것이다." (*JWL*, 7:279)

이 컨퍼런스에서 가장 논란이 되는 두 가지 문제가 제기되었다. 첫 번째 문제에 대하여, 웨슬리는 그의 어떤 권한도 선언문(Deed of

웨슬리와 메소디스트라고 불리운 사람들

Declaration)을 작성한 것으로 인하여 포기한 것은 없다고 다시 한번 선언했다. 그는 선언서의 실체와 의도를 확인하는 문서에 참석자들 중 29명(이들 중 20%는 선언서에 이름이 들어있지 않은 사람들이었다)의 서명을 받아내었다. 이 명단은 후에 컨퍼런스에 참석하지 않은 사람들 중 39명의 서명을 보강하였는데, 이들 중 40%는 법적 100명에 포함되지 않은 사람들이었다 (*Minutes*, 181-82). 두 번째 문제인 **안수**에 관하여, 그는 계획한 대로 **스코틀랜드**에서 일할 설교자 세 사람, 존 포슨, 토마스 핸비 (Hanby), 그리고 요셉 테일러에게 안수를 주었다. 이에 대한 그의 해명은 스코틀랜드는 영국 국교회의 관할에 들어가지 않는다는 것이었다 (이것은 곧 분리를 뜻한다). 이런 원칙하에 그는 영국에서 일할 사람들에게는 요크셔 같은 "외떨어진 곳"이라 해도 안수 주기를 거부했다. 그는 또한 그가 죽은 뒤 감리회가 국교회에서 분리되면 이러한 조심스러운 해명도 아무런 소용이 없을 것이라는 불평에 대해, "나는 내가 죽은 뒤 잘못 될 것을 두려워해서 내가 살아 있는 동안 마땅히 해야 할 것을 피하지는 않으련다"는 말로 응수했다 (*Minutes*, 193).

존의 항의에도 불구하고, 그의 권한은 줄어들기 시작했다. 다시 한번 그는 컨퍼런스 사회를 크리스토퍼 하퍼(Hopper)에게 맡겼다. 그리고 그는 거기에 참석한 설교자들의 대다수 의견에 좀 덜 맞서게 되었다: "나는 컨퍼런스 전체와 대항하여 그들이 결정한 것을 번복하지 않겠다" (*JWL*, 7:286). 그 주에 쓴 그의 일기를 보면 그가 그의 "실행위원회"(cabinet)와 협의했다는 언급이 여러 차례 등장한다 (*JWL*, 7:100). 존이 그의 권한을 서서히 완화시킨 것인지 아니면 어쩔 수 없이 빼앗긴 것인지 알기는 힘들다. 아무튼 그는 그의 생전에 어떻게 해서든지 가능하면 분열이나 분리를 피하려 했던 것이 분명하다.

찰스 웨슬리는 컨퍼런스에 참석하지도 않았고 선언서 문서에 서명을 하지도 않았다. 그 대신 그는 존에게 쪽지를 보내, 존 자신이 쓴 "분리해서는 안 되는 이유"(1758)를 다시 읽어볼 것을 권했다. 존은 좀 길게 답을 써, 국교회에서 떨어져 나오도록 그가 한 것은 아무 것도 없다고 주장했다. 그는 또한 그가 안수를 준 사람들은 그렇게 받은 안수의 권한을 영국에 있는 동안(스코틀랜드에 가기 전이나 다녀온 후로, 웨슬리로서는 좀 궁색한 기대이다)에 써서는 안 된다는 것을 지적했다. 그리고 그는 찰스에게 뼈있는 충고를 한 마디 했다: "나와 함께 일하려거든 그렇게 해라. 그러나 나를 도울 마음이 없으면 방해하지 말아라. 네가 나와 가까이 있었기에 내가 좀 더 잘 할 수 있었는지도 모른다. 그러나 네가 나를 돕든지 아니든지 나는 계속 앞으로 나갈 것이다" (*JWL*, 7:285).

그 다음 달, 웨슬리가 국교회에서 분리해 나간다는 소문이 돌자 그는 브리스톨의 신도회에서 다음과 같이 선언했다. "국교회에서 분리하는 문제에 대한 나의 생각은 40년 전의 생각과 다를 것이 없다" (*JWJ*, 7:112). 그 달 안으로 웨슬리는 "교회에 관하여"라는 설교를 완성했다. 그가 비록 교회 신조 19항에 동의한다고 말은 했지만 이 설교에 깔린 그의 생각은 그가 찰스에게 보낸 편지의 내용과 맥락을 같이하며, 참 신도의 모임에 관한 좀 더 근본적인 정의에 가까운 편이다 (*Sermons*, 3:46).

그러나 웨슬리가 교회 조직에 관한 문제에만 전적으로 매달린 것은 아니었다. 같은 달, *아르미니안 잡지*에 "두렵고 떨림으로 너희 구원을 이루라"(빌립보서 2:12)는 구절을 본문으로 한 설교에서, 웨슬리는 최소한 40년에 걸쳐 심사숙고해 온 구원의 길(*via salutis*)에 관한 가장 완성도가 높고 성숙한 설명을 내어놓았다. 하나님과 인간이 서로 주고받는 관계에 관한 이 서술을 통해, 웨슬리는 신인합작(synergism)은 인간의 노력이 아니라 하나님의 은혜, 즉 "선행, 동행, 후행"하는 은혜에 근거를 둔다는 것을 명확하게 하였다 (*Sermons*, 3:209). 또 하나의 중요한 설교인 "보라, 내가 모든 것을 새롭게 하노라"(요한계시록 21:5; 후에 "새로운 피조물"로 불리움)에서, 그는 모든 피조물이 한이 없는 하나님의 사랑을 통해 회복된다는 믿음을 다시 한번 설파했다. 그는 심지어 이 새 피조 세계 안의 공기나 불, 물, 그리고 흙에 생길 수 있는 변화의 내용까지도 살펴본다. 그러나 그는 생태계에 초점을 맞추어 평화로운 하늘나라의 정경을 그린다. 물론 가장 영화스러운 변화는 인류에게 일어나, "에덴동산에서 아담이 누렸던 것보다 훨씬 거룩하고 행복한 온전한 상태로 등장할 것이다" (*Sermons*, 2:510). 웨슬리는 종말론에 관하여 자주 언급하지는 않았지만, 그의 종말론은 대체로 낙관적이었다.

웨슬리는 많은 설교를 주로 잡지에 기고하기 위해 작성했지만, 계속해서 정기적으로 설교를 했다. "자선에 관하여"(*Sermons*, 4:515)와 같은 설교처럼 어떤 경우에는 출판된 설교를 그대로 하기도 했다. 그는 결코 출중한 설교가는 아니었지만, 많은 사람들은 이제는 잘 알려지고 존경받는 감리회 창시자 웨슬리를 보기 위해 설교를 들으러 왔다. 수년 전, 서너 번 그의 설교를 들은 적이 있는 호러스 월폴(Walpole)이 받았던 인상은 썩 좋은 것은 아니었다: "그는 말하듯 설교를 했는데, 너무 빠르고 억양도 없이 내뱉는 듯했고, 수업을 하는 것 같았다" (*Documents*, 4:159-60). 1788년, 링컨셔에서 웨슬리의 설교를 들은 어떤 사람은 웨슬리가 별로 힘을 들이지도 않고 "어쩌다가 오른손을 드는 것을 빼고는 말하는 동상 같았다"고 소감을 피력했다. 그러나 이제 존 플렛쳐(Fletcher)의 부인이 된 매리 보상케는 같은 해 웨슬리의 설교를 듣고 "설교가 하나하나 과연 혼과 생명이었다"는 느낌을 가졌다 (*M&M*, 163-64).

1786년 봄, 웨슬리는 "분열에 대하여"라는 설교를 작성해서 다시 한번 자신의 결백을 주장했다: "나는 내 혼이 내 몸에서 분리될 때까지는 [국교회]에서 분리해 나갈 의도도 계획도 없다." 그는 또한 옥스퍼드 시절부터 익히 써오던 문구인 "당신 마음에 있는 것을 하시오. 그러면 하나님께서 함께 하셔서 당신의 선한 의도로 선한 결과를 이루실 것이오"라는 말을 다시 써, 모든 진실한 그리스도인들은 화평하게 하는 사람이 되려는 노력을 끝까지 지켜 나갈 것을 호소했다 (*Sermons*, 3:69).

해마다 등장하는 국교회 예배 참석에 관한 문제는 1786년 컨퍼런스에서도 토의되었는데, 웨슬리는 감리회원들이 자신들의 교구 교회 예배에 참석할 수 있도록 국교회의 예배시간에는 예배를 드리지 말 것을 주장했다. 그러나 웨슬리는 국교회의 신부가 사악하거나, 아리안주의 같은 "해로운 교리"를 설교할 때라든가, 2-3마일 내에 적당한 교회가 없을 경우에는 이 주장을 양보할 의사가 있었다 (*Minutes*, 193). 당시 이신론의 영향을 받은 설교에 반대하면 할수록, 웨슬리는 초자연적인 현상에 연관된 문제들에 대한 그의 선입견을 강화했다. 웨슬리는 이에 대해 양보할 의사가 전혀 없었다. 그는 토마스 태터셜에게 "내가 살아있는 동안에는 가능한 한 많은 사람들에게 **마법**의 실재에 대하여 증거할 것이다. 이를 부정하는 것은 이신론자들로부터 시작되었는데, 단순한 그리스도인들은 이를 너무 쉽게 받아들인다"고 썼다 (*JWL*, 7:300 참조). 이러한 주장은 그가 이미 10년 전에 했던 것이다: "나는 성스럽든 속되든 이미 일어난 모든 역사의 영향을 부정할 수 없는 것처럼, 마법이 존재한다는 사실을 영국의 모든 이신론자들 앞에서 포기할 수 없다. 그리고 지금 나는 살인사건에 등장하는 경우보다도 더 확실하게 목격자의 증언을 통한 증거를 가지고 있다. 따라서 나는 둘 중 어느 것도 논리적으로 의심하지 못한다" (*JWJ*, 6:109).

존은 국교회 신부의 설교를 직접 들을 수 있는 경험을 가진 후, 그는 교구교회의 출석에 관한 그의 입장을 완화시켰다. 그 해 그는 찰스에게 "내가 전에 스카보로에 있을 때 감리회원들에게 교구교회에 출석할 것을 권했고 나도 출석을 했었다. 그런데 그 형편없는 신부가 그런 설교를 하는 것을 들은 뒤로는 그자의 설교를 더 들으라고 양심상 권할 수가 없었다"라고 편지를 썼다 (*JWL*, 7:326). 한 달 뒤, 그는 "교회(the Church: 그리스도의 몸 된 교회-역자주)를 떠나지 않으면서도 교회(a church: 개체교회-역자주)를 떠날 수는 있다(나는 경우에 따라서 이를 권고할 수도 있다)"는 말로 이를 해명했다 (*JWL*, 7:327). 그는 그 해 컨퍼런스 회의록에 실은

긴장과 변천

설교자들에게 주는 조언 (1786년 8월 1일)

1. 예배는 대체로 한 시간 내에 마칠 것.
2. 절대로 소리 지르지 말 것.
3. 성경에 몸을 얹어 기대거나, 성경을 두드리지 말 것.
4. 어디서 설교를 하든지, 신도회와 꼭 만남을 가질 것.
5. 절대로 필요한 경우가 아니면 밤에 집에 가지 말 것.
6. 보좌관에게 대들지 말 것.
7. 매우 경건한 사람이 아니면 결코 장례식 설교를 하지 말 것. 보좌관과 협의 없이 하지도 말 것. 돈을 주고 설교를 시키지 말 것. 과장된 찬사(panegyric)를 특히 런던에서는 조심할 것.
8. 애찬식(love-feasts)을 좀 더 많은 곳에서 가질 것.
9. 새 곡조의 찬송을 부르지 말 것. 너무 느리지 않게 부르고, 여자들은 여성부를 부르도록 할 것. 모두가 일어서서 노래하고, 기도할 때는 무릎을 꿇도록 할 것.
10. 설교자만 제외하고는 아무도 찬양의 마지막 단을 반복해 부르지 않게 할 것.
11. 보조관을 판단에 따라 집사와 인도자를 바꿀 수 있다는 것을 지도자에게 알려 줄 것. 인도자는 사람들을 신도회로 받아들이거나 신도회에서 내보낼 권한이 없다는 것도 알려 줄 것. (*Minutes*, 193-94)

"국교회로부터의 분리에 관하여"라는 글을 통해 그의 최근 생각을 밝혔고, 스코틀랜드에서 일할 설교자들에게 준 안수를 정당화하는 글을 미국의 경우에서와 마찬가지로 추가했다. 여기에 더하여 그는 설교자들에게 여러 가지 문제에 관한 조언을 덧붙였다.

제대로 된 설교자의 설교를 듣는 것과 그 설교자에게서 성찬을 받는 것은 별개의 문제였다. "교회 예배 참석에 관하여"(1787)라는 설교에서 웨슬리는 30여 년 전 가졌던 견해를 되풀이하면서, 신도들은 비록 **사악한 사제**(wicked minister)가 베푸는 성찬이라도 주저 없이 받아야 할 것이라고 말했다. 그는 실제적인 관점에서 그가 지난 50여 년간 만나 본 사제들 중 많은 사람들이 그가 가진 기본적인 기준에도 미치지 못했다고 지적했다. 즉 그들은 "지식이나 경건, 어느 쪽에서도 훌륭하지 못했다" (*Sermons*, 3:471). 그러나 이 점에서 그의 원칙은 분명하다: "사제의 됨됨이가 모자란다고 해서 하나님의 성찬의 효험이 떨어지는 것은 아니다. 그 이유는 명백하다. 성찬의 효험은 성찬을 베푸는 사람에게서가 아니라 성찬을 제정하신 그분에게서 나오는 것이기 때문이다" (*Sermons*, 3:475). 이러한 선언은 국교회 종교강령 26항에 부합될 뿐만 아니라 도나투스주의자(Donatists)에게 맞선 어거스틴의 응수로부터 서방 기독교의 일부가 된 것이기도 하였다. 감독들이 예외 없이 감리회 설교자들에게 안수를 주는 것을 거부한 사실로 가슴이 아팠던 웨슬리는 이 기회를 통하여, 많은 사람들이 그들을 "오른손과 왼손을 구별하지도 못하는 가난하고, 어리석으며, 배우지 못한 사람들의 집단"이라고 생각할는지는 몰라도, 사실은 그들이 성경과 자신들과, 하나님과, 하나님에 관한 일에 대해 사제들 열 사람 중 아홉보다는 많이 알고 있다고 주장했다 (Sermons, 3:471).

1787년 컨퍼런스 회의록을 보면 감리회 조직의 교리와 장정, 현지 신도회의 설교의 질까지도 통제하려했던 웨슬리의 시도가 나타난다. 감리회의 정규 설교자는 물론, 감리회 예배당이나 예배처에서 설교하기를 원하는 사람은 누구든지 "웨슬리나 그 출신 순회구역의 보좌관이 써 준 문서"를 제출해야 했으며, 이 "문서는 매년 갱신되었다" (Minutes, 203). 이런 제도에 따라 사라 말레이(Mallett)는 노위치의 보좌관 요셉 하퍼로부터 "감리회의 교리에 따라 설교하고 우리의 규칙을 준수하는 한" 그 지방에서 설교할 수 있도록 허락하는 문서를 받았다 (Chilcote, p. 195). 순회설교자 중 일부는 웨슬리가 전반적으로 가졌던 편견에 영향을 받아 그녀가 설교하는 것을 반대하였다. 그러나 이 경우에 웨슬리는 널리 퍼져있던 편견에도 불구하고 그녀에게 종종 격려의 말을 전했다. 동시에 그는 그녀에게 그 지역 보좌관의 허락이 없이는 다른 아무 곳에도 가지 않도록 조언을 했다. 그리고 그는 1786년 컨퍼런스에 남겼던 조언을 확대해 그녀에게 설교에 관하여 구체적인 조언을 주었다: "절대로 소리 지르지 마시오… 그렇게 하는 것은 듣는 이들로 하여금 넌더리나게 하는 일입니다… 그리고 자신을 파괴하는 일입니다. 그것은 하나님께 희생제물 대신 살인한 주검을 드리는 것과 마찬가지입니다" (JWL, 8:190). 그녀가 회의록에 정규 설교자로 올라있지는 않았는지 몰라도, 웨슬리는 그녀가 연대조직 안에 그의 통제 (control) 하에 있다는 것을 분명히 했다.

웨슬리는 다른 방향으로도 업무를 확대해 나갔다. 그가 스코틀랜드에서의 사역을 위해 설교자들에게 안수를 준 것은 그 당시 토마스 코크가 추진하고 있던 **선교** 사역의 큰 테두리 중 일부였다. 코크가 전에 시도했던 선교사역은 웨슬리의 지원이 없어 실패로 돌아갔다. 이제 1786년, 그는 제안을 내어놓기 전에 웨슬리의 추천을 획득함으로 종전의 실패를 반복하지 않았다 (Documents, 4:209). 그는 웨슬리의 충고를 따르기로 결심하고, 위험이 많은 아시아 선교를 당분간 놓아두고 가까운 지역에서의 선교를 추진하기로 했다. 코크는 *선교사 후원 연회원 모집안*(1786)을 통해 스코틀랜드의 고원지대 및 인근 섬, 해협제도, 노바 스코시아, 퀘벡, 그리고 서인도 제도에서의 선교를 추진했다. 선교사역은 이 모든 지역에서 이미 시작되어, 단지 격려와 지원을 기다리고 있을 뿐이었다. 이 안은 연대조직

전체를 망라하는 계획으로, 보좌관들이 선교기금을 모아 매년 협의회에 가지고 오도록 되어 있었다. 이는 또한 설교자들을 새로 모집해 이 일을 위해 "헌신하도록" 격려하는 도구이기도 하였다. 코크의 희망은 이 자원을 "가장 먼 곳"까지 보내, "온 인류를 누룩으로 부풀게 하는" 것이었다 (*Documents*, 4:211-12).

웨슬리가 가졌던 선교의 초점은 더 가까운 곳에 있었다. 1785년 말, 그는 **낯선 사람을 위한 친구협회** (Strangers' Friend Society) 설립자 중 하나인 존 가드너가 교구나 친구의 도움을 받을 수 없는 가난한 사람들을 위해 하는 사역을 격려했다. 이 일은 가드너가 속한 속장이 반대를 해 어려움에 처해 있었지만, 웨슬리는 한 주일에 3펜스(pence)씩 모으는 안을 승인하고, 자신도 처음부터 1기니를 내어 이에 동참했다 (*JWL*, 7:308). 그 다음 해, 같은 이름을 가진 다른 그룹이 감리회의 후원을 받으며 브리스톨에 설립되었다 (*More*, 194-95). 1786년 여름, 홀란드를 여행할 때 웨슬리는 암스테르담의 집사들이 매주 200-300명의 빈민을 돌보는 것을 특별한 관심을 갖고 보았다. 그는 일지에 "모든 일이 아주 조용히, 그리고 품위 있게 진행되었다"고 적었다 (*JWJ*, 7:197).

감리회원들이 가난한 사람들을 만나기 위해서는 낯선 사람들을 찾아 나설 것도 없었다. 가난한 감리회원들을 돕기 위한 웨슬리의 지속적인 노력은 "매우 어려운 상황에 처해 있으면서도 변변한 수입이 없는" 약 200명가량의 런던 신도회 신도들(10% 정도)을 돕기 위해 1787년 1월, 기금을 직접 모금하기로 한 것에서 잘 나타난다. 그는 닷새 동안 좀 더 부유한 회원들을 찾아다니며 "구걸하다시피" 했지만, 6-7명만이 겨우 10파운드씩 내는 것을 보고 실망했다. 그가 거둔 것은 모두 200파운드였는데, 처음 계획을 추진하기에는 많이 모자랐지만, (그의 말에 따르면) "많은 슬픈 마음들을 기쁘게" 하기는 했다 (*JWJ*, 7:235-36; 6:451도 참조). 개인적으로 자선을 베푸는 일에 있어서 찰스는 존처럼 길거리의 거지들에게 공공연하게 돈을 주지는 않았다. 왜냐하면 사람들이 잘난 체 한다고 볼까봐 겁냈기 때문이다 (*Documents*, 4:222).

감리회 연대조직의 지속적인 사역은 전반적으로 상당한 자금을 필요로 했다. 1787년 *회의록*을 보면, 킹스우드 기금 모금은 740파운드, 설교자 기금 출연은 458파운드에 달하는 것으로 되어있었다. 일반기금은 (General Fund) 1,035 파운드에 달했지만, 아직도 연간 비용을 충당하기에는 모자랐다. 웨슬리는 영국 순회구역이 재정적으로 부담할 수 있는 수만큼만 설교자를 갖게 될 것이라고 선언했다. 그리고 1788년, 그는 많은 순회구역이 (빈곤을 핑계로) 설교자 부인 수당을 납부하지 않았다는 사실과, 모자라는 자금을 그와 코크, 그리고 예비비(Contingent Fund)에서 충당했다는 사실을 열거한 뒤, 신도회가 설교자 부인들을 돌보아 줄 것을 호소했다. 그는 지난 50년간 "감리회 신도들의 내실은 그 수에 비례하여 증가"했기에, "모든 시간과 힘과 노력을 기울여 일하는 사람들"을 기쁜 마음으로 지원할 수 있는 사람들이 많아야 할 것이라는 말로 호소를 마쳤다 (Minutes, 216). 웨슬리는 청지기에 대한 그의 견해를 "부에 대하여"(On Riches, 1788)라는 설교를 통해 다시 한번 피력했는데, 여기서 그는 이 주제에 대해서 전에 설교했던 대로, 삶에 필요한 것과 편리한 것 외의 모든 것은 부(혹은 사치스러운 것)로 보아야 한다는 그의 기본적 입장을 확인했다. 이 설교에서 그는 한 걸음 더 나아가 부에 집착하는 사람들이 걸릴 수 있는 올무를 지적하고, "스스로를 가난한 거지처럼 생각하고 이 땅의 모든 것으로부터 자유로와 지십시오"라는 조언으로 끝을 맺었다 (Sermons, 3:528).

여든 다섯이 된 존 웨슬리는 삶 자체를 포함한 모든 것에 사람들이 매달리는 것이 얼마나 무상한가를 잘 깨달았다. 1788년 늦은 겨울, 찰스 웨슬리는 자기 스스로의 생명도 다해 가는 것을 느끼며, 형의 감정을 아주 간략하게 표현했다. 펜을 잡을 힘도 없었던 찰스는 부인 샐리에게 그가 남긴 마지막 시구 중 하나를 불러주었다:

> 극심한 나이와 연약함 가운데
> 누가 불쌍한 이 벌레를 구원하랴?
> 예수, 당신만이 나의 소망이시며
> 스러지는 몸과 마음의 힘이십니다.
> 아, 내가 당신에게서 미소를 얻고
> 영원으로 들 수만 있다면 얼마나 좋을까!

찰스는 1788년 3월 29일 죽었다. 당시 중부지방을 여행 중이던 존에게 이 소식을 알리려 했던 사무엘 브래드번(Bradburn)의 편지는 잘못 배달되어, 존은 찰스의 하관식인 4월 5일 하루 전에서야 그 편지를 받았다. 존은 샐리에게 참석할 수 없는 사정을 알리는 편지를 보내고 설교 여행을 계속했다. 그러나 두 주 후 볼튼에서 예배를 드리다가 그의 동생이 지은 "오, 너 낯모르는 여행자여"(O Thou Traveller Unknown, "씨름하는 야곱")라는 찬송을 부르던 존은 "전에 함께 하던 이들은 가고, 이제 나만 주님과 함께 남았네"라는 대목을 넘어갈 수가 없었다. 그는 눈물을 쏟으며 강대상에 주저앉아 손으로 얼굴을 감싸 쥐었다 (JWJ, 7:376-77). 찬송은 일시 중단되었지만 존은 결국 계속할 수 있었다. 이 찬송가의 힘은 그 해 컨퍼런스에 보고된 찰스의 사망기사를 통해 확인되었다: "[아이색] 왓츠(Isaac

Watts) 박사는 주저하지 않고 '바로 이 시, 씨름하는 야곱은 그가 쓴 시 전체에 맞먹는 것이었다'라고 했다" (*Minutes*, 205).

웨슬리의 말년

존 웨슬리는 이제 좀 더 진지하게 감리회 무대에서 떠날 준비를 시작하게 되었다. 1788년 컨퍼런스가 끝나기 전, 웨슬리는 해외에서 일할 설교자 여섯 명에게 안수를 주면서 알렉산더 매더(Mather)에게도 안수를 주었는데, 이는 그가 죽은 뒤 영국에서도 설교자의 안수가 계속 이어질 수 있도록 한 배려인 듯하다 (*JWJ*, 7:422). 두 달 뒤, 그는 책방(Book Room)과 그의 계좌를 돌볼 위원회를 임명하였다. 4개월 뒤, 그는 유언을 수정했다.

많은 나이에도 불구하고 시간이 갈수록 증가하는 업무량에 임하는 그의 근력은 떨어지지 않았다. 연대조직은 영국에 60,000명이 넘는 회원과 200명이 넘는 설교자를 보유하고 있었다. 이제 독자적 조직이 된 미국 감리회는 그가 예상하지 못했던 문제를 제기하기도 했다. 웨슬리는 "감리사"(Superintendent)라는 호칭을 선호한데 반해, 애스베리와 코크는 "감독"(bishop)이라는 호칭을 사용하였다. 이를 본 웨슬리는 1788년, "친애하는 프랭키"(Franky)에게 다음과 같은 편지를 썼다. "사람들이 나를 무뢰한이나 바보, 악한, 협잡꾼 등 어떤 이름으로 불러도 나는 좋다. 그러나 누구도 나를 감독이라고는 부르지 못할 것이다! 나를 위해서, 하나님을 위해서, 그리고 그리스도를 위해서, 제발 그만 해 다오!" (*JWL*, 8:91). 웨슬리는 코크 및 애스베리와 자신을 다음과 같이 비교했다: "나는 겨우 기는데, 당신들은 보라는 듯이 잘 나간다. 나는 학교를 세웠는데, 당신들은 대학을 세웠다!" 코크와 애스베리가 자신들의 이름을 따 콕스베리 대학이라고 이름을 지은 사실은 웨슬리로 하여금 몸서리치게 하였다.

미국의 감리회 신도들은 그들 나름대로 더 이상 웨슬리로 인한 부담을 견딜 수 없었다. 웨슬리가 그들에게 1787년 볼티모어 컨퍼런스를 열어 리처드 왓코트를 총리사에 임명하도록 지시한 것에 대해, 그들은 무례할 정도로 그의 의사를 무시했다. 그들은 웨슬리의 의사를 묵살한 정도가 아니라 그 과정에서 "구속력이 있는 회의록" 자체를 무효화 시켰는데, 이는 전에 웨슬리에게 충성을 서약한 것과 모순이 되는 것을 피하기 위한 것이었다. 애스베리는 미국 감리회 신도들의 태도를 다음과 같이 표현했다: "우리의 나이 드신 아빠가 마음대로 때와 장소를 지정해 컨퍼런스를 열게 하고, 나와 더불어 공동 감리사를 지명하는 것은 우리로서는 이해할 수 없는 권력의 남용이다" (*Asbury*, 3:63). 영국인 누구도 "전지전능, 무소부재"하지 않고서는 미국인에게 지시를 내릴 수 없다는 애스베리의 의견을 근거로 미국 컨퍼런스가 왓코트를 감리사로 임명하기를 거부했다는 말을 들은 웨슬리는 충격을 받았다. 웨슬리는 또한 "웨슬리는 가이사 황제에, 나는 폼페이에 비할 수 있다: 그는 다른 사람이 그와 동등한 위치에 서는 것을 참지 못하고, 나는 나의 윗사람을 용납하지 않는다"는 애스베리의 말을 전해 듣고 놀랬다. 애스베리의 주도로 미국 회의록에서 웨슬리의 이름을 빼기로 결의하자, 이제 선은 그어졌고, "이제 모든 것은 끝장이나, 그는 나와 아무런 관계도 없다"고 웨슬리는 응대했다 (*JWL*, 8:183).

웨슬리는 영국 감리회 일을 이끌어 가는 것만으로도 골치가 아팠다. 1780년 중반에 이르러는 1년에 20개의 새로운 예배처소를 필요로 했고, 이는 무분별한 특별헌금을 하게 되었다. 1788년, 웨슬리는 새로 건축하려는 신도회의 특별헌금을 제한했다. 그러나 한 해가 다 못되어 그는 자신의 이 규칙을 깨뜨려버렸다. *회의록*에는 모든 예배처는 "컨퍼런스 안"에 따라 등기되어야 한다는 규칙과 더불어 표준 등기부의 문안이 거듭 제공되었다. 이러한 규정의 우선 대상이 된 곳은 **듀스베리** (Dewsbury) 신도회의 재단이사회로, (이들은 버스톨 재단이사들과 마찬가지로) 새로 지은 예배처소를 승인된 방법에 따라 등기하기를 거부했다. 이렇게 되자 1789년, 웨슬리는 버스톨에서 있었던 전례에 따라 연대조직 내에서 모금을 해 듀스베리에 새 예배처소를 건축하고 규정대로 등기하겠다고 선언했다. *회의록*에는 모든 예배처소는 "감리회 안"에 따라 등기가 되어야 한다는데 동의한 설교자 115명과, 듀스베리에 새 건물을 짓기 위해 50실링에서 50파운드를 출연하기로 이미 작정한 사람 124명의 명단이 실려 있다.

그러나 모든 일이 사무처리만 가지고 되는 것은 아니었다. 웨슬리는 잡지 *아르미니안 잡지*와 여덟 권으로 새로 편집하는 *절기에 따른 설교* (1787-88)에 실릴 설교를 작성했는데, 이 책은 전에 출간되었던 네 권과 지난 10년간 잡지에 게재되었던 설교들을 포함하는 것이었다. 1787년에 작성된 설교 중에는 옥스퍼드 시절의 설교인 "지속적인 성찬의 의무" (1732)를 수정한 것과, 새로 작성한 "좀 더 출중한 길"이 있었다. 앞의 설교에서 그는 일생동안 강조해 온 대로, 될 수 있는 한 자주 성찬을 받아야 한다고 말했지만, 당시 영국의 많은 지역에서는 한 달에 한 번 성찬이 베풀어지는 예배를 찾는 것도 현실적으로 기대할 수 없는 것이었다.

"좀 더 출중한 길"이라는 두 번째 설교는 명목상으로만 그리스도인인 이들을 얕보는 내용을 담은 "거의 그리스도인"(1744)이라는 이전의 설교와 분명한 대조가 되었다. 40여 년이 지난 지금, 웨슬리는 아직도 높은 길(upper paths)을 걷는 진정한 그리스도인들의 삶을 강조하고 있기는 하지만, "낮은 단계의 그리스도인들"에 대한 희망을 완전히 포기하지는 않는다. 이 설교의 주제 중 한 가지는 "낮은 단계에서 하나님을 섬기는 사람들"을 격려하려는 것이었다 (Sermons, 3:266). 또한 "믿음의 발견" (1788)이라는 설교에서 웨슬리는 두 유형의 믿음, 즉 "종"으로서의 믿음, 그리고 "아들"로서의 믿음이 가는 두 개의 여정을 대비하여 소개한다. 이들 중 전자만이 하나님께 용납되고, "하나님을 경외하고 의를 행하는" 자로 감리회 신도회에 허입이 된다고 하였다. 그러나 이들에게는 두려움에서가 아니라 사랑으로 하나님에게 순종할 수 있도록 정진하여야 할 것이 요구되었다 (Sermons, 4:35).

두 다른 종류(orders)의 그리스도인들이 각각 구원의 소망을 가졌다는 것을 뒤늦게 터놓고 인정한 것은, 웨슬리가 모라비안 식의 개념을 넘어서 "종"으로 탐구하는 믿음은 물론, "아들," 또는 하나님의 자녀로서 갖는 확신의 믿음도 중요하다는 것을 용납한 것과 관계가 있다. 1788년, "믿음에 관하여"(On Faith)라는 설교에서 그는 종전 그가 가졌던 생각이 잘못 되었다는 것을 다음과 같이 인정했다: "거의 50년 전, 통상 감리회원이라 불리우던 설교자들이 믿음으로 구원에 이른다는 성경의 원대한 교리를 설교하기 시작했을 때, 그들은 하나님의 종과 자녀간의 차이에 대해 잘 알지 못하고 있었다. 그들은 '하나님에 대한 두려움으로 의를 행하는 사람조차도 받아주신다'는 사실을 분명히 이해하지 못했다" (Sermons, 3:497). 이 늦은 시점에, 웨슬리는 감리회원들이 종으로서 탐구하는 믿음을 가진 사람들도 기꺼이 신도회 회원으로 받아준다는 사실로 명성이 잘 알려졌다는 것을 특별히 자랑스럽게 생각했다 (Societies, 536-37).

그러나 웨슬리도 세월을 어찌 하지는 못했다. 1786년 홀란드(Holland)에서 돌아오는 길에, 연로한 웨슬리는 작은 글씨로 된 책을 읽을 정도로 시력이 좋아 동행하던 다른 여행자의 감탄을 자아내게 하였다. 같은 해 후반부, 런던의 소피(Sophie in London)에 게재된 글에 소피 본 라 로세(Sohpie von la Roche)는 "감리회의 원칙이 83살의 나이에도 좋은 시력을 유지할 수 있게 하는 것이라면, 나도 그들의 파에서 교육을 받았더라면 좋을 뻔했다"고 소감을 적었다. 그러나 이러한 소감이 나온 시기는 기구하다. 이 글이 출판될 때쯤, 웨슬리는 제대로 읽을 수 없게 되었다는 것을 깨달았다—다시 말해서 큰 촛불을 옆에 놓고야 큰 글씨 찬송가를 읽을 수 있었던 것이다. 일 년 내로 그는 작은 글씨나 손으로 막 쓴 편지를 읽을 수 없게 되었다 (JWJ, 7:456). 1789년 생일을 맞아 쓴 그의 소감은 종전의 낙천적인 그의 태도에 비추어 보면 좀 어울리지

않는다: "이제 나는 늙어가고 있구나." 그는 시력도, 기력도, 기억력도 쇠퇴했다. 1790년 새해 첫 날, 그는 다시 한번 "나는 이제 머리부터 발까지 노쇠한 늙은이"라고 시인했지만, "그러나, 하나님께 감사한다. 나는 내가 해야 할 일을 게을리 하지 않는다. 나는 아직도 설교할 수 있고 글을 쓸 수 있다"라고 덧붙였다.

웨슬리는 때로는 미묘한 차이를 지닌 새로운 의미를 덧붙이기도 했지만, 그가 애착을 가졌던 많은 일들을 계속 추진해 나갔다. 예를 들면 "대" 회의록 (1789) 수정판에서 그는 감리회의 목적을 "성서적 경건을 퍼뜨리는 것"이라고 정의한 잘 알려진 문장 앞에 "어떤 새로운 종파도 창설하지 않는 것"이라는 새 구절을 추가했다. 같은 해, 예언자적인 역할과 제사장적인 역할에 관한 설교에서, 그는 거의 50년 전 감리회원의 특성에서 했던 것과 비슷한 방법으로 감리회원들의 특성을 기술했다. 이번에 그는 그들을 "아무런 파나 집단에 속하지 않은 사람들의 모임이기에 모든 다른 집단에 우호적이며, 하나님과 사람을 아는 지식과 사랑 안에서 모든 사람들을 가슴으로 믿는 신앙으로 나아가게 하는 일에 힘쓴다"라는 말로 표현했다. 같은 설교에서, 제사장으로서의 권력에 야심을 가진 어떤 감리회 설교자들에 대해 언급하면서, 그는 "제발 당신 자신들의 한계를 넘지 않도록 자신을 돌보시오; 복음을 전하는 것만으로 만족할 줄 아시오"라고 호소했다.

그는 50년 전 감리회 설교자들이 "일반 설교자들을 대체하는 것이 아니라 그들에게 열심을 불러일으키도록" 하나님이 내보내신 "하나님의 특별한 사자"로 여겨졌다는 사실을 지적했다. 이어서 그는 "하나님의 이름으로 말하노니, 그만큼만 해 두시오!"라고 했다 (Sermons, 4:82). 최근에 그는 "외눈에 관하여"(1789)라는 설교에서, (크리소스톰이 아니면 루터의 말을 빌어) "지옥은 기독교 사제들의 영혼으로 발 디딜 틈이 없다"라는 말과 더불어, 많은 세속적인 국교회 소속 사제들을 "상스럽고 수치스러운 벌레들"이라고 질타했다 (Sermons, 4:129).

웨슬리가 헨리 무어(Henry Moore)에게 쓴 다음과 같은 구절에서 보듯, 국교회에 대한 그의 충성심은 아직도 흔들림이 없었다: "나는 영국 국교회 신도이다; 나는 50년 전에 말했던 것과 마찬가지로 앞으로도 국교회 안에서 살고 국교회 안에서 죽으련다" (JWL, 8:58). **충성심**(Loyalty)은 전에 그가 월터 처치(Churchey)에게 "나에게 충성심은 필수적인 신앙의 한 가지이며, 감리회원들이 이것을 잊어버린다면 나는 섭섭할 것이다. 그러므로 나의 신앙과 정치적 행보는 가장 가까운 관계를 가지고 있으며, 이것은 나로 하여금 '하나님을 경외'하게 하며 '왕을 공경'하게 하는 동일한 근거가 된다"라고 말한 적이 있듯이, 웨슬리를 움직인 기본적인 특성이었다

(JWL, 6:267). 그는 그가 가진 토리 당의 관점은 세상일을 포함한 모든 권력의 원천이 사람에게서가 아니라 하나님에게서 나온다는 것임을 마음을 기울여 피력했다 (JWL, 7:305). 1756년, 그는 프랑스의 침입으로부터 영국을 보호하기 위하여 하나님의 사람 200명으로 감리회 의용군을 조직할 것을 자원했다 (JWL, 3:165).

웨슬리는 또한 프랑스를 갈라놓기 시작하고 있던 **혁명을 위한 열정**의 원칙을 거부했다. 그는 미국에 있는 한 설교자에게 편지를 써, "사실은 하나님에 대해서 아는 것이 아무 것도 없는 불쌍한 이방인들은 그런 의도도 생각도 없겠지만," 유럽의 "놀라운 혁명"은 주님을 아는 지식과 영광이 세상을 채우게 되는 날을 예비하는 것일 수도 있다고 했다 (JWL, 8:199-200). 웨슬리는 신앙적이건 정치적이건 애국자들이 부르짖는 "자유"에 대해서 조금도 개의치 않았다. 자신들의 지도자를 스스로 선택하려 했던 감리회원들에 대해서 웨슬리는 참지를 못했다:

> 우리에게는 예전이나 지금이나 그런 관습이 없다. 우리는 공화당원이 아니며 그렇게 될 의사도 조금도 없다. 그럴 마음이 있는 사람들이라면 조용히 사라지는 것이 낫다. 이 점에 있어서 나는 지난 50년간 교리적으로나 실천적으로 일관성을 유지해 왔다; 머리가 희어진 지금, 내가 돌이켜 새 길을 가기에는 이제 너무 늦었다 (JWL, 8:196-97).

웨슬리는 자신이 걸어 온 길이 바른 길이었다고 자신하기는 했지만, 자신의 모든 행동을 해온 그대로 계속해야 한다고는 생각하지 않았다. 1790년 7월, 그는 1725년 이후 수입과 지출을 기록해 온 개인 재정장부 정리를 중단하기로 결정했다. 장부에 남긴 마지막 기록에 덧붙여 그는 시간이 지나면서, 그 표현이 좀 과장되었는지는 모르지만 그가 오랫동안 견지해 온 관점을 적어놓았다: "86년이 넘도록 나는 나의 현금출입을 정확히 기록해 왔다. 이제 나는 할 수 있는 만큼 저축하고 할 수 있는 만큼, 즉 내가 가진 것 모두를 준다는 확신을 계속 가져왔기에 이 일을 더 이상 하지 않으려 한다" (JWJ, 8:80).

이에 더하여 웨슬리는 갈수록 많은 것에서 양보를 했다. 1788년, 그의 변호사 클루로우(Clulow)는 웨슬리에게, 모든 전도처소와 순회설교자들에게 인허를 줄 때 비밀 집회소 령(Conventicle Act)에 따라 비국교도가 아니라 "복음 설교자"로 하도록 조언을 했다. 이런 결정은 정치적으로 필요하다고 생각되기는 했지만 법적으로 난처한 경우를 야기했는데, 왜냐하면 계속되는 국교회에 대한 충성심의 항의에 직면한 상황에서 비국교도로서의 인허가 주어지지 않는 경우가 종종 있었기 때문이었다. 그 다음 해, 웨슬리는 링컨의 감독 톰라인 박사에게 다음과 같이 항의를 했다:

"감리회원들은… 그들의 양심에 따라 하나님을 예배할 수 있는 허가를 받기를 원합니다. 각하는 이 청원을 거부하고는 감리회원들이 인허를 받지 않았다고 처벌합니다!" (*JWL*, 8:224). 웨슬리는 또한 국교회의 예배가 열리는 주일 아침에 감리회 예배를 드리는 것에 대해서도 좀 더 많은 양보를 했다. 1789년 더블린에서 이렇게 하도록 그가 허가를 하자, 진작부터 그렇게 하기를 원했던 연대조직 내의 다른 지역에서 논란이 벌어졌다. 어떤 사람들은 그가 자신이 죽은 뒤에 국교회에서 떨어져 나올 길을 준비하는 것으로 보았다. 그러나 "국교회로부터의 분리에 대한 신중한 고찰"(1789)이라는 글에서 그는 이 사실을 부인하면서 그의 신념을 이렇게 털어놓았다: "나는 내가 사라진 뒤 감리회가 전반적으로 그렇게 하리라고 믿지 않는다" (*Societies*, 540).

1790년 컨퍼런스는 이 신념을 호되게 시험하는 무대였다. 웨슬리는 더 이상 초기와 같은 모습으로 좌중을 압도하는 존재가 아니었다. 존 포슨에 의하면, 웨슬리는 이제 "거의 쇠진했고, 그의 기능, 특별히 그의 기억력은 현저히 저하되었다" (*EMP*, 4:58). 웨슬리가 이 회의를 주재하지는 않았지만, 섯클리프(Sutcliffe)는 "그가 출석해 있는 것만으로도 모든 것이 제 의미를 찾았다"고 시인했다. 섯클리프는 "위원회"의 정경을 다음과 같이 묘사했다:

> 긴 회중 의자가 딸리지 않은 탁자가 예배당을 가로질러 놓여 있고, 웨슬리는 탁자 한 쪽 끝 의자에 앉았다. 그리고 한 쪽에 열 명씩, 덥수룩하거나 둘둘 꼬인 가발을 쓰고, 당대를 열심히 일해 온 20여 명의 품위 있는 노인들이 앉았다. 매더(Mr. Mather)가 선임 집사격으로 컨퍼런스의 모든 업무를 주재했다. 볼튼(Mr. Valton)은 4절판 장부를 들고 서기로 일을 보았다 (*Documents*, 4:233-34).

그는 또한 설교자들을 **입지에 파송**하는 방법을 다음과 같이 기록했다: "웨슬리는 주머니에 손을 넣어, 컨퍼런스로 오는 길에 뉴캐슬에서 작성한 설교자 현지 임명안을 꺼냈는데, 이것을 미리 본 사람은 아무도 없는 듯하다." 이 명단을 읽는 동안 설교자들과 신도들을 "상호 수습"하기 위한 수정이 이루어졌다. "모두가 가부장적 권위 하에 진행되었으며 공정했다"는 것이 섯클리프의 기록이었다.

한 젊은 설교자는 컨퍼런스가 끝나기 전 실시한 "연대조직에 정회원으로 허입"하기 위한 설교자 심사를 다음과 같이 묘사했는데, 이것은 코크가 중요한 역할을 했다는 사실을 보여 준다: "의자에서 열두 명의 젊은이들이 그들의 경험, 그리고 소명에 대해 간략하게 말했다; 그리고 그들의 신앙을 고백했다. 그 뒤, 코크 박사가 왼쪽 팔에 대 *회의록*을 끼고 앞쪽 의자로 나와 오른손을 각 사람 머리에 얹으며 한 부씩 나누어주었다" (*Documents*,

4:233). 섯클리프가 소유한 "대" 회의록에는 지난 40년간 사용되어 온 문구가 다음과 같이 적혀있었다: "당신이 이 규칙을 계속 준수하는 한, 우리는 기쁨으로 당신을 동역자로 인정할 것입니다. 존 웨슬리" (Documents, 4:231-32; Minutes, 570 참조).

웨슬리는 비록 노쇠해 갔는지 모르지만 그는 아직도 영국에만 300명 가까이 되는 설교자들이 (71,463명의 신도들을 이끌기 위해) 열심히 일하기를 기대했다. 그 해 초, 그는 와이트 (Wight) 섬의 설교자 쟈스퍼 윈스컴 (Winscom)에게 "나는 순회구역들이 설교자가 셋 이하이거나 없기를 바라고, 4주에 말을 타고 400마일 이하가 되기를 바란다"고 말했다. 쟈스퍼에 의하면, 웨슬리는 설교자들이 다시 말을 타고 다니기를 바랬는데, 이렇게 하는 것이 몸과 영혼의 건강을 위한 것이기 때문이었다. "자신을 잘 돌보지 않으면 우리는 나약한 상태에 빠지고 만다"고 한 웨슬리의 말은 87세 생일을 앞둔 사람의 말로서는 힘이 있다 (JWL, 8:206).

그러나 나이가 먹었다고 말을 엇바꾸어 할 웨슬리는 아니었다. 그는 계속 복음을 전하고자 했다. 그는 "혼인 예복에 관하여"(1790년 3월)라는 설교가 그가 쓴 마지막 설교가 되리라고 생각했다: "나의 시력은 침침하고 기력은 없다. 그러나 내가 먼지로 돌아가기 전, 할 수 있는 동안은 하나님을 위해 조금이라도 기꺼이 일하겠다" (JWJ, 8:54). 이 설교로 그는 신도들로 하여금 하늘의 "권리"를 얻게 하는 그리스도의 의와, 하늘나라에 "적합하게" 만드는 경건 사이의 관계에 대해 한 마디 더 할 수 있는 기회를 가졌다. 그렇다면 경건이야말로 참된 혼인예복으로, 웨슬리는 이를 60년 전 옥스퍼드 시절에 썼던 용어를 다시 써, "그리스도 안에 있는 마음"을 갖는 것과 "그가 가신 길을 가는 것"으로 기술하였다. 그는 믿음이 경건을 대체할 수 있다는 생각을 "믿음이 경건을 대신할 수 있다는 생각은 율법무용론의 핵심이다"라는 말로 일축했다. 그렇다면 이 설교는 모라비안과 칼빈주의자들이 주장하는 "오직 믿음"에 대한 성숙한 대안으로, "사랑으로 역사하는 믿음"을 다시 한번 강조한 것이 된다 (Sermons, 4:147-48).

실제로 웨슬리는 그가 즐겨 강조하던 주제를 엮어 다섯 편의 설교를 더 작성했다. "하나님 없이 사는 것에 대하여"라는

엘리자베스 릿치가 준 1780년 대에 웨슬리가 사용한 도장

제목의 설교는, 거룩한 삶이 바로 된 견해를 갖는 것보다 더 중요하다는 것을 가장 강한 어조로 반복한 것이다 (Sermons, 4:175). "늘어나는 부의 위험"에서 그는 다시 한번 탐욕과 과잉 축적을 비난하면서, 동시에 그가 지난 50여 년이 넘도록 이 내용을 설교했지만 탐욕스러운 구두쇠 50명도 설득시키지 못했다는 실망스러운 현실을 토로했다 (Sermons, 4:181-82). 그리고 1791년 1월 중순, 그의 마지막 설교가 된 "믿음에 관하여"는 "믿음의 삶"(1740)이라는 찰스의 시 두 절로 마친다:

> 연약한 우리 느낌으로 알 수 없는 것들,
>   이성의 깜빡거리는 빛으로도 볼 수 없는 것들을,
> 강하고 거스를 수 없는 증거로
>   하늘 깊은 곳은 나타내네.
> 믿음은 깨달음의 빛을 내고:
>   구름은 걷히고, 그늘은 지나가네;
> 보이지 않는 것이 눈에 뜨이니,
>   우리 육신의 눈에 하나님이 보이네!
>   (Sermons, 4:200)

존의 일기는 정기적으로 하는 설교를 포함해 비교적 정상적인 다섯 주간의 활동을 기록하고 있다. 2월 중순, 감기가 걸린 그는 주일인 20일, 설교를 할 수가 없었다. 좀 나아진 그는 다음 수요일 설교를 할 수 있었는데, 이것이 그의 일기의 마지막 기록이었다. 같은 날, 그는 전 바바도스 노예 올라우다 에퀴아노(Olaudah Equiano)의 삶을 기록한 구스타부스 바사 (*Gustavus Vasa*)를 읽기를 끝내었다. 이 책을 읽고 영감을 받은 웨슬리는 그 다음 날, 노예 무역에 대항하여 싸우고 있던 윌리엄 윌버포스 (William Wilberforce) 의원에게 다음과 같이 격려의 글을 썼다: "하나님의 이름과 그의 권능으로 (해 아래 가장 비참한) 미국의 노예제도마저도 사라질 때까지 계속 정진하시오" (*JWL*, 8:265).

그 다음 날, 웨슬리는 열이 나면서 갑자기 건강이 나빠지기 시작했다. 그 뒤 한 주간은 가정부이며 그 동안 함께 지냈던 **엘리자베스 릿치** (Elizabeth Ritchie)가 그의 옆을 지키며 일어나는 일들을 자세히 기록해 두었다. 이 기록은 죽음의 기술(*ars moriendi*)을 가장 잘 표현한 것으로, 제레미 테일러(Jeremy Taylor)가 쓴 거룩한 죽음의 규칙과 실천(*Rules and Exercises for Holy Dying*)에 수록된 원칙을 직접 실천해 보여준 것이었다. 3월 1일, 쇠약한 웨슬리는 있는 힘을 다 모아 아이삭 왓츠의 찬송 "호흡이 있는 동안 나의 창조주를 찬양하겠네"를 불러, 같이 있던 사람들을 놀라게 했다. 더 이상 노래하거나 말하려는 노력은 별 효과가 없었다; "많은 사람들에게 복음을 전해 준 입술은 이제 더 이상 익숙한

소리를 전할 수 없었다." 그는 있는 힘을 다해 "그 중에 제일 좋은 것은 하나님이 우리와 함께 하신다는 것이다"라는 말을 남겼다. 그 다음날인 1791년 3월 2일, 그는 "안녕"이라고 마지막 말을 했다 (*JWJ*, 8:138-44).

웨슬리의 영적 여정의 동기가 된 확신의 추구는 이제 끝이 났다. 평화를 찾으려는 그의 노력은 두려움의 절망도 믿음의 소망도 맛보았다. 뜨거워진 그의 가슴은 하나님의 인자하신 죄 사함의 확신도, 지속되는 의심과의 투쟁도 경험했다. 의지하고 확신에 찬 믿음을 발견한 쉴 줄 모르는 그의 가슴은 때로는 흔들리기도 했지만 이제 하나님 안에서 휴식을 찾았다. 웨슬리는 하나님의 심판의 두려움을 느낌과 동시에 하나님의 정의를 믿으며, 하나님의 위엄에 경외를 느낌과 동시에 그의 은혜로우신 사랑을 믿으며, 하나님의 성령으로부터 오는 계속되는 놀라움을 기대하는 동시에 그 모든 것을 통한 인도하심과 위로하심을 소망하며, 그의 창조주와 함께 오랜 세월을 살았다. 그래서 그는 죽음의 자리에서, 오래 평화를 추구한 가슴으로부터 "그 중에 제일 좋은 것은 하나님이 우리와 함께 하신다는 것이다"라는 마지막 신앙의 고백을 드릴 때, 그가 한 말의 뜻을 알았다.

Chapter 6—Suggested Readings

Asbury — Asbury, Francis, *The Journal and Letters of Francis Asbury,* ed. Elmer T. Clark, J. Manning Potts, and Jacob S. Payton, 3 vols. (Nashville: Abingdon press, 1958).

Coke, Thomas, and Henry Moore, *The Life of John Wesley* (London: Paramore, 1792 [facsimile edition, Nashville: Abingdon Press, 1992]).

George, A. Raymond, "*Ordination,*" in volv. 2 of *A History of The Methodist Church in Great Britain,* ed. Rupert Davies, A. Raymond George, Gordon Rupp (London: Epworth Press, 1978).

More — Church, Leslie, *More about the Early Methodist People* (London: Epworth Press, 1949).

Rep. Verse — Wesley, Charles. *Representative Verse of Charles Wesley,* ed. Frank Baker (London: Epworth Press, 1962).

Vicker, John A., Thomas Cokes, *Apostles of Methodism* (Nashville: Abingdon Press, 1969).

후기

웨슬리의 죽음은 메소디스트라고 불리운 사람들이 하는 일과 그들의 박력과 타당성을 평가하는 면에서 변화를 가져왔다. 웨슬리 자신을 포함한 모든 사람들은 웨슬리가 죽으면, 그의 생전 감리회 운동 안에서 확산되어오던 긴장 때문에 그 운동 자체가 와해될 것이라고 예상했었다. 웨슬리는 1769년 초에 이미 그가 "연합의 중심"이라고 말했었고, 그가 죽으면 많은 전도자들이 국교회에서 안수를 받거나 회중을 떼어 독립해 나가는 방법으로 연대조직에서 떨어져 나갈 것이라고 말한 적이 있었다. 물론 이러한 분리를 미리 예방하기 위한 단계별 계획과, 연합을 위한 지속적인 호소가 뒤를 이었다. 죽기 한 달 전, 웨슬리는 필라델피아의 에제키엘 쿠퍼(Cooper)에게 "감리회원들은 전 세계 어디서나 하나이며, 그렇게 하나로 남아 있는 것이 그들의 진정한 각오라고 기회가 주어지는 대로 모든 사람들에게 선언하시오"라고 썼다 (*JWL*, 8:260).

이러한 말은 미국 감리회라는 새로운 상황을 맞아 그 의미를 상실했다. 미국의 감리회 감독교회(Methodist Episcopal Church)는 드러내놓고 선언하지는 않았지만, 웨슬리와 영국으로부터의 독립 성향을 오랫동안 보여왔다. 1785년 처음 작성된 영국 장정의 형태로부터의 변화라든가, 그 후 곧바로 구속력이 있는 회의록(binding minute)을 무효화한 것, 감독에 관한 용어의 선택, 그리고 이어지는 여러 가지 의도적인 움직임들은 이 새 교단이 영국의 통제로부터 자유롭다는 것을 천명했다. 애스베리가 "우리 나이든 아빠"(our Old Daddy)라는 존경심이 덜한 말로 웨슬리를 부르게 된 것은 미국 감리회 신도들이 앞으로 보일 자세를 상징하는데, 그것은 웨슬리의 개인적인 유산은 가족과 같은 사랑으로 지니지만, 더 이상 영국 웨슬리 운동의 창시자들(patriarch)의 지도력에는 의지하지 않겠다는 것이었다. 미국의 설교자들이 웨슬리 교리를 설교하는 것을 흡족하게 생각했는지는 몰라도, 그의 정치적인 통제에서 벗어난 것에 대해서도 만족스럽게 생각했다. 그리고 애스베리는 웨슬리가 가르친 대로 "단순히 성서와 초대교회를 따르는 전적인 자유"를 누리도록 미국 감리회원들을 도와줄 용의를 가지고 있었다. 이에 더하여 1780년 후반 시작된 실제적 결별하는 과정은 웨슬리의 사후에까지 이어졌는데, 그 좋은 예가 1792년 미국 컨퍼런스에서 새로운 예배순서를 승인함으로, 웨슬리가 보낸 주일예배(*Sunday Service*)를 사실상 제쳐놓은 것이다.

웨슬리와 메소디스트라고 불리운 사람들

새벽 5시, 씨티 로드의 새 예배당 뒤에 존 웨슬리를 묻을 때 가장 가까운 친구만 몇몇이 참석했다.

여러 면에서 영국에서의 상황은 더욱 복잡했다. 물론 1753년 웨슬리가 처음 자신의 비문을 쓸 때와 같은 초기에는 그로부터 거의 40년이 지나 그가 죽음을 맞을 때, 모든 사람들이 그에게 치하와 찬탄을 쏟아 부으리라고는 아무도 예측하지 못했을 것이다. 신사 잡지(*Gentlemen's Magazine*)에 실린 그의 사망기사를 보면, 그는 "적의와 편견이 잔존하는 기간보다도 오래 살아, 말년에는 모든 교단으로부터 모든 유형의 존경을 받은 몇 안 되는 사람들 중 하나다"라고 되어 있다 (*EMW*, 2:154).

감리회 신도들은 내부의 질투와 원한을 뒤로하고 한 가족이 되어, 살아 생전보다 죽은 뒤 웨슬리를 더 존경을 했으며, 하나님 안에서 그들의 선조가 된 그에게 경의를 표했다. 웨슬리가 죽은 지 한 주일 후에, 그의 가장 가까운 친구들은 3월 9일로 예정된 장례식이 정숙하게 치러질 것으로 기대했다. 그 전 날, 많은 사람들이 도착하였고, 이에 지도자들은 다음 날 새벽 5시, 씨티 로드 예배당 뒤뜰에서 비공개 하에 매장을 하도록 밤늦게 조치를 취하였다. 약 20명가량의 가장 가까운 친구들만이 연락을 받아 묘지 주위에 모였다. 오랜 전통을 따른 웨슬리의 유언은, 가난한 사람들이 각각 1파운드씩을 받고 그의 시신을 운반하도록 되어 있었다.

웨슬리는 또한 "나를 사랑했고 아브라함의 가슴에 이르도록 나를 따르는 사람들의 눈물 외에는 겉치레가 없는" 단순한 장례식을 부탁해 두었다 (*JWJ*, 8:343). 아침 10시, 예배당에서 드린 장례예배에는 많은 군중이 문 밖에 모였었는데, 호기심을 가진 사람들과 슬픔에 젖은 사람들이 섞여있었음에도 불구하고 "많은 수의 경찰"의 노력에 힘입어 정숙과 질서를 유지했다 (*Death*, 15). 웨슬리의 전담 의사이며 런던 지역의 현지설교자이기도 한 존 와이트헤드(Dr. John Whitehead)가 장례 설교를 했다. 그는 감리회가 영국인들에게 안정을 유지하도록 기여한 효과를 강조했는데, 이것은 그 다음 세기의 전기 작가들과 역사가들이 재발견하여 후에는 잘 알려진 경구가 되기도 했다. 그는 또한 웨슬리의 마지막 며칠을 기록한 엘리자베스 릿치의 글을 일부 읽었다. 이 설교와 글은 몇 시간 내로 인쇄가 되어, 며칠 내에 영국 전역의 감리회 강단에서 읽혀졌다. 예배당을 장식한 검은 천은 옷으로 만들어져 가난한 여자들에게 분배되었다 (*Rack*, 533).

웨슬리 이후의 감리회

그 달이 다 가기 전, 감리회원들 간에 회람된 또 하나의 문서는 이 운동의 앞날에 더욱 중요한 의미를 갖는 것이었다. 3월 30일, 할리팩스 (Halifax)에서 아홉 명의 순회설교자들에 의해 회람편지로 작성된 이 문서에는, 그들 생각에 컨퍼런스가 응당 앞으로 취해야 할 조치가 나열되어 있었다. 조심스러운 계획에도 불구하고 웨슬리는 절차상 많은 모호한 점들을 남겨두었다. 그가 죽은 뒤 몇 달간은 이러한 상황에서 바람직한 "웨슬리적" 방식이 무엇인지 제시하는 여러 가지 제안들이 쏟아져 나왔다. 이 "할리팩스 회람"은 웨슬리가 1769년 제시했던 방식에 근거한 절차를 제안한 것이었다. 그것은 컨퍼런스 계획에 따라 선언서의 정신을 지지하기는 했지만, 지방별 조직이라든가 법적 100명에 빈자리가 생기면 "사역의 연공서열에 따라" 채울 것과 같이, 시행상 매우 중요한 조정을 포함한 것이었다. 사실상 이 문서는 부분적으로는 "감리회원들 간의 지속적 순회"가 영원히 자리 잡도록, 컨퍼런스에 의한 중앙 통제를 보존할 것을 목적으로 하는 임시 시행규칙을 제안한 것이었다 (*Documents*, 4:241-42). 또 다른 안들, 예를 들면, 콘월의 레드루스(Redruth)에서 작성되어 콘월 지역 신도회원들 중 51명의 "대의원"들이 서명한 안은, 신도회의 지방 통제를 강화하는 방향으로 감리회 장정을 수정하도록, 당시 퍼지고 있던 민주주의적 정서를 이용한 것이었다 (*Documents*, 4:243-44).

1791년 7월, 맨체스터에서 열린 컨퍼런스에서 사무엘 브래드번 (Bradburn)은 웨슬리가 1785년에 쓴 편지를 읽었는데, 편지를 읽은 목적은 그 선언서의 의도가 설교자들 중 누구도 다른 설교자들보다 우위를 나타내려는 의도가 아니었다는 것을 그들에게 설득하려는 것이었다. 이에 컨퍼런스는 교리와 장정, 그리고 삶을 통해 "존경하는 아버지이며 친구" (esteemed Father and Friend)를 따르고 닮을 것을 굳게 결의하는 것으로 화답했다 (*Minutes*, 243). 이렇게 하여 그들은 할리팩스 회람에 담긴 제안의 대부분을 채택하였다. 이 문서에 서명한 아홉 명 중 몇은 후에 컨퍼런스 의장이 되었는데, 그들 중 첫 번째로 서명한 윌리엄 톰슨 (Thompson)은 그 해 컨퍼런스 의장으로 선출되었다. (이는 토마스 코크, 알렉산더 매더, 헨리 무어, 그밖에 의장 후보로 예상되었던 사람들에게는 의외였다.) 컨퍼런스에서는 또한 영국, 스코틀랜드, 아일랜드를 27개의 지방으로 나누어, "웨슬리가 죽으면서 남긴 계획을 철저히 따르기로" 했다. 그러나 이 결정이 모든 문제들을 해결한 것은 아니었다. 왜냐하면 웨슬리는 점점 더 지지를 얻고 있던 국교회로부터의 분리 문제는 말할 것도 없고, 스코틀랜드나 아일랜드의 컨퍼런스 소집과 운영 같은 중요한 사안에 관하여서도 선언서라든가 다른 어디에도 해당 규정을 마련해 두지 않았기 때문이다.

"웨슬리가 남겨둔 감리회 계획"에 포함된 많은 운영 세칙들은 여러 곳에서 서로 상충이 되는 모순을 지니고 있었다. 그 결과로 빚어진 일반 원칙에 관한 모호성은, 오랫동안 각 지역의 특수성에 따라 필요한 대로 그 적용을 달리 해왔기 때문에 발생한 것이었다. 60년이 넘는 기간 동안, 웨슬리가 발전시켜 온 방법과 절차들은 영국 국교회를 "개혁"하려는 의도를 담은 것이기는 했지만, 실제로는 감리회로 하여금 국교회와는 다른 나름대로의 정체성을 자각하게 하는 결과를 가져왔다. 이러한 발전이 감리회와 국교회의 관계에 미치는 영향에 대하여 찰스는 언제나 부정적인 면을 강조했지만, 존은 감리회 신도들의 삶에 끼치는 긍정적인 결과에 초점을 맞추려고 했다. 웨슬리가 죽었을 때, 연대조직 내에서는 이 둘 사이에서 여러 가지로 변형된 신앙 행태가 등장했지만, 모든 사람들이 이에 신경을 썼던 것은 아니었다. 윌리엄 톰슨과 같은 설교자들은 국교회 예배시간에 설교를 하든지 말든지, 세례를 주든지 장례식을 하든지, 공동기도서를 보고 읽든지 아니면 책을 보지 않고 기도를 하든지, 그냥 해오던 대로 놓아두기를 바랐다 (*Documents*, 4:247).

이러한 보수적인 분위기 속에서, 웨슬리 시절 시작되었던 많은 발전은 그 방향이 거꾸로 돌려졌다. 1792년 컨퍼런스에서는 (심지 뽑기를 해) 성례를 (런던이나 그밖에 몇몇 지정된 지역을 제외하고는) 감리회원들에게만 국한하도록 했고, 당분간 안수는 사실상 중단했다. 그 다음 해, 그들은 설교자들에게 "존경하는"(Reverend)이라는 호칭을 쓰지 못하도록 금했고, 안수 받은 설교자와 안수 받지 않은 설교자의 구분을 폐지했다. 비공식적이나마 여자들이 설교자의 역할을 맡는 것은 전에도 널리 퍼진 적은 전혀 없었지만, 이제는 완전히 사라지기 시작했다.

동시에 일부 사람들은 웨슬리가 40년이 넘도록 억눌러 온 발상을 다시 의논하기 시작했다. 그 제안은 감리회의 성격에 근본적인 변화를 가져

후기

와, 자체적으로 교역자와 성례를 갖춘, 좀 더 공공연한 비국교 집단으로 바꾸자는 것이었다. 영국 국교회와 가까운 관계를 유지하려 했던 찰스 웨슬리의 의도를 오래 따랐던 전통적인 "**친국교 감리회원들**"(Church Methodists)은 이런 제안들을 대부분 반대했다. 이들 중 많은 사람들은 웨슬리가 지켜왔던 또 다른 원칙인 컨퍼런스 체제는 지지했지만 중앙집권에는 반대를 했다.

그룹들 간의 혼란은 1792년 브리스톨(Bristol)에 포트랜드 예배당(Portland Chapel)을 봉헌하는 문제를 놓고 더욱 분명하게 드러났다. 사무엘 브래드번(Bradburn)은 안수를 받지 않았는데도 1792년 8월 26일, 봉헌 설교를 할 때 설교자의 가운을 입고 했다. 브리스톨의 다른 두 예배처소인 기니아 스트리트(Guinea Street)와 새 방(New Room)의 재단이사들은 브래드번이 안수 받은 사제처럼 행동해 감리회와 국교회의 관계를 저해하는 것에 대해 비판을 가하면서, 자신들의 입장을 강화하기 위해 웨슬리를 인용했다. 브래드번은 자신의 행동과 "**컨퍼런스 감리회원들**"(Conference Methodists)의 입장을 감리회원은 비국교도인가를 묻는다(*The Question, Are The Methodists Dissenters?*)라는 글을 통해 변호하면서, 웨슬리 자신도 분리에 관한 문제에 있어서는 애매한

연대표 8
긴장과 변천

1780	1785	1790	1795
		조지 3세	
플루바나 협의회	파리 협약	찰스 웨슬리 사망	존 웨슬리 사망	워즈워스와 콜릿지
아르미니안 창간	문서 협회	"크리스마스 협의회"	프랑스 혁명	브리스톨 논쟁	*서정민요*
찬송 모음		선언서	*설교집* 8권	할리팩스 회담	화해 계획
코크 감리회원이 되다	브리스톨 사건	미국 사역자 안수		전기 논란	
스미스의 국부론	엡웟스 부흥	주일 예배	낯선 사람들의 친구 협회	포트랜드 예배당	킬엄의 *자유의 진전*
		스코틀랜드 사역자 안수	코크 서인도로		감리회 새 연계조직

319

태도를 취했다고 주장했다. 브래드번은 포트랜드 예배당에서 자신이 취한 행동을 변호하는 회람을 작성하여, 다른 두 예배당의 재단이사들을 비난했다. 그들 중 일부는 부자이며, 국교회에 친구 신도가 있어, 그들의 사회적 관점에 근거한 입장을 가지고 있었다. 이 회람은 31명의 설교자, 재단이사, 포트랜드의 남성 지도자들이 "우리는 여성 지도자들은 상관할 것도 없다고 생각했다"는 설명과 함께 공동으로 서명했다 (*Death*, 64).

설교자들 사이의 대립을 가져온 또 하나의 논란은 웨슬리 전기를 공식적으로 출판하려는 시도에서 연유되었다. 1791년 6월, 불만을 품은 설교자인 존 햄슨(Hampson)이 출판한 3권으로 된 전기의 영향에 대처하기 위해, 서적위원회는 의사 와이트헤드를 임명해 감리회 연대조직을 위한 전기를 쓰도록 했다. 와이트헤드는 코크, 모어와 함께 3인 위원 중 한 사람으로, 이들은 웨슬리의 유언에 따라 그의 원고를 처분하도록 위탁받았었다.

원고를 전해 받은 와이트헤드는 인세와 저작료 등을 과다하게 요구하기 시작했는데, 이는 출판사업에서 얻어지는 수익 전액을 설교자 기금 (Preachers' Fund)에 충당해 오던 연대조직의 전통에 위배되는 것이었다. 와이트헤드가 웨슬리 원고의 반환도, 그가 쓴 원고의 심사도 거부하자 서적위원회는 그를 해고했고, 토마스 코크(Coke)도 런던의 강단에서 그를 쫓아냈다. 코크와 무어(Moore)는 주로 웨슬리의 *일지*와 그들 자신의 기억에 의지해 웨슬리의 전기를 작성하기 시작했다. 이 작업은 6개월 내에 끝나서 1792년 4월 출판되었고, 첫 인쇄본 10,000부는 7월 컨퍼런스 모임 이전에 (그리고 와이트헤드가 쓴 전기 제1권이 출판되기 1년 전에) 매진이 되었다.

이 전기를 둘러싼 논란은 단순히 원고나 저작료, 또는 저자의 권리에 관한 것만은 아니었다. 와이트헤드는 컨퍼런스를 통해 권한을 행사하는 "검은 가운을 입은 아이들"(그가 코크나 무어와 같은 순회설교자를 가리켜 쓰는 말)을 싫어했던 지방설교자였다. 그는 선언서가 감리회를 "부패시키고 결국은 소멸시키는" 원인으로 보았고, 1784년 코크가 안수를 준 것은 "영향력을 확보하고 군림하기 위한 위장"(stalking-horse)이라고 공격했다 (*Death*, 26-28). 이러한 반컨퍼런스, 반교역자적 입장은 그를 "친국교도적 감리회원들"이 쉽사리 동지로 맞아들이게 할 것 같았지만, 실제로는 그렇지가 않았다. 와이트헤드는 서문에 그가 원고 문제를 놓고 일부 설교자들에게 받은 "무자비한" 처우에 대해 기술했다. 많은 평신도들과 지방설교자들은 와이트헤드의 편을 들었을 뿐만 아니라, 그를 지지하는 위원회까지 조직했다. 대부분의 런던 설교자들은 그에게 반대했다. 헨리 무어는 후에 웨슬리 원고에 관한 와이트헤드 박사 행동의 실상이라는 글을 써, 같은 사건을 놓고 와이트헤드가 주장한 글을 반박했지만, 이를 출판하지 않기로 결정했다 (*Death*, 83-125).

후기

1794년, 헨리 무어는 컨퍼런스의 인가에 따라 브리스톨의 포트랜드 예배당에서 성찬을 베풀어 또 다른 논란에 휘말려들었다. 무어는 1787년 웨슬리로부터 안수를 받았지만, 브리스톨의 다른 두 예배당의 재단이사들은 이러한 행동을 용인하지 않았다. 그들은 이러한 행동이 감리회의 "처음 계획"에 위배되며 국교회로부터의 분리를 뜻한다고 주장했다. 그들은 무어를 그들의 예배당 강단에 서지 못하도록 했고, 실제로 그 해 8월, 새 방의 강단으로부터 그를 추방했다. 이를 기회로 하여 무어는 회중의 대부분을 데리고 포트랜드 예배당으로 옮겨, 자기가 해오던 일을 계속했다.

중앙 집권과 현지 지방의 자치권을 놓고 다툰 것은 친국교도와 비국교도 간의 경계를 모호하게 만들었다. 강력한 컨퍼런스의 통제로 비국교도적 성향을 억누르기를 원한 친국교회 감리회원이 있었는가 하면, 브리스톨 사람들과 같이 지방에서 관리하는 것이 국교회와 좋은 관계를 유지하는데 최선이라고 생각한 사람들도 있었다. 일부 **비국교도적 감리회원들**은 컨퍼런스를 통하여 자신들의 주장을 펼쳐나가려 했고, 또 다른 사람들은 지방 차원에서의 권한이 그들의 민주주의적 열망을 달성하기 위하여 필수적이라고 생각했다. 이렇게 하여 "신도회의 자연적 질서"라든가, "공정하고 자연스러운 권리"를 위한 열망, 그리고 "빼앗을 수 없는 우리의 권리인 특권" 등의 화제가 감리회 안에 새롭게 등장했다.

가장 강력한 비국교도적이며, 민주주의적이며, 그리고 지방 분권적인 선언은 알렉산더 킬엄(Alexander Kilham)으로부터 나왔는데, 이 사람은 수년간 감리회 운동 내에서 자유를 주창한 선봉장이었다. 그는 감리회가 영국 국교회로부터 완전히 분리해 나와서, 자체적으로 안수를 주고 신도들에게 정기적으로 성례를 베풀어야 한다고 생각했다. 그는 또한 자신들의 권력을 영구화하려고 획책하는 부유한 설교자들에 의해 컨퍼런스가 움직여지고 있다고 믿었다. 그는 자신의 저술, 컨퍼런스에 모인 설교자들에게 드리는 진지한 호소(An Earnest Address to the Preachers assembled in Conference, 1795)에서, 1791년 컨퍼런스를 통하여 확인된 바 있었지만 그 후에 열린 컨퍼런스에 의해서 폐기된 웨슬리 사망 당시의 상태로 되돌아 갈 것을 호소했다.

킬엄의 견해는 1795년 컨퍼런스에 참석한 사람들 대다수에 의해 받아들여지지 않았고, 그들은 대신 총체적 화해를 위한 합의문이라는 타협안을 통과시킴으로 오래 계속된 이 긴장을 해소하려고 했다. **화해 계획**(Plan of Pacification)으로 알려진 이 계획은 감리회에 불안정한 평화를 가져왔다. 여기에 담긴 여러 조항 가운데 일부는, 재단이사의 과반수와 신도들의 정서를 대표하는 집사들의 과반수가 승인한 경우에는 예배당에서 성례를 베풀 수 있도록 허락하는 것이었다. 이런 경우들은 매 건별로 컨퍼런스의 승인을 받아야 했다. 컨퍼런스에서는 또한 설교자를 파송하는 권한은 컨퍼런스에만 있다는 것을 포함한 선언서의 제 규정을 재확인하였다. 본질적으로 이 화해 계획은 컨퍼런스가 감리회 통제권을 확보한 승리였다 (*Documents*, 4:264-67). 이 계획은 영국 국교회에서 영국 감리회가 궁극적으로 분리되어 나간 것을 인지하는 효과를 가졌다.

이러한 해법에 큰 불만을 품은 알렉산더 킬엄은 메소디스트라고 불리운 사람들 간의 자유의 진전(*The Progress of Liberty Among the People Called Methodists*)이라는 글을 써, 그가 이해하고 있는 민주주의적 원칙에 입각하여 감리회를 위하여 만든 "헌법 개요"를 제안했다. 1796년, 킬엄이 컨퍼런스에서 축출된 뒤, 이 안은 그를 따라 나간 두 명의 감리회 설교자와 5,000명의 신도들이 감리회 새 연결이라는 새로운 교단을 만드는 근거가 되었다.

자신들이 보기에 필수적인 웨슬리적 전통(Wesleyan tradition)을 고수하기 위하여 가장 강한 어조로 비국교적이며 (for dissenting) 분리주의적(separatist)인 행동을 주창했던 사람들은, 이제 웨슬리 자신이 세운 컨퍼런스에서 떨어져 나가 따로 조직을 가져야 할 필요를 느꼈다. 이렇게 시작된 조직의 파생은 그 다음 세기에도 계속되어, 감리회나 웨슬리적 기본 원칙 중 자신들이 필수적이라고 생각하는 것들을 고수하기 위하여 여러 그룹이 독립해 나갔다.

웨슬리적 유산

웨슬리가 사망한 뒤, 수개월에서 수년 내에 감리회 운동 안에서 일어난 이러한 격변은, 그의 추종자들이 웨슬리적 전통으로 경험했고, 또 이해하고 있던 것들을 시행해 나가는데 있어서 정치적 어려움을 보여준다. 거의 대부분 사람들이 앞으로 이 운동의 진수를 지켜나가는 것은 과거와의 연속성에 달려있다는 것을 알고 있었다. 그리고 웨슬리가 살아있는 동안, 그가 메소디스트라고 불리운 사람들의 "연합의 중심"에 있다고 인식된 것과 꼭 마찬가지로, 이제는 그의 삶과 사고에 대한 기억이 그의 사후 감리회 운동의 핵심이 되는 웨슬리적 전통과 유산의 전례를 제공해 주었다. 감리회가 웨슬리 그림자의 연장을 넘어서는 것이기는 했지만, 이 운동은 계속해서 그의 열정과 사고의 지울 수 없는 흔적을 지니고 있었다. 감리회의 유산을 이해하기 위해서는 웨슬리라는 사람과 그의 메시지, 즉 그의 정신을 파악할 필요가 있다.

후기

1791년 햄슨에 의해 출판된 웨슬리의 전기에 대해 감리회가 공식적으로 갖는 반감에도 불구하고, 이 전기는 그들의 지도자에 대한 직접적인 묘사를 제공해, 다음 세대 저자들에 의해 인용되어 왔다:

> 그의 얼굴은 나이든 사람치고는 우리가 본 중 가장 좋았다. 반듯하고 매끄러운 이마, 매부리코, 상상할 수 있는 한 가장 밝고 꿰뚫어 보는 눈; 그리고 그의 연대에 아주 보기 드문 깨끗한 안색, 인상적인 가장 완전한 건강─이 모든 것들이 어우러져 그를 존경스럽고 관심을 끄는 인물로 비치게 했다. 그를 보고 깊은 인상을 받지 않는 사람은 거의 없었다; 그리고 그에 대해 엄청난 편견을 가졌던 많은 사람들도 그와 만나게 되는 순간 그에 대한 생각을 바꾸게 되었다… 의상에 있어서 그는 깨끗함과 단순함의 표본이었다. 좁고, 주름이 잡힌 양말; 목깃을 위로 세운 걸 옷; 무릎에는 조임쇠가 없었고; 옷 어느 곳에도 비단이나 벨벳이 없었으며, 머리는 눈과 같이 회어, 원시적이거나 사도적인 인상을 주었다; 한편 정결한 분위기가 그의 전신에서 풍겼다 (*EMW*, 2:84).

비록 키는 작았지만 웨슬리는 좌중을 압도하는 위엄이 있었고, 넘치는 활력은 가히 전설적이었다. 그의 부지런함을 보여주는 통계는 많은 사람들에게 매혹을 불러 일으켰다. 그는 수백 권의 책을 출판했고, 수만 편의 설교를 했으며, 수십만 마일을 여행했다. 신사 잡지(*Gentleman's Magazine*)에 실린 사망 기사는 예우 차원의 과장을 감안한다고 해도 그의 삶을 잘 대변해 주고 있다: "그가 개인적으로 끼친 영향은 아마도 그 어느 나라의 어떤 개인이 끼친 것보다도 컸을 것이다… 영국에서 가장 큰 추종자를 가진 종파의 창시자로, 한 개인으로, 그리고 저술가로, 그는 이 시대나 다른 어느 시대를 막론하고 가장 출중한 인물 중 하나로 평가될 것이다" (*EMW*, 2:154-56). 존 포슨과 같이 법적 100명에 끼지 못해 그에게 반감을 가졌을 것 같은 "배제된 설교자들"마저도 그의 죽음을 맞아, "이제 온 세계가 그에게 존경을 보내며, 모든 종류의 사람들이 그를 좋게 평가한다"고 인정했다 (*WHS*, 49:16).

웨슬리는 그의 생각과 행동은 물론, 그의 사람 됨됨으로도 중요한 인물이었다. 그러나 그는 주위 사람들이 그의 사람됨이나 그의 생각을 완전히 파악할 수 없게 하는 천재로서의 면모를 가지고 있었다. 그가 교류를 가졌던 사람들은 통상적 집단의 테두리를 넘어섰고, 그의 사고는 많은 사상적 입장들을 연결하는 것이었다. 그러나 그의 삶과 사고에는 그의 이름으로 대변되는 유산을 좀 더 깊이 이해하는데 도움을 주는 몇 가지 매우 중요한 특성들이 있다.

옥스퍼드 시절부터 웨슬리는 하나님과 함께 하는 삶에 대한 인식을 가졌었고, 이러한 인식에 따를 수 있는 모든 편안함과 불편함에 대해 알고 있었다. 그는 또한 하나님이 함께 하시는 것은 각 개인이 느낄 수 있다는 것을 깊이 자각하고 있었으며, "영적 감각"은 다른 어떤 경험적 감각이나 마찬가지로 믿을 만하고 분명하다는 것을 알게 되었다. 성공회가 전형적으로 인정한 권위의 세 축(성서, 전통, 그리고 이성)에, 그는 신적 존재에 대한 인간의 직접적 체험을 신앙의 진리를 이해하기 위한 중요한 기준으로 추가했다. 그는 또한 하나님의 존재는 인간의 인식 여부에 달려있지 않다는 것을 알게 되었다.

웨슬리가 이해하고 있는 그리스도인의 삶은 자신이 걸어온 영적 여정의 자의식에 의해 형성되었고, 구원에 이르는 길, 즉 신과 인간의 관계가 펼치는 한마당에 초점을 맞춘 것은 놀라운 사실이 아니다. 성서적 관점에 근거해서 본 현실을 진리라고 믿었던 웨슬리는 "*성서*에 근거한 구원의 길"(the *Scripture* way of salvation)이라는 표현을 선호했다. 그의 말과 행동은 성서의 가르침과 성서가 그려내는 형상, 그리고 성서의 언어 그 자체를 그대로 보여주는 것이었다. 그러나 그가 목적한 것은 1세기 때의 사건을 18세기 영국에 재현하는 것이 아니라, 예수 그리스도 안에서 인간에게 베풀어주신 하나님의 사랑에 충실한 삶을 그 자신의 시대에 사는 것이었다.

그는 또한 하나님의 뜻과 섭리를 이해하는 중요한 수단으로 하나님께서 어떻게 다른 사람들의 삶에 역사하시는가를 눈여겨보았다. 어떤 면에서는 복음에 대한 그의 이해는 그 자신의 삶에서 만큼이나 다른 사람들의 삶을 통하여 확인되었다. 종교적 광신에 대해 모두가 의혹의 눈초리를 보내고 있는 시대에, 웨슬리는 성령의 역사에 의한 극단적인 외적 현상을 받아들이는데 주저하지 않았지만, 동시에 그런 경험들의 진위성(authenticity)을 성서적 규범에 비추어 평가하는 조심성도 가지고 있었다. 그는 성령의 특별한 은사를 인정했지만, 사랑, 평화, 기쁨과 같은 통상적 은사를 강조하는 편이었다. 그가 목표로 한 것은 국교회의 개혁과 혁신이었지만, 교회의 권위와 질서(ecclesial authority and order)에 대한 경외심의 한계는 영국 국교회의 규칙 못지않게 그가 가졌던 초대교회에 대한 이해에 의해 결정되었다. 국교회가 초대교회의 사역과 전통을 이어가는 한에 있어서, 그는 기존 질서에 대하여 충성할 것을 주창하는 든든한 대변인이었다. 그러나 현재의 형식이나 규정이 영적, 그리고 육체적 필요를 가진 사람들을 돌보려는 그의 소명에 방해가 될 때에는 통상적으로 옳다고 생각되는 것으로부터 벗어나거나 개혁하든가, 아니면 그 한계를 시험해 보려는 의사를 가지고 있었다.

감리회 연대조직 내의 많은 긴장은 이러한 일들에 대하여 웨슬리가 가졌던 나름대로의 우선순위에 의해 생긴 것이었다. 예를 들면, 그는 그리스도인들이 성찬을 자주("끊임없이") 받아야 한다고 굳게 믿고 있었지만, 평신도가 집례를 하거나 적절하지 못한 안수를 통해서라도 성찬을 받아야

후기

한다고 믿지는 않았다. 구체적 사안에 따른 그의 많은 결정은 "필요성"이 그 근거가 되었고, 이를 실행하는 과정에서 나타난 다양한 모습은 원칙이나 우선순위의 측면에서 보면 일관성이 없는 것처럼 비쳐졌다. 이에 따른 어려움은 웨슬리가 오랜 삶을 통해 신학적 관점에서 조직과 선교적 과제를 풀어보려고 했던 시도에서 비롯되었고, 이런 시도 자체도 시간이 가면서 발전하거나 변할 가능성을 가지고 있었다. 밀접하게 얽히고설킨 이 세 분야 간의 관계는 감리회 운동의 틀을 제공해 주었다.

하나님의 사랑은 웨슬리 전통의 핵심이다. 그것은 웨슬리 신학의 근거이며, 사역의 원동력이고, 조직이 존재하는 이유였다. 하나님의 사랑이란 곧 은혜이었고, 은혜란 하나님이 인류와 갖는 사랑의 관계를 말하는 것이었다. 웨슬리 고유의 신인합작은 예수 그리스도를 통하여 용서하시고 구원하시는 하나님의 역사와, 성령을 통하여 힘주시고 지켜 주시는 역사에 대한 "분명한 믿음과 확신"에 근거한 것이었다.

웨슬리에게 있어서 칭의와 성화는 둘 모두가 매일 펼쳐지는 구원의 역사에 꼭 필요한 부분이었다. 그리고 "사랑을 통하여 역사하는 믿음"을 실천하는 것은 단순히 하나님만을 사랑하는 것이 아니라, 이웃 사랑과 경건의 실천, 그리고 자비의 실천을 포함한 것이었다. 웨슬리가 칼빈주의자들에게 믿음 그 자체도 은혜로 말미암아 가능하게 된다고 지적했듯이, 이러한 행동 또한 은혜로 말미암아 가능하게 된다는 것을 강조했다. 웨슬리 신학은 철저한 은혜의 신학이다.

웨슬리가 칭의와 성화를 구분지은 것은 용서가 반드시 완전을 뜻하지는 않는다는 이유에서이다. 하나님으로부터 용서받아 거듭 난 것은 성결로 들어가는 관문에 불과했고, 성결은 하나님의 은혜에 자신을 지속적으로 열어놓고, 은혜 안에서, 그리고 세상을 섬기는 가운데 성숙해 가는 환경을 제공해 주는 성도들의 모임 안에서, 사랑을 실천하는 과정을 동반하는 것이었다.

웨슬리 신학은 성서에 근거하기는 했지만 웨슬리 자신의 경험에서 우러나온 것으로, 하나님의 존재 안에서의 삶을 설명하려는 시도였다. 웨슬리 조직은 새로운 생명을 주는 믿음의 씨앗을 매일 키워나가기 위한 필요에서 떠올랐다. 웨슬리 사역은 하나님의 사랑을 모든 이웃과 나누기 위하여 발전했는데, 모든 이웃이란 특히 믿음의 가족 가운데 가장 큰 도움을 필요로 하는 사람들을 포함하여 어떤 도움이든지 필요로 하는 사람들 모두를 말하는 것이었다. 그리고 웨슬리는 자신의 지도자적 역할을 포함한 모든 발전을 세상을 향한 하나님의 섭리의 일부라고 보았다.

감리회원들이 옥스퍼드 시절부터 그가 죽는 날까지 웨슬리의 모든 점에 동의한 것은 아니었다. 많은 사람들은 자기들이 듣고 싶은 것만을 골라 듣거나, 자기들의 취향에 맞추어 들었다. 어떤 이들은 그의 말을 완전히 이해하지 못했거나 그의 이상에 동참하지 않았다. 그가 가졌던 관심의 폭은 대체로 한데 묶기 어려운 여러 가지 다른 주제들, 예를 들면, 지식과 생명력이 있는 경건, 성례주의와 복음주의, 믿음과 선행, 칭의와 성화, 오직 믿음(sola fide)과 오직 은혜 (sola gratia), 경건과 자비, 개인적 경건과 사회적 경건 등을 포함하고 있었다. 웨슬리와는 달리 포괄적인 관점을 갖지 못한 사람들은 웨슬리가 문제의 핵심을 회피하거나 혼동하고 있다고 생각했다. 후에 헨리 랙(Henry Rack)이나 프랭크 베이커의 예에서 보듯이, 웨슬리를 "합리적인 열성분자"(reasonable enthusiast)라든가 "과격한 보수주의자"로 그리는 것은 전혀 어렵지 않았다.

웨슬리에게 있어서 모든 주제를 묶는 핵심은 성서적 경건의 전파에 관한 관심이었다. 이와 같이 "실천적 신학"에 중점을 둔 것은, 기독교 내에 전통적으로 존재하던 많은 분파들을 수세기에 걸쳐 연결지어주던 "거룩한 삶" 전통의 핵심적 특성이었다. 그러므로 웨슬리는 프랑스의 카톨릭 신비주의자들이나 독일의 루터교도들, 영국의 칼빈주의자들, 미국의 부흥운동가들, 그리고 스코틀랜드의 복음주의자들 등, 이그나시우스 로욜라(Ignatius Loyola)나 토마스 아켐피스(Thomas à Kempis)로부터 초대교회의 지도자에 이르기까지 성결의 유산을 공유하는 많은 사람들과 아주 가까운 우애를 느낄 수 있었다. 이러한 전통을 관통하는 공통의 맥은 하나님의 피조물의 건강 —몸과 마음과, 영혼— 에 대한 통전적 관심이었다. 의료시설이나 무이자 대출, 고아원과 학교, 과부를 위한 주택사업과 가난한 사람들을 위한 식사 제공 등, 감리회가 운영하던 사업은 웨슬리가 이해하고 있던 "이웃 사랑"과 구별 지을 수 없는 것들이었다.

성서적 경건을 전파함으로 국교회를 개혁하려 했던 웨슬리의 시도는 공교롭게도 이를 달성하려는 좋은 의도에서 나온 과정들이 갈수록 감리회원들 간에 정체성의 자각을 불러 일으켜, 국교회로부터 분리해 나가게 하는 압력을 가중시켰다. 이러한 경향에 대해 찰스는 눈살을 찌푸렸고 분리가 가져올 부정적인 결과에 대해 걱정을 했다. 이러한 위험에도 불구하고 존은 목표한 결과를 얻기를 계속 희망하면서 부흥의 표징이 긍정적으로 나타날 때마다 소중하게 여겼다. 이 양면성은 감리회 안에서 대를 이어가며 존재해, 감리회원들은 스스로를 국교회와는 분리된 교회라는 것을 온전히 받아들이는 일에 어려움을 겪었다.

웨슬리는 여러 다양한 요소들을 한데 묶기 위해 많은 노력을 기울이기는 했지만, 감리회라는 집단은 18세기에 결코 완전히 통일된 운동은 아니었다. 설교자들과 신도들은 웨슬리의 확신과 통제에도 아랑곳없이 종종 자기 식대로 나갔다. 긴장은 종종 웨슬리가 한 말의 일부밖에 듣지 못한 사람들이나, 여러 가지 다양한 주제들을 한데 묶으려는 그의 노력을 이해하지 못한 사람들로부터 비롯되었다. 그리고 웨슬리가 대체로 듣기를 잘 하는 편이기는 했지만, 때로는 사람들의 의견에 귀를 기울이지 않거나 그들의 연약함을 충분히 이해하지 못했다. 감리회는 웨슬리 생전에 많은 회원을 확보하지 못했는데, 이는 분기마다 속회 회원권을 갱신하기 위해서 요구되는 자기훈련의 철저함 때문이기도 했다. 그러나 웨슬리가 죽은 뒤에도 이 운동이 살아남은 것은, 그가 그리스도인 삶의 참 이상이라고 믿었던 것을 경험하도록 사람들을 지속적으로 인도한 노력의 결실이다.

　웨슬리적 유산은 영적 순례의 생동감 있는 형상에서 그 생명력을 가져온다. 그것은 출생에서 죽음으로, 거듭남에서 영생으로, 두려움에서 기쁨으로, 의심에서 확신으로 옮겨가면서 하나님과 자신들을 이해하려고 함께 고뇌했던 사람들의 이야기이다. 웨슬리 자신도 같은 순례의 길을 밟았고, 삶의 단계를 거치면서 그가 이미 지나온 곳과 그가 가고 있는 곳을 모두 선명하게 볼 수 있도록 해주는 새로운 관점을 얻었다. 그는 교리를 시험해 보고, 전통에 도전하며, 성서를 재해석하고, 성령에 자신을 열어놓을 준비를 늘 갖추고 있었다. 그러므로 그의 신학은 논리와 변증이 흥미롭게 결합된 것으로, 조직적이기보다는 특별한 시기에 적절한 것이었다.

　그러나 누구도 웨슬리의 사상이 일관성이 없다거나 조직적인 사고에 근거한 것이 아니라고 도외시할 수는 없다. 그의 신학 분별의 과제는 그의 사고와 행동에서 원칙을 찾아내는 것이기보다는, 세상을 변화시키기 위해 그리스도를 본받으려는 동반자들과 더불어 성숙을 이루기 위한 그의 영적 순례의 길의 방향과 원동력을 분별하는 것이 되어야 하며, 이런 과정에서 그들은 자신들이 변화하는 체험을 동시에 갖기도 했다. 웨슬리는 추상적 이론으로서의 신학에는 관심이 없었다; 그가 가졌던 관심은 그가 "실천적 신학"이라고 부른 것으로, 이것은 그리스도인으로서의 훈련의 실천, 즉 "그리스도의 마음을 갖고, 그가 간 길을 따라가는 것"이었다. 일정한 규칙을 지키거나 어떤 신조에 동의하는 것은, 성스러운 덕의 틀을 준수하거나 그리스도의 발자취를 따라가는 것만큼 중요한 것은 아니었다.

　웨슬리는 강력한 지도자이기는 했지만, 그가 가졌던 우선적 관심은 웨슬리적인 것들을 충실히 따르는 무리가 아니라 신실한 그리스도인의 무리를 일으키려는 것이었다. 그가 "참 기독교"를 감리회와 같은 것으로 본 것을, 감리회원들만이 참 신앙의 비밀을 지녔다는 종파적 개념으로 이해해서는 안 된다. 그보다는 감리회원들의 특성은 "하나님의 자녀"로서의 신앙을 지닌 참 그리스도인들의 특성과 마찬가지로 하나님과 이웃을 사랑하는 것이었다.

웨슬리에 따른 사랑의 윤리는 의무의 윤리인 것만큼이나 덕의 윤리이다. 감리회원들의 행동은 그리스도 안에서 하나님이 그들을 위해 하신 것과, 성령을 통해 그들과 함께 하신 것에 대한 응답에서 나왔다. 그들의 행동은 자신들이 누구인가를 아는 이해에서 비롯된 것이다. 여러 가지 규칙들은 그리스도를 따르는 사람들로서 그들 믿음의 신실성과 자기 훈련의 깊이를 측정하는 방법에 지나지 않았다. 많은 사랑과 자비의 실천은 "두루 다니면서 선을 행하신" 그리스도의 사랑을 본받으려는 것이었다.

"메소디스트"라는 명칭은 아르미니안적 사고방식과 규칙적인 삶을 가리키는 역사적 의미를 지니고 있었다. 웨슬리가 강조한 "사랑을 통하여 역사하는 믿음"은 믿음과 실천을 필연적으로 연결지어 놓았다. 그는 종종 필요를 감지하고 이에 응답할 수 있는 실제적인 지도자로 평가되었다. 그 자신은 그를 섭리에 민감한 사람으로 보았다. 이 두 가지 평가 간에는 아무런 상충이 없는지도 모른다.

웨슬리 자신이 이해하는 소명은 좀처럼 겸양으로 인하여 한계가 지어지지 않았는데, 그의 길고도 활력이 있는 삶을 통하여 두드러지게 나타났고, 씨티 로드 예배당 뒤에 있는 그의 묘비에 새겨진 글에 반영되어 있다:

이 큰 빛이 발하였네,
오직 하나님의 섭리에 의하여,
열방을 깨우치기 위해,
그리고 초대교회의 순수한 사도적 교리와 실천을
소생케 하고, 강하게 하고, 방어하기 위하여,
이들을 그는 계속 지켰네,
그의 수고와 저술로
반세기가 넘도록;
그리고 그는 말할 수 없는 기쁨으로,
이들의 영향이 지속되는 것만이 아니라,
이들의 효과를 목격했네,
수천 명의 가슴과 삶에서,
이 왕국에서와 마찬가지로 서방 세계에서도,
그러나 또한 인간의 힘과 기대를 훨씬 넘어,
오직 하나님의 은혜로 터전이 만들어지는 것을 보았네,
그들의 지속과 설립을 위해,
다가오는 세대의 기쁨으로.
그대여, 당신이 만일 이 모든 일을 축복할 마음이 있다면
하나님께 영광을 돌리시오.

후기

Epilogue—Suggested Additional Reading

Death — Heitzenrater, Richard P. *"Faithful Unto Death": Last Years and Legacy of John Wesley* (Dallas: Bridwell Library, 1991).
Field, Clive. "Bibliography," Part 2 of vol. 4, *A History of The Methodist Church in Great Britain*, ed. Rupert Davies, A Raymond George, Gordon Rupp (London: Epworth Press, 1988).
Hempton, David. *Methodism and Politics in British Society, 1750-1850* (London: Hutchinson, 1984).
Jarboe, Betty M. *John and Charles Wesley: A Bibliography* (Metuchen, NJ: Scarecrwo Press, 1987).
Walsh, John. "Methodism at the End of the Eighteenth Century," in vol. 1 of *A History f the Methodist Church in Great Britain*, ed. Rupert Davies and Gordon Rupp (London: Epworth Press, 1965).

Selected Bibliography

Abbey, Charles John, and John H. Overton, *The English Church in the Eighteenth Century.* London: Longmans, Green, 1878.

Allen, W. O. B., and Edmund McClure, *Two Hundred Years: The History of the Society for Promoting Christian Knowledge, 1698-1898.* London: SPCK, 1898.

Allison, Christopher F. *The Rise of Moralism; the Proclamation of the Gospel from Hooker to Baxter.* New York: Seabury Press, 1966.

Appeals — Wesley, John. *The Appeals to Men of Reason and Religion, and Certain Related Open Letter*, ed. Gerald R. Cragg (vol. 11 in *The Bicentennial Edition of the Works of John Wesley*). Nashville: Abingdon Press, 1989.

Asbury — Asbury, Francis. *The Journal an Letters of Francis Asbury*, ed. Elmer T. Clark, J. Manning Potts, and Jacob S. Payton. 3 vols. Nashville: Abingdon Press, 1958.

Baker, Frank. *Charles Wesley as Revealed by his Letter.* London: Epworth Press, 1948. (*CW*)

Baker, Frank. *From Wesley to Asbury; Studies in Early American Methodism.* Durham, NC: Duke University Press, 1976. (*W-A*)

Baker, Frank. *John Wesley and the Church of England.* Nashville: Abingdon Press, 1970. (*Church*)

Baker, Frank. "The People Called Methodists: Polity," in vol. 1 of *A History of the Methodist Church in Great Britain*, ed. Rupert Davies and Gordon Rupp. London: Epworth Press, 1965. pp. 213-55 (*Polity*)

Baker, Frank. *Representative Verse of Charles Wesley.* London: Epworth Press, 1962. (*Rep. Verse*)

Baker, Frank. *William Grimshaw.* London: Epworth Press, 1963. (*Grimshaw*)

Bangs, Carl, *Arminius.* Nashville: Abingdon Press, 1971.

BCP — Book of Common Prayer.

Beynon, Tom. *Howell Harris, Reformer and Soldier.* Caenarvon: Calvinistic Methodist Bookroom, 1958.

Selected Bibliography

Böher, Peter. "Diary," trans. by W. N. Schwarze and S. H. Gapp, in "Peter Böhler and the Wesleys," *World Parish* 2 (Nov. 1949).

Bucke, Emory Stevens, ed. *The History of American Methodism*, 3 vols. Nashville: Abingdon Press, 1964. (*HAM*)

Butterfield, Herbert, "England in the Eighteenth Century," in vol. 1 of *A History of the Methodist Church in Great Britain*, ed. Rupert Davies and Gordon Rupp. London: Epworth Press, 1965. pp3-33.

Cambridge — see Walsh, John.

Campbell, Ted A. *John Wesley and Christian Antiquity*. Nashville: Kingswood Books, 1991.

Chilcote, Paul, *John Wesley and the Women Preachers of Early Methodism*. Metuchen, NJ: Scarecrow Press, 1991.

City Road — see Stevenson, George J.

Church — see Baker, Frank.

Church, Leslie, *The Early Methodist People*. London: Epworth Press, 1948. (*People*)

Clarke, W. K. Lowther, *Eighteenth-Century Piety*. London: SPCK, 1962.

Coke, Thomas, and Henry Moore, *The Life of John Wesley*. London: Paramore, 1792; facsimile. Nashville: Abingdon Press, 1992.

Collection — Wesley, John, and charles Wesley. *A Collection of Hymns for the Use of the People Called Methodists*, ed. Franz Hilderbrandt and Oliver a Beckerlegge (vol. 7 in *The Bicentennial Edition of the Works of John Wesley*). Nashville: Abingdon Press, 1989.

Cragg, Gerald, R., *The Church and the Age of Reason*. Baltimore: Penguin Books, 1966.

Crookshank, C., H., *History of Methodism in Ireland*, 3 vols. Belfast: Allen, 1885.

CM — see Baker, Frank.

CWJ — Wesley Charles, *The Journal of the Rev. Charles Wesley*, ed. Thomas Jackson, 2 vols. London: Conference Office, 1849.

Davies, Rupert, A. Raymond George, Gordon Rupp. *A History of The Methodist Church in Great Britain*. 4 vols. London: Epworth Press, 1965-88.

Death — see Heitzenrater, Richard P.

Dickens, Arthur G., *The English Reformation*. New York: Schocken, 1964.

Documents — see Vickers, John A.

Selected Bibliography

Egmont — John Percival, Earl of Egmont. *Diary.* 3 vols. London: HMC, 1923.

EMP — see Jackson, thomas, ed.

EMW — see Heitzenrater, Richard P.

Field, Clive. "Bibliography," Part 2 of vol. 4, *A History of The Methodist Church in Great Britain*, ed. Rpert Davies, A. Raymond George, Gordon Rupp. London: Epworth Press, 1988. pp 635-830.

George, A. Raymond, "Ordination," in vol. 2 of *A History of The Methodist Church in Great Britain*, ed. Rupert Davies, A. Raymond George, Gordon Rupp. London: Epworth Press, 1978. pp. 143-60.

Grimshaw — see Baker, Frank.

Gunter, W. Stephen. *The Limits of "Love divine": John Wesley's Response to Antinomianism and Enthusiasm.* Nashville: Kingswood Books, 1989.

HAM — see Bucke, Emory Stevens, ed.

Heitzenrater, Richard P. *The Elusive Mr. Wesley.* 2 vols. Nashville: Abingdon Press, 1984. (*EMW*)

Heitzenrater, Richard P. *"Faithful Unto Death": Last Years and Legacy of John Wesley.* Dallas: Bridwell Library, 1991. (*Death*)

Heitzenrater, Richard P. *Mirror and Memory; Reflections on Early Methodist History.* Nashville: Kingswood Books, 1989. (*M&M*)

Hutton, James, "James Hutton's Account of 'The Beginning of the Lord's Work in England to 1741'," *WHS* 15 (1926).

Ingham — Ingahm, Benjamin, *Diary of an Oxford Methodist: Benjamin Ingham, 1733-1734*, ed. Richard P. Heitzenrater. Durham: Duke University Press, 1985.

J&D Wesley, John, *Journal and Diaries*, ed. W. Reginald Ward and Richard P. Heitzenrater. 7 vols. (vols. 18-24 in The Bicentennial Edition of *The Works of John Wesley*). Nashville: Abingdon, 1988-.

Jackson, Thomas, ed. *Lives of Early Methodist Preachers.* 6 vols. London: Wesleyan Conference office, 1849. (*EMP*)

Jarboe, Betty M., ed. *John and Charles Wesley: A Bibliography.* Metuchen, NJ: Scarecrow Press, 1987.

Jarboe, Betty M.,ed. *Wesley Quotations: Excerpts from the Writings of John Wesley and Other Family Members.* Metuchen, NJ: Scarecrow Press, 1990.

Selected Bibliography

JWJ — Wesley, John, *The Journal of the Rev. John Wesley*, ed. Nehemiah Curnock, 8 vols. London: Epworth Press, 1938.

JWL — Wesley, Joh. *The Letters of the Rev. John Wesley*, ed. John Telford. 8 vols. Longdon: Epworth Press, 1931.

JWW — Wesley, John, *The Works of John Wesley*, ed. Thomas Jackson, 14 vols. London: Conference Office, 1872.

Kimbrough, ST, ed. *Charles Wesley, Poet and Theologian.* Nashville: Kingswood Books, 1992.

Lackington, James. *Memoirs of James Lackington, in Forty-seven Letters to a Friend.* London: 1794.

Legg, J. Wickham, *English Church Life from the Restoration to the Tractarian Movement.* London: Longmans, Green, 1914.

Letters — Wesley, John, *Letters*, ed. Frank Baker. 7 vols. (vols. 25–31 in *The Bicentennial Edition of the Works of John Wesley*). Oxford Clarendon Press, 1980–.

Lyles, Albert M. *Methodism Mocked: The Satiric Reaction to Methodism in the Eighteenth Century.* London: Epworth Press, 1960.

M&M — Heitzenrater, Richard P., *Mirror and Memory: Reflections on Early Methodism* (Nashville: Kingswood Books, 1989).

Maddox, Randy L. *Aldersgate Reconsidered.* Nashville: Kingswood Books, 1990.

McAdoo, Henry R., *The Spirit of Anglicanism.* New York: Charles Scribner's Sons, 1965.

Maser, Frederick E., *Robert Strawbridge, First American Circuit Rider.* Rutland, VT: Academy Books, 1983.

Memoirs — Lackington, James. *Memoirs of James Lackington, in Forty-seven Letters to a Friend* . London, 1794.

Memorials — see Stevenson, George J.

Minutes — *Minutes of the Methodist Conferences,* (vol.1, 1744–1798). London: Mason, 1862.

Moore, Henry. *The Life of the Rev. John Wesley.* 2 vols. London: John Kershaw, 1824.

More, Paul E., and F. L. Cross, *Anglicanism.* London: SPCK, 1962.

More — Church, Leslie, *More about the Early Methodist People.* London: Epworth Press, 1949.

Selected Bibliography

Perkins, E. Benson, *Methodist Preaching Houses and the Law; The Story of the Model Deed.* London: Epworth Press, 1952.

Pilmore, Joseph, *The Journal of Joseph Pilmore,* ed. Frederick E. Maser and Howard T. Maag. Philadelphia: Historical Society, 1969.

Plumb, J. H., *England in the Eighteenth Century, 1714–1815.* Baltimore: Penguin Books, 1964.

Poetical Works — John Wesley and Charles Wesley, *The Poetical Works of John and Charles Wesley,* ed. George Osborn, 13 vols. London: Wesleyan Methodist Conference Office, 1868–71.

Polity — Baker, Frank, "The People Called Methodists: Polity," in *A History of the Methodist Church in Great Britain,* ed. Rupert Davies and Gordon Rupp. London: Epworth Press, 1965, 1:213–55.

Portus, Garnet Vere, *Caritas Anglicana.* London: Mowbray, 1912.

Rack, Henry D. *Reasonable Enthusiast: John Wesley and the Rise of Methodism,* 2nd edition. Nashville: Abingdon Press, 1992.

Rep. Verse — Wesley, Charles. *Representative Verse of Charles Wesley,* ed. Baker, Frank. London: Epworth Press, 1962.

Rowe, Keneth E., ed. *The Place of Wesley in the Christian Tradition.* Metuchen, NJ: Scarecrow Press, 1976.

Rupp, Gordon, *Religion in England, 1688–1791.* Oxford: Clarendon Press, 1986.

Schmidt, Martin, *John Wesley; A Theological Biography,* 2 vols. London: Epworth Press, 1963–73.

Sermons — Wesley, John, *Sermons,* ed. by Albert C. Outler. 4 vols. (vols. 1–4 in *The Bicentennial Edition of the Works of John Wesley*). Nashville: Abingdon Press, 1984–87.

Societies — Wesley, John, *The Methodist Societies; History, Nature, and Design,* ed. Rupert E. Davies (vol. 9 in *The Bicentennial Edition of the Works of John Wesley*) Nashville: Abingdon, 1989.

Stevenson, George J. *City Road Chapel, London, and its Associations, Historical, Biographical, and Memorial.* London: Stevenson, 1872. (*City Road*)

Stevenson, George J. *Memorials of the Wesley Family.* London: Partridge, 1876.

Selected Bibliography

Sutherland, Lucy S., and L. G. Mitchell. *The Eighteenth Century.* Volume 5 of *The History of the University of Oxford,* ed. T. H. Aston. Oxford: Clarendon Press, 1986.

Tyerman, Luke. *The Oxford Methodists.* New York: Harper, 1873.

Vickers, John A., "Documents and Source Material," in vol. 4 of *A History of the Methodist Church in Great Britain,* ed. Rupert Davies, A Raymond George, and Gordon Rupp. 4 vols. London: Epworth Press, 1988. pp. 3–649. (*Documents*)

Vickers, John A. *Thomas Coke, Apostle of Methodism.* Nashville: Abingdon Press, 1969.

W-A — Baker, Frank. *From Wesley to Asbury: Studies in Early American Methodism.* Durham, NC: Duke University Press, 1976.

Walsh, John, "Origins of the Evangelical Revival," in *Essays in Modern English Church History,* ed. G. V. Bennet and John Walsh. New York: Oxford University Press, 1966.

Walsh, John. "Methodism at the End of the Eighteenth Century," in vol. 1 of *A History of The Methodist Church in Great Britain,* ed. Rupert Davies and Gordon Rupp. 4 vols. London: Epworth Press, 1965. pp. 277–315.

Ward, W. Reginald. *The Protestant Evangelical Awakening.* Cambridge: Cambridge University Press, 1992.

Watson, David L. *The Early Methodist Class Meeting.* Nashville: Discipleship Resources, 1985.

Whitefield, George. *George Whitefield's Journals.* London: Banner of Truth Trust, 1960.

WHS — *Proceedings of the Wesley Historical Society* (Burnley and Chester, 1989–).

Willey, Basil, *The Eighteenth Century Background.* Boston: Beacon Press, 1964.

www.ingramcontent.com/pod-product-compliance
Lightning Source LLC
Chambersburg PA
CBHW051628230426
43669CB00013B/2219